ハイパーカルチャー

高速社会の衝撃とゆくえ

S・バートマン 著
松野 弘 監訳

ミネルヴァ書房

HYPERCULTURE : The Human Cost of Speed

刊行によせて

一九七〇年にアルビン・トフラーが世に出した『未来の衝撃』が一世を風靡して以後、四〇年が経過した。本書は、著者自らが日本語版の巻頭に「二〇世紀の最後の三〇年間、ある巨大な力がアメリカ社会を変化させ始めた」と言っているように、明らかにトフラーの『未来の衝撃』に触発された書物であって、ポスト・トフラー的な高速社会論である。

本書は、トフラーの三部作の最後の作品『パワーシフト』が一九九〇年に出版され、その後のソ連の崩壊、激しいグローバル化、光科学の革命的変化の中で、待望されてきた高速社会論の代表作の一つといえるものである。

ただ、本書は、高速社会が与える影響に関しては共通認識に立っているが、トフラーのそれとは違ったスタンスの高速社会論となっている。その理由はこの書物の書かれた一九九八年という時代状況と、著者自身が見据えている世界の違いにある。著者スティーヴン・バートマンは、カナダのウインザー大学名誉教授で、ギリシャやローマなど古代社会の研究者であり、文学や考古学や言語学等に通じた博学の研究者でもある。その意味で、本書は、バートマンのキャリアからも予想できるように、人文科学者、古代社会、古代文化の研究者からみた現代社会論である。もちろん、彼が、文学や考古学などの研究者であるからといって、決して現代社会への分析が甘いわけではない。見方によれば、トフラーほどの広がりこそないとしても、人間や家族や社会に関しては緻密な分析がなされているといえるであろう。

では、彼の「ハイパーカルチャー」が抱える問題とは何であろうか。彼のこの考え方のベースは、現在の社会が電気通信や光科学等が爆発的に発達したことにより、インターネットや携帯電話やテレビなどのテクノロジーが発展し、アメリカ社会を中心にして個人の生活レベルが高速化して、それが大きな影響を与えだしたというものである。光科学に根ざした情報通信の発達がわれわれの生活にストレスを与え、負の問題を引き起こす原因になっている。この速さを彼は「ワープスピード」と呼ぶ。光科学は情報が光速で飛び交い、インターネットでのメールやテレビのような映像の世界を約束する。これが人間の五感のうちでも視覚領域に決定的な影響を及ぼしだしている。そのために人間の歴史そのものを、例えば、それらは歴史の文書や映像を記号化して保存することさえ可能にするので、歴史のもつ意味さえも軽視させていくことになる。このことにより、「現在という時代」の力が異常に強まった社会を形成している。バートマンが本書『ハイパーカルチャー』で警告するのは、この「ワープスピード」によって、われわれ現代人が過去の世界や未来の世界ではなく、現代という世界の時間そのものに閉じこもり、過去への尊敬や未来への希望を失っていく危険性なのである。

彼は、「現在という時代」の力を導き出しているのが「テクノロジー」と「歴史」と「五感」、つまり科学技術、先人たちが築いた過去の遺産、そして人間の感性の世界、の三つだという。そして、その三つの要因を跡づけるように、個人、家族、社会、民主主義、国際関係、環境といった領域に踏み込み考察している。「現在という時代」の力は、いずれの領域でも作用し、変化や変容を生みだし、われわれの社会や文明に危機をもたらしているという。個人のレベルでみても、この高速社会のなかで、人々は、幸福追求を激化させたり、子ども時代を加速化させたり、老人の価値を衰退させたりしている。これが個人の領域のみならず、全ての領域で衰退化が進行していると指摘する。では、パンドラの箱を開けた人類は、その宿命のままで終わるのであろうか。通常の人文科学者と違って彼自身は、社会科学の領域に踏み込み、この「現在という時代」の力が民主主義や国際関係や環境の領域をいかに変質させ、衰退させるかを分析するだけでなく、そこからの解決策を模索している。

こうした「現在という時代」の力に対抗する三つの鍵は原因に対する対処策でしかないが、それをバートマンは、

(1)技術の抑制、(2)歴史の保持、(3)私たちの感覚の回復であるという。最終的には、科学や技術に対する抑制という、人間の道徳や倫理的問題や人類の歴史への尊敬や責任といった道徳的・倫理的要請にすり替えることの是非が問われることになるが、それでも果敢に挑み、対抗手段の指針を提出しているあたりは十分に評価して良い点であろう。

バートマンのこの書は、高速化によって、過去・現在・未来という時間の流れそのものが、現在という時間帯にだけ向かい、そのことにより時間の流れが閉じ込められ、文化の死滅、人類の死滅を生む危険性を指摘している点で、人間の生き方、生活の仕方に指針を与えるものになっている。加えて、ポスト・トフラー論として、現代社会の抱える課題を提案した理論ともなっている。その意味で、本書は、哲学、時間学、環境学、社会学、宗教学などを研究する人々の専門書としてばかりか、広く実務の中で人文科学、人間科学、社会科学、自然科学に関心をもつ人々に是非お勧めしたい書である。

二〇一〇年一月二〇日

山口大学人文学部教授／山口大学時間学研究所所長
日本時間学会会長　辻　正二

日本語版への序文

二〇世紀の最後の三〇年間、ある巨大な力がアメリカ社会を変化させ始めた。電子技術の力とそれがもたらす即時的な欲求充足力により活気づけられ、アメリカはすぐに「ハイパーカルチャー」（Hyperculture ＝高速文化）、すなわち、〈近代文化的な時間の速さ〉（Speed）への病的、かつ、危険な耽溺を特徴とする文化になったのである。

しかしながら、その力の影響は政治的境界によって制限されるものではなかった。局地的な病として始まったものがたちまちグローバルな伝染病となったのである。その伝染病は、その歴史的、経済的、文化的価値ゆえにとりわけ汚染されやすい国である日本の人々に大きな被害をすでに与えている。

葛飾北斎は、一九世紀の木版画の傑作「神奈川沖浪裏」[1]において、私たちが今日、直面している社会的課題を予言的、かつ、視覚的に表現した。私たちは、壊れやすい木造の貨物船に身を寄せ合い、恐怖のあまり前方にそびえる危険から小さな顔をそむけ、荒れ狂う海のうねりの中に飛び込んでいる。凶暴な獣の巨大なかぎづめのように、恐ろしい波が頭上にのしかかり、宙に浮かび今にも私たちを押しつぶそうとしている。遠くの水平線上には、雪を頂く富士山の斜面がのどかに、だが手の届かない所にそびえたっている。

日本の文化庁の二〇〇八年の調査によれば、〈ストレス〉（Stress）は今や日本語の中で最も容易に認められ、また、最も頻繁に使用されている外来語である。[2] 日本は労働者のストレス率が世界で最も高い国の一つであるのだから、驚くにあたらない。[3] 日本は世界で最も自殺率の高い国の一つであるばかりか、[4] 働きすぎによる死、すなわち、〈過労死〉が年間一万人にも及ぶかもしれないのである。[5]

高度のストレスは、とくに、激しい経済競争の時代にあっては労働への強迫観念が美徳とみなされ、また、疲労が弱点とみなされる文化の当然の帰結である。[6]このストレスは、絶え間ない情報量の供給に反応し、常に変化している予測不能な環境に素早く適応する必要性により、悪化の一途を辿っている。そのような科学技術に支配された環境では、人間は、決して休むことも眠ることもないシステムとしての、光速的加速化に追いつくため、ますます速く働くことを余儀なくされている。[7]それは、人類が勝つことのできない競争なのだ。

「ハイパーカルチャー」の徴候は日本の若者の間でさえも明白だ。中高生は、成功への、あるいは、失敗者の烙印を永久に押されることへの強烈なプレッシャーのもと、大企業への就職を左右する、人生を変えかねない高校・大学の入学試験に合格するため、特別な「塾」で情報を頭に詰め込むことにより追いつこうと必死に頑張っている。[8]このプレッシャーが引き起こす神経症は小学校の児童にまで影響している。[9]その結果、反体制的な〈フリーター〉世代全体がフルタイム雇用（常勤雇用）を拒むことを決意する一方で、他の若者たちは高等教育や高等訓練をまったく受けぬまま、目的もなく漫然と生きているのである。[10]

九五パーセント以上の家庭が携帯電話を所有する日本では、[11]国民は「携帯」とそれが絶えず活動する個人に与える即時的な共同体意識を楽しんでいる。[12]

しかし、まさにその共同体意識は、高い代償を払って手に入れられたものであるのだ。テレビやコンピューターのように、携帯電話は利用者を「現在という時代（もしくは、時間）の力」、すなわち、現在の地位を高める一方で過去を軽視し、英知と洞察を一時性と感覚に取り替える潜行性の力、に従わせるのである。たとえて言えば、「俳句」を作ることとメッセージを送信することの違いである――共に短いが、持続的な意味を持つのは「俳句」だけである。[13]

物質主義に惑わされ、伝統と決別している私たちは、今日、きらきら輝いてはいるが不毛な大海を心のコンパスもなく漂っているのだ。遠くでは、富士山という標識が手招きし、私たちがその海を漕いで渡る勇気さえあれば荒

れ狂う波の向こうに人間の心を癒す港がまだあることを、私たちに思い出させてくれるのである。(14)

こうした時間による近代社会の支配を押し進めてきた〈高速社会〉のあやうさに気づき、そうした今日の時間的欲望病にとりつかれた近代の人間文明に対して警鐘を鳴らしている拙著が、近代社会以前の西欧的な効率的な時間観念に支配されない〈低速社会〉を形成していた日本の読者の方々に、西欧近代文化の高速化が古今東西の人間社会にどのような問題をもたらしてきたか、を再検討していただく契機になればと著者として望外の喜びである。

本書、『ハイパーカルチャー』に関心をもち、日本での刊行に尽力し、監訳者となっていただいた、千葉大学大学院教授の松野弘博士、共訳者(合力知工・松野亜希子・岩本典子)の各位に心より感謝の意を表したい。また、本書を刊行していただいた、ミネルヴァ書房社長の杉田啓三氏、並びに、編集を担当していただいた河野菜穂氏に御礼を申し上げておきたい。

二〇一〇年一月

ウィンザー大学名誉教授　スティーヴン　バートマン

注

(1) 永田生慈著、ジョン・ベスター訳『北斎の世界── Hokusai: Genius of the Japanese Ukiyo-e』(講談社インターナショナル、一九九五年)、四〇〜四一ページ、ならびにリチャード・レイン著『北斎──生涯と作品』(Richard Lane, *Hokusai: Life and Work*, London: Barrie & Jenkins, 1989 ─邦訳『北斎──伝記画集』竹内泰之訳、河出書房新社、一九九五年)、一八九〜一九二ページを参照のこと。

(2) ウェブサイト *Japan Probe* (http://www.japanprobe.com) の記事 "Stress in Japan," (July 25, 2008) を参照のこと。

(3) American Express と Roper ASW の二〇〇三年の調査による。

(4) ＡＰ通信のウェブサイト (http://www.ap.org) 上の記事 "Suicides linked to work-related stress up in Japan" (Mari

Yamaguchi, May 24, 2008）に引用されていた日本の厚生労働省の報告による。

（5） Katsuo Nishiyama and Jeffrey V. Johnson, "*Karoshi* — Death from Overwork: Occupational Health Consequences of the Japanese Production Management"（Sixth Draft for the *International Journal of Health Services*, February 4, 1997）、Asian Pacific Management Forum のコラム "Asian Business Codewords"（May 2002）、"Jobs for Life"（*The Economist*, December 19, 2007）を参照のこと。日本の厚生労働省が出している「過労死」による年間死亡者数の推計が実際よりかなり低いことに対し、過労死弁護団全国連絡会議は厚生労働省と産業界の癒着によるものだとして異議を唱えている。

（6） Rebecca Segal, "A Japanese Killer"（*Psychology Today*, September / October 2000）を参照のこと。

（7） クレイグ・ブロード著『テクノストレス――コンピューター革命による人間の犠牲』（Craig Brod, *Technostress: The Human Cost of the Computer Revolution*, Reading, MA: Addison-Wesley, 1984 ―邦訳『テクノストレス』池央耿・高見浩訳、新潮社、一九八四年）を参照のこと。

（8） 日本の文部科学省発行の教育白書（英文）"Japanese Government Policies in Education, Culture, Sports, Science, and Culture 1994", Part I ならびに二〇〇一年の *Education Japan Guide* を参照のこと。

（9） ウェブサイト AsianInfo.org（http://www.asianinfo.org）のカテゴリー、"Japanese Education and Literacy"で、日本大使館により提供された情報とともに報告されている。

（10） ゴードン・マシューズ、ブルース・ホワイト編『日本の変わりゆく世代――若者は新しい社会を創造しているのか？』（Gordon Mathews and Bruce White, eds., *Japan's Changing Generations: Are Young People Creating a New Society?*, London and New York: Routledge, 2004）、ウェブサイト BBC News（http://news.bbc.co.uk）における報告、"Japan's Free Spirits"（September 30, 2004）を参照のこと。

（11） "2006 Mobile Phone Statistics and Projections"（*Mobile Herald*, December 5, 2006）、日本の総務省の調査"Information and Communications in Japan, 2008: Current Status of Telecommunications in Use"（二〇〇七会計年度）を参照のこと。

（12） 二〇〇四年一〇月一八・一九日にソウルで開かれた二〇〇四年国際移動通信会議（International Conference on Mobile Communication）の「移動通信と社会変動」（"Mobile Communication and Social Change"）で発表された、Mizuko Ito, "Personal Portable Pedestrian: Lessons from Japanese Mobile Phone Use"を参照のこと。

（13） このテーマについては、Norimitsu Onishi, "Thumbs Race as Japan's Best Sellers Go Cellular"（*The New York Times*, January 20, 2008）に注意されたい。

（14） 富士山の霊的な力については、エドウィン・バーンバウム著『世界の聖なる山』（Edwin Bernbaum, *Sacred Mountains of the World*, Berkeley: University of California Press, 1997)、六一～七一ページを参照のこと。特にこの部分に注意せよ――「現代の日本が科学技術と経済発展にうつつをぬかしていることは、聖なるものの領域から注意を逸らすことによって、幻滅の過程を促進してきた。しかしながら、伝統的な信念や慣習の維持に反映されたより深いレベルでは、「神」（「山神」）とそれらが住まう場所に対する古来の態度が日本人の世界観に今なお影響を及ぼしている。「神」の最も荘厳な住みかである山は、霊的な力と自由の隠喩としてのその自然界での役割に立ち返っている。近代化は登山や観光といったレクリエーションの見せかけで山の影響力を覆い隠してきたが、山は、自分の住む土地やそこと結びついたありとあらゆるもの――神々しい山頂のこの世のものとは思えぬ高所から、日常生活の平凡な現実まで――に対する愛で日本人を互いに結びつけるような、聖なるものの感覚を呼び起こすのである」（七一ページ）。

謝辞

友として惜しみない愛情と励ましを私に与えてくれたアンソニー・ハリガンに感謝を捧げたい。そのおかげで私は色々と思索し、執筆しようという気になったのである。本書は、そうして誕生したのである。

会話や手紙を通じ、厭わず私と時間を共にしてくれた多くの人たちにも感謝したい。私の見解に異議を唱えることによって――あるいは、自身のインスピレーションや情報や洞察力でもって私の見解を支持することによって――私の思索を刺激してくれた、クレッグ・ブロッド、リッド・バックリー、ウィリアム・P・チェシャー、トーマス・R・コール、エドワード・コーニッシュ、J・T・フレーザー、フランシス・フクヤマ、グレース・グッデル、ロバート・グルディン、ジョン・A・ハワード、C・デービッド・ジェンキンス、ラッセル・カーク、ロバート・W・クービー、リチャード・D・ラム、マイケル・ラーセン、ロバート・V・レビン、ノーマン・リバーマン、S・ロバート・リクター、トム・ルッツ、ダニエル・マルビン、ジェリー・マンダー、ビル・マッキベン、ポール・T・メンゼル、ジョン・ネルソン、フィリップ・T・ニコルソン、ポール・ピアソル、ジョージ・ロシュ三世、ジョン・P・ロビンソン、ハーバート・I・シラー、アンドリュー・バード・シュムークラー、リチャード・スクラブ、ジョン・P・シスク、グレゴリー・ストック、ジェームズ・B・ストックデール、ジェレミー・ターチャー、ロバート・シオボルド、デーブ・ワグナー、シェリー・ウォルデンバーグ、ジェームズ・C・ウェザーブ、ジェームズ・Q・ウィルソン各氏に謝意を表したい。

とはいえ、自分の考えやまた、自分で書いた文章でさえも、出版されなければ本とはなりえないのである。だからこそ、精根を傾けて献身的に尽くしてくれた私の著作権代理人、エドワード・ナップマンと、この企画を信頼してくれた出版社の方々には感謝している。私のタイプ原稿をコンピュータに打ち込んでくれた私の秘書、マージー・プリチュラックにも格別感謝している。

私と人生を共にしてくれた妻のエレインには計り知れないほど感謝している。カフェイン抜きコーヒー片手の私たち夫婦の長い語らいや、共通の関心事から、本書の大部分が生まれたのである。

スティーヴン・バートマン

序論

タイムマシン

一世紀も前にH・G・ウェルズが書いた『タイムマシン』（*The Time Machine*）は、四次元を通り抜け時の向こう側まで旅する大胆不敵な冒険家の話である。彼は、息もつかせぬ速さで旅をし、ついに西暦八〇万二七〇一年の地球にたどり着いた。だがそこは、やっとのことで地球だとわかるほどに変わり果てていた。闇の生物と光の生物が、地球の運命を決するような戦いを繰り広げている、寂寞たる荒廃とわずかな希望の光の双方がせめぎ合う世界だった。

一八九五年の基準からすると、ウェルズのタイムマシンは当時の最新技術を駆使したものであった――象牙と真鍮と透明な水晶から作られた「キラキラと輝く金属の骨組み」で、サドルと二つの白いレバー――一つは未来へ前進するため、もう一つは過去にさかのぼるため――が備えつけられている装置だった。(1)

宇宙探査がおなじみのものとなっている現代の私たちからすれば、ウェルズのデザインは技術的に単純素朴に見えることだろう。だがそれは、あまりに単純化されているのにもかかわらず、ある夢のような概念を具体化したものであった。すなわち、人間は、その創意工夫の才により、いつか時間の束縛を断ち切り、未来であれ過去であれ他の時代へと旅することができるようになるかもしれない、というものである。

そのような夢の実現は遠い先のことかもしれないが、ある種のタイムマシンはすでに存在する――実のところ、ウェルズが想像だにできなかったであろうような強力なものが存在する。それは、たった一人の乗客のみならず社会全体を乗せて運ぶことができる。またそれは、神秘の水晶ではなく科学技術の精神そのものによって稼動する。ウェルズの時間旅行者と違って、私たちが未知の風景にたどり着くことはないだろう。というのは、私たち自身と同程度に世界が変化しているということはないだろうから。私たちは、まさにこの瞬間ですら、尋常ではない速度と近ごろ顕著になってきている力——現在という時代の力——の出現とによって、変化を遂げているからだ。

このような私たちの変化が本書の主題である。それはいかにして起こっているのか、なぜ起こっているのか、そしてどのような長期的影響をもたらしうるのか、といったことが書かれている。

第*1*章では、私たちの日常の諸活動の加速化と、この加速化が私たちの生活の質に及ぼしている影響について述べている。第*2*章ではこの加速化のさまざまな原因を探っている。第*3*章から第*8*章までは、この加速化が引き起こしている深甚な諸変化を詳しく検討するとともに、新しい時間の観念が、個人と家族、民主的社会と国際関係、そして、私たちを取り巻く自然環境といったものの意味それ自体を再定義していることを例証する。最後に、第*9*章では、私たち自身や私たちの子供たちが人や地球に優しい未来を手に入れることができるようにするために、今、私たちが当たり前だと思っていることの一部を根本的に再考することを私たちに求めている。

本書を執筆するにあたり、私がめざしたのは、現代意識の形成を引き起こしている主要な力だ、と私が信じているものを割り出し記述すること、現代社会の個々の現象を関連づける中心的な統一原理を提案すること、であった。それに加えて、私がめざしているのは、私たちがよりよい生活を送ることができるように、この力に対応するいくつかの方法を提案することである。現実のいくつもの特徴にたったひとつの説明しか与えない理論は、何であれ、度を越す運命にある。また、そのような大まかな理論を打ち立てる者が非難されるのは確実だ。しかしながら、現代の生活に対峙し、それを理解しようと努めるとき、大胆さの欠如は、大きな欠点となるであろう。

注

（1）H. G. Wells, *The Time Machine* (1895), 第2章。

「せっかちな人間というものはまったく文明化されていない、ということだ」
（ウィル・デュラト）

ハイパーカルチャー——高速社会の衝撃とゆくえ

目次

凡例

一、［　］は訳者の挿入、（　）は原著者のものである。
一、原書の注は、各章末にまとめた。
一、訳者の注については、本文の必要な箇所に入れた。
一、原文の" "は、原則的に「　」で示した。
一、原文のイタリック（強調を示す）は、原則的に傍点で示した。
一、固有名詞（人名、組織名等）の各章の初出には、原則的に（原語）を入れた。

第1章 ワープスピード

二五年以上も前に、アルヴィン・トフラー（Alvin Toffler）は、自らが発見し、「未来の衝撃」（Future Shock）と名づけた新しい病の徴候を臨床的に記述した。[1]トフラーによれば、「未来の衝撃」とは、人が「ごく短い期間にあまりに多くの変化」にさらされることによって引き起こされる精神生物学的状態のことであった。[2]トフラーは、テクノロジーおよび、社会の変化は、それへの人間の適応を不可能にするほどの速さで起こっている、と論じた。その結果、多くの人々が混乱の徴候を見せ始めていた。未来の衝撃の兆しは、アメリカで最も顕著であったが、他の国々でも目に見えるようになってきていた。「未来の衝撃は」、と彼は書いた、「未来があまりに速く来てしまったことによってもたらされた、目もくらませんばかりの失見当識である。……人間が社会一般のみならず個人的な事柄においても変化の速度をコントロールすることをすぐに覚えなければ、私たちは大規模な適応障害に陥る運命にある」[3]。

一九七〇年に『未来の衝撃』（*Future Shock*）が出版されて以来、社会変動の速度はいっそう増してきている。この速度の増加の主な原因は、従来の科学技術の急速な発展・活用と新しいテクノロジーの迅速な導入・成長である。インターネットや電子メールのような即時的コミュニケーションのネットワークに支えられることによって、私たちの文化は「同時性社会」（synchronous society）、すなわち、変化に追いつくことが疑いの余地なき至上命令とされているような、全国的、かつ、グローバルに統合された文化に変わってきている。

変化に順応するため、「同時性社会」は伝統的価値を捨ててきた。生き残っている価値でさえ、それが何であれ、高速化した生活のペースに適応する過程で歪められてしまっている。この順応と適応ゆえに、未来の衝撃それ自体が変化を蒙り、急性の状態から、私たちの日常生活のありとあらゆる側面に浸透し影響を及ぼす慢性的な状態に変わってきている。さらに、その影響はもはや心理的なものにとどまらない。それは倫理的・道徳的なものにもなってきてもいる。

1 ワープスピード

光の速さで進んでいる科学技術の勢いに駆り立てられ、私たちの社会の速度計の値は上昇し続けている。「かつて人間が誰一人として行ったことのないような所へ大胆にも向かっていく[4]」宇宙船エンタープライズ号の乗組員のように、私たちは今「ワープスピード」(warp speed) と呼ばれる速さに近づきつつある。しかし、「スタートレック」の冒険とは違い、私たちの旅の速度は、私たちがよほど賢いか強くなければ、私たちの生活の根本的性格を歪めかねない。

なぜなら、この最高のスピードは私たちと時間との関係を変えるからだ。

第一に、ワープスピードは私たちを過去から切り離す。私たちの上昇速度は過去をはるか後方に引き離す。あたかも、轟音をたてて飛んでいくロケットの後部から見た後退していく風景、速度が増すにつれて徐々に小さくなっていくため、地勢のどれもがそれと認識できる形を失っている風景のようである。伝統は理解できないもの、歴史は無関係のもの、記憶は不鮮明なものになるのである。

第二に、ワープスピードは私たちを未来に向かって放り出す。未来の諸特徴が流星雨の火球のように私たち目がけて突進し、私たちの目を眩ませ、宇宙の夜のさらに前方に隠れているものを見えなくする。華々しい発明、キラキラと輝く製品、きらめくデータ、光輝を放つ名士たち――それぞれが前よりも輝きを増して群がってくる――が立て続けに波となって私たちのそばを通り過ぎ、私たちの目を眩ませているのだ。

ワープスピードは、過去の姿を無にし、未来の真の姿を否定することで、私たちを「現在という時代」に孤立させる。私たちはそこに孤立し、時間の無重力状態の中に漂いながら、私たちが自己を実現し満足感を得るための唯一の基盤として、高速化ゆえに安定の源がほぼすべて奪われてしまった宇宙における私たちの唯一の安定の源として、「現在」を頼りとするのである。私たちは、猛スピードで時を駆け抜けながら、「今」にしがみついている。

2 「現在という時代」の力

ワープスピードで旅しているとき、私たちは新しい力、すなわち、「現在という時代」の力〔訳者注：今、現在の出来事や流行するものなどに価値を見出すことによって引き起こされる力〕の支配下にある。「現在という時代」の力は無条件の現在、つまり、他のいかなる時間の次元によっても損なわれることのない現在、の強烈なエネルギーである。そのすべてを消費する力の下では、私たちが生きていく上で従わなければならない優先順位も、電子的スピードについに適応したとき、変化の影響を受けることになる。私たちの生活は以前とは様変わりするが、それは生活そのものが変化したからではなく、生活に対する私たちの見方が変化しているからである。

「現在という時代」の力は、長期性を短期性に、持続性を即時性に、永続性を一時性に、記憶を感覚に、洞察を衝動に取り替える。

かつて神秘主義者たちが俗世間から隠遁することにより超越的視点に達した僧院や荒れ野と違い、「現在という時代」の領域は、遍在する感覚的刺激とすばやい流動の環境であり、不動の地平線を私たちに与えてくれないような絶えず変化する宇宙である。その結果、私たちの生活は、理路整然とした目的よりも、むしろ行き当たりばったたりな軌道によって特徴づけられるようになっている。

こうしたことのすべては、私たちの責任ではない。むしろ、私たちは深遠なる宇宙に閉じ込められ、突然、目覚めた失見当識の宇宙飛行士のようである。しかし、自分の居場所がわかるまで、私たちは宇宙と時間の中で永遠に迷ったままでいることだろう。

3 科学技術の爆発

私たちの生活を加速させる電子テクノロジーの力は、私たちに不意に襲いかかった。たとえば、コンピューターは、『未来の衝撃』の中ではほとんど注目されてはいなかった――アメリカ社会ではまだ重要な役目を担っていなかったのだからそれも当然である。最初のワードプロセッサー〔訳注：日本でいう、「ワープロ」のことである〕は一九七〇年まで、最初のシリコンチップは一九七一年まで、最初のパーソナルコンピューターは一九七五年まで登場しなかった。しかし、推計によると、今日のアメリカでは勤労者の二人に一人がコンピューター端末を使用しており、[5]ちょうど一〇年間でその割合は倍増している。[6]

これと同様に顕著であるのは、コンピューターの急速な家庭への普及である。[7]一九八四年になっても、アメリカの世帯の八パーセントしかコンピューターを所有していなかった。しかし、そのちょうど二年後、数字は倍増した。そして一九九四年までには、コンピューターはアメリカの三分の一以上の家庭でみられるようになった。一九九五年までに、コンピューターを所有するアメリカの家庭の二五パーセントは二台持っていた。[8]

同時に、モデムの売上高は上昇し、一九八三年から一九八八年までに倍増して二〇〇万台以上となり、一九九五年までに三〇〇万台に増加した。[9]モデムは、一九八三年には一秒あたり三〇〇ビットのデータを伝えることしかできなかったが（通常の読書のスピードよりもいくらか遅い）、一九九四年には二万八八〇〇ビットのデータが伝えられるようになっていた。同じ時期、コンピューターの速度自体が一八カ月ごとに倍増した。たとえば、現在、最新鋭のパーソナルコンピューターは、ＩＢＭの最初のモデルのほぼ二〇〇倍も速い[10]。

その間、携帯電話の売上げは飛躍的に伸び、一九八六年の三〇万台からたった一〇年で六七五万台にまではね上がった[11]。一九九三年までに、コードレス電話があるアメリカの家庭は五割に達していた。ファックスの売上げもまた増加し始め、一九八三年の一〇万台以下から一九九七年には三〇〇〇万台をゆうに超えるまでに急上昇した[12]。さらに、少なくとも三〇〇〇万人ものアメリカ人が今ではポケットベルを持ち歩いており、一九八五年にそれを持ち歩いていた人の数の一五倍となっている[13]。

しかしながら、こうした電子テクノロジーのどれも、即時的コミュニケーション媒体としては、テレビの成長率にかなうはずがない[14]。さかのぼって一九五〇年には、テレビを所有するアメリカの家庭は一割にも満たなかった。しかしながら、一九五五年までには、ほぼ七割の家庭にテレビが見られるようになり、たった五年間で三〇〇〇万世帯も増加したのである。一九七〇年までに、アメリカの家庭の九六パーセントがテレビを見るようになり、さらに一九九三年までには九八パーセントとなった。売上げ記録によれば、一九九二年のたった一年間に合計二二五〇万台が売れたという。事実、アメリカでは、トイレを持つ家庭よりもテレビをもつ家庭の方が多いのである[15]。

テレビ局の増加もまた著しい。一九七〇年にはアメリカのテレビ局の数は六七七局だった。一九九三年までに一五四一局に増加した。同時期、ケーブルテレビの加入者数は四〇〇万人から五七〇〇万人に増加した[16]。

だが重要なのは、これらのテクノロジーのどれが人気があるのかということよりも、それらが組み合わさっていることである。それらが組み合わさることにより、個々のテクノロジーが単独で及ぼしたと思われる加速的効果が徹底的に増強されるのである。画像、音声、ならびに、データを高速・ノンストップで絶えず駆け巡らせ、私たちの環境を即時性で満たしているのは、そうした電子的結合なのである。そして私たちの社会が電子的な情報の流れや娯楽に依存すればするほど、私たちの日常生活はその光のような速さについていく必要がある。なぜならば、私たちの経済的・感情的生活はその回路に接続されているからだ[17]。

電子機器の売上高グラフの上昇曲線もいつか横ばい状態になるかもしれないが、ほぼすべての人がそうした機器を所有しているということは、全国規模、いやそれどころかグローバルな規模で統合された、即時的な社会的コミュニケーションのシステムが誕生していることを意味するだろう。実際、これらの個々のテクノロジーを融合し、アメリカのあらゆる家庭で機能する双方向のマルチメディア・システムをつくろうという共同の努力がすでに進行中である。

多くの人々は、そのようなシステムが約束する未来、すなわち、私たちの必要を満たすだけでなく、私たちの願望をも実現する未来をかつてないほどに歓迎している。テレビ画面やコンピューターの助けを借りて、ショッピングやバンキングが家にいながらにしてできるようになるだろう。電子メール、ファックス、テレビ会議の助けによって、会社員はラッシュアワーの電車や道路と格闘するよりも、在宅勤務を選ぶであろう。万華鏡のように多彩なデータバンクに一人ひとりが自分のニーズに合わせてアクセスすることにより、老いも若きも「通学」する必要なく独学できるようになるだろう。そして家庭の娯楽は、限りなく多彩に発展するであろう。事実、これまで述べてきたようなことは、何万ものアメリカの家庭で現在すでに利用されている、電子テクノロジーの数々の能力を拡大したものにすぎない。

「これが世界を変えるだろう」、こう言ったのはアップルコンピュータ（Apple Computer）の元CEO（最高経営責任者）のジョン・スカリー（John Sculley）である[18]。「すでに始まっている。SF小説などではない」。全米最大のケーブルテレビ会社、テレ・コミュニケーションズ（Tele-Communications）のCEOのジョン・マローン（John Malone）は、こうしたことが「実現と想像力との間に立ちはだかる壁を壊す」と予見している[19]。

しかし、心理学者のケネス・J・ガーゲン（Kenneth J. Gergen）のように、「飽和した自己」という新種のパーソナリティ、すなわち、社会的に生み出された数々の刺激に浸り切っている自己の出現を予測する人たちもいる[20]。

普通のストレスと違って、このように意識が絶えず刺激に悩まされている状態は、個々の状況の産物ではないだろう。むしろ、私たちが生きるようになってきている環境全体、すなわち、情報の過重荷、過剰刺激、選択過多が今日の風潮となっているような電子的環境の結果だろう。私たちが利用するメディアは、効率性を重視した結果、私たちをリラックスさせるどころか、その伝染性のスピードで私たちを絶えず駆り立てるだろう。電子分野の最前線にいる、あるパイオニアはすでにこうぼやいている――「テクノロジーはその鼓動を速めている。私たちには情報が押し寄せている。精神はそれらすべてを処理することができない。その速度が今はとても速いので、時折、私は弾丸をかわしているガンマンになったように感じる[21]」と。

そのようなストレスは、知るべきことはすべて知っておかなくてはならないということから生ずるだけではない。それは、私たちが十分な知識を得ることは決してないだろう、という私たちを絶えず苦しめる不安からも生じている。リチャード・ソール・ワーマン（Richard Saul Wurman）はこの状態を「情報不安症」（information anxiety）と呼んでいるが、それは「私たちが理解していることと、私たちが理解すべきだと思っていることとのギャップが絶えず広がっていくことによって生み出される」状態である[22]。たとえば、家庭では、夜、自分が見たいと思っているテレビ番組が始まる前に、他にもっと面白い番組はないかとケーブルテレビガイドに熱心に目を通したりするときに、私たちの多くがこの情報不安症を経験している。当然のことだが、そのような問題は、ケーブルテレビネットワークが一九七〇年代末に登場するまでは一切存在しなかった。しかし、「ケーブルテレビガイド・パニック」は、絶えずより多くの選択肢を私たちに提供する社会では氷山の一角にすぎない[23]。メディアの大御所たちは、チャンネル数五〇〇（ないし五〇〇〇）の時代がいつかやって来ると予言しているが、多くの視聴者にとっては五〇でもう十分である。

しかしながら、モノの数は、モノが伝達されるスピード、私たちに即時的反応を要求するスピードに比べれば、私たちに立ちはだかる最も重大な難問ではないかもしれない。電子の流れの速度は、人間の神経系の生来の限界によって決まるわけではないからである。むしろそれは、私たちに奉仕する非人間的システムのほぼ無限ともいえるスピードによって決まるのである。テクノロジーのスピードが自然に固有の限界を超えたとき、軋轢が生じうるのだ。

4　音の障壁を突破する

そのような状況に付随する潜在的危険性は、第二次世界大戦中の航空機操縦士の経験をみれば明らかである。戦争が始まったばかりの頃、イギリス兵とドイツ兵がヨーロッパ上空の制空権争いを繰り広げていたとき、両陣営とも戦術的に相手の優位に立つために、ますます速い戦闘機や爆撃機の製造に走った。しかしながら、連合国側と枢軸国側の航空機はともに、目に見えない命とりの壁にすぐさまぶちあたった。テストパイロットたちが音速（およそ時速七六〇マイル）に近づくと、彼らは不思議な力——航空機の胴体を激しく揺さぶり、制御不能にする力、航空機を空中分解させかねない力——に遭遇したのである。

この強い力は一体何であったのか。

航空機が大気中を飛行するとき、それは圧縮空気の波動を作り出す。目に見えないさざ波のように、これらの波動は音速で航空機の外へ向かって勢いよく流れていく。航空機そのものが音速以下で飛行している間は、それが生み出す波動はその前方を走っている。しかしながら、航空機が音速に近づくにつれ、それは自らの圧力波に追いつき始める。仮に航空機がこれらの波動を通り抜けようとすれば、

衝撃波が両翼にゆっくりと伝わっていく。航空機の制御装置はもはや正常に作動せず、乱気流が機体そのものに強大な力を及ぼす。音速に近づいている航空機は、突然、前のめりになることがよくあった。機首を急上昇させ

ようとしたパイロットは、両翼からの強力なウェーク［訳者注：流体中を運動する物体の後に引きずられて生じる液体部分］をすでに感じている尾翼に、過度の圧力をかけてしまったのだ。強大な力によって尾翼がもぎ取られてしまう航空機もあった。(24)

死者を出す墜落事故をいくつも経験した後、航空工学者たちは「音の障壁を突破する」方法をついに発見した。航空機の両翼が空中を切り進むよう、両翼を薄くし後退角をつけた。また、目に見えない音の障壁を突破するように、航空機の機首を流線型にした。そのような構造上の変更は、人間が音よりも速く飛ぶのをついに可能にしたのである。

しかし、戦闘用機器が二〇世紀半ばにスピードアップしていた唯一のテクノロジーではなかった。平時のテクノロジーの速度もまた上昇していた。それに加えて、日常生活の速度も上昇していた。この加速化は音速どころか、それよりもはるかに速い光速、すなわち、秒速一八万六〇〇〇マイルで動く電子テクノロジーによって高められ、今日まで続いている。好むと好まざるとにかかわらず、今日では、私たち皆が高速の時代に生きているのである。

たいていの場合、このスピードは気分を浮き立たせる。必要なものや欲しいものをこれまでよりも速く私たちの元へ届けてくれるからだ――あつあつアントレ料理から最新の娯楽に至るまで。だが、そのスピードが私たちの生活にストレスを付け加えることもありうるのだ。

5　スピードとストレス

音の障壁の根底にある物理学の諸原理は、このストレスの源を理解するのに役立つのかもしれない。日常生活の速度が増すにつれ――日々の経験という「大気」の中を私たちがますます速く飛んでゆくにつれ――私たちの航空機は乱気流に遭遇するが、それはこの乱気流に抵抗するように設計されてはおらず、事実、抵抗することができないのである。私たちの「対気速度」が増すにつれ、目に見えない圧力が強まってゆくのだが、この圧力は、私たちのパーソナリティ、私たちの人間関係、社会そのものの構造上の安全性を打ち砕くのに十分な強さの圧力なのである。ついには、私たちにはどうすることもできなくなるか、もしくは、航空機それ自体が崩壊するか、このどちらかになるのかもしれない。あるいは、私たちは自らを救うためのパラシュートも射出座席〔訳者注：操縦士ごと機外に放出させる座席〕もないことを知りながら、大切な命のために死に物狂いで持ちこたえようとするのかもしれない。

人類史の背景と比較すると、これらの破壊的圧力は新しい現象であるように見える。確かに、身体的ストレスは、長い間、何とか生き延びようという人間の苦闘の一部であった。しかし、感情的ストレスはそれほどみられなかった。だが今日では、それは人生の基本的事実として渋々ながら受け入れられているのだ。

たとえば、一九八六年にルイス・ハリス社（Louis Harris organization）が実施した国民意識調査では、アメリカ人の三人に一人が、自分はほぼ毎日、ストレスを感じながら生活している、と答えた。[25] そして六割が、週に一、二度は「大きなストレス」を経験していると答えた。さらに、一九九四年の予防指標調査の結果によると、被調査者の二割が自分はほぼ毎日そのような大きなストレスを感じていた、と報告した。[26]

私たちの生活にストレスが存在することは、活字によっても明らかにされている。[27] 最近五年間で、国内の一般誌に掲載されたストレスや時間管理に関する記事はほぼ四〇〇本にのぼる。さらに、これらを主題とする本は、現在、約九〇〇冊も出版されている。これらの出版物はどれも、ストレスがいかに人気のあるテーマであるかを示しているだけではない。それらはまた、どうも私たちがストレスをあまりコントロールできていないらしい、ということも示している。

確かに、ストレスには「よい」ストレスと「悪い」ストレスがある。おそらくストレスは、特に私たちが結果を重視するとき、困難ではあるが価値ある努力の本質的な構成要素だろう。たとえば、一九九〇年に雑誌『マッコールズ』（*McCall's*）が働く女性を調査したとき、三人に二人が、仕事中のストレスは実際には人生をより刺激的にしていると答えた[28]。同様に、俳優や音楽家が舞台に上がる前に感じる緊張は、稽古のときよりもすぐれた演技や演奏をもたらすことがある。しかし、ストレスには否定的な面もあることは疑うべくもない[29]。

その否定的な面の表われ方はさまざまだ。外面的には、私たちが怒りっぽく短気であるときには他人に対する私たちの行動の中に表われる。内面的には、さまざまな身体的・感情的徴候を通じて表われる。たとえば、神経質や不安、頭痛、筋肉の緊張、胃腸の不調、動悸や血圧の上昇、睡眠不足や不眠症、抑鬱。事実、ある推計によると、プライマリー・ケアの医師の診察の三回に二回は、ストレスが原因の一つとなっている[30]。全米ストレス協会（American Institute of Stress）は、さらに進んで、全疾患の七五〜九〇パーセントはストレスが原因であるとし、ストレスが体の免疫系に及ぼす負の影響をその理由の一つとしてあげている[31]。実際、ある科学的研究が示しているように、ストレスだらけの生活を送っていると考えただけで病気になってしまうだろう[32]！

職場に着くとストレスが私たちを待ち受けているのは確かだ。国立保健統計センター（National Center for Health Statistics）は、一九八五年に四万人の雇用者を調査した後、半数以上が調査前の二週間にかなりの度合いのストレスを経験していたことを発見した[33]。一九九一年と一九九二年、ペギー・ローレス（Peggy Lawless）は、ノースウェスタン生命保険（Northwestern National Life Insurance Company）がスポンサーとなっている勤労者ストレス調査のプロジェクト統括責任者だった[34]。「ストレスは」、とローレスは結論づけた、「アメリカの職場の至る所に火種のごとく蔓延している。……強いストレスがモチベーターになるという考えは、真実とは到底言い難い。それどころか、ストレスは、アメリカの職場を最も弱体化させるものとなっているのかもしれない[35]」と。彼女の見解の根拠は、ストレスを原因とした勤労者の補償請求が劇的に増加し、多くの州予算を圧迫しているという事実である[36]。実際、事故、病気、長期欠勤によるストレス関連の損失により、アメリカの産業は年間一五〇〇億から二〇〇〇億ドルも失っているのかもしれない[37]。

職場ストレスが時々、誘発しうる怒りも損失をもたらしている。一九八九年から一九九三年までに、職場内暴力事件は三倍に増加し[38]、職場での殺人はアメリカで最も急速に増加している殺人形態となっている[39]。

仕事中のストレスには多くの要因がある。たとえば、長時間労働や強制的な超過勤務、意欲を喪失させる内規、上司や同僚との衝突、一時解雇あるいは解雇されるのではないかという不安、孤立、そして退屈までもが含まれる。しかし、最も一般的に原因だとされているものの一つは、仕事のペースを自分で管理できないことである。雇用者が自分で自分のペースを決められないとき、ストレスが生じるのである[40]。

なぜ、会社は従業員をスピードアップさせるのか、それを理解するのは簡単だ。スピードは生産性の向上に、また、生産性の向上は利益の増大につながるからである。

しかし、このように高速化を求めることは、テクノロジーの副産物でもある。以前、工場の機械や組み立てラインは、職を失いたくなければ作業速度を上げるよう労働者に強要した。工場労働者が当時しなくてはならなかったのは――また、今日でもしなくてはならないのは――非人間的な機械装置の速度に合わせることなのだ。

しかしながら、今日、電子機器はそのスピードをいっそう速めており、ある評論家が「電子搾取工場」(electronic sweat-shops)と呼んでいるもの[41]、すなわち、人間の活動速度が、回転しているギアや動いているベルトコンベヤーではなく、光速で伝わってゆく目に見えない信号によって決まるような職場をもたらしている。いよいよ、ファックス、コンピューター、ビデオモニターを利用した電子情報システムが、あらゆる種類の仕事に「高速の」(fast)という形容詞を挿入している[42]。心理学者のクレイグ・ブロード(Craig Brod)によれば、問題は、「私たちが、人間の基準を採用しそれを機械に適用するのではなく、機械の基準を採用しそれを人間に適用していることである」[43]。

このことが及ぼす主な悪影響は、ブロードが「テクノストレス」と呼ぶもの――科学技術により誘発されるストレス――である[44]。この病気は伝染性で、私たちの行動様式や感じ方ばかりか、考え方にまで影響を及ぼす。なぜならば、勤労者は、機械と対立するのではなく、むしろ実際には機械のようになるからである。ファックスをよく利用する人は、それを頻繁に使ううちに「仕事のスピードをもっと上げたくなり、遅れずについていかなくてはと思うようになります。……この機器を……使えば使うほど、もっと速く、と思うようになっていくのです」、と伝えている[45]。また、別の人はこう述べている。「結局、ファックスが送られてくると、もっと速く返信しなくてはと思うのです。もっと速く動かなくては、と感じるのです。ファックスでのやりとりが今よりもっと速くなる必要はないはずなのに、そう思ってしまうのです[46]」。同様に電子メールも、まったく差し迫っていない事柄であっても、真の切迫感を私たちの心の中に徐々に染み込ませる可能性がある[47]。

職場のスピードは中毒化する可能性がある。しかし、それはちょうど私たちをスピードアップさせるときに、私たちを消耗させる中毒である。私たちが一日を仕事を終えて帰宅するとき[48]、仕事だけでなく、物事が迅速に進まないことへのいらいらや電子機器と同じだけのスピードを人間にも求める、といったことを家に持ち帰るのかもしれない[49]。要するに、私たちは、私生活においても、人間という不完全な生き物が機械と同じように効率的に動くのを期待するようになってしまっていて、さもなければ愛していたかもしれない人たちに、私たちが日頃よく知っている機械と同じくらい即座に答えたり、反応したり、従ったりしないという理由で、すぐに愛想をつかすようになっているのかもしれない。

文化的には、私たちは、テクノロジーが私たちを労働から解放してくれると信じるように条件づけられてきた。テクノロジーが発展すればするほど、私たちの生活は楽になる。あるいはそういった類いのことが言われている。しかし、そこまで研究者も確信がもてないのだ。

ハーバード大学の経済学者のジュリエット・ショアー（Juliet Schor）は、統計的なデータから、現代のアメリカ人は実際には五〇年前より長く働いていることを明らかにしている[50]。私たちは半世紀前の二倍もモノを所有・消費しているのかもしれないが、結局はその所有・消費のためだけにより長く働いているのだ。ある消費者はこう述べている。「これらの『労力節約機器』（labor-saving devices）はどれも……労力を節約してくれない。それらはより多くのモノを作るだけだ。皆がより多くのモノを持っている。私も、あなたも、そして彼もモノを手に入れた。これだけのモノを。そして今では人々が扱えないくらい沢山のモノがある」[51]。ショアーの計算によると、一九七〇年から一九九〇年まで、毎年アメリカ人が仕事に費やす時間は前年よりも九時間多くなっている――たった二〇年間で丸一カ月は余計に働いていることがわかっている。

私たちの生活水準には、かつてなら贅沢品とされていたであろうが、今では絶対に必要なものとみなされている数多くのモノ――家庭用エアコン、テレビ数台、二台目の車――が含まれている[52]。そうしたモノ全部（と、私たちが欲しいと思うようになる他の新しい製品やサービス全部）を持つだけの余裕があるということは、もっと働くことを意味する[53]。かくして、いつのまにかアメリカ人は働いては消費し、消費しては働く、という悪循環に陥っている、とショアーは言う[54]。その結果、余暇――私たちが生活をもっと楽しむことができるようにしてくれるもの――はますます手に入りにくくなっている。

メリーランド大学の社会学者のジョン・ロビンソン（John Robinson）[55]は、多くのアメリカ人、とりわけ五一歳以上のアメリカ人は、実際にはより多くの自由時間、一九六五年以来一週間あたり五時間も多い自由時間を手に入れている、と指摘する。しかしそのロビンソンですら、三六～五〇歳のアメリカ人にとって、特にいくつかの仕事を掛け持ちしているのに加えて結婚し、子どもがいる場合には、生活はかつてないほど忙しくなっていることを認めている。逆説的にも、前より多くの自由時間を手に*し*て*い*るアメリカ人でさえ、実際には、自由時間が少なくなったと感じているのだ[56]!

ロビンソンの「アメリカ人の時間の使い方プロジェクト」は、時が経つにつれ、慌しさが次第に増していることを明らかにしている[57]。一九六五年には、被調査者の二五パーセントが四六時中急きたてられた生活を送っていると言った。一九七五年までに、その数字は二八パーセントにまで上昇していた。一九八五年までには三二パーセントに達していた。そして、より最近の一九九二年には、ペンシルバニア州立大学の研究者のジェフリー・ゴドビー（Geoffrey Godbey）とアラン・グレーフェ（Alan Graefe）がその数字を一九六五年からほぼ五〇パーセント増の三八パーセント、と推定した。[58] 印象的なのは、小都市の住民は大都市の住民と同じく急きたてられていると感じていることだ。同じく印象的なのは、両方のグループともに、仕事中だけでなく、余暇に遊んでいるときでも急きたてられていると感じていることである。余暇ですらもう余暇ではないようなのだ！

こういったことはすべて、十分理解できる。これほどまでに多くのアメリカ人がより長時間働いたり、二つの仕事を掛け持ちしたりしていれば（仕事を終えて帰宅すると「第二の勤務」が待っている母親を含む）、休憩時間にしわ寄せがきても仕方あるまい。[59] 実のところ、私たちがどんなテクノロジーを考案しようとも、それでも一日は二四時間しかないのである。労働時間が増えることは、家庭にいる時間、もしくはそれを言うなら他のどの場所にいる時間までも減少することを必然的に意味する。

その結果、さもなければ私たちが――仕事の前、仕事の後、そして、週末に――やっていたと考えられることは、すべて、今や限られた時間の中に組み込まれなくてはならないのだ。他の「必要性の低い」活動（ウィンドーショッピング、一杯の紅茶を入れること、友人とのおしゃべり、日が沈むのを眺めること）は「時間がない」という理由で切り捨てられる一方、用事は山積みなのだ。それにもかかわらず、その他の活動は倍増している。[60] だから、私たちは電話しながら食事し、車を運転しながら髭剃りや化粧をし、テレビを「見ている」間に読書をする。他の仕事はよそに委ねるようになり、だんだんと人任せになる。たとえば、デイケアセンターやベビーシッターが両親に取って代わり、テイクアウトの料理や電子レンジで温めるだけの食品が家庭料理に取って代わり、ペットでさえ、時間のかかる散歩をしなくてもすむ維持費の安い猫が、犬に取って代わりつつあるのだ。[61]

さらに、時間不足は、まるで全世界の時計のじりじりと時を刻む分針がいきなりぐるぐると回る秒針になってしまったかのように、何をするにしても私たちを急ぎ足にしている。私たちは運動や慌しい休暇を残りわずかな時間の中に詰め込むので、いわゆるレクリエーションでさえもが加速する。[62] アメリカの勤労者のほぼ半数が、一日余計に休暇をもらうくらいなら一日働いて給料をもらう方がいい、と言っているのも不思議ではない。[63] 好むと好まざるとにかかわらず、私たちは全員、日常生活という戦場で戦う平時の軍隊に徴兵されている。ジェレミー・リフキン（Jeremy Rifkin）の言葉を用いれば、私たちの戦いは「時間戦争」（time wars）であり、心と体が渇望するゆっくりしたペースと、テクノロジーが要求する速いテンポとの戦いである。[64] そして、そのような戦争では、私たち皆が経験豊富な古参兵である。

では、塹壕からの声をいくつか聞いてみよう。現代の軍隊の多くがそうであるように、軍隊は男女混成で、あらゆる階層の出身である。彼らの戦いの話に、あなたもきっと共感することだろう。

私はスケジュール帳を持ち歩いているのですが、それがないと完全に途方に暮れてしまいます。人と会う約束、学校の子どもたちの活動、学校の運動会、私の子どもが歯医者に行く日、私が仕事に行く日、などなどをスケジュール帳に書き留めておかないと、どうしたらいいかわからなくなるのです。気が狂ってしまいます。スケジュール帳がないと、迷子のようになってしまうのです。[65]

読書をしていれば、何か書いていなくてはいけないのではないかと思ってしまう。何か書いていれば、その代わりにあの会合に行くべきだったのではないか、と考えてしまう。会合に行けば行ったで、もしかしたらその夜は電話をすべきだったのではないか、と思ってしまうのです。[66]

今よりたくさんの仕事をこなすようになったら、私はきっと悲鳴を上げることでしょう。[67]

時折、自分が十分速く走れないように思えるのです。[68]

私の生活はどんどん前に進んでいます。[69]

時間は……私の持ち物の中で最も貴重なものですが、十分に持ってはいません。昔はお金が大事でした。でも今は時間なのです。(70)

とても速く動いているので怖くなるときがあるのです。時々、自分の生活がとても速く動くので、私にはその舵取りをすることしかできず、ペースを変えることなどできません。ですが、スピードが増すにつれ、舵取りをすることも難しくなります。(71)

時間？　そんなものはもはや問題ではありません。時間などないのですから。(72)

こうした個人的な意見は、ヒルトンホテル・グループ（Hilton Hotels）が一九九一年に資金提供した科学的調査の結果によって裏づけられている。被調査者であるアメリカの成人の三人に一人は、こう答えた。「いつもストレスがあるように感じる――自分が捌けないほどのことを成し遂げようとしている」、「十分な時間を家族や友人に割いていないのが気がかりだ」、「一日の終わりには、手を着けたことを完成させていないように感じることがよくある」。五人に一人以上が「楽しいことに使う時間はもうない」とぼやき、「夫はもう私が誰だか知らないのではないか、と時々感じる」と打ち明けた。(73)

これらが少数派のアメリカ人の意見だとしても、彼らの声に滲む苦悩は、特に日々そのような叫びがますます上がっている以上、傾聴に値するのである。

チャーリーとルーシーの冒険

印象的なのは、彼らが表現している気持ちや彼らが取り組んでいる問題は、何年も前に予想されていたということだ。

音の障壁を突破する一〇年前、イギリスの喜劇役者のチャーリー・チャップリン（Charlie Chaplin）は、高速テクノロジーがストレスを引き起こしうることをすでに探究していた。大恐慌のさなかに撮影された『モダン・タイムス』（*Modern Times*）はチャップリン自らが脚本・監督を手がけた作品で、非情な資本主義と機械の冷酷な力に支配された過酷な社会で幸福を探し求める市井の人々の、挫けることなく立ち直る精神を称えている(74)。

映画の冒頭、エレクトロ鉄鋼会社（Electro Steel Corporation）社長がその日の最初の命令を出す。「第五部門、もっと速度を上げろ。四・一へ」。この映画全体のなかで台詞を喋るのは無情な独裁主義の象徴である社長だけであり、彼は拡声器で技師長に怒鳴りつけている。壁ほどの大きさの最先端のテレビに彼の顔が映し出されているのだが、それは、トイレ休憩のときでも労働者を監視できる送受信用のビデオシステムの一部なのである。

オーバーオール姿のわれらがヒーロー、チャップリンは、動いているベルトコンベヤー上を速く通り過ぎていくナットを急いで締めようと、二本のレンチ――それぞれの手に一本ずつ――を狂ったように振りまわしている。「第五部門、もっと速度を上げろ。四・七へ」。そこでチャップリンは、死に物狂いでついていこうとして、両肘を激しく動かしながら二本のレンチを操っている。「第五部門、極限まで速度を上げろ」、と拡声器はがなりたて、ベルトコンベヤーはいっそう加速する。

だがそれは、どんなに敏捷で真面目な人間であろうと、一介の人間には追いつけないほど速くなりすぎてしまった。神経衰弱に苦しんでいる気の毒なナット締め労働者は、ベルトコンベヤーでオープンシャフトの中へ運ばれ、歯車だらけの巨大な機械の内部に入り込んでしまう。ついに、彼は目を回しながら姿を現し、今度は目に入るナットを片っ端から締め始めるが、彼の真剣な目はふとナットそっくりの女性の服のボタンに留まる。女性をレンチでねじろうとして彼は逮捕され、精神病院へと引きずられていくが、それは一連の災難や投獄の序の口にすぎない。

結局、チャーリーは美しい浮浪少女との間に真の愛を見出す。幸福を見つけるために苦労するのはもう嫌だ、と彼女が言うと、彼は彼女に頑張って、「くじけない」ように説く。彼は彼女に笑顔になるよう身振りをし、チャップリン自作の歌「スマイル」の旋律を背景に彼女の手をとる。手に手をとって人生の道を歩んでゆく二人のシルエットが夜明けを背に浮かび上がる。

何年か後、テレビというメディアが同じテーマを取り上げた。テレビの「黄金時代」に最も人気があり、最も多くの人々に視聴され、最も話題になった番組の一つが、ルシール・ボール（Lucille Ball）とデジ・アーネス（Desi Arnaz）主演の連続コメディー「アイ・ラブ・ルーシー」（"I Love Lucy"）だった[75]。一九五二～一九五三年のシーズンの第一話は「仕事の交換」だった[76]。

ルーシーと友人のエセル（Ethel）は、自分たちは「単なる主婦」ではなく「本物の仕事」をちゃんと続けられるのだと夫に証明するため、クレイマーズ・キャンディ・キッチン社（Kramer's Kandy Kitchen）の包装部門で働き始める。彼女たちの仕事は、チョコレートに浸されたばかりのキャンディを箱詰め用に包装することである。監督が「始め！」と叫ぶとキャンディを載せたベルトコンベヤーが動き始める――最初は、ルーシーとエセルが新しく見つけた役割に自信をもって取り組めるほどの、ゆっくりとした速度で。

しかし、その後、速度は増していく。ベルトコンベヤーに何とかして追いつこうと必死になり（キャンディを一個でも包装できなければ首を切られてしまう）、二人は目の前を通り過ぎるキャンディを食べたり、ベルトコンベヤーから失敬して制服の中に隠したりする――生き残るために何でもするのだ。監督は、戻ってくると、空のベルトコンベヤーを満足げに眺めた後、「少し速度を上げて！」とベルトコンベヤーのオペレーターに叫ぶ。結局、ルーシーとエセルは工場を首になって帰宅し、家事に挑戦したものの、失敗ばかりの夫たちから感謝のプレゼント――五ポンド［訳者注：約二・二七kg］の箱入りチョコレート菓子（！）――を贈られ、めでたしめでたしで終わる。

チャップリンの『モダン・タイムス』のように、「仕事の交換」は人間と機械を競争させ、人間がビリになった。ルーシーがある所で断言するように、「私たちは負け戦をしているのよ」。

重要だったのは機械の力ではなく、そのスピード、人間の反射神経と忍耐の客観的限界を試すスピードであった。私たちが喜劇役者を見て笑うのは、彼らの滑稽なしぐさの背後にある普遍的真理、日常生活において私たちにもなじみ深いあの真理を感じとるからである。

6　社会の加速化

テクノロジーの変化には、突然ではなく徐々に起こり、ちょうど私たちの日常生活を変化させているときに私たちの日常生活に少しずつ浸透するために、おそらくは正しく認識するのが困難なものもある。ジェリー・マンダー（Jerry Mander）が、自分が生きている間に目にしてきたテクノロジーの変化を記述することによって、「私たちが現代のスピードに追いつける」ようにしてくれているので、それに耳を傾けてみよう。

私は一九三六年に生まれた。その当時、ジェット機はなく、商業的な航空運輸は実質的には存在しなかった。コンピューターも、宇宙衛星も、電子レンジも、電子タイプライターも、複写機も、テープレコーダーもなかった。ステレオもＣＤもなかった。一九三六年にはテレビもなかった。宇宙旅行も、原子爆弾も、水素爆弾も、「誘導ミサイル」と最初呼ばれたものも、「スマート」爆弾〔訳者注：飛行機から投下され、テレビカメラやレーザー光線によって目標に誘導される爆弾〕もなかった。蛍光灯も、洗濯機や乾燥機も、クイジナート〔訳者注：フードプロセッサーの商品名〕も、ビデオカセットレコーダーもなかった。エアコンなどもなかった。高速道路も、ショッピングセンターやショッピングモールもなかった。現在、私たちが知っているような郊外もなかった。速達郵便も、ファックスも、電話のワンタッチダイヤル機能も、経口避妊薬もなかった。クレジットカードや合成繊維もなかった。抗生物質も、人工臓器も、農薬や除草剤もなかった。……私が生きている間に、こういったことすべてが変わったのだ。(77)

マンダーが列挙している発明はかなり具体的だが、それよりも遥かに捉えがたく、だが、遥かに浸透性のある出来事が起こっていた。アメリカ文化をいっそう特徴づけ始めた新しいテクノロジーによって加速され、生活のペースそのものが速まっていた。

こうしたテクノロジーの多くは、ゆっくり動く部品を持つ機械テクノロジーではなく、即座に作動する電子テクノロジーだった。人間がまばたきをする間に、電子信号は地球と月を結ぶ距離の中間点まで達することができた。しかし、私たちは月に信号を送っていなかった——少なくともまだできなかった。私たちは、ますます頻繁にお互いに信号を送り合っていたのである。一九五〇年代と一九六〇年代には、アメリカでは電話が鳴り続け、ラジオはわめき続け、テレビはつけっぱなしだった——すべて同時に。また工場は、消費者向けの電子機器をどんどん生産していた。

職場での生活がスピードアップしていたとすれば、家庭生活も少しもゆっくりしていなかった。私たちがすぐに適応する必要があったのは、チャップリンのエレクトロ鉄鋼会社やクレイマーズ・キャンディ・キッチン社での勤務時間だけではなかった。新しい二四時間営業の世界では、起きている間ずっとだった。

物事がますます速くなっているだけではなかった。一九七〇年代と一九八〇年代までに、「高速の」という形容詞の定義までもがますます速くなっていた。何かというと「即席」(instant)とか、「至急」(express)という言葉がでてきた——私たちはその板挟みになっていた。一九九〇年代までには、ひとつのことで時間を節約しても、その次にやらなくてはならないことがすでに三つもある、という状況になっていた。

それがさほどゆゆしきことではないにしても、あらゆるものが、高速で動いている一つの大きなシステムの中では、他のあらゆるものと結びついているようにみえた。このシステムは、私たちを解放してはくれないだろう。またそれは、私たちが選んだペース——よりストレスのない、より人間的なペース——で私たちを生活させてはくれないだろう。

多くのアメリカ人は、社会の非人間的なテンポに順応しようと努力するあまり、追いついているだけでもありがたいと思っていた。しかし、追いつこうとする過程で、彼らはとても貴重なもの――何のために生きるべきかという感覚を――失い始めたのである。

今後、チャップリンの微笑や五ポンドの箱入りチョコレートだけでは、ハッピーエンドを確実なものとするには十分ではないだろう。なぜなら、私たちが移動しているスピードは、進むべき道をみつけるのに必要な視点を私たちから奪っていたからである。

「現在という時代」の力が、私たちの生活を変えはじめていたのである。

注

(1) Alvin Toffler, *Future Shock*, New York: Random House, 1970 (=邦訳、徳山二郎訳『未来の衝撃』実業之日本社、一九七〇年).

(2) Toffler, *Future Shock*, p. 2.『未来の衝撃』が出版される一〇年以上も前に、人間に非常に大きな課題を突きつけることになる急激な変化の到来をすでに予感している人々が他にもいた。一九五五年に物理学者のJ・ロバート・オッペンハイマー(J. Robert Oppenheimer)はこう言った――「重要な意味で、この私たちの世界は新しい世界であり、そこでは……社会と文化の概念そのものが変化してしまい、昔に戻ることはないであろう……。新しいのは、一つには、新しさが至る所に浸透していること、変化の規模と範囲そのものが変わってきていることであり、したがって、世界は私たちが生きている間にも刻々と変化し、また、人間の一生は幼少期に習得したことのわずかな成長でも再編成でも緩和でもなく、大変動を示している……。この世界で新しいことは、信条や儀礼やこの世の秩序における権威の消滅と腐敗の大規模な性格である……。私たちはこの変化を認識し、どんな方策があるのかを知る必要がある」(Whit Burnett ed., *This Is My Philosophy*, New York, Harper, 1957 (=邦訳、村松仙太郎・山川學而共訳『現代に生きる信條』荒地出版社、一九五八年), pp. 104-113 に転載されたコロンビア大学創立二〇〇年記念講演"Prospects in the Arts and Sciences"より)。その後、一九六〇年に、人類学者のローレン・アイズリー(Loren Eiseley)はこう書いた――「テクノロジー革命は……テクノロジーの変化に伴いきわめて急速に変化する社会環境をもたらしているので、個人がそれに適応できないということがしばしば起こる。個人は不安になるか混乱するかのどちらかであり、あるいは、もっとひどい場合、自らをできるだけ消耗させずに世の中をわたっていくための皮相な哲学を発展させる。生まれたときと死ぬときとで時代がまったく違うなどということが文字通り可能だったことは、歴史上、いまだかつてなかった。私たちの多くが、生まれ落ちた時代とはまったく異なる時代に今生きている。その経験は、乳母車に乗り、その何年か後にはキャデラックに乗る、ということに限らない。それよりもはるかに重要なのは、機械によって引き起こされた生活習慣の変化の直後に生じてきた、社会の型と倫理的適応である」(*The Firmament of Time*, New York. Atheneum, 1960, p. 133 以降)。

(3)　Toffler, *Future Shock*, p. 11, p. 2.

(4)　テレビの連続ドラマ「スタートレック」(Star Trek) の各回の冒頭で流れる前口上より。

(5)　Times Mirror Center for the People and the Press が実施した一九九四年の調査によると、五五パーセントである。

(6)　アメリカ合衆国国勢調査局 (U.S. Bureau of the Census) によると、一九八四年には勤労者の二四・六パーセントが職場でコンピューターを使用していた。

(7)　アメリカ合衆国国勢調査局によると、一九八四年にはアメリカの全世帯の八・一パーセントがコンピューターを所有していたが、一九八九年には一五パーセントになった。米国電子工業会 (Electronics Industries Association) による推計に基づくと、一九九三年までに三五パーセントがコンピューターを所有していた。

(8)　(コンプUSA社 (CompUSA) の販売促進担当副社長、ラリー・モンドリー (Larry Mondry) によると) 一九九五年半ばまでに、家庭用コンピューターの売れ行きはテレビやビデオのそれを上回るまでになっていた。

(9)　米国電子工業会と事務機器製造業者協会 (Business Equipment Manufacturers Association) の数字による。

(10)　新しい銅製チップと「フラッシュ・メモリー」チップはたった九年で現在のコンピューター速度を倍の速さにするかもしれない。DNA反応を利用している「生物学的」コンピューティングは、将来、よりいっそうの高速化をもたらすかもしれない (Gina Kolata, "A Vat of DNA May Become Fast Computer of the Future", *New York Times*, April 11, 1995, B5 を参照のこと。なお、今後、『ニューヨーク・タイムズ』からの引用は全国版からである)。

(11)　米国電子工業会と事務機器製造業者協会による。携帯電話は一九八三年に初めて市場に出回った。今日のアメリカでは、およそ三〇〇〇万人もの携帯電話加入者がいる。

(12)　米国電子工業会と事務機器製造業者協会による。

(13)　最大のポケットベルメーカー、モトローラ社による。現在、少なくとも一九〇〇万人のアメリカ人が契約している。その数は二〇〇〇年までに五〇〇〇万人に達するのではないか、とモトローラ社は予測している。

(14) ニールセン・メディア・リサーチ（Nielsen Media Research）ならびに『ブロードキャスティング・ケーブル・マガジン』（*Broadcasting Cable Magazine*）による。一九九六年半ば現在、アメリカ合衆国ではおよそ四億台、平均して一世帯あたり四台のテレビリモコンが使用されていた（全米家電製造業者協会（Consumer Electronics Manufacturers Association）による）。

(15) James Twitchell, *Carnival Culture: The Trashing of Taste in America*, New York: Columbia University Press, 1992.

(16) A・C・ニールセン（A.C. Nielsen）と *TV & Cable Fact Book* による。

(17) 「近頃では、あなたがプラグ・インするもので、あなたがどのような人間であるかがわかるのです」（銀行幹部ロバート・ゴールドマン（Robert Goldman）、*The New York Times*, December 10, 1995, F14）。インテル（Intel）の副社長アブラム・ミラー（Avram Miller）は「現実を直視するのです――私たちはスピード狂なのです」（*The Wall Street Journal*, December 27, 1995, 13）と言っている。

(18) "Technology on Brink of Its Future"（*Detroit News*, May 19, 1993, 3E）に引用されている。

(19) "Technology on Brink of Its Future"に引用されている。

(20) *The Saturated Self: Dilemmas of Identity in Contemporary Life*, New York: Basic Books, 1992.

(21) Nancy Gibbs, "How Americans Has Run Out of Time", *Time*, April 24, 1989, 59 の中で引用されていたマンハッタンの建築家のジェームズ・トランゾ（James Trunzo）の言葉。

(22) Richard Saul Wurman, *Information Anxiety*, New York: Doubleday, 1989（=邦訳、松岡正剛訳『情報選択の時代――溢れる情報から価値ある情報へ』日本実業出版社、一九九三年）を参照のこと。

(23) この状態は、私たち一人ひとりの興味・関心に合った番組を検索し、私たちに通知するようにプログラミングされた電子「ナビゲーター」により、いつか軽減されるかもしれない。

(24) Timothy R. Gaffney, *Chuck Yeager: First Man to Fly Faster than Sound*, Chicago: Children's Press, 1986, p. 54.

(25) Louis Harris, *Inside America*, New York: Random House, 1987, pp.9-10 を参照のこと。

(26) プリンストン調査研究協会（Princeton Survey Research Associates, Inc.）が実施した調査。*American Demographics*, September 1994, pp.14-15 を参照のこと。

(27) 要約は *The Reader's Guide to Periodical Literature* と *Books in Print* より。

(28) "The 1991 *McCall's* International Job Stress Survey", *McCall's*, March 1991, p.71 以降。

(29) 特に Hans Selye, *The Stress of Life*, New York: McGraw Hill, 1956（=邦訳、杉靖三郎ほか訳『現代生活とストレス』法政大学出版局、一九六三年）と *Stress without Distress*, New York: Lippincott, 1974 を参照のこと。

（30）John Butterfield, "Unload Stress for '94", *USA Weekend*, December 31, 1993 — January 2, 1994, p. 5.

（31）全米ストレス協会（ニューヨーク州ヨンカーズ）発行の小冊子より。

（32）Monte Williams, "Are You About to Short Circuit?", *New York Daily News*, October 4, 1992. そこでの消化性潰瘍の原因に関するデータは *Archives of Internal Medicine* より。

（33）*Manager's Magazine*, August 1992, p. 3.

（34）Mitch Vinicor, "Stress Is Doing a Job on Workers", *New York Daily News*, May 8, 1991.

（35）*Manager's Magazine*, August 1992, p. 3.

（36）ノースウェスタン生命保険は、自社が処理したストレス関連障害の事例が一九八二年から一九九〇年までで六パーセントから一三パーセントに倍増したと報告している。

（37）全米ストレス協会の推計に基づく。

（38）Edward Iwata, "Workers as Time Bombs", *Orange County Register*, May 24, 1993.

（39）Kathleen Allen, "Workplace Violence Increasing", *Tucson Citizen*, June 8, 1992. Atlanta-based Crisis Management 社長ブルース・ブライズ（Bruce Blythe）の言葉がそこでは引用されている。

（40）以下の文献を参照のこと。"The 1991 *McCall's* International Job Stress Survey", p. 78; Craig Brod, *Technostress: The Human Cost of the Computer Revolution*, Reading, MA: Addison-Wesley, 1984（=邦訳、池央耿・高見浩訳『テクノストレス』新潮社、一九八四年）; Jeremy Rifkin, *Time Wars: The Primary Conflict in Human History*, New York: Henry Holt, 1987（=邦訳、松田銑訳『タイムウォーズ——時間意識の第四の革命』早川書房、一九八九年）.

（41）Juliet B. Schor, *The Overworked Americans: The Unexpected Decline of Leisure*, New York: HarperCollins, 1993（=邦訳、森岡孝二ほか訳『働きすぎのアメリカ人——予期せぬ余暇の減少』窓社、一九九三年）, p.11.

（42）「一日に五〇件から一〇〇件の電子メールをきまって受信する人々を私は知っているし、中には五〇〇件ものメールを受信する人もいる」、とエルンスト＆ヤング（Ernst & Young）のリサーチ・フェロー、デービッド・W・デ・ロング（David W. De Long）は報告している。この情報過多の負担と対処法については、ジュディス・H・ドブルジンスキー（Judith H. Dobrzynski）の記事（*New York Times*, April 28, 1996, 2E）を参照のこと。

（43）Kathleen Osborne Clute, "Labor-Saving Wonders Pushing a Lot of Us to Work Longer, Harder", *Boston Globe*, November 11, 1991 から。

（44）Brod, *Technostress* を参照のこと。

(45) 営業報告書および販売促進用資料の制作を手がけているパメラ・R・ゲディス（Pamela R. Geddis）の言葉。Kathleen Osborne Clute, "Labor-Saving Wonders Pushing a Lot of Us to Work Longer, Harder" から。

(46) コンピューター・エンジニアの言葉。Ralph Keyes, *Timelock: How Life Got So Hectic and What You Can Do About It*, New York: Harper Collins, 1991, p. 94 から。

(47) 電子メールの偽りの切迫性は、メッセージが受信され読まれたことを送信者に通知する新たなシステムにより、その度合いをいっそう増している。「それは、あなたが返信するまでの時間を測定することができる」とマサチューセッツ工科大学助手のマイケル・シュレージ（Michael Schrage）は言う、「だからすぐに返信しなくてはならないように感じるのだ」（*The Wall Street Journal*, April 8, 1997, B1）。

(48) Brod, *Technostress*, 特に p. xi, p. 17 以降, 第5章 "An End to Romance" を参照のこと。

(49) 管理職のヘッドハンティングに携わるデービッド・バーン（David Beirne）は、「職場と家庭の間に境界線はない。私のベッドのそばにはポケットベルが置いてある。……そうせざるをえないのだ」と述べている。人材開発コンサルタントのフリーダ・クライン（Freada Klein）は、「飛行機に乗っている間は、もはや静かに仕事をしたりくだらない小説を読んだりする時間ではないのです。それは、スケジュール化され、侵略された時間なのです」と伝えている（*The Wall Street Journal*, April 8, 1997, B1）。在宅勤務コンサルタントのギル・ゴードン（Gil Gordon）によれば、「この移動通信テクノロジーは望ましくもあり、不快でもある、最高のジョークだ。望ましい点は、どこからでも仕事ができることである。不快な点は、どこからでも仕事ができることである」（*San Francisco Examiner*, September 1996）。

(50) Schor, *The Overworked Americans* を参照のこと。

(51) テレビのドキュメンタリー番組 "Running Out of Time"（KCTS [Seattle] と Oregon Public Broadcasting による一九九四年の共同制作）でのナショナル・パブリック・ラジオ（National Public Radio）のマリー・ホロウィッツ（Murray Horowitz）の言葉。

(52) 一九七三年には、アメリカ人の二三パーセントが家庭用エアコンを必需品とみなした。一九九六年までには、その割合は五一パーセントにまで達した。自動車用エアコンに関しては、一九七三年には一三パーセント、一九九六年には四一パーセントが必需品とみなした。一九七三年にはまったく知られていなかった電子レンジは、一九九六年までにはアメリカ人の三二パーセントが必需品とみなした（一九七三年のデータは Roper Organization から、一九九六年のデータは *Washington Post*, Henry J. Kaiser Foundation、ハーバード大学全国調査から）。

(53) 贅沢品を欲することが労働を増やすことに関しては、Gary Becker, "A Theory of the Allocation of Time", *Economic*

Journal 75.299, 1965, pp. 493-517 と、Staffan B. Linder, *The Harried Leisure Class*, New York: Columbia University Press, 1971（=邦訳、江夏健一訳『忙しい有閑階級』好学社、一九七一年）を参照のこと。

(54) Schor, *The Overworked Americans*、第5章。

(55) *American Demographics* に発表された彼の論文、ならびに、“How Americans Use Time”（Edward Cornish との対談）（*The Futurist*, September-October 1991, p. 23 以降）における彼の発言を参照のこと。また Geoffrey Godbey との共著 *Time for Life*, Pennsylvania State University Press, 1997 も参照のこと。

(56) 前掲の *The Futurist* 誌上での対談より。さらに、“Time's Up”, *American Demographics*, July 1989, pp. 33-35、“Quitting Time”, *American Demographics*, May 1991, pp. 34-36 を参照のこと。

(57) John Robinson, “The Time Squeeze”, *American Demographics*, February 1990, pp. 32-33 を参照のこと。

(58) “Americans' Use of Time Project”、ならびに、全米レクリエーション・公園協会（National Recreation and Park Association）の一九九二年度調査結果（*American Demographics*, April 1993, p. 26）。

(59) Arlie Hochschild with Anne Machung, *The Second Shift: Working Parents and the Revolution at Home*, New York: Viking, 1989（=邦訳、田中和子訳『セカンド・シフト――第二の勤務――アメリカ共働き革命のいま』朝日新聞社、一九九〇年）を参照のこと。

(60) 元来は最新型コンピューターに適用された用語「マルチタスク」は、今では人間にまで適用されている（Scott McCartney, “The Multitasking Man: Type A Meets Technology”, *Wall Street Journal*, April 19, 1995, B1 を参照のこと）。

(61) Lee Burns, *Busy Bodies: Why Our Time-Obsessed Society Keeps Us Running in Place*, New York: Norton, 1993 の中で触れられている。*Statistical Abstract of the United States* 1993-1994, No. 406 を参照のこと。

(62) 休暇の平均日数は減少している。アメリカ旅行業協会（Travel Industry Association of America）によれば、休暇の平均日数が五日（一九八六年）から四日（一九九六年）に減少するにつれ、旅行も短くなっている。

(63) John Robinson, “Your Money or Your Time”, *American Demographics*, November 1991, pp. 22-26.

(64) Rifkin, *Time Wars*.

(65) Ralph Keyes, *Timelock*, p. 141 で引用されている、二児の母でもある代用教員の言葉。

(66) Keyes, *Timelock*, p. 130 で引用されている、作家レティ・コティン・ポグレビン（Letty Cottin Pogrebin）の言葉。

(67) Brod, *Technostress* の中で引用されている、法律事務所職員の言葉。

(68) 小学校一年生を受け持つ教師の言葉。筆者とのインタビューより。

(69) 病院の受付兼看護師の言葉。筆者とのインタビューより。

(70) Keyes, *Timelock*, p. 4で引用されている、企業の顧問弁護士の言葉。

(71) Keyes, *Timelock*, p. 11で引用されている、広告業者の言葉。

(72) Keyes, *Timelock*, p. 4で引用されている、弁護士の言葉。

(73) Robinson, "Your Money or Your Time" において報告されている調査。

(74) チャールズ・チャップリン、『モダン・タイムス』(一九三六年)。

(75) 出典：Baseline, II, Inc., 基本データはニールセン・メディア・リサーチから。Bart Andrews, *Lucy & Ricky & Fred & Ethel: The Story of "I Love Lucy"*, New York: Dutton, 1976, p. 1を参照のこと。

(76) 一九五二年九月一五日放送。脚本はジェス・オッペンハイマー (Jess Oppenheimer)、マデリン・ピュー (Madelyn Pugh)、ボブ・キャロル・ジュニア (Bob Carroll, Jr.)。

(77) Jerry Mander, *In the Absence of the Sacred: The Failure of Technology and the Survival of the Indian Nations*, San Francisco: Sierra Club, 1991, p. 11.

第2章 「現在という時代」の力の三つの源泉

「現在という時代」の力は、大河のように、多くの支流からその力を得ている。本章ではこうした支流を一つずつ検討していく。

1 テクノロジー

こうした支流のうち最も顕著であるものはテクノロジーである。だが、その流れは、他のどの支流とも同じく、流れをさかのぼっていっそう遠くの――そして、もっと隠された――水源にまでたどることができる。古代ギリシャの二つの物語は、その流れの方向と深さを明らかにしてくれる。

イカロスの翼

伝説によると、地中海に浮かぶクレタ島はかつてミノス（Minos）という強大な王によって支配されていた。[1] 彼の宮殿には、ミノタウロス（Minotaur）という半人半獣の怪物が閉じ込められていた。ラビリンスと呼ばれるその牢獄は、入り組んだ設計の地下迷路だった。その廊下はとても複雑に絡み合っていたので、そこに入り込んだ者はそこから出る道を見つけることはできなかった。その迷宮を作ったのがダイダロス（Daedalus）であった。

しかし、ダイダロスはある一人の勇敢な英雄にあの恐ろしい怪物を殺させるために、ラビリンスの秘密を明かしてしまった。ダイダロスの裏切りを知ったミノス王はダイダロスとその息子イカロス（Icarus）に、自宅軟禁と処刑を命じた。監禁されている間、ダイダロスはその創造的想像力を逃亡手段の発見に注いだ。だが、宮殿はダイダロスと息子のイカロスが軟禁されている最上階に通じる階段も含め、見張りによってパトロールされていた。

窓のそばを飛んでいった鳥を見て、ダイダロスは突然、大胆な計画を思いついた。ダイダロスは、部屋の上に張り出している木の枝から小枝を折り取り、自分の枕の中から羽毛を取り出し、仕事場から蠟を持ってきて、人工の翼を作った。息子の腕と自分の腕それぞれに合う大きさの翼をつくり、イカロスにその使い方を教えた。特に、彼はイカロスに、海からの水しぶきが羽をたわませ、上昇することができないほど翼を重くしてしまうので低く飛びすぎてはいけない、また、太陽光線の熱が蠟を溶かし、翼をばらばらにしてしまうから高く飛びすぎてもいけない、と警告した。

親子は窓の外の欄干によじ登り、最初はためらいがちに腕をはためかせたが、その後、思い切って空中に飛び出してみると、何と空を飛んでいるではないか！　ダイダロスとイカロスは鳥のように空高く舞い上がり、自分たちの力に驚嘆し、新しく見つけた自由を喜んだ。

ところが、若いイカロスは空を飛ぶことの楽しさにすっかり酔いしれ、父親の警告の言葉を忘れてしまった。彼はどんどん空高く上昇し、ますます太陽に近づいていった。蠟は徐々に増してゆく熱によってだんだんと柔らかくなり、ついに翼はばらばらになり、イカロスは海にまっさかさまに落ちて死んでしまった。ダイダロスは嘆き悲しみながらも飛び続け、安全な場所にたどり着いたが、それはまさに息子の命と引き換えに手に入れたものだった。

ダイダロスの伝説は人間の機略縦横を称えているのだが、それはまた、悲劇でもある。なぜならば、機略縦横はそれがどんなに見事なものであろうと、予期せぬ痛ましい結果をもたらすかもしれないからである。現在の明るい光の中では、未来の暗い輪郭が見えないかもしれないのだ。

イカロスに父の警告を無視させたのは飛行のスリルであり、それまで人間が一度も味わったことのない強烈な経験の刺激だった。神々の王国である天空へ上昇することは超越的な経験だった。なぜならば、それはイカロスがいつも知っていた人間の限界を超えることだからだ。父のダイダロスは自分の発明品の限界を、つまり、それが人間に与える超越的な力は人間自身の自制を条件としたものであることをより深く理解していた。しかし、賢明なダイダロスですら、若者が衝動的だということを察知できなかったのである。人より物に精通し、感情より理性に慣れているダイダロスは、自由、および、人間が自由を行使することの含意を十分理解していなかった。発明品というものは、いったん発明されればそれ自身の命を、また、――良かれ悪しかれ――どんな使い方であろうと、それを自分の好きなように使いたいと思う人ならだれでも利用できるような力を獲得する、ということを彼は予見していなかったのである。発明品は――成長した子どもに似て――いったん発明されたらそれをつくった人の意志に応じなくなるのかもしれない。

イカロスのように、機械が自らの生活を変えうることを私たちは目のあたりにしてきた。自動車エンジンや翼のある飛行機は、いったん発明されると、多様な力や付随的な発明品を生み出したが、それらの軌道を制御するのは不可能だった。自動車と飛行機はともに平時には死亡事故を引き起こし、また、戦車や爆撃機のような軍事目的に転用されると、戦死者を意図的に増やすことになる。

「神が、空を飛ぶように人間をお造りになったのであるならば、神は人間に翼をお与えになっていたことだろう」と言ったのは、最初の実験用飛行機を批判した人々である。彼らは人間が空を飛ぼうとすることは度を超したふるまいであることを証明するために、造化の神を指し示した。だが、そのような批判をする人たちは、人間という動物の性質を構成する重大な要素を見落としていた。鳥は飛行を可能にする器官をすでに備えているのに対して、人間は、目には見えないが、それよりもいっそう偉大な属性――論理的思考をし、発明する能力――を授けられており、これは腕や脚と同じく人間の性質の一部なのである。この能力を応用することにより、人間という動物は、いまだかつて備えたことのない諸能力を自ら創造して獲得することで、自らを再定義することができるのである。

テクノロジーは、私たちがそれを手に入れるたびに、人工的な力を私たちに授けてくれる。この人工的な力は、生まれつきもつより他ない諸能力を拡大する。しかし、テクノロジーが私たちにこの力を与えるちょうどそのとき、それは私たちの身を滅ぼすやもしれぬ目に見えない限界を覆い隠してしまう。それというのも、テクノロジーが私たちにゆだねるさまざまな手段を幅広く利用するには、私たちには備わっていない――いや、いまだかつて備わったことのない――かもしれぬ水準の自制が要求されるからである。私たちの本当の不倶戴天の敵は、テクノロジーという何か外部の非人格的な敵ではなく、むしろ私たちの内なる限界である。

致命的な環境から自分と自分の息子を救うためにダイダロスは道具を発明したが、結局、それが愛する息子を死に至らしめたことを知るだけに終わった。同様に、私たちは技術的方法によって生活を今より楽で速いものにしようと努力してきたが、まさにこれらの技術が今や私たちが生きている社会の健全性を脅かしている、ということを知る結果に終わっている。私たちは、自ら発明したテクノロジーの迷宮に閉じ込められて、そこから自らを解放する方法を探し求めているのだ。

私たちが直面する課題が身体的なものにすぎないのであるならば、私たちに課せられた務めはさほど難しくはないだろう。しかし、私たちが設計してきた迷宮は――これから見ていくように――その回廊の中で私たちの空間と時間の感覚を曲げ、私たちの現実認識そのものを歪めてしまうのである。

テクノロジーの子どもたち

子どもと同じく、発明品は私たちの内部から生まれる。テクノロジーをまったく拒絶することは、まさに私たちの精神をもった子どもたちを生まれる前から自分の子どもではないと言うようなものである。しかしながら、親としての私たちの責任は、子どもが生まれたときに終わるのではなくはじまるのだ。子どもたちを保護・養育するだけではなく、正邪をしっかりと教えることも私たちの義務である。同様に、社会には、自身が生み出すテクノロジーに将来を見越してあらかじめ制限を設けるという義務がある。

子育ては、結婚それ自体のように、当然のことながら予測不可能である。このように予測不可能であるにもかかわらず、結婚を考えている人で、未来の人生のパートナーと長い間うまくやっていけるのかどうか現実的に分析しない人は、向こう見ずだと言えるだろう。自分たちの関係をできるだけ慎重に評価するのを怠ること、そして、万事「うまくゆく」だろうと単純に決めてかかることは不幸を招くのである。テクノロジーについても同様だ。私たちは、テクノロジーは快適さと安楽をもたらすなどという甘言を盲目的に信じることはできないし、そうすべきではない。

だが、皮肉にも、現代はあまりに技術化されているので、そのような問いを投げかける人はそれだけで周縁に追いやられ、しばしば嘲笑される。そのような人はたいてい「ラッダイト」(Luddite)や「ネオ・ラッダイト」(neo-Luddite)と呼ばれて一蹴されるのだが、これらの言葉は、一九世紀初期のイギリスで起こった一連の劇的な事件を思い起こさせる。(2)

糸を紡ぎ、機を織り、布を剪断するという伝統的手工芸は、当時、工場機械の導入によって脅威にさらされていた。そうした機械は、少人数の未熟練労働者によって運転されているので、きわめて低いコストで織物を大量生産することができた。熟練労働者たちは、自分たちの生計を守り家族を養うため、一致団結して工場を襲い、機械を破壊した。民衆の支持を得て、彼らは一八一一年から一八一六年まで工場の所有者たちにゲリラ戦を仕掛けたが、ついに弾圧的な法律や軍による逮捕、国外追放、絞首刑により彼らの反乱は鎮圧された。議会で彼らの運動を擁護したのはバイロン卿(Lord Byron)だけであり、彼は次のように宣言した。「人間のためになるやもしれぬ技術改良を私たちがどんなに喜ぼうとも、私たちは人間が機械の改良の犠牲となるのを許してはならない(3)」と。

この敗北した運動の首謀者は、ラド（Lud）という伝説的な大将だった。一説によれば、この名前が登場したのは、一七七〇年代にネッド・ラド（Ned Lud、または、Ludd）（あるいは、ラドラム《Ludlam》）という若いメリヤス工の徒弟が自分の父親に仕事に戻れと言われて腹を立て、自分のメリヤス機を打ち壊した事件がきっかけだという。

今日では、「ラッダイト」という呼称は、テクノロジーの進歩の時計が逆戻りするのを見たがっている活動家たちに用いられている。「彼らはワードプロセッサーを使うべきではないと不平を言い、電話には血の通った生身の人間が出るのを望み、コンピューターがどんなに小型になろうとそこには『人間味』がまったくないと言い張る」[4]。より公共の分野では、彼らはテレビや遺伝子工学のような、見たところ人間に恩恵をもたらしてくれそうなテクノロジーにまでも危険を認め、反対している[5]。

確かに、人間の精神と生活の質に関する理想主義的なネオ・ラッダイトたちの主張は、本家本元のラッダイトたちにはほとんど理解できないものだったのかもしれない。本家本元の関心は、人間の未来を定義することよりもパンを手に入れることにあったのだ。同様に、彼らの敵である工場の所有者たちは、私有財産やえげつない利益を擁護していたほどには、抽象的な進歩を擁護してはいなかった。だが、こうした違いを考慮した後でも、根本的な問題がまだ残っている。すなわち、あるテクノロジーの利用が人間の日常生活に悪影響を及ぼすときでさえ、人間にはそれを拒む権利があるのか。それとも人間はその権利をもう失ってしまっているのか。発明品の公共の使いみちを判断する権限が私たちにあるのか。それとも私たちはその権限を失ってしまったのか。それとも私たちはそれを機械そのものや機械から利益を得る所有者たちにおとなしく譲ってしまったのか。

だからといって、テクノロジーの進歩は本質的には悪だと主張しているのではない。私たちの生活は、無数の発明によって、計り知れないほど安全で、健康で、かつ豊かなものとなっている。しかし、私たちの生活は、それらの影響によりダメージを受け、矮小化されてもいるのだ。

そうした批判者の一人、ジークフリート・ギーディオン（Sigfried Giedion）は、第二次世界大戦のあおりを受けた現代の機械化を概観し、こう結論した。「手段が人間より成長してしまっている」[6]。ギーディオンの判断が正しいとすれば、私たちは、テクノロジーが人間に及ぼす影響のすべてを評価することにより、自分の生活を支配する権利を取り戻すことだけはできる。しかし、テクノロジー社会でそのような異議を唱えることは、反逆のレッテル、あるいは、軽くても精神不安定のレッテルを貼られるおそれがある。

テクノロジーの支配を公然と非難し、その止まらぬ勢いの影響を警告する人々は、しばしば、「エレミヤ」（Jeremiah）と呼ばれて批判されている[7]。

元々のエレミヤは、紀元前七世紀末から六世紀初めにかけて、その歴史において悲劇的な時期にあったユダ王国に住んでいた。エレミヤは社会の道徳的腐敗――強欲と利己心――を糾弾し、民に行いを改めよ、さもなければ軍勢に襲われ破滅するであろう、と説いた。ユダの民は、自分たちが滅びることはないと信じていたので、エレミヤの熱烈な警告を退けた。紀元前五八六年、バビロンの王のネブカデネザル（Nebuchadnezzar）がエルサレムを占領し、神殿を焼き払い、民を引っ立てて捕虜にした。

昨今の社会批評家を現代のエレミヤだと片づけてしまう人々は、エレミヤは同胞を愛し、彼らがいつかきっと改心すると堅く信じていた、という事実を無視している。だが、何よりも非難されるべきは、彼らがエレミヤの予言は痛烈だが正しい、ということを認めていない点である。

私たちが何かを買ったり、何かをするときには、必ず代価を支払わなくてはならない。ゆえに、私たちは常にこう問いかけなければならない。私たちが支払うよう求められている代価はどのようなものなのか。そして、私たちの子どもたちはどのような代価を支払うよう求められるのだろうか。電子テクノロジーが時間に及ぼす影響と加速した文化が道徳に及ぼす影響を探るとき、私たちは、これらの問いを常に心に留めておかなくてはならない。

プラトンの洞窟

教訓となるもう一つのギリシャの話は、ダイダロスとイカロスの物語のような神話ではなく、哲学者の話である。しかしながら、それはラビリンスの伝説に似て、投獄と脱出とテクノロジーの意義を扱っている。私たちが哲学と呼ぶもの、すなわち、真理の合理的探求を創造したのは古代ギリシャ人であった。哲学は精神の力で暗愚を理解に替えようと努めた。哲学者たちはギリシャのさまざまな地域に住んでいたが、知恵の女神の名、アテナ（Athena）を思わせる名前をもつアテネほどに、哲学で有名になった都市はなかった。

かつてアテネにソクラテスという名の男が住んでいたが、彼は真理の探求に生涯を費やし、その探求の重要性を自分の命を賭けて証明した。彼の質問が尊大な人々を激怒させたために彼が危険分子として裁判にかけられたとき、彼は沈黙と引き換えに命を救ってやるともちかけられた。彼が問いかけるのをやめさえすれば、そのままにしておいてやろう、だが、頑としてやめないのであれば処刑する、と。

ソクラテスの返事は彼の弁明に示されている。[8] それはただこれだけだった。「問いを投げかけられない人生など生きるに値しない」。要するに、自由に問いを投げかけることができないならば生きていても仕方がない、ということだ。ソクラテスが言おうとしたこと、また、彼が自らの命を犠牲にしてまで証明しようとしたことは、存在しているだけでは十分ではないということ、だれでも自分の存在について考察する自由をも手にしていなくてはならないということである。

弟子のプラトンのおかげで、ソクラテスはプラトンが執筆した一連の哲学的対話集の中心人物として生き続けたが、その中で最も有名なのは『国家論』（*The Republic*）である。この作品の第七章、あるいは第七「巻」で、プラトンは絵、架空の洞窟の絵を描いている。

洞窟の後方の壁に顔を向けているのはその生涯のすべてを洞窟の闇の中で過ごしてきた人々であり、彼らは振り返ることができず、壁を見ることしかできないように縛られている。彼らは幼少の頃から洞窟に住んでいるので、彼らがこれまで目にしたものはその壁だけである。彼らの背後には燃え盛る火があり、その火の光は謎の人形遣いが壁に影絵をつくりだすのに利用されている。洞窟に閉じ込められた人々は、これらの影を現実だと思っていたのであるが、それは影が彼らの知っている唯一の現実だからである。

この洞窟は私たちの知的生活の隠喩だ、とプラトンは言う。私たちはみな洞窟に住んでいる、私たちは皆その闇に閉ざされている、だから、私たちは何とかして誤った情報の束縛から脱し、真理の光に到達しなくてはならない。『国家』以来、無知の闇から脱し知識の光を探し求めることは、人間の進歩や人間の実現の探求の古典的象徴となっている。だが、現代の私たちにとって、二〇世紀の残りのわずかのみならず二一世紀に入ってからも、敵は闇ではなく光であるだろう。過剰な光、秒速一八万六〇〇〇マイルの光が敵となるだろう。

テクノロジーの歴史は多くの経路に沿って辿ることができるが、その発展の経路で最も興味深いものの一つは光のテクノロジー、すなわち、光学テクノロジーである。先史時代の火の発明からレーザー光線や繊維光学［訳者注：光通信や、繊維束による像の伝送など透明な繊維中の光の伝達を扱う］に至るまで、光は常に発明家たちの心をひきつけている。彼らの発明は二つの範疇に分類される。視覚を助けるために光を利用するものと、それよりいっそう魅力的な、コミュニケーションの目的で光を利用するものである。

コミュニケーション目的による光の利用は、一九世紀半ばからテクノロジーが取ってきた主な方向の一つである。スチール写真から映画、さらにテレビに至るまで（それぞれ白黒画像からカラー画像に進化してきた）、光学テクノロジーはマスコミュニケーションと大衆教育に深甚な影響を及ぼしている。活字と違い、映像はより即時的であるがゆえにより影響を及ぼす――映像は活字ではできないやり方で現実を模倣する。映像は、アルファベットの形とは違って抽象的ではなく、言語とは違って知性による象徴的解釈を必要としない。そのような映像の広範、かつ、均一な普及とあいまって、光学テクノロジーは膨大な数の視聴者の思考に影響を与えるとともに、彼らの現実認識を形づくるのである。

皮肉にも、これはすべてわれらの友、プラトンが予想したことであった。というのは、洞窟に閉じ込められた人々は闇そのものではなく光を使って映し出された像により条件づけられているからである。また、彼らを単なる獄中の聴衆［訳者注：聞きたくもない放送を聞かされる列車や飛行機の乗客のように、嫌でもそこから逃れることのできない聴衆］と呼ぶべきでもない。彼らは、生涯の教育によってそのように条件づけられているので、その影のように実体のない真理を否定する者には異議を唱えることだろう。また、だれかがその洞窟に入り、彼らを自由にしてその場所から引っぱり出し、白日の下に連れてこようとすれば、彼らはその人を殺すことまでするかもしれない、とプラトンは、自身の教師であるソクラテスの運命を思い出しながら述べている。

選択の重荷

プラトンの洞窟に閉じ込められた人々のように、何百万ものアメリカ人が、商業的理由から数々の人工的な映像を電子テクノロジーを使って操作したものによって、一斉に影響を受けている。彼らはそれを「娯楽」と呼び、もっと見たいと待ち兼ねている。映像がなくならないように、彼らはビデオカセットレコーダーをセットする。

一般視聴者向けのテレビチャンネルの数が増加するにつれ、視聴者の選択の自由が増すのだが、その選択の重荷も増す。次第に、視聴者は多くの刺激に攻めたてられ、複雑さを増していく選択を——すべて個人的充足という名目で——即座に行なうよう求められている。

一方、職場でも、高速化したマスコミュニケーションが容易には吸収できないほどの情報を次から次へと生み出しており、経営陣を「情報による忙殺」の危険にさらしている。[9] 氾濫する情報に圧倒されているビジネス界の人々は、ランダムデータで逆巻いている危険な海峡を苦心しながら泳いでいる。[10]「意思決定上のストレス」と「情報過重荷」の存在は二〇年以上も前に確認されたが、それらは私たちの社会の状態の徴候であり続けている。[11]

過剰刺激に直面していると、大切なこととそうでもないこととの違いが容易に失われるおそれがある。だが、同じくらい危険なのは、この過剰から心を守るために発達してきた、個人的、かつ、社会的な仕組みである。あまりにも多くのデータを扱わざるをえない個人は「心理的アブセンティイズム」(psychological absenteeism)――責任と決定の回避、薬物による現実逃避、理解することの代わりにさまざまな形の肉体的充足を追求する――に陥るかもしれない。瞳孔が過剰な光に反応して収縮するのとちょうど同じように、心の受容機能も過剰な情報に反応して縮むのである。

これらの仕組みに加えて、わざと過度に単純化し、ただ多すぎるという理由でデータを捨てる傾向もある。マスコミュニケーションでは、そのような単純化が忙殺されている脳を落ち着かせることがある。地方のテレビニュースでは、「ハッピートーク」〔訳者注：ニュース番組内でのキャスター同士の砕けた会話〕形式が用いられている、世界の諸問題を最小限にしか扱わない、複雑なニュースをヘッドラインや字幕に縮小する、『USAトゥデー』(*USA Today*)のような写真志向の新聞が成功する、といったことはすべてこの現象を例証している。

単純化への欲求はまた、コンピューターの発展をもたらした。人間は、即座に情報収集する手段を発明してから、そのようなテクノロジーが、人間の神経系が取り込むことができないほど多くのすばやい衝動を生み出すことを発見した。必要なのは、人間が自分で設計した機械と同じくらい効率的になる、ということだった。その解決法は、補助的なテクノロジーを発展させること――データの組織化と分析、ならびに、適切な意思決定を、人間の脳が単独でやるよりも迅速に処理することのできる機械に委ねること――だった。今では、膨大な量の情報を保存し、解釈することができるのだ。

その異質でなじみのない性質ゆえに多くの人々が長いこと危険とみなしてきたコンピューターは、個人向けの使い勝手のよいものとなり、私たちの日常生活の一部となっている。多くの人々はかつてそれを怪物とみなしたけれども、今ではそれを救世主とみなす人々がいる。もちろん、実際にはそれは怪物でもなく救世主でもない。テクノロジーそれ自体と同様に、コンピューターはよい目的にも悪い目的にも役立ちうる道具である。コンピューターが

「私たちが抱える問題のすべてを解決する」ことはできない。というのは、そうした問題が本当はどのようなものであるのか、それらのうちのどれに取り組むのが量的な観点から有意義であるのかを、私たちがまず明確にしなくてはならないからだ。

コンピューター時代が到来する随分前の一九二八年、アメリカの詩人のアーチボルド・マクリーシュ（Archibald Macleish）は次の詩を書いた。

われらは答えを学んでいる、すべての答えを
だが、問いについては、われらにはわからない。[12]

そう、私たちは答えを、たくさんの答えを、どうすればよいのかわからないほど多くの答え、を手にしている。私たちのコンピューターには答えが詰め込まれている。だが、問いはそうしたランダムな事実に意味や目的を付与する問いは、どのようなものであるのか。屋根裏部屋の引き出しの中に見つかった、一体、何の鍵なのかわからない鍵のように、事実そのものはどんなに輝いて見えようとも役に立たない。何の鍵なのかわからない鍵より、鍵のない錠という鋼鉄製のパズルをもっている方がよい。

しかし、自分を安心させてくれるような答えを渇望している人がいかに多いか。思いつくままに、簡単なリストを作ってみよう。

1. はい
2. 決してない
3. いいえ
4. いつも
6. うそ
7. みんな
8. 本当
9. だれもいない

5. 時々 10. 17

以上のものは、最後のものも含めて、どれも正しいと保証されている。ここには間違った答えは一つもない。けれども、これらの答えはどれも単独では役に立たない。というのは、どんな答えであれ、その価値はそれを生み出した問いの意義に比例するからである。一つ以上の答えが可能なときでも、自分が取りたいと思う方向や見たいと思う結果を選択する責任は、結局のところ人間の精神が引き受けるのだ。

選択する人は時間をかけて沈思黙考しなくてはならない。しかし、沈思黙考はコンピューターの性質、コンピューターが社会から付与されている権能、ならびに、社会そのもののペースと調和しない機能である。[13] コンピューターは時間を節約してくれるかもしれないが、その速さ自体はもっとゆっくりとした人間特有の作業の仕方を改善するように私たちを条件づけるかもしれない。

現代は質ですら数量化される、量の時代である。即答が求められ、早ければ早いほどいい。「私たちはどこに向かっているのかわからないが、どこかへ向かう途上にある」と歌うのは、カール・サンドバーグ（Carl Sandburg）［訳者注：米国の詩人、フォークシンガー］のカラマズーの一節である。[14] そのような世界では、熟考はそれほどまでに無駄な「ダウンタイム」［訳者注：事故・装填・修理などによる工場・機械の休止時間、中断時間］なのである。

願望と英知

電子テクノロジーは欲求と成就の間隔を根本的に短縮する。「現在という時代」の力を拡大する電子テクノロジーの能力はそこにある。それは、アラジンのランプの精のように、私たちのために、信じられない結果をほぼ一瞬にして成し遂げることができる。私たちがしなくてはならないことは、テクノロジーというランプを磨き、願望することだけのようだ。

テクノロジーは、実際には、人間の欲求や欲望の必然的、かつ、自然な所産である。だが、人間性それ自体と同様に、それは善か悪のどちらかに転ぶような本質的可能性を備えている。

ある角度から見ると、テクノロジーは価値中立的であるようにみえる。道具というものは使用者が選んだ公平な手段であるので、アラジンの願い事がもたらした結果を彼のランプのせいにすることができないのと同様に、私たちは自らの苦難をテクノロジーのせいにできない。したがって、火は利用の仕方しだいでは家を暖めるものにもなれば、家を破壊するものにもなる。アドレー・スティーブンソン（Adlai Stevenson）も原子力の炎についてこう言っている。「人間は自然から、世界を砂漠にする力をあるいは、砂漠に花を咲かせる力をもぎとってきた。悪は原子力の中にはない、人間の心の中にのみあるのだ[15]」。それゆえ、私たちがよりよい世界を夢見るのならば、英知が私たちの願望を制御するのを確実にするために、私たちはまず、自分自身の心に目を向けなくてはならない。

しかし、テクノロジーそのものは意図によって歪められてはいないけれども、その存在自体は私たちの選択に影響を与える。第一に、テクノロジーは、さもなければ不可能であったような種類と規模の行動を可能にする。二人のネアンデルタール人はどんなに憎み合っていようとも、それぞれが相手の洞窟に投げた槍がどんなに鋭かろうと、彼らは核ミサイルがもたらすのと同じような荒廃を引き起こすことはできなかっただろう。発展するテクノロジーは確かに私たちの日々の恩恵の範囲を拡大してきたが、それは私たちの破壊力の範囲も拡大してきた。また、それは私たちの破壊力を高速化している。

第二に、テクノロジーは幾何級数的に増加する傾向があり、そのために、それが文化に及ぼす影響はその増加に応じて増大する。ある時代の発明はすぐに他の発明を生み、私たちの思考と行動に対する影響力を含めた、テクノロジーの力全体を幾何級数的に拡大する。それというのも、普及力のあるテクノロジーは、それ固有の原則を人間の精神に急速に浸透させることができるからである。

ジャック・エリュール（Jacques Ellul）も次のように書いている。

技術が人間の生活を含む生活のあらゆる領域に入り込むと、それは人間の外部にあるものではなくなり、人間の実質そのものになる。もはやそれは人間と相対するものではなく、人間に統合され、そして、次第に人間を吸収していく……。

技術は、倫理的使用とそうではない使用との区別を決して守らない。それどころか、完全に独立した技術倫理をつくりだす傾向がある。(16)

坂道を転がるように下っていくブレーキのきかない車のごとく、テクノロジーはそれ独自のはずみをつけるが、そのはずみは車が急降下している最中に加速する。そして、私たちはかつてその車を運転していたのである。ブレーキがきかない今となっては、私たちは自分が車を制御しているのだ、という幻想を持ち続けているにすぎず、猛スピードで前進しているまさにそのときも道路上で静止していようとする。

テクノロジーが私たちの選択にどのような影響を及ぼすのか、その三番目は、それが存在するという事実そのものから生ずる。というのは、テクノロジーは、存在するからこそ使われるのだから。罪を犯すのは武器ではなく、犯罪者である、と主張するのはあまりにたやすい。拳銃が存在し、それをたやすく利用できることがさもなければ、起こらなかった可能性のある種の暴力行為を可能にしているからである。その場合、もし私たちが弱ければ、テクノロジーは、力で私たちを巧みにそそのかすことにより、私たちが抱いている懸念を忘れさせようとするかもしれない。

最後に、テクノロジーの産物は、ある重大な方法で、自分の力を賢明に利用するのに必要な視点を私たちに獲得させないようにすることがありうる。テクノロジー社会は古いものを新しいものに、技術的でないものを技術的なものにしきりに替えたがる。その結果、古いものは時代遅れだと言われ、数量化できないものは役立たずだとみなされる。しかし、英知は歳月を経て積み重ねられてきたものであり、また、伝統的価値は容易に数量化できないので、英知と伝統は共に社会の感性とすぐに調和しなくなる。かくして、必然的にテクノロジー文化は、そこに生きる人々から歴史的・精神的視座を奪うことによって彼らを過去から切り離してしまうのである。

自然環境を人工的環境に置き換えることにより、人間は自然のテンポを自ら編み出したより速いテンポに替えている。それは、速いテンポでカチカチと拍子を打つメトロノームのように、やむことのないリズムをもたらし、私たちの動きはそれに従わなくてはならない。ますます少ない時間でますます多くのことをするために無数の機械や電子機器を発明してきた私たちは、今では、気がつけば人為的に脈拍を速める環境に住んでいる。「テクノパルス」(technopulse)は私たちの心を活気づける、熟考とは正反対のリズムである。まさにこのようにして――私たちの生活の加速化を通じて――現代のテクノロジーは、人道的な世界の建設に決定的に重要であることがついにわかるであろう、そういう私たちの決定の賢明さを最もおびやかすのである。

エドナ・セント・ビンセント・ミレー(Edna St. Vincent Millay)〔訳者注:米国の詩人・劇作家〕はこう書いた。

本心を決して語らぬこの時代に、
この人目を忍ぶ時代、力を授けられたこの時代、
足音で月を目覚めさせ、オールを
風のオール受けにはめ込み、そして
へさきの前を泳ぐもの、背後で渦巻くものを見つけることのできる――
この天分に恵まれた時代に、暗い時分になると、
空から降り注ぐ
事実の流星雨……それらは疑われることも、結びつけられることもない。
私たちの病を癒すのに十分な英知が

日々紡ぎ出されている――だが機がないので
それを織物に織り上げることはできない――汚れなく
清らかな科学は前進する、そして自分の意見を言う――だが今もなお
この世界に、共同の子宮から
真っ赤な勝ち誇る子どもが終日吐き出される。[17]

２　歴　史

「現在という時代」の力の源のうち第二のものは、国民としての私たちの歴史であるナウイズム（Nowism）――現在への関心――を引き起こしているのはテクノロジーだけではない。テクノロジーの影響は、私たちアメリカ人が住む土地、新しさの典型であり、かつ、それを称揚する歴史をもつ土地によって強められている。

新世界

クリストファー・コロンブス（Christopher Columbus）が発見した「新」世界は、彼が上陸したときにそこに住んでいた先住民にとってはすでに旧世界だった。しかし、この誤った新しさの概念は、ヨーロッパの探検家たちのアメリカ観を記述したものであるがゆえに、根強く残ることとなった。少なくとも彼らにとっては、この世界は新しかったのであり、征服が彼らのイデオロギーを支配的イデオロギーにしたので、彼らの定義が幅を利かせたわけである。

その土地を新大陸と呼ぶことは、彼らの占有を正当化することにも役立った。伝統によって神聖化されている先住民の所有権を認めることは、所有の問題を複雑にするだけだったであろう。他方、生き残っている先住民を（宗

教的、言語的、法律的に）ヨーロッパ人にすれば、いかなる過去の痕跡も消えることだろう。それどころか、先住民をキリスト教に改宗させれば、彼らは救済を与えられることとなり、それによって征服者たちはあらゆる罪を清められることになろう。かくして、アメリカへの入植は空間の征服のみならず、時間の征服でもあった。古いものは強制的に新しいものへと変えられたのである。

アメリカの表面上の新しさは、後世の探検家や入植者が発見した、都市化も文明化も開発もされていない土地によって――もし何らかの肯定が必要だとすれば――さらに肯定された。また、アメリカの愛国者たちがイギリスの過去と決別し、革命的な憲法の下で団結したとき、彼らの国の新しさは政治的次元を獲得した。

アメリカ人として、私たちの環境における新しさのオーラは、現実に対する私たちの文化的態度を決定してきたし、今なお、決定し続けている。この態度は産業化と私企業精神によって強化された。第一に真のテクノロジーの進歩の結果として、第二に利益獲得の方法として――実際の消費者のニーズのみならず、新しいモデル、または、スタイルの方がそれ以前のものよりすぐれているという社会通念によって、物が売れるのであるから――私たちの経済システムは古いものよりも新しいものを重んじるのである。

そういうわけで、ナウイズム社会が現代の現象であるとすれば、ナウイズムの風潮そのものが私たち国民の経験に根を下ろしているのである。私たちが「現在という時代」を好むのは、私たちの歴史という織物に織り込まれている新しさという糸に由来している。

この新しいものとの国民的共存は、古いものに対して私たちが感じる不快感の当然の結果である。概して、アメリカ人は、歴史は新しいものに関する学問ではないため、歴史研究を軽蔑する。むしろ現在に順応している私たちは、歴史より「ニュース」を好む。ニュースは、その内容が短命であるがゆえに、私たちの時間の嗜好に合っている。そのうえ、その目新しさそのものは、私たちが切に望んでいる感覚的刺激を与えてくれる。他方、歴史は、エンターテインメントとして人目を引くように「包装」されたときにのみ魅力的となる。

私たちの歴史的記憶は短いので、私たちの文化は若者に属するパーソナリティ特性――熱狂と衝動性――を伝統的に示している。しかしながら、これらの特性は、人生が敗北の記憶によって、もしくは、決定的な勝利などない、といういっそう意気阻喪させるような事実を悟ることによって色あせていない場合にのみ、根強く残るものである。成熟した大人の現実主義を形づくるのは、何度も味わった過酷な経験からくる浸食であり、そのような特性は、長い歴史と文化的記憶をもつ国民を同様に特徴づけている。そのような国民が眺める時間の風景はより広範囲にわたり、彼らは太陽の光に照らされた丘だけでなく、光の射し込まない暗い谷も目にしている。

興味深いことに、一七八七年の合衆国憲法の制定者たちは、歴史、とりわけ、古代史に深く没頭していた。だが、それは、歴史的に奥深く肥沃なヨーロッパ文化の土壌から精神的栄養を得るためであった。しかしながら、皮肉にも、アメリカ革命［訳者注：アメリカ独立革命のことで、アメリカ独立戦争ともいわれる。一七七五年のコンコードの闘いからはじまり、一七八三年のパリ条約で終わる、アメリカ合衆国の独立を達成した、本国英国との世界規模の戦争のことである］それ自体がそのような栄養の源を断ち切るのに役立ったのである。

当然のことながら、無知は至福だと主張することもできるが、歴史的無知は束の間の至福にすぎない。過去を知らない者にとって、新しい果実はどれも、それまで一度も味わったことがないために同じくらいおいしそうに見える。だが、新しいだけでは、それらがどんな栄養を与えてくれるかを十分に示してはくれない。歴史を知らなければ、私たちは、自分たちはいつも現実をこのように見てきた、とか、他にほとんど何も知らないので、自分たちの生き方――現代の生き方――こそ最善の生き方だなどと、簡単に思い込むのかもしれない。周知の通り、新しさは奇妙なことに自己を強化している――文化的記憶が短ければ短いほど、目にするものをよりいっそう無批判に受け入れるのである。歴史のレンズを通して物事を見ないことにより、私たちは自らが近視眼であることの正しさを証明している。

しかし、それだけではない。というのは、私たちが新しいものを肯定しているちょうどそのとき、私たちは古いものを破壊しているからである。私たちは史跡を破壊へ、古くからある地域を「開発」へと追いやっている。過去の痕跡を消すことは忘却をそれだけいっそう容易にし、次の征服の波をいっそう罪なきものにする。なぜならば、ナウイズム社会では、新しい各世代は、過去の廃墟の上に輝ける新世界を築くために殺戮や改造を行なう、時間の征服者だからである。そしてついには、自分自身の土地で異邦人として生きることしかできない世代が登場する。

時間からの亡命者

大多数の文化は同一の地理的空間の中で発生し存続する。この空間が、記憶や歌の中で崇められている故国、母国、ないし、祖国となる。同時にそれは、伝統という構造を祖国愛で補強するという、安定化する力としての役目を果たす。したがって、愛国心の中では、空間と時間が融合している。

だが、空間が変わるとどうなるのだろうか。時間の感覚も変わるのだろうか。

五世紀前、アメリカは本当に「新世界」だった。入植者としてこの大陸に来た人々は、安心感を与えてくれるものとして旧世界を持ち込んだ。彼らは、自分たちが後にしたヨーロッパの都市にちなんだ名前を新しい故郷につけて（「ニュー」アムステルダムや「ニュー」ヨークのように）、自分たちの宗教的信条や言語を持ち込んだばかりか、日常生活のありふれたもの——パイプから指ぬきに至るまで——をも持ち込んだ。そうすることによって、入植者たちは、自分の本来の祖国からは海ひとつ隔てていたけれども、空間的連続性という錯覚をつくりだそうと努めた。

アメリカが固有の文化をもつ国家ではなく、単なる土地にすぎないのであれば、自分の文化を維持するという任務は容易だった。しかし、異なる民族集団を結びつけるイデオロギーに基づく革命的な新国家がいったん誕生すると、アメリカ合衆国は、新しいアメリカ社会の誕生と同時に、自らへの忠誠を要求したので、その任務はより難しいものとなった。

その後の移住の波がアメリカの海岸に押し寄せたとき、新しくきた人々は祖国と新しい国、過去と現在のどちらかを選ぶ必要があることに気づいた。そうした人々が飢えと圧制からの避難所としてアメリカを見つけ出していたという事実は、彼らに過去と決別する誘因を与えた。だが、彼らは文化と言語のその両方においてまったく異質な土地に自分たちがいることをわかっていたので、おなじみの文化の安心感を与えてくれるような民族居住地に落ち着く傾向にあった。しかしながら、次第に彼らの子どもたちや孫たちは、「祖国」の習慣や言語を異質だと感じ、臆することなくアメリカの未来に専心するようになっていき、――ジョージ・M・コーハン（George M. Cohan）という移民の言葉で言えば――「七月四日生まれの、アンクル・サムの本物の甥っ子たち」となっていった［訳者注：七月四日はアメリカの独立宣言が公布された日。アンクル・サムは擬人化された米国政府、米国民のこと］[18]。しかしながら、そうした愛国心が勢いづく背景には、時の絆を引き伸ばしたり、時には引き裂いたりする地理的空間の移動によって引き起こされた、とらえがたい精神的変化があった。

初期の入植時代とその後の移入民時代に、二つの集団が尋常ではない外傷を受けた。それぞれの集団は、その空間的・精神的故郷を力ずくで侵害されたことによって、辱めを受けた。自分たちにとってここが「新」世界でも何でもなかったネイティブ・アメリカンは、先祖代々の土地と自由を奪われ、それから人為的な特別保留地に閉じ込められたが、その狭い区域を区画したのは、彼らに対して略奪を行なっていた政府にほかならなかった。アフリカの故郷から誘拐され、白人が所有するプランテーションで奴隷にされた黒人たちは、土地をもたぬまま「解放」され、その後まさに彼らが歴史的に与えてもらえなかったもの――財産と教育――に欠けているがゆえに迫害された。このような暴力行為はそれぞれの集団からそれ自身の文化史を奪った。南北戦争ですら、戦前の栄華を破壊したという点で、再建［訳者注：南北戦争時に脱退した南部連合諸州を再び、アメリカ合衆国の州として連邦に復帰させたこと］と並んで、古いものを根絶することによって文化を均一化する役目を果たしたのである。

一九世紀および二〇世紀の間に、アメリカのフロンティア拡大と諸都市の成長は、どこまでがアメリカの領土なのか、ということの定義を絶えず目まぐるしく変化させたのであり、それは、一九五九年にアラスカとハワイを州として編入するまでその速度をゆるめることのなかった進化であった。それに続く郊外の爆発的急増、近年のインナー・シティ［訳者注：大都市の中心地域のこと］の内部崩壊、新たな移入民の圧力は都市化したアメリカを変え続けている。空間的に言えば、アメリカは常に流動していたのであり、常に「新しい」のである。

建築は文明の精神を反映する。だが、建築が文明の精神に多大な影響を与えうることを私たちはめったに認めない。わが国の建築物の新しさそのものが、わが国に対する「現在という時代」の支配力を強めている。他方、ヨーロッパの都市のどれをみても、過去を思い出させるものが目に見える、形あるものとして存在している。イタリアの都市の住民が曲がりくねった通りをそぞろ歩くと、古代ローマの彫像、中世の教会、ルネサンスの宮殿の横を通り過ぎるかもしれない。これらの石でできた歴史的建造物は、歴史上の特定の時期を示しているだけではない。それらは時間の連続性そのものと文明の持続性の証拠である。その大理石の糸を織り合わせてできるのが、すりきれてはいるが、豊かな質感の時間のタペストリーである。そのような不朽の織物からは、時間の中に自分の居場所があるという感覚、より冷たくて新しいアメリカの都市――鋼鉄とガラスでつくられ、破壊された昨日の煉瓦の上に聳え立っている――が到底与えることのできない温かさ、といったものが生じうるのだ。

このため、新世界から来た旅行者は旧世界に容赦なく引き戻される。彼らは雑然と立ち並ぶたくさんの歴史的建造物にまごついたり、それらを記録するカメラに邪魔されたりしながら、異国の土地――何日とか何十年という単位ではなく何世紀、何千年という単位で測られるような時間をもつ土地――の言葉を理解しようと努力する。彼らがひどく途方に暮れているように見えたり、あるいは、「外国人」に自分たちのニーズを満たすよう執拗に要求しているように見えても不思議ではない。しかし、あの織物、何世代もの人々によって織られてきた幻の時間の織物、今日のみならず流れゆく無数の昨日をも物語る織物、方法さえ見つけることができれば彼らを温かい気持ちにさせること――養い育てることまでも――ができる織物が、彼らを引き寄せるのである。

アメリカ人の休みなき移動性もアメリカ人の悲痛な寄る辺なさも、アメリカ人という一つのスペクトル上の点にすぎない。アメリカ人として、私たちは常に故郷を探し続ける移民であるだろう。エマ・ラザルス（Emma Lazarus）〔訳者注：米国の詩人。自由の女神像の台座に刻まれたソネットの作者〕がこれを最もうまく表現している――

波に洗われ、夕日に染まる門に立つのは
松明を掲げる力強い女、その炎は
閉じ込められた稲光、そして彼女の名は
亡命者たちの母なり(19)。

常に新しい土地の住民である私たちは、常に時間からの亡命者であることだろう。

連続性の必要性

物質が可視化された時間であるとすれば（茶色くなってゆく葉に内在する秋や、緑色になってゆく蕾によって示される春）、一世代の人間は肉体の形で可視化された時間である。それぞれの世代は特定の時間を肉体的に具現化したものである。

だが、鎖の環のように、世代というものはそれ自身に固有の実体を超越する役目をもっている。過ぎ去ったものと来るべきものとを結びつけるという点で、各世代は、より大きな全体、時間によって限定されている全体の、連続性を保つ構成要素でもある。

しかし、世代というものは隣接する各部分を結びつける環としての役目を果たしているのに加えて、過去が未来へと流れる際に通る導管としての役目も果たしている。電気の伝導体のごとく、世代の連鎖は観念の流れの伝達を可能にする。異なる世代の間にはそれなりの相違があるのかもしれないが、各世代の成員たちの間に共通の絆があるからこそ、紛れもない文化が存在するのである。個々の世代が死んだとしても、文化そのものは生き続ける。

しかしながら、こうした持続性は決して機械的なものでもないし、保証されたものでもない。より複雑度の低い有機体の諸世代は、人間と同様に、単なる繁殖行為によって肉体と本能の連続性を保っている。だが、人間はさらなる特別な才能——非物質的な連続性、すなわち、文明として知られているあの諸観念のもろい連続性を知性と言語によって永続させる能力——をもっている。

このもろい連続性について、フランスの飛行家アントワーヌ・ド・サンテグジュペリ（Antoine de Saint-Exupéry）は第二次世界大戦に従軍中、次のように書いた。


大事なことをまず先に、というのには私も同感だ。この戦争を戦い抜いて勝たなくてはならない……。だが、勝利が確かなものとなった暁には、私たちは現代の根本的な問題——人間の意味とは何か——に直面するだろう。この問いへの答えは与えられておらず、私たちは世界でも未曾有の暗黒時代に向かっているように私は思う。私はこの戦争で死んでもかまわない。でも、私が愛してきたもののすべてのうち、一体、何が生き残るだろう？私は人間のことだけを言っているのではない。慣習、かけがえのない抑揚、ある霊的な光、プロヴァンスの農場のオリーブの木々の下で食べる昼食、ヘンデルのことも言っているのだ。何が生き残ろうと知るものか！

大切なのは事物の一定の秩序だ。文明は無形の所有物である。それは事物に存するのではなく、事物をある特定の仕方で互いに結びつける目に見えない絆に存する。もし私たちが、完全に機械化された楽器を大量に配布したらどうなるだろう。音楽家はどこにいるのだろうか。[20]

私たちの文明が永続してきたことは、決して、私たちが単に存在していることの機械的な結果ではない。春が来るたびに何の考えもなく再び芽を出す木の葉と違い、文明の数々の無形の価値の再生は、自発的、かつ、意図的な行動にかかっている。こうした価値を進んで伝達しなければ、文明の木は死に絶えてしまう。

歴史上ずっと、大多数の文化は過去との絆をもち続けてきた。訓練や手本を示すというやり方によって、年長の世代はより若い世代にその集団が尊重する行動形態を教えた。ある種のケースでは、先祖が（孔子がいた頃の中国のように）崇拝されたり、（共和政ローマのように）非常に尊敬されたりしていたので、彼らは――ほとんど幽霊のように――死後も長いこと道徳に影響を及ぼし続けた。こうした先祖たちのまさにその古めかしさが、彼らのイメージに格別の神聖さと影響力を与えた。

だが、そういう伝統的な社会でさえ、権力や未来の形を定める権利をめぐって、若い世代と年長の世代がときに争った。そうした世代間の争いが生じたのも、時代が変化したからである。世界は一変し、数世紀前には価値とみなされていたものが、これまで予想だにしていなかった（経済的、ないし、軍事的な）問題や機会を扱うには不十分であるように思われたのである。かくして、不変の世界においてかつては伝統への敬意を呼び覚ましていた時間の隔たりそのものが、今では、その伝統の権威と正当性を損なってしまった。

今日では、アメリカ社会の変化の速度はかつてないほどに増している。その結果、過去と現在の隔たりは常にますます広がっていくこととなり、私たちの生活においては連続性の必要性がいっそう増してきている。

3 五　感

テクノロジーと国の歴史の他に、「現在という時代」の力の第三の源がある――それは人体の五感である。最初の二つの源は私たちの外部にあるが、「現在という時代」の力の感覚的起源は私たちの内部にある。

五感の指令

生物として、人間は五感の命令——快楽の魅惑的な支配と苦痛の不愉快な支配——に従属している。快楽の領域と苦痛の領域は基本的に「現在」に存在し、遠い未来、ないし、過去には存在しない。何よりもまず、動物は神経の末端に、皮膚の下からの呼びかけに応答することができるのであり、人間もまったく同じである。だからといって、生き物は五感にのみ忠誠を尽くさなくてはならない、というわけではない。動物は苦痛をこうむってでも自分のテリトリーや同族を守ることがあるかもしれない。同様に人間も家族や家庭、(何かを信じる能力をもつがゆえに)あの最も実体のないもの、すなわち、理念を守るため、命をかけて戦うかもしれない。だが、気高い自己犠牲の例があるにもかかわらず、快感原則は——生存本能それ自体に次いで——動物の行動を決定する一般に最も強い力であることに変わりはない。

過去と未来は、直接的に経験することはできないが、概念化は可能なので、「現在」が、神経に直接的な感覚刺激を与える唯一の時間次元である。したがって、快感の声は「現在」の口から発せられる。また、快感への意志が私たちの生活を非常に支配しているので、時間のすべての力のうち、「現在」の力が最高位に君臨している。「現在」の力は人間の神経と心理に深く根を下ろしているので、それを引き抜くことは決してできない。たとえば、「現在という時代」の力は文化にのみ根を下ろしているにすぎないとか、(可能でありさえすれば)何らかの方法で私たちの社会の構造を変えることによって、私たちは「現在という時代」の影響をこれを最後に終わらせることができる、などと決めてかかるのは間違いであろう。

いや、そんなことをしてはならない。私たちは、「現在」に対してオープンであることによって、私たちが常に十分に経験できる唯一の次元にアクセスすることができるのだから。また、「現在」がもたらす感覚的快楽がなければ、私たちの生活は貧しいものとなるだろう。

しかしながら、「現在という時代」への私たちの生来の親近感は、科学技術のエネルギーや歴史の影響と結びついて、人生のより大きな意味を締め出しかねない圧倒的な強さを獲得している。私たちの五感とそれが与える快楽は、このように逆説的にも、その先の現実に対して私たちを鈍感にしているのである。

時間の風景

快楽の宮殿にはたくさんの扉がある。感覚は一つではなく、数多くあるからである。五感のそれぞれ――触覚、味覚、嗅覚、聴覚、視覚――は私たちの内部の意識を外界のある一面に対して開放する。これらの五感のうち、地球上に最初の生命があらわれたときに最初に生じたのはどれなのか。まだ人間が登場する前に、最後に生じたのはどれなのか。

どんな答えであれ、外界の現実へのこれら五つの入り口のうち、人間の生涯に最も影響を及ぼしてきているのは視覚である。というのは、他の四つの感覚のそれぞれ――触覚、味覚、嗅覚、聴覚――が焦点をより限定しているのに対して、視覚は世界についてのはるかに幅広く、深く、多様な情報を脳に提供するからである。

したがって、感覚の見地からすれば、人類の伝記は視覚の物語である。現在と未来は、過去がもっていない優越性をもつ。それは視覚に基づく優越性であり、なぜならば、私たちの時間の理解は私たちの空間認識によって条件づけられているからである。それゆえに、私たちの態度は目にしている個々の事物のみならず、視覚の存在そのものによっても色づけられている。

私たちの目は、私たちの後ろにあるものではなく、私たちの前にあるものを見せる。私たちが人生を歩むにつれ、世界は私たちの背後へと退いていく。ほんの一瞬後ろを振り返り前進する勢いをゆるめたときを除けば、私たちが通り過ぎてゆく数々の場所は消え去ってしまう。私たちは当時、存在していたものではなく、今、存在するものを見ている。

記憶を通じてのみ過去を思い出すことができるが、記憶は私たちがいたことのある場所を再現し、私たちの旅の諸段階を列挙する。しかし、記憶は視覚に比べて直接的ではなく、目に映る光景に比べて鮮明ではない。潜在意識の刺激、あるいは、意識的な呼び出しに応じる記憶は二次的感覚であり、その衝動を心的な映像や音声に転換する必要がある。

私たちが三六〇度の視野――前と後ろに目をもつ神話のヤヌス［訳者注：ローマ神話における門や戸口の神。前と後ろの両方に顔がある］のように――をもっているならば、私たちの空間認識は今とは違うものになっているばかりか、私たちの時間の理解も違うものになっているだろう。運動は私たちをある方向へ運ぶのだが、心はその運動を、新しい地平に向かう動きとして認識するのと同時に、今までいた地平から離れる動きとして認識するだろう。私たちは、未来に近づいているちょうどそのとき、過去を捨てているように感じるだろう。

しかし、人間の身体は前を向いているので、そのようなことはないであろう。目と鼻は正面についており、足とつま先は前を向き、膝と肘は前に動かしやすいように関節がつながっている。体の感覚器官のうち、耳だけが――音を立体的に追跡できるように――側面についている。

進化の観点からすれば、目を正面に置くことと対になっている人間の脳の発達は、進歩を文字通り避けられないものにした。まさに最初から、私たちの目は自らのエネルギーを前に向けたのである。生物学的に、私たちは後ろを振り返るようにはつくられていなかった。

事実、私たちの空間認識は、歩いているときに、目の前にある事物によって形成されている。私たちの足元にあるものは隠されている。鋤先で土を掘り返し、墓標を立てたところのはるか下には、原始人にとって測り知れないほど神秘的な領域が広がっていた。地下には暗い死の力と大地のさまざまな秘密が存在していた。

上方でアーチ状に広がる空――そこを雲や太陽、月、惑星、星が滑るように動いていくのだが――は、古代宗教では、地下とは異なってはいるけれども、それと同じくらい神秘的だった。一見して手が届きそうだけれども、はるか彼方にあり、目に見えるけれども測り知れない空は、より触れることのできる大地と違い、人間を嘲弄した。

古代の天文学者たちは、天体を頼りに、地上での自分の生活が向かうべき方向を探し求めた。最初の望遠鏡が現れるずっと前に星や惑星を観測していた彼らは、天に秩序があることを発見して元気づけられ、これらの現象は説明できないにせよ、少なくとも予測可能である、という事実に安堵した。天をより理解できるものにしようと、彼らは一つひとつの星を結びつけて星座にし、密集する星の群れにありふれた人間や動物の形を見出した。しかし、人間が天を測定したり、天を人間の基準に照らして評価したりすることができるような基準、尺度、準拠枠はなかった。星や惑星はどれだけ遠くにあるのか。太陽と月の大きさはどれくらいなのか。

下方の闇の世界や上方の遠く離れた世界と比べると、前方に広がる世界の方がより理解しやすかったために、その外観と構成から一連の価値を構築した――より近くにあるものはより大きくそしてより重要である、より遠くにあるものはより小さく――捕食者または被食者を除いて――あまり重要ではない。したがって、先史時代には、差し迫った生存の必要性が空間や時間の優先順位を定めた。今ここで生き、死ななくてはならなかった人々にとって、「はるか後方」と「はるか前方」は現在ほど重要ではなかった。

このように、目は私たちの価値の形成に支配的な役目を果たしている。しかし、次にみていくように、「現在」が私たちの生活のなかで占めている位置は、私たちの五感の長所だけでなく、その短所によってもたらされてきた。なぜならば、私たちの五感は制限されており、しかも操作されやすいものだからである。

感覚の脆弱性

教室で、あるいは、会議でだれかが話しはじめると、聞き手は聞いたことを書き写しはじめるかもしれない。注意深く耳を傾けている聞き手は、話し手が聞き手の理解力・筆写能力に合わせて話を中断したり、速度を調節したりしながらゆっくりと話している限り、一字一句を忠実、かつ、正確に写し取ることができる。

話し手の話の速度が速くなりだすと、聞き手は自分の筆写速度を上げることによってそれに適応しようとするだろう。口述の速度がいっそう速まれば、聞き手は話し手のメッセージをうまく表現しようと語句、あるいは、所々の単語だけを聞き取って、書き写せるものだけを急いで筆記しようとするだろう。

このような場合に聞き手が経験することは、二つの異なる速度――言葉を話すことのできる速度と、その言葉を書き留めることのできるもっとゆっくりとした速度――の間の不均衡の結果である。話す速度が書く速度より速くなると、書き手は筆記する単語の数を少なくすることによって、ようやくそれに適応することができる。しかしながら、話し手は話の速度を上げ続けることができる。話し手は非常に高速で話すこともできるので、特に話の内容が複雑な場合、聞き手は言われたことの意味を理解することができなくなってしまう。そうした状況では、話す速度は聞き手の吸収する速度や合理的理解のレベルを超えたものになっていることだろう。

そのような経験は聴覚による知覚だけでなく、視覚による知覚にも当てはまるだろう。たとえば、楽しいスライドショーも、映写速度を上げることにより、たちまちいろいろな色や形が混ざり合った無意味なぼやけた映像に変わってしまいかねない。こうした具体例は、私たちの五感の情報を処理・吸収する能力には限界があることを示している。

事実、生来の人間の限界は、コミュニケーション全般のテンポのみならず、芸術のテンポをも歴史的に定めてきた。映像や音声の制作は人間の生理的機能（舞踏家の動きの敏捷さ、あるいは、音楽家の手先の器用さ）に左右されていたので、演じる側の活動と、それを見たり、聞いたりする側の知覚は、まったく同一であった。しかしながら、機械テクノロジーと電子テクノロジーは、創造的な映像や音声の記録を可能にしただけでなく、そうした映像や音声を人間が最初にそれらを創造したときの速度よりも速い速度で伝達することを可能にしたのである。

私たちの神経系がもっと速く働き、一枚のＣＤに含まれている内容のすべてを何秒間かで吸収することができたとすれば、私たちはどれだけ多くの、音楽を鑑賞できることだろうか。あるいは、「早送り」がビデオテープを先に進めるための切り換え装置であるというだけでなく、視覚的メッセージの吸収速度を加速させるモードでもあるならば、私たちはどれほどたくさんの映画を楽しめることだろうか。

だが、実情はそうではない。なぜならば、芸術のテンポは音や映像をどれだけ速く生み出せるかではなく、それらをどれだけ速く理解できるかにかかっているからだ。生まれつきの受容能力以上に伝達速度を加速させることは、経験そのものを歪める――その統一性を解体してばらばらの断片にする、あるいは、その内容を圧縮して理解不能な塊にする――ことになる。

そこで、この原則に基づいて形成された社会、すなわち、データの伝達速度が人間の生まれつきの吸収力の限界をさらに押し広げるような社会、を想像してみてほしい。そのような社会では、聞き手は追い立てられながら高速のメッセージを筆写しようと奮闘するが、そのメッセージ全体を捉えることはできないであろう。奮闘のさなか、他のメッセージが競って聞き手の注意を惹こうとし、いくつものメッセージが同時に述べられたり、伝達されたりするのだが、各々のメッセージはそれ自体としてほんの最低限にしか理解されないのである。

機器が作動しなくなり、夜間に一人で多くの便を着陸させようと奮闘している航空交通管制官のように、聞き手は慢性的な緊張状態に陥るであろう。だが、航空交通管制官の緊張は他の人々もよく知っている緊張である。なぜならば、私たちが生きている名高きコミュニケーションの時代は、非人間的なスピードによって、私たちの生活の健全性そのものを試すからである。

ジェリー・マンダー（Jerry Mander）はこう書いている。

私たちの社会では、スピードはそれ自体が美徳であるかのように賞賛されている。にもかかわらず、大多数の人間に関する限り、情報サイクルの加速は私たちをかつて例をみないほどの大量のデータで圧倒しているだけであり、しかも、そのデータの大部分はどんな実際的な意味においても何の役にも立たない。増加する情報の流れに何とかついていこうとしている人間の不安が増していること、それが真の結果だった。私たちの神経系は私たちの知性以上に加速を経験している。あたかも、私たちが懸命に追いつこうとするにつれ、スクリーンに情報がますます速く映るような、社会的定評のあるビデオゲームに私たち全員が参加させられているかのようである。(21)

情報の伝達は、最適な人間的レベルを超えてほぼ無制限の技術的レベル（光それ自身のスピードによってのみ制限されているスピード）にまで増大すると、次第に逆効果となってくる。なぜならば、過剰なスピードと多数のシステムが同時に働くことの累積的結果が、個人を助けるというよりもむしろ圧倒するからである。

届くのに数週間かかった植民地時代の手書きの手紙は、返事をする前に夢想や物思いを誘うようなコミュニケーション方法の象徴だった。今日、電子メールで送られたメッセージは即答を要求する。かつて友人同士が時間を共にして果てしのない会話に耽る暇を与えてくれた電話は、今では、他からも電話がかかっていることを知らせる音声で通話を機械的に中断するのである。

だれもそのような変化を私たちに実際に強要しているのではないことは確かだ。なぜならば、今、述べたような特色――電子メールとキャッチホン――は技術的なオプションにすぎないからである。しかし、静寂より中断、平静より緊張を私たちに選ばせている魅力、それは一体なんだろうか。

まず、それは何かを逃したくない――電話を受けそこないたくない、取引をしそこないたくない――という欲望に基づく魅力である。別の言い方をすれば、私たちの社会はまさにそのスピードによって、自分がのけ者にされていないことを確かめるために、ある特定の機器を利用（もしくは、発明）するように私たちを誘うのである。そして、「遅れずについていく」最中でも実際には私たちは遅れているのかもしれない――生活のテンポが上がるにつれて、私たちの生活の質を低下させているのかもしれない――という可能性でもなければ、このこと自体には何の非もないであろう。

質問に即答することは、必ずしも賢明に答えることではない。また、同時に二つの会話をすることは、それぞれの会話がなおざりにされるということだ。事実、高速化をめざすあまり、私たちの効率性がどれほど増しているようにみえたとしても、私たちの人間性そのものを犠牲にしてしまうということが時々、あるかもしれないのだ。人間の神経系は、それが受け取る刺激とそれ自身の脆弱さゆえに、それが私たちの生活に有する権威を「現在という時代」の力に自発的に譲り渡してしまう。さらに、この神経系は私たちを金儲けの手段としてしかみないような個人や集団によって操作されやすいものにしてしまう。そうした人々は自身の利己的な目的にかなう人為的な「現在という時代」を創り出す。

ハーバート・I・シラー（Herbert I. Schiller）はこう述べている。

膨大な量の研究が行なわれているが、その大半は、きわめて特殊、かつ、金儲けの目的での……産学共同研究であるので、日の目をみるようになることはまずない。そうした研究のねらいは、人間の行動上の特徴や……人間の弱点、人間の感受性をいわば「見抜く」こと、発見すること、そしてこれらを活用することである……。現在のメディアのさまざまな製品をみれば、熟考や合理的思考を避けるために、そして、本能的なアプローチを強調し、それにすぐ訴えるために、それらが意図的に構成されていること、ますます、そうなりつつあることがわかるだろう……。これに費やされている努力がどのような類のものなのか――研究努力か、「資産を消費する」努力か、特定のテクノロジーの開発か――を誇張することはできないと思う。

こうしたことすべての下には、個々の活動としてだけでなく……システム規模で作用する、強烈な金儲けの追求が潜んでいるに違いない。そして、これはこの社会に絶対的に浸透するようになってきている。[22]

それゆえに、企業の意図的な戦略は営利目的で消費者を準理性的なレベルで操作する――バンス・パッカード（Vance Packard）がかつて「隠れた説得者」（hidden persuaders）と呼んだものを通じて、視聴者の思考ではなく感覚に訴えて彼らの心をとらえる――ために存在している、とシラーは論じている。[23] この操作は長い歴史をもっており、それは技術的、かつ、特にアメリカ的な歴史である。

一九四〇年代末期から一九五〇年代初期にかけて開発された動機調査［訳者注：心理学、社会学などの知識と技術を用い、商品の宣伝と販売のために、消費者の態度と行動を研究すること］の技法を通じて、「人々の表面下の欲望、欲求、ならびに、衝動が彼らの弱点を発見するために精密に調査された……。これらが一度特定されると、不用心な未来の顧客のために、彼らの心を引きつける釣針がつくられ、餌をつけられ、マーチャンダイジングの海の深いところに置かれたのである」。[24] アーネスト・ディヒター（Ernest Dichter）という科学者は、フロイト理論の諸原理に導かれ、消費者の選択をひそかに支配している先入観や抑制や感情を発見するため、精巧なアンケートや徹底的な面接を用いた。[25] 消費者の真の動機が一度明らかにされると、ディヒターは自分の顧客の心理にふさわしいマーケティング戦略を編み出した。すなわち、彼は香水をもっとたくさん売りたいという顧客には香りではなく、性的魅力を売るよう助言し、動力工具を売りたい顧客には機械ではなく、男性的な性的能力を売るよう勧めた。

ディヒターがその「欲望の戦略」を発展させていた一方で、ルイス・チェスキン（Louis Cheskin）、という別の研究者は色の知覚が人々の選択に及ぼす影響を研究していた。[26] 彼は同じ洗剤をさまざまな色の箱に入れ、主婦のグループにその洗剤を数週間試し、傷みやすい生地の汚れの落ち具合を報告するよう依頼した。洗剤はまったく同じものなのに、鮮やかな黄色の箱に入っているものを使用した人々は強すぎて服を駄目にすると言い、青い箱入りのものを使用した人々は汚れ落ちが悪いと言ったのに対して、黄と青のツートンカラーの箱に入ったものを使用した人々は、それを「すばらしい」「すぐれている」と評したのである。また、さまざまな色のケースに入ったロールオンタイプの制汗剤を用いた同様の実験では、[27] 一つめの検査グループは匂いがきついと報告し、[28] 二つめのグループは刺激が強く役に立たないと言い、三つめのグループは速乾性で効果がある、と評した。このようにして、メーカーは製品の包装にふさわしい色をそつなく選ぶことにより客を引きつけ、お得意様をつくることができた。

一九五七年に市場調査の専門家ジェームズ・ビカリー（James Vicary）は、サブリミナルは刺激（subliminal stimulation）を用いることにより映画館の売店の売上高を劇的に上げた、と主張した[29]。一分間に一二回、スクリーンにぱっと現れたメッセージは一回につき三〇〇〇分の一秒間しか流れないが、それは刺激が脳に到達するのに十分な時間である反面、その刺激の伝達を観客が意識するのには短すぎる時間である。スクリーンに「ポップコーンを食べよう」とか、「コカコーラを飲みましょう」、といったメッセージを映すことによってポップコーンの売上高が五八パーセント、コーラの売上高が一八パーセント増加した、とビカリーは主張した。その後の研究成果は、サブリミナル・メッセージは本当に空腹感や喉の渇きや性欲を喚起することができる、と証明してきたが、そのような喚起が特定の製品の購入あるいは特定の行動に転換しうることを示す証拠は、これまでのところまったく出ていない[30]。

ビカリーは、自身が用いた映写装置を「タキストスコープ」［訳者注：瞬間露出器とも言う。シャッターの開閉や光の点滅によってスクリーンに一〇分の一秒ぐらいの瞬間、絵や文字、単語などの視覚刺激を投影する装置］と呼んだ。一九六〇年代までに、市場調査の専門家たちは、マーケティングを向上させるために他のタイプのテクノロジーを用いるようになっていた[31]。特定のテレビコマーシャルの有効性を予測するため、彼らは視聴者の電気皮膚反応（galvanic skin response）［訳者注：精神的刺激などによって起こる皮膚の電気伝導の変化。うそ発見器などに応用される］を計測した。雑誌の広告に読者がどれだけの注意を払っているかを測定するため、彼らは読者の眼の瞳孔がどれだけ広がったり、閉じたりしているか、を計測した。一方では、店や市場に隠しカメラを設置し、買い物客が特定の商品のディスプレーのそばを通ったときに見せた動きや反応をひそかに追跡する、ということも行なわれた。

一九七〇年代までには、「ニューロマーケティング」の研究者たち[32]がボランティアの被験者の頭皮に電極をつけ、買い物をしているときの刺激が脳波のパターンや振動数に及ぼす影響を観察するようになっていた。

一九八〇年代には、マーケティング担当者はサイコグラフィックス［訳者注：需要調査の目的で、特定区域の消費者の行動様式・価値観などを測定する心理学的手法〕もしくは、ライフスタイル研究に目を向けた。[33] 特定の人々の共通の活動、関心、ならびに、意見を割り出すことにより、将来、顧客となりそうな集団をターゲットとするためにマーケティング戦略を開発することができた。また、適切なライフスタイルのボタンを押すことにより、サイコグラフィックスマーケティングの担当者は売上高を上げることができた。たとえば、エコロジー意識をもつ健康マニアが多いことがわかれば、担当者は、自分のクライアントの製品が健康によいことやその製品の包装の生物分解性を宣伝した。潜在的消費者の大半が価格を気にしているのであれば、低価格を強調した。

一九九〇年代までに、マーケティング担当者たちは、商業利用可能なデータベースから富を得られることを発見した。[34]（数ある情報源の中でも）クレジット・ファイル、雑誌の予約購読者リスト、会員名簿、保証書から選り抜かれた個人情報を用いれば、ダイレクトメール・マーケティングの担当者は、収入、関心、あるいは、過去の買い物歴といったものに基づいて、顧客になりそうな人々の氏名と住所を確認することができた。そのような莫大なデータの融合と分類を可能にしたのがコンピューターであった。それと同時に、レジカウンターの電子スキャナーによって、購入意思のある消費者の日常生活や選択についての継続的なデータを大企業が保有できるようになっており、消費者は自分のプライバシーと引き換えに、わずかな割引特典がついた読み取り式の特別な「お得意様」カードをもつという特権をしきりに手に入れたがった。後に、この消費者は、家でテレビの前に座っていると、たくさんのモノを見せては「こんなものが買えますよ」、「こんなものがもてますよ」、「こんな経験ができますよ」、という手の込んだメッセージを送るＣＭを雨あられのように、浴びせられることとだろう。

物質主義的な社会では、個人は基本的に（他人からは、また自分自身からも）消費者――消費するのが商品であれサービスであれ、あるいは、それこそ観念であろうとも――とみなされている。同様に、消費社会は五感が並外れて重要な役割を果たす社会であり、なぜならば五感が社会的に選好される欲求充足の手段であるだけでなく、経済的・政治的搾取の手段として非常にたやすく利用できるものでもあるからだ。そのような社会で五感が最も重要と考えられているのは、それが理性の破壊を容易にするということである。というのも五感がモノに無意識的かつ即座に反応するのに対して、理性はそれに比べて反応が遅く、慎重だからである。

心理学的研究によって勇気づけられ、電子テクノロジーによって力を与えられた自由市場経済は、自我の表玄関である神経組織に簡単に入りこむことができる。「アメリカ合衆国では、無制限の資本主義的行動がときがたつにつれて、他のどの国よりもはるかに目につくものとなってきている[35]」ので、わが国はナウイズム的強欲が成長・繁栄するための肥沃な土壌を提供している。事実、この強欲そのものは快楽への欲求を反映しているのだから、それもまた、「現在という時代」に根づいているのである。

テイレシアスの目

私たちの五感が他人に操作されないとしても、それでもそれは「現在という時代」の力によって催眠状態にさせられるだろう。五感を無防備にしているのは、刺激に反応しやすいというそれがもつ性質そのものなのだ。

目が見えない人を目が見えない、という理由で障害者とみなすのは当然である。だが目の見える人も——逆説的にも、見えるというそのこと自体によって——障害者である。この逆説を理解するために、異なる二種類の視覚——物を見る能力と非物質的な現実を見る能力——があることを認めなくてはならない。

大昔、人間であることの意味に興味をそそられていた古代ギリシャ人たちは、私たちが手に入れる人生は私たちがどのような種類の人間であるかによって、性格やパーソナリティという目に見えない——だが、それにもかかわらず実在する——存在物によって形成される、と理解していた。私たちがいかにたやすく人生の過ちを自分ではなく他人のせいにしているか、ということも彼らは理解していた。

ソフォクレス（Sophocles）の戯曲にテイレシアス（Teiresias）という名の盲人が登場する[36]。ソフォクレスは、人間の視覚の逆説を明らかにするために、意図的に彼を目の見える登場人物と対置させている。目の見える人々は自らが選んだ行動の悲劇的影響を見ることができない。しかし、盲目の予言者テイレシアスは未来に何があるのか、その未来は現在にどのように潜んでいるのか、ということを見ることができる。というのもテイレシアスは、目に見えるものが不当に権勢を揮っている状況に害されることなく、心の目で見ているからである。

外に向いているという人間の視覚の本質そのものから、私たちの問題は生じている。目は私たちに、目も眩むような印象的な刺激を立て続けに伝達する。だが、私たちにはその内側にあるものを自動的に見せてくれるような比較能力がない。太古の昔、周囲の環境の中で生存・繁栄していくのに役立つ目を原始生物に与えた生物学的伝統から、私たちは最も恩恵を被っているのである。しかし、抽象概念化や自己評価をすることのできる沈思黙考、内省する精神はもっと後になってから発展した。こうした一連の出来事の生物学的な根拠は、熟考よりも肉体的な生存が優先されているということだ。ぶしつけな言い方をすれば、いくら哲学者だって食べるものを見つけられなければ死んでしまうだろう。

しかしながら、人間は、文明として成長していくために、内省（self-examination）という自らの潜在能力に頼る必要があるだろう。将来、刺激を楽しむ観察者となるだけでは不十分――それどころか致命的――になるであろう。私たちの精神の可能性のすべてを理解するために、私たちは遺伝によって受け継いだ自らの生物学的遺産や神経学的構造そのものに逆らう必要があるだろう、そして、自分の心の中を見つめるために、人を惑わす視神経の刺激を無視しなくてはなるまい。

これまで「現在という時代」の力の源泉――テクノロジー、歴史、五感――を割り出し、考察してきた。第一の源泉であるテクノロジーは、「遅い」を「速い」に、「難しい」を「簡単」に変えることによって、現在のニーズや欲望の充足を容易にするという点で、事実上、神経系の延長である。第二の源泉である歴史は、新世界に誕生し、生まれたときから幸福の追求に身を捧げている新国家アメリカという地理的、政治的現実を典型的に示すものである。第三の最も基本的な源泉は人間の神経学的組織で、それは苦痛より快感を好み、目に見えるものを最優先する。

こうした三つの力が組み合わさって、いまだかつてないほどの高い地位が「現在」に与えられてきた。アメリカの国力増大は、アメリカ社会でテクノロジーの役割が強まっていることと相まって、世界の他の国々がうらやむような仕方で国民の五感を満足させてきた。そして、そのようなアメリカのやり方は特に現代では、「現在という時代」のならいとなっている。

この巨大な力が私たち個人の生活や私たちが知っている世界を今でさえ変化させているのだ、ということをこれから探っていかなくてはならない。

注

(1) ダイダロスとイカロスの神話については、オヴィディウス『変形譚』(Ovid, *Metamorphoses*) 第八巻を参照のこと。
(2) Bruce Watson, "For a While the Luddites Had a Smashing Success", *Smithsonian* 24.1, April 1993, pp. 140–154 と bibliography を参照のこと。
(3) Watson, "For a While", p. 147 からの引用。
(4) Watson, "For a While", p. 142 以降。
(5) いわゆるネオ・ラッダイトには(テレビに反対している)ジェリー・マンダーや(遺伝子工学に反対している)ジェレミー・リフキンが含まれるだろう。
(6) Sigfried Giedion, *Mechanization Takes Command: A Contribution to an Anonymous History*, New York: Oxford University Press, 1948(=邦訳、榮久庵祥二訳『機械化の文化史——ものいわぬものの歴史』鹿島出版会、二〇〇八年), p. 714.
(7) 旧約聖書のエレミヤ書(Book of Jeremiah)、Sidney B. Hoenig and Samuel H. Rosenberg, *A Guide to the Prophets*, New York: Yeshiva University, 1957 の第八章を参照のこと。
(8) プラトンの『ソクラテスの弁明』(*Apology*) を参照のこと。
(9) この言葉については、Patricia Galagan, "How to Avoid Datacide", *Training and Development Journal*, October 1986, pp. 54–57 を参照のこと。
(10) 「それこそ電子の精霊が四六時中やっていることだ。この繁殖力が旺盛すぎる天の精霊は言う、『データが欲しいのかい?

ならあんたの尻にデータをぶちこんでやろう。あんたの好きなように始末するがいいさ』」（Nicholas von Hoffman, "Browsing in Virtual Bookstores", *Architectural Digest*, August 1997, p. 70 以降）。

（11） これらのテーマについては、Toffler, *Future Shock*, New York: Random House, 1970 ならびに、Orrin E. Klapp, *Overload and Boredom: Essays on the Quality of Life in the Information Society*, Westport, CT: Greenwood, 1986（=邦訳、小池和子訳『過剰と退屈――情報社会の生活の質』勁草書房、一九八八年）を参照のこと。

（12） "The Hamlet of A. MacLeish", *Collected Poems 1917-1982*, Boston: Houghton Mifflin, 1985. 同様の感情については、T. S. Eliot の一九三五年の詩 "Choruses from 'The Rock'" を参照のこと。

（13） スヴェン・バーカーツ（Sven Birkerts）はこう述べている。「電気と内省は根本的に相容れないものである。電気は、暗黙のうちに、瞬間――今――に属する。深み、意味は……「持続」と呼ばれる……あの時間の秩序の中でのみ栄える」（"The Electronic Hive: Refuse It", *Harper's*, May 1994, p. 18）.

（14） "The Sins of Kalamazoo", *Complete Poems of Carl Sandburg*, New York: Harcourt Brace Jovanovich, 1970, pp. 172-175.

（15） 一九五二年九月にコネティカット州ハートフォードで行なわれたスティーブンソンの講演 "The Atomic Future", *Major Campaign Speeches of Adlai Stevenson 1952*, New York: Random House, 1953, pp. 134-139.

（16） Jacques Ellul, *The Technological Society*, New York: Knopf, 1964（=邦訳、島尾永康・竹岡敬温訳『技術社会』全二巻、すぐ書房、一九七五―一九七六年）, p. 6, p. 97.

（17） このソネットは *Huntsman, What Quarry?*（1939）より（*Complete Lyrics of Edna St. Vincent Millay*, New York: Harper & Row, 1956, p. 697）。このソネットに見られる情緒とイメージを、ソフォクレス『アンティゴネー』（*Antigone*）の最初の合唱歌に見られるもの（「世界の驚異は数あれど／人ほど不思議なものはない」）と比較せよ。

（18） Cohan, "Yankee Doodle Dandy".

（19） 自由の女神像の台座の内側に刻まれている、Lazarus, "The New Colossus"（1886）.

（20） Saint-Exupéry, "Letter to General X", *A Sense of Life*, trans. Adrienne Foulke, New York: Funk & Wagnalls, 1965, p. 219 以降。

（21） Mander, *In the Absence of the Sacred*, San Francisco: Sierra Club, 1991, p. 64.

（22） シラーと著者のインタビューより。

（23） Packard, *The Hidden Persuaders*, New York: McKay, 1957（=邦訳、林周二訳『かくれた説得者』ダイヤモンド社、一九五八年）.

(24) Packard, p. 37.

(25) Packard, 第二章を参照のこと。Dichter, *The Strategy of Desire*, Garden City, New York: Doubleday, 1960（=邦訳、多湖輝訳『欲望を創り出す戦略』ダイヤモンド社、一九六四年）も参照のこと。

(26) Packard, 第二章の議論を参照のこと。Cheskin, *Color for Profit*, New York: Liveright, 1950（=邦訳、大智浩訳『商業色彩ハンドブック――利を生む色彩』白揚社、一九五五年）も参照のこと。

(27) Henry Assael, *Consumer Behavior and Marketing Action*, Boston: PWS-Kent, 1992, p. 129と注5を参照のこと。

(28) 嗅覚そのものもまた、生産性を高め、かつ、購買決定に影響を与えるべく協力を求められてきた。Smell and Taste Treatment and Research Foundation of Chicago が実施した研究によれば、ボランティアに花の香りをかがせてパズルを解かせたところ、一七パーセント速く解き終わったという。Good Housekeeping Institute は、ペパーミントか、ラベンダーの香りを通風管から空気中に散布すると校正がずいぶんはかどることを発見した。ある日本企業は、ラベンダーとジャスミンはキーパンチャーの心を穏やかにし、レモンは生産率を増すことを発見した。今では、複数の企業が香りを空気中に放出し、モチベーションを高める環境の提供を目的とした香りで、何千平方フィートもの空間を覆うディスペンサーを製造している。小売業者の中には、この研究に目をつけ、適した香りを買い物客にかがせれば彼らは商品を買わずにはいられなくなる、と信じる向きもある。衣料品店は今では、自分の店の顧客に合う香りや陳列棚の服を見ている客が好むのではないか、と思われる香りを開発するために、香りの専門家に五万ドルも払っている。アラン・ハーシュ博士（Dr. Alan Hirsch）は……花の香りのする試着室でナイキの靴を試着した客はそうでない客よりもそれを購入する可能性が高く、しかもより値段の高いものを買う可能性が高いことを証明している。香りが人々に気づかれないほどかすかな場合でもこれは該当する、とその研究は明言している」（Maxine Wilkie, "Scent of a Market", *American Demographics*, August 1995, p. 47）。

(29) Gilbert D. Harrell, *Consumer Behavior*, San Diego: Harcourt Brace Jovanovich, 1986, p. 92以降、ならびにAssael, *Consumer Behavior and Marketing Action*, p. 133以降を参照のこと。

(30) Sandra H. Hart and Steven W. McDaniel, "Subliminal Stimulation: Marketing Applications", *Consumers' Behavior: Classical and Contemporary Dimensions*, James U. McNeal and Steven W. McDaniel, eds., Boston: Little, Brown, 1982, pp. 165–75を参照のこと。

(31) Eric Larson, *The Naked Consumer: How Our Private Lives Become Public Commodities*, New York: Henry Holt, 1992を参照のこと。

(32) この用語についてはLarson, *The Naked Consumer*, p. 25以降を参照のこと。

(33) Harrell, *Consumer Behavior*, pp. 280-290を参照のこと。
(34) Larson, *The Naked Consumer*, 第四章と第八章を参照のこと。
(35) シラーと著者の対談より。
(36) ソフォクレスの悲劇『オイディプス王』と『アンティゴネー』を参照のこと。

第3章　個人の変容

私たちをワープスピードで運んでいるタイムマシン文化は、個人としての私たちもまた変化させている。その変化の表れ方は四つある——(1)人工的な流動を現実の自然な一部として私たちが潜在意識のレベルで受け入れることを通じて、(2)束の間の一瞬を経験したいという私たちの渇望を通じて、(3)私たちの行動と期待の不自然な加速化を通じて、そして最後は、(4)私たちの外的自己と内的自己がスピードに駆り立てられて変貌することを通じて、である。

1　流動と束の間の一瞬

目に見えない海

流動、または、変化は常に自然界の特徴であった。二五世紀も前にその力動的な存在を観察したのはギリシャの哲学者のヘラクレイトス（Heraclitus）である。ヘラクレイトスは次のように言っている——「万物は流れ、とどまるものは何もない……。二度と同じ川に足を踏み入れることはできない[1]」。ヘラクレイトスが意味したことは現実の川の流れは速く、数秒間で以前とは違うものに変化する、ということであった。

ヘラクレイトスが述べた流動は自然の過程であり、人工の過程ではない。しかしながら、今日では、自然界に固有の流動は人間の創意によって増大し、私たちが運動に取り囲まれる度合いを増している。今日、私たちは目に見えない変化の海、私たちのまわりを流れるばかりか、私たちの中にまで流れ込む電子の波でうねる海に浸っている。(2)

カナダとの国境に近いデトロイト近郊の自宅で、私がこれらの言葉をタイピングしているときも、二五のAM放送局と二八のFM放送局から送信される、目に見えず肌で感じることもできない電波が私の体を通り抜けている。四つのVHFチャンネルと五つのUHFチャンネルの信号が同時に私の皮膚を通り抜けている。私——とみなさん——はさらに高周波の放送電波——携帯電話、天候の探知や航空管制のためのレーダー装置、そして宇宙からマイクロ波を発する人工衛星からの電波——にも覆われている。

メディアに包まれることと、そのメディアの内容、もしくは、エネルギーを自分の中に吸収することとがまったく別物であることは確かだ。私たちは電磁気の海の中を泳いでいるが、その海の水を私たちの心の中にまでしみこませる必要はない。ラジオやテレビの電源を切り、それらの信号の存在に耳と目を閉ざすことだってできるはずだ。

だが、セイレーン［訳者注：ギリシャ神話に登場する。シチリア島近くの小島に住む、半人半鳥の海の精。美しい歌声で近くを通る船人を誘惑し、難破させたという］の歌声のようなそれらの呼びかけは、「現在という時代」の力の源により、抗いがたいものとなっている。先端的テクノロジーは私たちにいまだかつて知らなかったような仕方で、私たちの五感を満足させる機会を与えている。そのうえ、アメリカ合衆国憲法は、幸福を絶え間なく追求するときにこうした新しい経験を探し求めよ、と私たちに勧めている。第5章で論じるように、私たちは、即時的な情報に頼らなければ日々存在することもできないような、電子テクノロジーによって統合された社会に生きている。そのような社会では、聞くことや見ることを拒むのは自ら進んで流浪の身となることに等しい。したがって、快楽を得るためだけでなく実際的な理由から、個人はそのような社会に自分を合わせ続けるのであり、特に、そうすることはボタンを押したりスイッチを入れたりすることと同じくらい簡単だからである。その結果、目に見えない海がその流れのうえに私たちを乗せて運んでいるのである。

テレビ――目に見えるようになった海

テレビというメディアによって、私たちを包んでいる電子の海は目に見えるようになった。今日、テレビはアメリカの九八パーセントの家庭で不可欠な要素となっている。[3] 一九九〇年には、アメリカの普通の家庭でもテレビを二台以上所有している、という調査結果が初めて出た。[4] 各家庭では、少なくとも一台のテレビが一日平均七時間ついていたという。[5]

メリーランド大学の統計学者らによれば、「テレビを見ることはアメリカ人の主要な余暇活動であり、一次的活動として普通の人の自由時間の四〇パーセントを消費している」。[6] 研究者らが言う「一次的活動」とは、人々がわき目もふらず専念する活動のことである。これに、人々がテレビをつけている最中に何か他のことを行なう場合を加えれば、「テレビは私たちの自由時間の半分以上を占めている」。[7] それというのも、テレビは私たちの五感を直ちに満足させるが、その見返りとして私たちから何かを求めるということがほとんどないように思われるからである。

皮肉なことに、テレビがついている時間の二〇パーセントは、だれも部屋でテレビを見ることすらしていない。[8] テレビをつけっぱなしにしておくことは、たとえ画面を見ていなくても、自分は一人じゃないという感覚を多くの人々に与えるのだ。テレビの音は、今ほど技術化されていなかった時代の自然の背景音――鳥のさえずる音、風の音や波の音――に似ていなくもないような、人々を元気づける存在となっている。ただの友達以上の存在であり、私たちの時間や私たちの家庭の温かさを分かち合っているテレビは自然と同等になり、個人のパーソナリティが苦もなく溶け込めるような、心を鎮静させる環境となった。テレビを見ることは本質的には受身の活動であるために、このような溶け込むということが起こるのである。[9]

しかし、個人のパーソナリティは、それが溶け込むメディアによる影響をどのように受けるのだろうか。聖書によれば、振り返ってソドムとゴモラの劇的な破壊を見てしまったロトの妻は、塩の柱に変えられたという〔訳者注：旧約聖書の創世記第一九章を参照のこと〕。ロトの妻は、ある単純な事実――出来事や行為を目にする人々は、それらとは無関係ではなく、むしろそれらにより変化しうる――の古いけれども最初の具体例であるにすぎない。ゆえに、私たちの時間感覚という観点から、テレビの視聴者はどのように変化するのか。この問いに答えるには、まず、「テレビ的時間」の性質を理解しなくてはならない。

「現在」の支配

永続性のある芸術作品と違い、テレビは本来、一時的である。その聴覚的・視覚的イメージは「現在」という次元の中にのみ存在し、（記録されなければ）現れたときと同じくらい即座に永久に消え去ってしまう。取り戻せない一瞬一瞬から成る実生活についても同じことが言えるかもしれないが、そうした一瞬一瞬は有機的に生きている全体の一部である。

テレビが登場しはじめた頃は、いつ「生放送の」番組が放映されるかを知ることは簡単だった。フィルムの見た目の肌理やキネスコープ〔訳者注：フィルム録画用ブラウン管〕で録画した映像の粒子の粗さが、その正体を暴露したからである。しかし、一九五六年に四ヘッド式のビデオテープレコーダーが商業的に導入されると、テレビ放送の性質が一変した。かなり前にラジオが録音放送によって成し遂げていたこと――現在性という幻想――をテレビが今、手に入れたのである。

今日、テレビの視聴者は、どれだけ経験を積んでいようとも、番組が録画なのか、生放送なのか見分けることができない。これを決める方法は、番組が以前に録画されたものであることを告げる字幕か、ナレーション以外にない。

ある点では、ビデオテープ技術は古いものを新しく見せるという電子工学の不思議な力をまざまざと見せつけている。だが、過去と現在の区別が曖昧になるということには、もっと深い含意がある。

実際には、ビデオテープに録画された番組の放送は、過去と現在の境界がぼやけることを表すだけでなく、それよりはるかに過激なこと——過去が現在に吸収され混然一体となるので、すべてを飲み尽くす現在の渦に過去が吸い込まれて消えてしまうことにだれも気づかない——を表している。本、レコード、テープ、CDはすべて、物質であることにより、それらが過去の出来事の記憶を具体化していることを利用者に明らかにしている。しかし、ラジオとテレビはその放送の仕組みが私たちには明らかではないために、もっぱら、「現在という時代」の次元の中で私たちに自らを紹介する。[10]ラジオを聴くこと、テレビを見ることは、現在に浸ることである。子どもがテレビの洗礼を受けることに始まる、このような電子機器にどっぷりつかることは、私たちが大人になってからも何十年も続くので、私たちの家の外に根強く存在している「現在という時代」の力を強めているのだ。[11]

断片化と不連続性

テレビの番組編成に使える時間は限られているのに、それを売って利益を得たいという欲望は無限である。数多くの広告主の商業的欲求を満たしつつ、広告収入を増やす唯一の方法は、できる限り多くの広告主のために便宜をはかり、彼らのニーズから最大限の利益を得ることである。このプロセスがもたらす最終的結果は、視聴者の経験の断片化である。

一九八二年に全米放送協会（National Association of Broadcasts）の規定が緩和され、一九八四年に連邦通信委員会（Federal Communications Commission）の規制が撤廃されて以来、テレビコマーシャルの数、長さ、頻度を制限する規則は業界にも政府にも存在してこなかった。[12]テレビで放映される映画は、合間にいくつかのコマーシャルが挟まった断片の連続である。スポーツの試合は、広告主のニーズを満たすためにところどころ中断されることによって、まったく違う構成のものになってしまう。ニュース記事でさえも、同様にコマーシャルを挿入するため省略されたり、圧縮されたりする。業界のモニタリングがはじまった一九八三年から一九九三年まで、テレビのゴールデンタイムに番組以外のものが放映されている時間（全国コマーシャル、地方コマーシャル、番組予告、公共サービスのお知らせ）は一時間あたり一五分二〇秒へと着実に増加し、一九八三年に比べて五六パーセント増えた。総放映時間以上に重要なのが総中断数であり――ゴールデンタイムには一時間あたり平均三七もの異なるメッセージが、日中にはそれよりさらに多くの五〇もの――メッセージが流されているのだ。そうしたことが日常的に続いた結果、テレビの視聴者は番組に連続性を期待しないよう、それを言うならば、自らの生活の他のどんな局面においても連続性を期待しないように潜在意識的に条件づけられている。

番組編成のそのような特徴は当たり前となっているので、私たちはそれを意識しないようになる。確かに、一時間あたりに流されるコマーシャルの数を意識的に数えることによって、ようやく私たちはコマーシャルが自らの意識に及ぼす影響を真に把握できるのである。事実、私たちがコマーシャルを忘れているからこそ、それらの影響力は絶大なのである。テレビというものはすべて教育的であり、これは、しばしば中傷されているその内容の点だけでなく――それよりも目につきにくく、だが、広く浸透して――その形式の点でも真実である。個人にとって商業テレビは文化の学校であり、そこでは「現在」の支配が基本原則で、断片化がカリキュラムの目的なのだ。

テレビの内容はきわめて断片化されているので、私たちがテレビを見ているときに経験する流動は、有機的な連続性とは似ていない。それどころか、私たちが経験しているものは、支離滅裂な現実が連続して流れているような状況であり、流れそのものに似ているというよりも、次から次へと素早く流れていく互いに何の共通点もない事物に似ているのである。

一時性

画像がなければ、テレビは絵の入っていない木製の額縁のように、つまらぬ小さな箱にすぎない。だが、画面に一つの映像が映っていても――それが並外れていなければ――テレビは視覚的に退屈であることに変わりないかもしれない。テレビ業界は私たちにテレビを見てもらおうと、私たちの注意を惹き、私たちに興味をもたせ続けるために映像の形や大きさ、色、動きを変えるなどして趣向を凝らしている。(13) これが最も明白なのがコマーシャルで、そこでは視聴者の注意と関心を惹きつけるということが差し迫った優先事項なのだ。テレビコマーシャルでは、一つの映像が三秒以上続くことはめったにない（これがいかに本当かどうかを試したければ、何か一つのコマーシャルを注意深く観察し、一つの映像が何秒間続くか数えてみるがいい。画面が素早く切り替わったり、「ジャンプカット」［訳者注：編集上場面の一部分を削除したために突然画面が飛ぶこと］があったりすることがすぐにわかるだろう）。テレビは商業的に生き残るため、一時的な感覚に頼っている。それは（私たちを）楽しませるため、また、（自身が）利益を得るために、人工的な流動を利用している。さらに、それは常に何か新しいものを期待するよう個人を条件づけるのだ。

テレビの形式は、それが宣伝する製品やそれが奉仕する経済システムと一致する。新しいモデル、新しいスタイル、新しいコマーシャルまでもが私たちの心をとらえ、製品の売れ行きに一役買っている。事実、高速化社会では新しいというだけで製品（自動車、映画）の魅力が増す。使い捨ての新製品は束の間の一瞬――外観、感触、味、音、におい――を具体化したものとなる。私たちは幸福になるためにそれらを経験しなくてはならない、そうすれば私たちは周りの世界と同じく新しくなれる、と広告や商業化した社会は私たちを説得する。それゆえに、気がつけば私たちは、過ぎ去る前にその一瞬をつかもうと懸命に手を伸ばしている。私たちは「現在という時代」の司会者が「現在という時代」のゲストに「現在という時代」の映画についてインタビューしているのを見ているのであり、賦活剤のような即時性によって養われているのである。

娯楽それ自体は何ら新しくもない、ということは確かだ。結局のところ、劇場は古代ギリシャ人によって二五〇〇年以上も前に考案されたのだから。しかし、私たちの社会ほどに、ただ楽しませてもらうことにこれだけ多くの時間を捧げた社会はギリシャを含めてもこれまでなかった[14]。したがって、私たちの議論を現代の娯楽の核であるテレビではじめたのだ。というのも、テレビは私たちが起きている時間のかつてないほどの割合を占めており、その時間は、テレビの内容だけでなく意識をどう使うべきかについての定義で占められているからである。まさにこのために――個人の意識を形成するために――広告業者は一九九六年の時点でテレビにほぼ三六〇億ドルも費やしたのであり、それは同時期に連邦政府が教育に費やした額よりも多い[15]。

文化は、好ましい態度、行動、価値をその成員に絶えず教え込み、個人を集団に従うように形成してきた。しかし、欲望がこれほどまでに急速、かつ、全般的に均質化されたこと、また、「現在」の次元が他のすべての時間領域を締め出してまで奨励されたことは、人類史上なかったことである。私たちが目撃しているのは「現在という時代」が支配している状況であり、私たちは個人として、その支配をできるだけ何も考えずに自然なこととして受け入れようという気になっている。というのは、私たちはテレビの画面に映し出された一瞬の断片的な映像の中に、一時性という名の友人のおなじみの顔を見つけているからである。

私たちは、テレビを見て学ぶ教訓を人生にまでもち込む。テレビは、私たちに自らの自我の定義それ自体を潜在意識的に再解釈させる力をもつ――人生がその時の気分で再び、選んだりキャンセルしたりすることができ、出演者が私たちを楽しませてくれるとき以外は私たちの思考に彼らは存在せず、使い捨ての紙のガイドブックが提供する連続性しかもたぬような、意のままにつけたり消したりできるばらばらの、「番組」の連続とみなされるようになる。私たちは何であれ長続きするものと無縁になってきているので、永久不変のものを疑い、どんな関係も本来一時的なものだとみなすようになってきている。テレビはそのようにして私たちの人生の筋書をつくることができるのだ。私たちがテレビを見るときの受動性が、テレビを消した後も長いこと私たちの他の時間にまであふれ出していることがわかっている[16]。

しかし、こうした結果のどれよりも油断ならないのが、テレビやコンピューターの、他の可能な活動、すなわち、もっと現実的、能動的、創造的、個人的な活動から私たちの注意をそらす可能性である。[17]研究によれば、テレビを見る時間が増加するにつれ、その代償として、家族、ないし、共同体レベルでの会話や付き合いを伴う個人間との集まりに費やされる時間が減少している、という。[18]同様に、インターネットの利用が常習化し、逆説的にも私たちを人との真の接触から遠ざける可能性がある。ゆえに、こうした電子メディアは私たちを育成すると同時に、私たち一人ひとりを友情と愛の真の源から遠ざけてしまうのだ。[19]

2　加速化と変化

私たちを取り巻く人工的な流動とそれが生み出す束の間の一瞬を経験したいという欲望は、私たちの行動と期待の加速化を引き起こしている。高速化に基づく文化の中で、幸福を見つけるために「流れに身を任せる」個人は、必然的に自分の生活を加速させている。[20]そのような加速化は――もし長引けば――単にストレスを引き起こすだけでなく、パーソナリティと性格の著しい変化、個人の外観や内的感受性の性質に歴然とみられる変化をもたらす。その結果、テレビとコンピューターの画面は象徴的な鏡となり、そのガラスの表面に、自身が永久に移ろい続ける視聴者の姿を映し出すのである。[21]

これからみていくように、私たちの生活のスピードそれ自体が自己発見の可能性を妨げている――第一に、急ぎ足の生活は批判的考察の機会をほとんど与えないからであり、第二に、自らの文化の回路に接続されている精神は、自己を解放する能力や動機に欠けている傾向があるからである。

本章における分析は私たちが平凡とみなすと思われる、私たちの生活の諸特徴に依拠しているのであるが、そうした特徴は――ひとまとめにしてみれば――私たちの文化に根本的変化――個人の意味の変化――が起こっていることの有無を言わさぬ証拠である。私たちがこれらの特徴を平凡とみなしているという事実は、それらの影響がいかに広範囲に及んでいるか、私たちがいかにそれらのとりこになっているか、ということを証明しているにすぎない。

外的自己

① ファッション

人々が着ている衣服は世紀ごとに変化している。ファッションの進化を正しく理解したければ、アメリカやヨーロッパの巨匠の手による肖像画が展示された画廊を年代順にみてまわればよい。各世紀は、仮装パーティーさながら、ならわしの衣装で代わる代わる私たちに自己紹介することだろう。

しかし、ファッションは人間がデザインしたその他のほとんどすべてのものと同様に、現代のマスコミとマーケティング技法の影響のもと、変化の速度を加速させてきた。服飾産業の経済的成功は、手持ちの服を着古してしまったからではなく、単にそれらが古くなり「時代遅れ」になってしまったために個人が自ら進んで新しい服を買うかどうかにかかっている。[22] このようにファッションの利益は変化に基づいている。性別、年齢、階級によって指定された特定の消費者集団をターゲットにした大衆誌の流通は人々の欲望をかきたてるのに役立っている。毎月発行される最新号は、読者の購買欲を刺激するようなファッションに関する特集記事と今の流行をみせるきらびやかな広告、との組み合わせである。もっとも、こうした雑誌それ自体が生き残りのために、人為的に刺激された変化に依存している。なぜならば、ファッションの車輪が非常に速く回転しなければ、読者が最新号を買う必要はなくなるからだ。このように、服飾産業とファッション雑誌は、一時性の概念に基づく共生関係を結びながら存在している。

現在を具現化したものとして、ファッションは「現在という時代」を賛美している。それは使い捨てを正当化し、短命であることを喜ぶ。ファッションは私たちを現在で包み、一時的で外的な物を大事にするよう私たちを誘う。

そのような誘いが悪いわけではなく、また、それに屈することが罪というわけでもない。確かに、一瞬一瞬は大事にされるだけの価値があり、美に反応することは人間の最も基本的な本能の一つである。問題は、それよりもむしろバランスである。外見を非常に重視し、内面をほとんど重視しない（内面を外見の延長としかみなさないので――私たちがもっているものによって私たちがどんな人間であるかが決まる）社会では、表面的なものや一時的なものがひっきりなしに私たちを誘惑するたびに、私たちはより深くより永続的な真実の探求からいっそう遠ざかっていく。

ファッション意識は過去にも存在したが、それは概して裕福で退廃的な人々、ネロもしかり、ルイ一六世もしかり、宮廷の暇をもて余す人々の特徴であった。だが、民主主義、大量生産、宣伝広告が力を合わせたために、かつてごく少数の人々がそうであったのと同様に、今では多数の人々が流行を意識するようになっている。しかしながら、今日の流行に敏感であることは、私たちを現在――とそれが要求するもの――にかつてないほど敏感にしている高速の時代の反映でもある。デザイナーのダナ・キャラン（Donna Karan）はある日、つくづく考えた――「時々、私たちは一体ここで何をしているのかしら、と思うことがあるの……。女性たちが去年短いのを買いに出かけなかったとしても、すべてが過ぎ去り、今は長いのがまた復活しているわ。私たちが買えと言っているものをもう買う必要はないことを彼女たちは悟らなくてはならない。こういうことがものすごい速さで起こっている。彼女たちはただ、時節を待てばいいだけなの、古びた服だっていつかまた流行るのだから」。これに同僚は抜け目なく答えた。「そんなことを彼女たちに聞かれたら困ります[23]」と。

その同僚の発言は、ファッション産業が客の時間感覚を操作することによって金儲けする、という事実を強調している。今、流行しているものを強調し、短いのが「流行」で、長いのは「流行遅れ」だと力説することによって、金儲けできるのだ。その結果、マーケティング心理学は「現在という時代」の生地を私たちに着せることに成功している。

アメリカの服飾メーカーはヨーロッパのメーカーや国内の他のメーカーとの競争を思い通りに進めるため、シーズンの伝統的な開始時期を早めることすらした[24]。たとえば、今日の小売市場では、一月に春物が現れ、秋・冬物は五月に店先に並ぶ。七月に水着を探しても、ツイードとカシミアしか見当たらない。その結果、時間に追われる買い物客はまだ着られない服を買うというように、守りの姿勢で買い物するようになる。あるデザイナー服の製造業者は言う——「今買わなければ二度と手に入らない、と思っているのでしょうが、まさにその通りです[25]」。このように、私たちが買う衣服は、時間が歪められ、自然の季節が人為的に加速化された環境を如実に物語っている。

②　化粧品

ファッションの移ろいやすさは顔を飾ることにも当てはまる。実際、化粧品の歴史は人類の最初の時代にさかのぼることができる——穴居人の男女は先史時代の儀式で顔に真っ赤な顔料を塗ったかもしれないし、古代エジプトでは男も女も黒のアイライナーを使っていた。しかしながら、古代に化粧品を使っていたといっても、現代の化粧品消費にはかなわない。アメリカでは、化粧品業界は年間二〇〇億ドル市場になっている[26]。

日々、化粧をしたり落としたりすることは、個人のアイデンティティが永続的なものではなく一時的で取り外しできるものであることを暗示している。個人はその場かぎりの顔をまとい、老化の持続的な影響を束の間の覆いで隠している。わが国における化粧品の大量消費は、何としてでも現在にしがみついていたい社会のもう一つの兆しにすぎない。

③　ダイエット

私たちの生活における「現在という時代」の力は、わが国の国民がダイエットに強迫的に駆り立てられていることにも明白にみられる。人口の二〇パーセントに当たる、四八〇〇万人ものアメリカ人がいつもダイエット中である[27]。事実、一九九二年には、アメリカの成人の六七パーセントがダイエット食品、もしくは、ダイエット飲料を消費した[28]。

最良の意味でのダイエットは理解によって、そして、バランスのよい栄養摂取は健康と長生きを助けるという認識によって動機づけられるべきである。だが、アメリカでは、ダイエットの焦点は概して栄養ではなく、減量である。実際、シンシナティ医科大学が実施した調査では、「三万三〇〇〇人のアメリカ人女性が調査者に、体重を一〇～一五ポンド［訳者注：一ポンドは〇・四五三六kg、よって約四・五～六・八kg］落とすことは他のどんな目標よりも大事だと答えた[29]」。

体重を何キロにしたいという欲望が自由選択の自然なあらわれだとすれば、それはそれで一理あるだろう。だが、実際はそうではない。ダイエットしなくてはという強迫観念は、流行に追いついていたいという衝動のように、広告というエンジンによって駆り立てられ、年間三三〇億ドルといわれるダイエット産業の利潤動機によって煽り立てられたものなのだ[30]。

心理カウンセラーのアン・カーニー＝クック博士（Dr. Anne Kearney-Cooke）は言う――「多くの子どもと大人が自己よりも自己イメージの方に関心を寄せています……。彼らは『体を変えなさい、生活を変えなさい』という文化の中で生きているのです[31]」。

私たちの社会がモノを重視していることを考えれば、また、視覚的イメージの社会的影響を考えれば、今日では外見が歴史上、前例のないほどに重視されるだろう、ということは予測可能であろう。しかし、外見重視の傾向が果たす役割は、「現在という時代」の力によってそれが強まることに比べたら、さほど不安をもたらしはしない。

人々は体重を落としたいと思っているだけではない。体重を早く落としたいのであり、早ければ早いほどいいのだ。スーパーに置かれている大衆的な雑誌やタブロイド紙（意味深なことに食品レジの通路のそばに陳列されている）は、早く減量できるダイエットについてのカバーストーリーで買い物客を誘惑する――「休暇中に増えた体重を落としましょう！」、「お腹の贅肉を落として新しい水着を着こなしましょう！」、「30日で新しい自分に生まれ変わる！」などというように。こういうテーマは新聞・雑誌の中にのみみつかるわけではない。五〇〇冊以上のさまざまなダイエット本が書店の本棚を埋め尽くし、その多くが苦労せず奇跡的に痩せる方法をうたったものである――短期集中型のダイエットはまったく効果がなく、徹底的な食事制限で体重を早く落としても後でリバウンドしてかえって体重が増えてしまう、といったことが臨床試験や統計的証拠によって証明され続けているにもかかわらず、である。体重を減らし続けるのに必要なことは、定期的な運動を増やすのとしばしば併せて、食習慣を永久に変えてしまうことである。しかし、そのようなアドバイスでは本も雑誌も売れなくなる。なぜならば、それは今すぐ結果を求める文化的態度全体とは正反対のものだからである。

皮肉にも、過食はそれ自体として、短期集中型ダイエットの人気を説明する原理とまったく同じ原理を反映したものである。なぜならば、体重増加は通例、即座の欲求充足と引き換えに長期的結果を無視した結果だからだ。したがって、非現実的な過食とダイエットは、同一の態度、すなわち、人々をただ、現在の衝動しかみえないようにする態度が並行してあらわれたものなのである。

したがって、そのような社会の若者が、自分の命を養うという行為それ自体を病的に操作するような摂食障害――神経性拒食症から過食症まで――で苦しむようになることは、驚くべきことだろうか。あるいは、制酸剤がコマーシャルや薬局の陳列棚でこれほどまで目につくのは、驚くべきことだろうか。ダイエット薬を常用したり、不必要な脂肪を除去するために脂肪吸引という潜在的に危険な近道を選んだりする人があらわれても、おかしくはないのではないか。こうしたことはすべて、自らの利益のために速く動きすぎている社会の、食事に関する副産物である。電子レンジやファーストフード・レストランは――便利さを提供してくれるのにもかかわらず――高速化という一つのスペクトル上の、比較的無害な方の点にすぎないのである。

④　運　動

電子レンジは、それ以前の電気レンジやガスレンジのように、食品を調理するために薪を切ったり石炭をくべたりする労力を省いてくれる機器である。私たちの生活の中にそのような省力機器が豊富にある、と生物学的な悪影響――健康状態の低下――がもたらされる。

健康であるという実感を得たいという気持ちから、今日では多くの人々がジョギングや水泳からウェイトリフティングやエアロビクスまで、労働と関係のないさまざまな運動を行なうことを選んでいる。このように、初めは省力機器の導入によって肉体労働を減らすことに努め、次に運動の減少が健康状態の悪化をもたらすことを認識してきた私たちの文化は、以前使われていたエネルギーを消費するための人工的な装置や行動をつくりだすことによって埋め合わせをしてきた。[32]

しかしながら、そのような賢明な決断には代償が隠れている。省力機器は、他のより高尚な活動のために人々を解放することによって、結局は人々の生活をもっと不自然なものにしているのである。別の言い方をすれば、機械がどこにでもあるということは、休養ですらスケジュールに組み込ませることになり、人間をその行動においてますます機械のようにすることに役立っている。

そのうえ、運動には時間の圧縮も伴う。もっと長い時間をかけて労働から生じたと考えられる生理学的結果と同じ結果に達するために、各人が通常の筋肉エネルギーの消費を、スポーツジムで過ごすことにより、もっと短い時間に圧縮するのだ。それに加えて、そのような加速された運動は、すでに予定をぎゅうぎゅうに詰め込んだ日常の枠組の中に押し込まれることがしばしばである。それゆえ皮肉にも、余暇の質は、実際には、人々が逃れようと努めている生活の質をますます反映するようになるのかもしれない。

⑤　若さへの渇望

運動とダイエットは共に、外見と気持ちの若さを保つためにアメリカ人が用いる戦略である。[33] アメリカが若さを愛していることは、ある意味で、この国の歴史の自然な反映である――世界史年表を基準にすれば、とりわけ、ヨーロッパの古参の国々と比較した場合、アメリカ合衆国は確かに若い国だ。別の意味では、私たちが若さを愛しているることはテクノロジーの産物である――技術力をもつことは可能なことと不可能なことの境界線を曖昧にしがちで、推論により、私たちは老いの時計を遅らせたり、巻き戻したりすることさえできるのかもしれない、ということを示唆する。同時に、私たちが若さを愛していることは感覚的欲望の産物、いつも最大限のバイタリティーと快感を経験したがっていることの産物である。

私たちが若さを愛していることのこれら三つの起源——歴史、テクノロジー、五感——が「現在という時代」の力の起源とまったく同じであるのは偶然ではない。

さらに、若々しさを好むことは「現在という時代」自身の力と同様、スピードの観念と関連している。人生の中でも最も活力みなぎる時期として、青年時代は最も動ける時期なのだ。簡単にいえば、若い頃の方が年老いて緩慢になってしまったときよりも容易に「追いつく」ことができるのだ。しかも「追いつく」ことは、高速で動いている同時性社会がまさに重んじていることなのだ。とはいえ、老化は活動が鈍ることと「遅れる」ことを含意しているので、個人的幸福と社会的実現を妨げる反社会的活動として特徴づけられる。他方、成功はできる限りどんな手段——化粧、ダイエット、運動、あるいは後述する外科手術——を使ってでも若さを保つ（あるいは、少なくとも見かけだけでも若く見せる）ことを意味する。同様に、同時性社会は自身の存続と生存のメカニズムとして若々しさの概念をイデオロギー的に支持している。なぜならば、若々しさはその社会それ自体が最も必要とし、最も賛美しているもの——スピードと機敏さ——を体現しているからである。

逆に、老化を特徴づけている、これらとは正反対の特質——緩慢さと慎重さ——は軽視されがちである。この軽視の長期的結果として、社会は、無条件に拒絶したそれらの精神的・知的特質——熟慮と英知——がないために自滅してしまうかもしれない。このように、アンフェタミン中毒者のように、加速化した社会は破滅的なスピード中毒のために崩壊するかもしれない。(34)

一方、老いの否定はアメリカ文化の特徴であり続けている。アメリカ退職者協会（American Association of Retired Maturity）の公式雑誌『モダン・マチュアリティ』（*Modern Maturity*）は、年をとっても若々しくあることを頻りに賞揚する婉曲的な表題や記事を呼び物にしている。さらに、ディーパク・チョプラ（Deepak Chopra）の『不老の体、永遠の心』（*Ageless Body, Timeless Mind*）やジーン・カーパー（Jean Carper）の『今こそ老化を食い止めよ』（*Stop Aging Now*）、ベティ・フリーダン（Betty Friedan）の『老いの泉』（*The Fountain of Age*）、といった最近の本が人気を博しているということ自体、老いが自らを衰弱させることはないという再確認を人々が必要としていること、を示している。事実、フリーダンはその著書の中で、老化のつらく嫌な面を論じるのを避けており、「老いた」（"old"）という語を使うことすら避けていて、意味深なことに彼女はその語を索引にも載せていない。

より一般的には、老化の否定は生命のプロセス自体の拒絶である。あらゆる有機体の生命は変化を含意しており、実際そうであるように、時の流れを体現している。したがって、そのような変化に抵抗する徹底的な努力は私たちの存在それ自体の中を流れている自然な流れに逆らうこと、を意味している。

若さへの渇望にさいなまれている個人は、逃れることのできない交戦地帯――自分自身の肉体という交戦地帯――に閉じ込められたままである。老化の必然性を避けることはできず、精神がそれを包含する肉体と戦っている。「現在という時代」の力が君臨する限り、この戦争で休戦が宣言されることは永久にありえない。

⑥　形成外科

自己は、時間からの逃げ場を見つけるために、破れかぶれの方法を探し出し、外科医のメスで人工的に若返ったり、即座に美しくなったりすることを選ぶかもしれない。[35]事実、ここ一〇年間に、美容外科はアメリカで最も急成長している医学の専門分野となった。[36]一九九〇年代初頭までに、それは年間一七億五〇〇〇万ドルもの利益を上げるビジネスに成長した。[37]毎年、一五〇万人のアメリカ人が自分の体をこのように変えてもらうためにお金を払ったのであるが、時には痛み、傷、変形といった代償を払うばかりか、死という代償すら払うこともあった。[38]比較的新しい方法には、標準的なフェイスリフトの他に、顔の脂肪吸引、骨削り、シリコン片を埋め込むことによる筋肉の増強、といったものが含まれている。

美容外科の患者の大多数は伝統的に女性であったが、形成外科を訪れる男性患者の数も次第に増えており、彼らはフェイスリフトだけでなく、体格をよくするためにふくらはぎや胸へのシリコン移植も求めている。[39] それよりもいっそう印象的なのは、人々は比較的若いときに顔のフェイスリフトを受けているという事実である。ちょうど一〇年前であれば、五〇歳以下の患者にこのような手術をするのは馬鹿げていると美容外科医は考えただろうが、その一方で三五歳から四五歳までの手術希望者は非常に増加してきている。このように、「現在という時代」の力は老いに対する人々の感覚までも鋭敏にし、人々は時の鏡をのぞきこむたびに、ますます年老いていく自分の姿を目にすることになるのである。

大昔、永遠の命を信じていた古代文化は、墓に葬られた死者を永遠の若者として描くことによって、死者の魂に若々しい美しさを永久に授けようと努めた。そうした文化はまた、そのテクノロジーの限度内で、媚薬やしわ・ハゲの薬物「療法」、垂れ下がった乳房を元に戻す手術すら利用することにより、生きている間に若さが過ぎ去っていくのを阻止しようとした。だが、現世にしろ来世にしろ、古代人が最も深く関心を寄せたのは内的精神の清らかさであった。なぜならば、来世に行けるかどうかはそれにかかっていたからである。私たちが外的自己を操作するということに関しては、私たちは古代人とは二つの重要な点で異なっている——それは、私たちは自らの目的を達成するために彼らよりはるかに高度な水準のテクノロジーを有していること、私たちは古代人が知っていたものに比べると精神性に欠けている自己の定義を推進していることである。アメリカ人は、美は何よりもまず、外面的なものだと信じているので、より内的な現実よりも、むしろ皮下の現実を調節することによって救いを求めているのである。

⑦　成長ホルモン

美容整形は若々しい外見を取り戻せるだけではない。肉体の諸特徴を強壮にすることで外見をさらに若々しくすることもできるのだ。しかしながら、化学的方法でも体を強壮にすることはできる。

特別な食事や（ビタミン、ミネラル、プロテインといった）食事を補うサプリメントといったものは、長きにわたりトレーニング中のスポーツ選手の必需品であった。これは大昔の古代ギリシャ人の時代にも当てはまり、重量級の拳闘選手はオリンピックに備える間、自分の体を大きくするために大量の肉を食べた。

しかしながら、蛋白同化ステロイドほどに劇的、ないし、迅速な結果をもたらすことができるものは他にない(40)。天然の男性ホルモンであるテストステロンを模するために人工的につくられたこれらの薬物は、元々、医学的なニーズから開発されたものである。事実、成長の遅れや骨粗鬆症、貧血症といった病気を治療するために、合法的に書かれたステロイドの処方箋は毎年約三〇〇万枚にも達している。

しかし、蛋白同化ステロイドは健康な被験者の筋肉も増強するということが間もなく発見された。はるか昔の一九五〇年代に、ソ連、および、東欧圏のスポーツ選手は、練習だけでは得られない強みを手にして西側諸国のライバルより優位に立つため、競技前にそれを使用していた。やがてそのようなステロイド使用は、競技者が薬物によって相手より優位に立とうとすればするほど、あるいは、ライバルがすでに自分より有利だと思い込み、その不公平を平等にしようとすればするほど、オリンピックやプロスポーツやボディービルの世界で一般的となっていった。

ステロイドを使用した選手が勝ち取った勝利は、当然のことながら、代償――概してフェアプレーが台なしになる、また、ドーピング検査で薬物使用が発覚したときに選手が味わう個人的恥辱――を伴った。また、生物学的代償もあった――若ハゲや激しい気分の浮き沈みの可能性といった短期的副作用と、不妊、インポテンツ、腎臓病、肝臓がんを含む深刻な長期的影響だ。だが、使用者の中には、短期的影響を支払うに値する代償だとし、また長期的影響をあまりにも仮説的すぎる、あるいは、あまりにも遠い先の話なので今勝利を味わうことに比べれば気に病むに値しない代償だ、として一蹴する人々もいる。事実、今日ではこうしたリスクを負い続ける人があまりに多すぎる。ニューヨーク市クィーンズ出身のボディービルダー、カルロス氏は言う――「理由は何であれ、私たちはいつもリスクを負わなくてはならないのです。ギャンブラーだってそうです。だから私はギャンブラーなんですよ……。私たちは今すぐ結果を見たいですから、明日のことなど本当にどうでもいいのです」[41]。

ステロイド乱用という現象は、アメリカの高校や中学校の中にすら入り込み、推計四〇万人もの若者を巻き込んでいるために、今日ではそれだけいっそう動揺をもたらしている。[42] こうした薬物を服用するのは何もフットボール選手やレスリング選手に限った話ではない。陸上競技、水泳、バレーボール、女子ソフトボールの選手も服用しているのだ。素晴らしいプレーをするために薬物を服用するスポーツ選手の他に、スポーツ選手ではない男性たちも、自信をつけたい、注目されたい、女性にもてたいといった理由でそうした薬物を飲んでいる。このように、化学のおかげで、昔のチャールズ・アトラス（Charles Atlas）［訳者注：イタリア生まれの米国のボディービル唱道者］の広告に描かれていた海辺の「体重が九八ポンドしかない弱虫」［訳者注：九八ポンドは約四四・五kg］は、いじめっ子が砂を蹴って自分の顔にかけるのをやめさせるために、昔ほど長い間ボディービルのプログラムを実践する必要はなくなった。経口ステロイドを口に放り込むだけで、それよりずっと短期間でそれよりはるかにめざましい結果を手にすることができるのだ。ある高校の最上級生は言う――「僕はフットボールをやっていて、奨学金をもらおうと思っていました。ステロイドを飲めばもらえる可能性が高くなると考えたのです。それで飲んでみたら体力はすごくつくし、体重はすごく増えて、信じられないくらいでした」。別の最上級生はこう言う――「僕は一二か一三ポンド［訳者注：約五・四〜五・九kg］体重が増えたのですが、自分の背丈の割には多い方だと思います。ベンチプレスで二二五キロのバーベルを五、六回上げ下ろすのを数セットできます――以前は一回もできなかったんです」[43]。一方、イリノイ州の高校生の調査によれば、ステロイドを使っている高校生の三分の二が一六歳以前から使いはじめていた。[44]

スピードを重視する短期減量ダイエットの場合と同様に、ステロイドの魅力の一つは早期の結果を約束することである。だが、近道を良しとする人生観と手っ取り早い解決法の崇拝は、自然界の時間の法則に反している。私たちが人工的に物事を高速化し、通常の速度を超えた速さにまで有機体の成長を加速させれば、自然は私たちに、お金ではなく、心と体の通貨でその代償を支払うよう求めるかもしれない。

この現実に答えて、全米高等学校連盟（National Federation of State High School Associations）は一九九二年に「ステロイドサミット」を開催した。組織者の一人、ディック・スティックル（Dick Stickle）は言った——「このどんな犠牲を払ってでも勝てという考え方がステロイドの蔓延につながっているのではないかと思います[45]」。スティックルが言及した考え方は、昔のスポーツ哲学——「大事なのは勝ち負けではなく、どうプレーしたかだ」——と相容れない。このようなモットーは、スローペースの文化、プロセスが人格形成に果たす役割を理解・重視する文化を反映していた。他方、「勝つことは最も大切なのではない。それは唯一絶対なのだ！」は、それとは異なる私たち自身の倫理および時代、「結果」が大切だという時代の反映である。「現在という時代」の法則によれば、スポーツにおいては、他のいろいろなことの場合と同様、人格は勝利に比べて重要ではないのだ。

⑧　遺伝子工学

蛋白同化ステロイドの使用と乱用が示しているように、化学は個人に筋肉を変える力を与えている。別の科学である、遺伝子学は今や人類に自分自身を変える力を与えている。人類学者のキャシー・シック（Kathy Schick）とニコラス・トス（Nicholas Toth）の言葉で言うとこうである——「遺伝子工学のテクノロジーを通じて、私たちは人類の進化の新しい段階、進化の手段として人間のゲノムに変更を加えることが間もなく可能になるかもしれない段階に、もしかしたら入っているのではないか[46]」と。

国立ゲノム研究センター（National Center for Genome Research）は、二〇〇五年までに、一〇億ドル以上の費用で、人間のアイデンティティの生物学的な青写真を構成する一〇万個以上の遺伝子の一つひとつを染色体上に位置づけ、その機能を明らかにすることに努めることだろう。すでに科学者らは、遺伝性のものとして知られている四〇〇〇もの病気のうち二〇〇の病気の原因となる遺伝子を特定しており、遺伝子工学や遺伝子治療を実験的に行なうことによってそれらの病気の治療法を果敢に追求している。そう遠くない未来、妊娠中、もしくは、妊娠前に、そうした病気がいつか発症するのを予防するための措置を講ずることができるようになるかもしれない。

しかしながら、遺伝子工学にとっての未来の展望は病気の予防だけでなく、染色体の構成要素や染色体のパターンを分子レベルで操作することにより、未来の個人を意図的に設計することも含んでいる。両親は魅力的な遺伝子リストを参照し、生まれてくる子どもの属性を選ぶことができるようになるかもしれないし、社会は予想される経済的、科学的、軍事的ニーズに合わせて未来の市民の才能を選択することができるかもしれない。

技術的な問題が解決された場合、こうした努力に対する唯一の障害は倫理的なものであろう。しかし、選択した行動が見たところ子どものために、また、社会の幸福のためであるならば、特に短期的な遺伝子学的決定の長期的影響が何世代にもわたり明白でない場合には、どうしてそれに反対できるだろうか。

そのようなテクノロジーは、人間にもう一つの比類なき力——自分の個性を永久に存続させる力——をも与えるかもしれない。クローン技術によって親は自分の生理学的アイデンティティについて、望ましくない「欠点」を一切除いて複製することができるようになるだろう。それにより個人は自己愛的に自らを複製し、不滅性を手に入れるために、完璧な自己イメージを未来の肉体に投影することができるようになるだろう。そのようなシナリオでは、生物学的過去が生物学的未来と融合し、「現在という時代」の有機的な力はそれ自体で不滅となるだろう。

このような話題は未来主義の領域に存するようにみえるかもしれないが、実を言うと「現在という時代」の領域に存する。私たちの生活を加速させることにより、「現在という時代」の力は、進化が人為的に圧縮されるのをまったく自然なことであるかのようにみせてしまう。自分の欲望が即座に満たされるのを目のあたりにする私たちを条件づけることにより、「現在という時代」の力は、私たちの遺伝学的な夢が即座に実現することを正当化する——そうした夢の最終的な結果についてごく長い時間をかけて考察することもせず。また、テクノロジーは常に忠実な下僕だ、と私たちに教えることにより、「現在という時代」の力は、それを利用することの正しさを証明するのである。このようにして、「現在という時代」の力は、「前人未踏の地に果敢におもむく」よう、私たちを潜在意識のレベルで訓練し、準備させるのである。事実、ナウイズム的な考え方がなければ、遺伝子工学を実践するということ自体、とても考えられないことかもしれない。

私たちの文明が直面するかもしれないような他の難しい決定とは違い、遺伝子工学が突きつける難題は「先延ばし」できないものである。ナウイズム文化は常に、休むことよりも動くことを好む傾向にある。それは自らのはずみによって、待たずに前進するようけしかけられている。だが、未知のものがたくさん詰まった領域へと前進することは、尋常ではない危険に満ちた企てである。この新しいテクノロジーの影響は潜在的に甚大で予測不可能であり、それを利用する際には最大限の注意が必要だ。しかし、巨人の靴を履いた人間が小股で歩くことはできない。ジェレミー・リフキン（Jeremy Rifkin）は賢明にもこう述べている――「自らが人生の設計者となるような長い旅に私たちが出発すべきかどうか、という問題は核問題と並んで、人間という一つの家族に立ちはだかる最も重要な問題である[47]」と。

以上、「現在という時代」の力が個人の外見にどのような影響を及ぼすかについて考察してきた。現代のファッションが身体をどのように覆っているのか、ダイエット、運動、整形手術、成長ホルモン、遺伝子工学が身体をどう変えることができるのか、などについてである。今度は個人の内的自己と、ナウイズムがそれに及ぼす影響を探ることにしよう。

内的自己

「現在という時代」が内的自己に及ぼす影響を測るのは容易ではない。そうした変化はすでに述べたことと違い、目に見えるわけでもなく手で触れられるわけでもない。しかし、そうした変化は非常に深いところにまで及ぶからこそきわめて重要なのである。

第1章で、高速化はストレスを引き起こす可能性がある、とすでに述べた。本章では内的自己に再び戻り、「現在という時代」の力によって引き起こされる個人的価値の変容を考察したいと思う。

① 時間の汚染

私たちはそれぞれ過去から未来へと旅し、時がたつにつれて昔のことを忘れていく時間旅行者である――月の輝く夜、波立つ海を渡る速度も意識せず、浮かれ騒ぐクルーズ船の乗客のようである。私たちは時間に屈服し、水面下の海流によって押し流される物言わぬ海洋生物のごとく、流れるように時の流れに屈している。なぜならば、時間は私たちの海であるからだ。

だが、海それ自体のように、時間の海も汚染される可能性がある。あわただしい経験の浮き荷と投げ荷に覆われ、急ぐことから生じる有害な廃棄物によって汚された時間の海は、その中で泳ぐ人々に害を与える可能性がある。

ニール・ポストマン(Neil Postman)はこう書いている――

象徴的環境の変化は自然環境の変化と似ている。その変化は、最初は漸次的であると同時に累積的だが、その後たちまち、物理学者らが言うように臨界質量[訳者注:ある核分裂性物質が連鎖反応を一定の割合で続けるのに必要な物質量。そこから転じて、ある影響・結果をもたらすのに必要な量、という比喩的な意味がある]に達する。ゆっくり時間をかけて汚染されてきた川が突然、有毒になる。ほとんどの魚は死に絶える。そこで泳げば健康が危ぶまれる。しかし、そのときでさえも、その川は今までと何ら変わらないようにみえ、そこでボートに乗る人が依然としているのかもしれない。言い換えれば、生き物がそこにいなくなっても川が消えることはなく、また、その用途のすべてがなくなるというわけではないが、その劣化した状態は風景の至る所に悪影響を及ぼすだろう。(48)

他の有機体のように、私たちの命は食物、水、空気に依存している。これらの生命の維持に不可欠な要素が汚染されたり与えられなかったりすれば、私たちは衰弱し、死んでしまう。それとほぼ同じように、時間の要素は私たちの生活に染み込んでいる。空気のごとく目に見えない、私たちが日々吸い込んでいる時間という大気は、私たちの心と体の機能にそれとなく影響を及ぼしている。私たちが空気や飲料水に含有される汚染物質の被害を受けるかもしれないように、私たちの健康や思考も時間環境の汚染による被害をこうむるかもしれない。

そのような「時間汚染」は、私たちの生活が持続的、かつ、不自然に加速することによって引き起こされ、私たちの活動とそれらが私たちに要求することの増加によって悪化する。環境の他の場所での汚染と同じく、それは主に、特定できるただ一つの出来事の結果ではなく、私たちの日常生活の速いペースによって助長された、今では忘れられた出来事――何週間、何カ月、何年も前からの責任や約束、締め切りといったものの腹立たしい寄せ集め――の強力な蓄積の結果である。その直接的影響には、生理学的・感情的緊張が含まれ、二次的影響には健康問題や人間関係の緊張が含まれる。だが、時間汚染は、これからみていくように、私たちが生活の指針としている基本的価値にも影響を及ぼし、変化させる。

このはっきりとは目に見えない環境ハザードを診断するという仕事は、私たちは自身が気づいている社会のさまざまな力から隔離され、それらの影響をまったく受けない独立した客観的観察者ではなく、むしろ私たち自身も自ら観察している現象そのものによって影響され、変化しているという事実によって、いっそう複雑なものとなっている。

診断者を自称する者ですら、自身が研究している病に対して、免疫があるというわけでは決してない。その病の作用を記述する研究者は、同時にその病の犠牲者でもあるのだ。そのような研究者は自らが救おうと努力している共同体の住民であるので、自らにその病の最も基本的な徴候がみられるのを発見することができなくなるおそれがある。というのもこの環境の病の最も有害な特徴は、この次第に慢性化していく病はまったく自然な状態であるとその病の犠牲者を納得させて、その病がすでに発症していることを隠蔽し、それが進行していることをごまかすことであるからだ。この病はすぐにそうとはわからないように少しずつ増加して広がり、人々の間に広く散らばっていくので、個人は同じく感染している他の人々に囲まれていると、自分の健康はまったく正常だと結論づけてしまう。最も人を裏切る錯覚は、錯覚などまったくない――すべてが安全、かつ、良好だ――ということである。低体温症の場合と同様に、この時間の病の最も致命的な徴候は、私たちを安楽へと誘う眠り、私たちを麻痺させて人生を放棄させる眠りである。私たちは闘志を抱くこともないまま死んでゆく。なぜならば、そのような錯覚は、闘う相手などいないことを私たちに納得させるからだ。

死も主要な問題ではない。その代わり、どう生きるかということが問題になる。人間の経験の感覚的要素が縮小するにつれ、個人の最適経験の定義――それはその個人が属する文化が伝達する現実の尺度に左右されるため――もまた、縮小するからである。硫黄色や灰色の空にだけ慣れ親しんで成長した人が、郷愁をかきたてる濃い青色の夏空を支持するだろうか。自分が降参してしまったことに気づくこともないまま、個人は生気のない空を自然なものとして受け入れてしまう。ゆっくりと行動することをその成員に教えない文化の中で育ってきた人が、仕事を立派にやり遂げたことによる個人的な満足感を味わえるだろうか。文化的条件づけによって時間の本質的意味とは無縁になった人が、愛を与えたり与えられたりすることが本当にできるのだろうか。

私たちの高速化した社会を物質的に変えている数々の力から、私たちが完全に守られるような聖域は存在しない。きれいな空気を本気で探し求めて科学者らがアフリカから北極地方まで別々に実験を行なったが、失敗に終わっただけであった。汚染物質の流れは、全世界的な潮流となって地球を取り巻いているので、最も遠く離れた地域にまで及んでいる。病原菌まみれになった企業家の靴が踏んだことのないエデンはほとんど存在せず、最もきれいな山中の小川でさえ、その水中に商業廃棄物の目に見えない痕跡を残している。同様に、時間汚染はその病原菌で私たちの環境を侵し、自然のライフスタイルよりも攻撃的なライフスタイルで自然界のリズムを変え、人間の心という風景の中で森林伐採や露天掘りを行なっている。

②　幸福の追求

「現在という時代」の力は、個人に害を及ぼしているのと同時に、幸福の追求を激化させている。

奇妙なことに、幸福の探求が人間の思考を支配してきたのは、人間が地球上に誕生してから現在までのうち、ほんのわずかな間のことであった。最初の人間の登場からその約五万年後の文明の誕生まで、人間のエネルギーの大半は幸福ではなく、ただ生き延びることに集中していた。最初の文明が登場したときでさえ、人間の関心は個人の幸福ではなく、共同体の繁栄に向けられていて、共同体の繁栄は、神や王の命令により、個人の欲求より集団の欲求を優先させることで達成される目標であった。何世紀かたってギリシャ人が登場したとき、ようやく自律的な個人の概念が生まれた。

こういったことはすべて、私たちには奇妙にみえるのかもしれない。つまるところ、私たちは、憲法で認められている、譲渡され得ない個人の権利という原則と幸福の追求に基づく文化、個人の欲求充足を多彩な社会的目標の一つとみなすばかりか、文明の本質的目的とみなす文化に属している。だが、私たちの社会が当然のこととみなすようになってきている考えは、人類史の初めには新しい革命的な思想だった。

幸福は言葉で表現された目標としてあらわれるまで時間がかかったが、それと正反対の不幸は常に心で実感できる現実であった。単調な仕事や悲しみ、苦痛を改善するために、古代文化は効果の強い物質を使って個人の気を紛らせたり、心を楽にしたりした。ワイン、ビール、マッシュ［訳者注：すりつぶした麦芽またはひき割り粉を湯に混ぜて糖化し、麦芽汁にしたもの。ビール、ウイスキーなどの原料］――こうしたものはすべて、こういう苦悩からの解放をもたらすために開発されたのであり、それらの使用は宗教的儀式と結びつけられることがしばしばであった。

したがって、幸福になりたいと欲し、それを達成するために触媒を利用することは何ら新しいことではない。新しいのは、その欲望が嗜癖となってきていること、そのような触媒が人々の生活を支配するようになってきていることである。要するに、バランスが変わってきているのである。

古代社会は、幸福の概念について思案する際、個人の願望成就を宗教的、ならびに、世俗的な義務という、より大きな文脈の中で考える傾向にあった。当時の思想家の中には、幸福は理性の道を辿ることによってみつけられる、と信じる者たちがいた。また、啓示の道を辿ることによってみつかると考えた思想家たちもいた。彼らが即座に一時の欲求充足を得ることに関心を寄せたことはめったになく、むしろ彼らの関心は忍耐強い探求と自制のための努力によって永続的な真理を発見することにあった。単に乱痴気騒ぎを好んでいるにすぎないとしてローマ人が見下したエピクロス派の快楽主義ですら、元来は人生で最も長続きする快楽の探求としてはじまったのであり、肉体の神経の末端が経験する一時的な快楽を探求することではなかった。物質界のまやかしの誘惑を拒絶することによってのみ、個人は真の心の調和と平和をみつけることができる、と東洋と西洋の賢人たちはともに教えたのである。

しかし、ナウイズムの文化は忍耐を美徳として育てることはしない。その代わり、スピードと技術的効率を重んじる。その結果、大量の時間の投資を必要とする努力――工芸品の製作、言語の習得、音楽の研究――は特異なものとみなされ、不人気になりがちである。同時に、マス・マーケティング〔訳者注：ある製品を画一的な大量生産、大量流通、大量販売促進で売り込むマーケティング形態〕や広告は、物質的所有を幸福の真の源として賛美する。その結果、非物質主義的な努力は取るに足らないものとみなされる。むしろ、ナウイズムの文化は、物質主義を支持し、自らの感覚的欲求を充足させる手段を探すことによって幸福を追求する。幸福への近道の一つは電子機器によって与えられる娯楽で、特にテレビ番組やコンピューターゲームである。もう一つが薬物である。

薬の中には、社会のテンポを維持できるよう人々をスピードアップさせるものがある。それとは逆に、そのテンポから逃れられるよう人々をペースダウンさせる薬もある。さらに他の薬物は、ヘロインのように、温かさや愛のまったくないあまりにも寒々とした環境にいる個人に、人工的な温かさや愛を与える。

一九九〇年代初頭に国立薬物乱用研究所（National Institute on Drug Abuse）がスポンサーとなった調査では、一二歳以上のアメリカ人のうち七五〇〇万人以上がこれまでに少なくとも一度は違法薬物を使ったことがあると認めた一方、一二五〇万人が先月までそういう薬物を使っていたと答えた。こういう調査は被調査者が正直に答えるかどうかにかかっているので、実際の数字はもっと大きいだろう。また、その数字は精神活性作用のある薬物（鎮痛薬、興奮剤、精神安定剤、抗鬱剤、鎮静剤）がわが国で合法的に処方されている頻度やそれらの薬物の乱用を考慮に入れていない。[49] それはまた、アルコールの乱用、とりわけ、若者の間で増えているアルコールの乱用を反映していない。

何百万人もの人々が人事不省に陥るまで薬物を服用したり、自分自身や社会が与えることのできない「ハイ」な気分を人工的に引き起こしたりしなくてはならないとは、私たちの文化は何とひどいものなのだろうか。また、この文化の中で暮らすだけで頭痛が起きてしまうとは、何とひどい文化なのだろうか。[50] だが、こうした事実はどれもさほど珍しいものではなくなっているように思える。なぜならば、私たちはそれらを普通のこととして受け入れるようになってきているからだ。それだけでも、私たちの異常さを強烈に示している。

③　信仰の探求

人間は伝統的に、信仰と意味を探し求めて宗教に向かった。しかし、伝統的な宗教的信条は以下にあげる二つの理由でナウイズム文化の性格と相容れない。

第一に、伝統的な宗教は過去に根を下ろしていることがあげられる。それは歴史によって神聖化された一連の倫理的基準や儀礼的慣行に個人を誘導し、現在の行動もその教義に従わせるように、個人を訓練する。このような性格をもつ伝統的宗教は現在を過去に従わせる点で、権威主義的である。しかし、「現在という時代」の力の役目は、過去の偶像を現在のるつぼの中で溶かすことだ。したがって、現在の感受性と相容れないのは特定の宗教的信条ではなく、むしろそれらと過去とのつながりである。

第二に、伝統的宗教は元来保守的である。批評されたり、修正されたりすることはあるかもしれないが、その根底にある教義や聖典は話し合いによって決められるというようなものではない。他方、ナウイズム文化は絶え間なく変化することによって生きている。永続性よりも一時性がその最も本質的な特徴である。テレビの映像のごとく、その日に映る真理はどれ一つとして永久不変ではない。

不調和のこれら二つの基本的類型は、個人と、実のところ組織的宗教それ自体に、ディレンマを生み出している。個人にとってのディレンマは次のような言葉で表現できる――信じるべきか、信じざるべきか。組織的宗教にとってはこうだ――生きるべきか、死ぬべきか。

福音派の信者が最も著しく増加している（南部バプテスト連盟が三八パーセントの増加、ナザレン教会が六一パーセント、アッセンブリーズ・オブ・ゴッド教会が一二二パーセント）一方で、一九六五年から一九九〇年の間に信者を最も多く失ったプロテスタントの宗派がいわゆる「主流派」だった（合同メソジスト派が一八パーセント、聖公会が二八パーセント、長老派が三一パーセント）ことは重要である。[51] 宗教界における「市場占有率」[52]のこのような変化は、福音派が神と人間との感情的な近さや個人の霊的体験――聖書に絶対的権威があるとしているにもかかわらず、「現在という時代」の宗教としての資格を福音派に与えている特質――を重視していることの結果かもしれない。宗教上の原理主義が定義からして過去志向であるとしても、それが近年人気を博していることの原因は、それがテレビと共有している傾向、すなわち、複雑なものを単純化する傾向のみならず、これらのナウイズム的特質でもあるのかもしれない。

生存本能を備えた有機体のように、組織的宗教が現代化に努めるのは避けられないことかもしれない。しかし、この生存のための戦略には元々欠陥がある。宗教が現代化しすぎれば、それは以前とは違うものになってしまうかもしれない。土台が侵食されて、崩壊するかもしれない。中身のない、空っぽなものになるかもしれない。信徒を保持し、また増やすために意図的に社会に同調することによって、宗教組織は、自らが引き入れようとしている社会と同じように不定形になってしまうかもしれない。伝統的な宗教であり続けるのではなく「現在という時代」の宗教になれば、もはや宗教組織は信徒たちに彼らが最も必要としているもの――荒れ狂う海の中の動かぬ錨――を与えることができないかもしれない。

今日、より効果的に個人と接触するため、テレビに頼る教会もあらわれている。テレビ伝道の現象は、コミュニケーションの道具としてこのメディアを利用することを表しているだけでなく、電子機器を聖礼に変えることをも表している。「さあ、テレビの画面に触れなさい、そうすればあなたは癒されます」、と牧師が宣言すれば、何万人もの人々が身を乗り出すであろう。初期キリスト教徒が暗いカタコンベ〔訳者注：初期キリスト教徒の迫害避難所〕に集まっていたのに対して、テレビ世代のキリスト教徒はテレビのそばに集まるのだ(53)。

テレビ伝道師の栄光からの転落は、彼ら自身の人間としての欠陥によるというよりも、表面的ではかないものを食べて育つテレビの本質そのものに起因する。イエス自身は、奇跡にはぞくぞくとした興奮を与える効果があることを認めていたが、そうした奇跡は自分が本当に伝えたいことから聴衆をそらしてしまうのではないか、と恐れていた。テレビは浅薄な宗教を提供する。なぜならば、テレビが扱うのは献身ではなく、感覚であり、永遠ではなく、刹那だからだ。とはいえその即時性の中にこそ、視聴者に洗礼を施してナウイズム社会の子にすると同時に、彼らを慰めるというテレビの力がある。

組織的宗教の他にも、現代社会には、個人向けの信仰と慰安の源が存在する。たとえば、物質主義とその聖堂――ウォールマート第一教会やショッピングモール大聖堂――を頼みとし、クーポンの福音を読んだり、仲間の信徒たちと日曜特売に参加したり、十字架の代わりにクレジットカードを携帯したりするような人々がいるかもしれない(54)。

たとえ伝統的宗教が人々の目には時代遅れで魅力のないものに映っているとしても、満たされる必要のある精神的ニーズがそれらにあることに変わりはない。レストランがすべて閉まっているからといって、空腹だった旅行者が空腹でなくなる、ということにはならない。その代わりに彼らは他の方法で自分の食欲を満たそうとするだろう。

頼みの綱は巫女を呼ぶ、あるいは、訪ねることだ。あるいは、混乱している世の中に明白な希望をもたらしてくれる、水晶玉や体にいい妙薬を使うことだ。スケジュールが詰まっている人の中には、たった一回で終わるセラピー・プログラム[55]や電話相談[56]に頼る人もいる。その一方で、書店には一般大衆向けの本が所狭しと並んでいる――通俗的な心理学やスピリチュアリズムの流行から、自己満足的な自助の本にみられる最近の概念に至るまで、それぞれの本が棚に置かれている期間は驚くほど短い。そういう本は、一時的な救済しか与えてくれないという事実を除けば、聖書の世俗版である。こうしたものに批判的なウェンディ・カミナー（Wendy Kaminer）は次のように、述べている――「自助の本は、考えることではなく個人主義を理想化し、自由に伴う孤立を恐れる文化においては、権威あるものとして売られている。『本は私たちの心の中の凍った海を壊す斧でなくてはならない』、と書いたのはカフカである。それに対して、自助は、氷を壊さずにその氷の上をうまく滑る方法を教えるにすぎない[57]」。

今日の個人が自助に頼らなくてはならないという事実は、社会の断片化された状態や人間の心を支える伝統的なシステムの機能不全をも証明している。

意味を探し求めている個人はコンピューターを友達だ、と思っていたかもしれない。ユニバーシティカレッジ・オブ・ロサンゼルスの臨床心理学者のロジャー・グールド博士（Dr. Roger Gould）は、企業の社員向けに一〇回の診療から構成されているセラピー・プログラムを計画してきた[58]。クライアントである某企業は、社員の四分の三が人間よりもコンピューターからカウンセリングを受けたほうがいいと思っている、とまで言った。事実、コンピューターは自分には内面生活があるのだ、ということを個人に一切忘れさせてしまうほどに十分な刺激と気晴しをいつか与えてくれるのかもしれない[59]。コンピューターにログオンすることは人を中毒にさせるような魅力をもつがゆえに、現実の関係に代わるものとして人気が出るばかりか、疑似宗教的な経験の土台すら提供するかもしれない。

今、その初期段階にある「バーチャル・リアリティ」は、普通の人が、自分の家に入るのと同じくらいたやすく、立体的なサイバースペースという架空の領域に、動き回ったりコンピューター上で対話したりすることのできる三次元の別世界という幻想に、そして、中に入れるがゆえに映画やテレビよりも現実味のある世界に足を踏み入れることをついに可能にするかもしれない[60]。それは、それ自身の経験上の過去や未来をもつ世界であるだろう。さらに、それは想像できるすべてのものにすぐアクセスすることのできる世界であり――それゆえに――自分の思い通りにならない外の現実の世界よりも望ましいものとなるであろう。「データというスーツを全身にまとった情熱的な相手と、手に取るように反応が返ってくるよううまく設定されたバーチャルセックスがネット上で楽しめるというのに、どうしてわざわざテレホンセックスをしたり、ダッチワイフを使ったりしなくてはならないのか。想像するかぎり、それが最も安全なセックスなのに[61]！」テクノロジーを通じて、あらゆる願望や空想――知的、物質的、性的な――がいつか即座にかなえられるかもしれない。なぜならば、心理療法家ノーマン・リバーマン（Norman Liberman）がこう述べているからである――「新しい親密さはコンピューターを通して手に入る[62]」。「現在という時代」の力は、ある特定の仕方で感じたいという欲求を実現したり、ある特定の外見になりたいという欲望を満たして、個人の内と外を形づくる。背景に合わせて体色を変えるカメレオンのように、個人は現在のエネルギーによって心と体を絶えず変化させながら、時間の風景を滑るように渡ってゆくのである。

3　プロテウスの神話

本章は目に見えない海のイメージ、絶え間なく変化する海のイメージからはじまった。古代ギリシャ人は電子テクノロジーの世界に生きていたわけではなかったけれど、変化が突きつける難問を理解していた。

彼らの伝説の一つによれば、メネラオス（Menelaus）という名の英雄が戦争から帰還する船旅の最中、凪のため航行できず無人島に漂着した[63]。再び風が吹くようにするため、彼は「海の老人」である、神プロテウス（Proteus）から何とか秘密を聞き出さなくてはならなかった。しかしながら、プロテウスの口を割らせることは容易ではなかった。メネラオスはプロテウスを捕え、取っ組み合いをして彼を服従させねばならなかった。プロテウスはあるときは地上の生き物、あるときは流水、あるときは燃えさかる炎というように自在に姿を変えられるため、この仕事はそれだけ難を極めた。物話が進むにつれ、メネラオスは恐ろしい変貌を次から次へと見せるプロテウスをしっかりとつかまえて格闘するうち、ついにその神は元の姿に戻って秘密を明かしたのである。

心理学者のロバート・ジェイ・リフトン（Robert Jay Lifton）はその著書『プロテウス的自己』（*The Protean Self*）の中で、プロテウスのイメージを健康な適応と希望の象徴とみなしている。(64) 周囲の状況に適応し、「プロテウス的」自己をもつことは、リフトンが論じているように、急速に変化している世界でのサバイバル術なのである。

リフトンは神話を隠喩として用いることの限界をすぐに認めているものの、彼の中心的議論は、ホメーロスの物語の当てにならない誤読に基づいている。ホメーロスの叙事詩では、英雄はメネラオスであり、プロテウスではない。また、メネラオスが英雄的なのは、彼が環境や変化に——その変化がどんなに目まぐるしいものであろうと——屈することを拒んでいるからである。プロテウスの方はといえば、完全に別の自己に変わるということはしない。最終的に、彼は決して失ってなどおらず、隠されていたにすぎないアイデンティティに戻るのである。事実、祖国への帰り道を見つけるために、メネラオスは自らのアイデンティティを保持するだけでなく、プロテウスにも自分のアイデンティティを取り戻させなくてはならないのである。

「モーフィング」（morphing）として知られているコンピューター映像技術は、見る人の目の前でスクリーン上の物体を別の物体に継ぎ目なく変化させる技術である。私たちの日常生活を流れている変化という高速の電子の流れは、同じような意味で、一致協力して私たち個人を変えようとしている。私たちが自分の基本的な自己にしがみつき、家への帰り道を再び見つけたければ、古代のメネラオスのように魅惑的な流動の力と闘う必要があるだろう。

しかしながら、個人としての私たちのアイデンティティは、私たちが家族や社会一般の成員として果たす役割とも相関関係にある。こうした役割は「現在という時代」の力によってあまりに変化しているので、それらと共に私たち自身のより幅広いアイデンティティも変化している。それゆえに、「現在という時代」の力がこれらの制度に及ぼす影響と、それがそうした制度を通じて私たちに及ぼす更なる影響を検討すべき時である。

注

（1）　ヘラクレイトス、断片二〇と断片二一。
（2）　マイクロソフトのビル・ゲイツ（Bill Gates）は「現状を含め、万物が流動の状態にある」、と述べている（*U. S. News & World Report*, January 13, 1997, p. 68）。
（3）　ニールセン・メディア・リサーチの調査（*The World Almanac and Book of Facts, 1998*, Mahwah, NJ: World Almanac Books, 1997, p. 259）。
（4）　ニールセン・メディア・リサーチの調査（*Information Please Almanac, 1998*, Boston: Information Please LLC, 1977, p. 746）。
（5）　ニールセン・メディア・リサーチの調査（*Information Please Almanac, 1998*, p. 747）。
（6）　John P. Robinson, "I Love My TV", *The Demographics of Time Use*, Ithaca, NY: American Demographics, 1994, pp. 14-15.
（7）　John P. Robinson, "I Love My TV".
（8）　*The Futurist*, September/October 1991, p. 25 の、ロビンソンへのインタビューを参照のこと。
（9）　Robert W. Kubey and Mihalyi Csikszentmihalyi, *Television and the Quality of Life: How Viewing Shapes Everyday Experience*, Hillsdale, NJ: Lawrence Erlbaum Associates, 1990 の第五章および p. 171 を参照のこと。
（10）　Neil Postman, *Amusing Ourselves to Death: Public Discourse in the Age of Show Business*, New York: Viking Penguin, 1985, p. 136 の評言に注意せよ――「テレビは光速メディア、現在中心型メディアである。その文法は、いわば、過去に接触するのをすべて許さない。動画で見せられたものはすべて、今、起きていることとして経験されるので、私たちが見ているビデオは何カ月も前に製作された、と言葉で私たちに言わなくてはならない」。
（11）　*TV Guide*（1993）の報告によると、平均的なアメリカ人は、コマーシャルを見るのに丸二年を費やすのを含め、一生に一〇年をテレビ視聴に費やすという。
（12）　テレビの番組編成のうちコマーシャルに割り当てられている時間に関するデータについては、米国広告代理業協会（American Association of Advertising Agencies）と全米広告主協会（Association of National Advertisers, Inc.）が共同で毎年発行している、*Television Commercial Monitoring Report* を参照のこと。

(13) 私たちの注意を惹くために趣向を凝らすことについては、Jerry Mander, *Four Arguments for the Elimination of Television*, New York: Morrow, 1978（=邦訳、鈴木みどり訳『テレビ・危険なメディア——ある広告マンの告発』時事通信社、一九八五年）, pp. 300-310 と *In the Absence of the Sacred*, San Francisco: Sierra Club, 1991, pp. 84-86 を参照のこと。

(14) Postman, *Amusing to Ourselves to Death* の特に第六章を参照のこと。

(15) *Advertising Age*, May 5, 1997, p. 42.

(16) Kubey and Csikszentmihalyi, *Television and the Quality of Life* の第七章と p. 172 を参照のこと。

(17) Clifford Stoll, *Silicon Snake Oil: Second Thoughts on the Information Highway*, New York: Doubleday, 1995（=邦訳、倉骨彰訳『インターネットはからっぽの洞窟』草思社、一九九七年）を参照のこと。

(18) *The Futurist*, September/October 1991 に掲載されている、ジョン・P・ロビンソンへのインタビューを参照のこと。ロビンソンは次のように言っている（p. 26）——「人との付き合いは人々が一日の間に行う最も楽しいことの一つです。しかし、人々はそれに時間をかけなくなっています……。人々が集まる機会は二〇年の間に一五パーセントから二五パーセント減少しています、もっとも家庭内の会話は実際にはいくらか増えているのですが。私たちのデータが示すところによれば、テレビは以前よりも人々を家庭に引き戻したのですが、人々は家族単位で触れ合うというよりも、ただテレビを見ているだけになっているようです」。

(19) 心理学を専門とするピッツバーグ大学助教授のキンバリー・ヤング（Kimberly Young）によれば、調査したインターネットのヘビーユーザー五〇〇人のうち八〇パーセントがインターネット中毒障害（IAD：Internet Addiction Disorder）と彼女が呼んでいる状態を呈していた。そうした人々を心理的に救済するものがあるにはあるのだが、逆説的にもそれはインターネット上にある（Ariana E. Cha, "Caught in the Net," *Detroit Free Press*, May 20, 1997, p. 1f を参照のこと）。

(20) 「流れに身を任せる」という文句を使う際に私が指しているのは、自分を取り巻く社会的環境の外的な流れに自分の生活を同化させる傾向のことである。この意味で、私の「流れ」という言葉の使い方は、創造的な集中を伴う基本的に内的な心理状態を指すのにその言葉を用いているミハイ・チクセントミハイの使い方とは異なる（Kubey and Csikszentmihalyi, *Television and the Quality of Life*, p. 140 以降、Mihalyi Csikszentmihalyi and Isabella Selega, *Optimal Experience: Psychological Studies of Flow in Consciousness*, New York: Cambridge University Press, 1988 を参照のこと）。

(21) コンピューター自体、たいてい三年以内に旧式化するので、移ろいやすい。

(22) Booth Tarkington は *The Magnificent Ambersons*, Bloomington, IN: Indiana University Press, 1989 [1918] の第一章で、この現象が二〇世紀初頭のアメリカ中部で起こったと述べている——「婦人服の仕立屋、靴屋、帽子屋、紳士服の仕立屋は、

次第にずる賢くなると共に力を強め、新しい服を古臭くする方法を見つけたのである」。このような変化のイメージは、Tarkington の小説を脚色したオーソン・ウェルズの一九四二年の映画の冒頭で視覚的にうまく伝えられている。

（23） Irene Daria, *The Fashion Cycle: A Behind-the-Scenes Look at a Year with Bill Blass, Liz Claiborne, Donna Karan, Arnold Scaasi, and Adrienne Vittadini*, New York: Simon & Schuster, 1990, p. 250.

（24） Michael Gross, “Fashion's Fickle Seasons”, New York, August 21, 1989, pp. 30-32 を参照のこと。

（25） Michael Gross, “Fashion's Fickle Seasons”, p. 30.

（26） Naomi Wolf, *The Beauty Myth: How Images of Beauty Are Used Against Women*, New York: Morrow, 1991（=邦訳、曽田和子訳『美の陰謀――女たちの見えない敵』TBSブリタニカ、一九九四年）, p. 17 を参照のこと。

（27） *Health*, July/August 1992, p. 12.　そこでのデータはニューヨークの CARE より。

（28） *U.S. News & World Report*, February 3, 1992, p. 60.

（29） S.C. Wooley and O.W. Wooley, “Obesity and Women: A Closer Look at the Facts”, *Women's Studies International Quarterly2*, [1979], pp. 69-79 より。データは “33,000 Women Tell How They Really Feel about Their Bodies”, *Glamour*, February 1984 に転載されている。

（30） Wolf, *The Beauty Myth*, p. 17 を参照のこと。

（31） Dan Shaw, “The Peacock Principle”, *Detroit Free Press*, June 14, 1994, p. 9f に引用されている。*New York Times* からの転載。

（32） 一九八四年から一九九四年まで、運動器具の売上高は一一億ドルから二五億ドルへと二倍以上に増えた（*American Forecaster Almanac, 1994 Business Edition*, American Demographics, Inc.）。

（33） それらに加えて、抜け毛は一五億ドル産業を支えている（David Fischer, “The Bald Truth”, *U.S. News & World Report*, August 4, 1997, p. 44 以降）。

（34） 「アンフェタミン使用者は……そのような人間を生み出した社会の病的な、そして究極的には破壊的な特徴の多くを甚だしく戯画化したものである」（Lester Grinspoon & Peter Hedblom, *The Speed Culture: Amphetamine Use and Abuse in America*, Cambridge, MA: Harvard University Press, 1975, p. 291）。

（35） Rebecca Howard, “When Youth Counts More Than Ability, They Get a Lift”, *Los Angels Daily News*; reprinted in *Detroit Free Press*, November 29, 1992, H1f を参照のこと。

（36） Wolf, *The Beauty Myth*, p. 10.

(37) Susan Bordo, *Unbearable Weight: Feminism, Western Culture, and the Body*, Berkeley: University of California Press, 1993, p. 37.

(38) Bordo, *Unbearable Weight*.

(39) Elizabeth Rosenthal, "Cosmetic Surgeons Seek New Frontiers", *New York Times*, September 24, 1991, C1fを参照のこと。

(40) "Medical and Nonmedical Uses of Anabolic Androgenic Steroids", *Journal of the American Medical Association* 264.22 [December 12, 1990], pp. 2923-27.

(41) 一九九二年、CBSテレビのドキュメンタリー番組 "48 Hours"の"Perfect Specimen"でのインタビューより。

(42) Frank Kuznik, "The Steroid Epidemic", *USA Weekend*, May 15-17, 1992, pp. 4-7.

(43) Kuznik, "The Steroid Epidemic".

(44) Kuznik, "The Steroid Epidemic".

(45) Kuznik, "The Steroid Epidemic".

(46) Kathy Schick & Nicholas Toth, *Making Silent Stones Speak: Human Evolution and the Dawn of Technology*, New York: Simon & Schuster, 1993, p. 315. スミスクライン・アンド・フレンチラボラトリーズ(Smith Kline and French Laboratories)の研究開発部長のスタンリー・T・クルック(Stanley T. Crooke)の発言にも注目せよ——「ゲノムに変更を加えることは重要な出来事です……。バイオテクノロジーは……信じられないほど大きな権力の道具です。それが人類の未来を変える能力は本質的に無限なのです」("Knowledge and Power: Biotechnology", in *Vital Speeches of the Day*, September 15, 1988, p. 732)。

(47) Jeremy Rifkin, *Declaration of a Heretic*, Boston: Routledge & Kegan Paul, 1985, pp. 44-45.

(48) Neil Postman, *Amusing Ourselves to Death*, pp. 27-28.

(49) プローザック[訳者注:抗鬱薬]の一九九五年の売上高は二〇億ドルを超えた。プローザックは一〇七カ国で二四〇〇万の人々によって世界的に使用されている。使用者の七五パーセント(一八〇〇万人)がアメリカ人である(*U.S.* News & World Report, December 9, 1996, p. 17)。

(50) 「アメリカ人の五人に一人が毎日、アスピリンを飲んでいる」。Charles C. Mann and Mark L. Plummer, *The Aspirin Wars: Money, Medicine, and 100 Years of Rampant Competition*, New York: Knopf, 1991(=邦訳、平澤正夫訳『アスピリン企業戦争——薬の王様一〇〇年の軌跡』ダイヤモンド社、一九九四年)を参照のこと。その本の著者は、アメリカの鎮痛剤市場は一九九〇年には二六億六八〇〇万ドルに達し、一九九五年までにおよそ六〇億ドルに達するのではないか、と述べている(原著のp. 336参照)。

（51）　Jo Ann Tooley, "Keeping the Faith", *U.S.* News & World Report, November 19, 1990, p. 16を参照のこと。

（52）　Thomas A. Stewart, "Turning Around the Lord's Business", *Fortune*, September 25, 1989, pp. 116-24. Michael Bryan, *Chapter and Verse: A Skeptic Revisits Christianity*, New York: Random House, 1991も参照すること。

（53）　*Quentin* J. Schultze, *Televangelism and American Culture: The Business of Popular Religion*, Grand Rapids, MI: Baker, 1991を参照のこと。Razelle Frankl, *Televangelism: The Marketing of Popular Culture*, Carbondale, IL: Southern Illinois Press, 1986とJeffrey K. Hadden & Anson Shupe, *Televangelism: Power and Politics on God's Frontier*, New York: Holt, 1988も参照のこと。

（54）　一九九五年に合衆国で来客数が最も多かったのはミネアポリスにあるモール・オブ・アメリカで、三五〇〇万人——ディズニー・ワールドとグランドキャニオンの来場者数を合わせた数よりも多い——が訪れた。

（55）　カリフォルニア州ヘイワードのKaiser Permanente Medical Centerの心理学者マイケル・ホイト（Michael Hoyt）がその先駆けだ。ホイトの患者の八〇パーセント以上が「たった一回だけの治療はとても役に立った」と答えている。Karen S. Peterson, "Psychotherapy on the Fast Track for a Quick-fix Society", *Detroit News*, November 9, 1994, 2Aを参照のこと。

（56）　ニューヨークを拠点とするセラピスト、ボニー・イーカー（Bonnie Eaker）が用いており、Summit Solutions Lineが全国規模で試験的に実施している。Karen S. Peterson, "Psychotherapy on the Fast Track for a Quick-fix Society"より。

（57）　Wendy Kaminer, *I'm Dysfunctional, You're Dysfunctional: The Recovery Movement and Other Self-Help Fashions*, Reading, MA: Addison-Wesley, 1992, p. 165.

（58）　Kathleen Murray, "When the Therapist Is a Computer", *New York Times*, National Edition, May 9, 1993, F25を参照のこと。

（59）　とりわけ、インターネットでは、利用者が他の利用者と会話する際、即座に年齢や性別を偽ったり新しい役割を演じたりすることが許されている。

（60）　Ken Pimentel and Kevin Teixeira, *Virtual Reality: Through the Looking Glass*, New York: McGraw-Hill, 1992とHoward Rheingold, *Virtual Reality: The Revolutionary Technology of Computer-Generated Artificial Worlds & How It Promises to Transform Society*, New York: Simon & Schuster, 1992（=邦訳、田中啓子・宮田麻未訳『バーチャル・リアリティ——幻想と現実の境界が消える日』ソフトバンク出版事業部、一九九二年）を参照のこと。

（61）　"Virtual Reality", *Boston Globe*, October 28, 1990でPaul Katzeffが引用している。Phillip Robinson and Nancy Tamosaitis, *The Joy of Cybersex: An Underground Guide to Electronic Erotica*, New York: Brady Computer Books, 1992と*More Joy of Cybersex*, New York: Brady Computer Books, 1994も参照のこと。

（62）　リバーマンと著者とのインタビューより。

(63) ホメーロス『オデュッセイア』、第四歌第三五一行目以降。

(64) Robert Jay Lifton, *The Protean Self*, New York: Basic Books, 1993.

第4章 家族の変容

時間の次元の中を旅している乗客を乗せた宇宙船のように、家族は驚きに満ちた旅をしている。その旅を辿り、それが社会の高速化によってどのような影響を受けるのかをみるためには、人間のライフサイクルの各段階を研究し、家族の成員間の相互関係が「現在という時代」の力によってどう変化させられてきたのか、を探る必要がある。家族は時間の作用を研究する場としては最も複雑な実験室の一つである。これは次の三つの理由から明らかである。第一に、最も基本的なことだが、家族は互いに影響し合うさまざまな年齢の個人から構成されている。第二に、家族の成員は時と共に成長するにつれ、さまざまな役割——子ども、少年・少女、独身の大人、夫・妻、父親・母親、祖父・祖母——を引き受けるようになり、年をとるにつれ、一つの役割を果たし終えてから次の役割を引き受けることもあれば、複数の役割を同時に果たさなくてはならないこともある。第三に、家族はそれ自体として生きている存在なので、特にそれが再生してまた、別の家族の誕生を助けるときに、それを構成する各部分だけでなく、それ全体が時間の影響を受ける。

無重力環境で長期間の業務をするのに適した宇宙ステーションを設計するにあたり、科学者らは、機械で生み出された遠心力を使って重力を人工的につくりだすことを提案してきた。この人工的な重力は宇宙飛行士に宇宙は地球とよく似た馴染みのある環境だ、という錯覚を与えるだろう。とはいうものの、私たち自身の経験からすると、それとはまさに正反対のことが起きている。元々、家族の足を地につけてきた象徴的重力が新しく、さらに、めまぐるしく旋回する社会の勢いに取って代わられている。変化の勢いは、家族を一つにまとめるどころかバラバラにし、昔からのアイデンティティを混乱させ、伝統的な家族関係を緊張させている。その結果、「遠心的家族」(centrifugal family)がめまぐるしく回る社会の最も典型的な特徴となってきている。

1　愛と結婚

自然と愛

記録が残っている最古の時代から、恋人たちは自分の気持ちの深さや広さを自然界との比較で測ってきた。彼らの恋愛詩——中には三〇〇〇年以上も前に書かれたものもあるが——では、彼らが自分の感情を生き生きと伝えるために、よく知っている自然界から得たイメージを用いたことが示されている。[1] 詩人の限られた個人的経験をより大きな宇宙の要素や出来事——海、砂漠、星——になぞらえることにより、それを誇張し、賛美することができた。それと同時に詩人は、個人の喪失と痛みは孤立した現象ではなく——孤立した現象ならばもっと耐えがたいものになっていただろう——すべてを取り巻く自然の生死のサイクルの一部である、と理解することに慰めを見出すことができた。

過去の恋愛詩は古めかしいけれども、強烈な現在の感覚——「今」まさに燃えさかる情熱の炎——を表現している。詩人はこの瞬間を手に入れる、「今をつかむ」[2] 必要に強く迫られているので、未来について考えることを断じて拒むかもしれない。だが、自然は恋する詩人により広大な時間の風景を眺め、自分の苦悩がその風景の中に位置していると感じるための高みも与えた。変化はするが、いつも必ず回帰する四季に明らかな自然の規則性は個人の希望に安定した基礎を与えたのである。

古代の文化のテンポは自然の規則的なテンポに似ていた。これは確かに本当であった。なぜならば、古代の経済は本質的に農業経済であり、古代人の活動と休息の時期は周囲の自然界のさまざまな事象のサイクルと一致していたからである。歴史の速度も通常はゆっくりとしたものであった。王は変わっても、日常生活は以前と変わりなく営まれる傾向にあった。

テクノロジーと愛

生活の速度は、技術革新に煽られて加速してきている。ますます現在は執着すべき唯一の時間、快楽と満足の唯一の源となってきている。気も狂わんばかりの恋人たちのごとく、私たちは熱に浮かされたように今をつかむのだ。現在が私たちの感受性を執拗に支配しようとしていることを考えれば、愛についての私たちの見方も変化するのは至極当然である。

定義について考える際、私たちは分厚く埃だらけのウェブスターの辞書に見られるような、大昔に定められ伝統の中で固定されてきた記述を考えてしまいがちである。だが、アインシュタインの相対性理論は私たちが現実とみなしているものは実際には絶対的ではない、ということを提示した。時間は存在を均一化させる要因であるので、時間という要因が変化すると物質的現実の性格そのものが変化するのである。「愛」という語は抽象的に定義されるかもしれないが、人間の愛の現実は常に時間によって左右されている。たとえば、電光石火のような若い頃の初恋は晩年の長く続く愛とは違うものである。しかし、愛の性質は人の年齢によって左右されるだけでなく、その人が生きている時代によっても左右される。これからみていくように、高速の時代はそれ特有の種類の愛を育てる(3)。

私たちの日々の期待は実際には、私たちを取り巻くテクノロジーに支配されている。技術的能率が増すにつれ、お決まりの仕事をするのにかつてかかっていた時間は短縮する。たとえば、かつては焼き上がるのに丸一時間はかかった手のかかるジャガイモも、今では電子レンジを使えばほんの数分で焼きあがる。しかし、私たちがそうした機械やそれらが与えてくれる能率の向上に慣れてくると、私たちの期待——および、欲求不満——が高まるかもしれない。私たちは電子レンジのそばで、タイマーがゼロになるのを今か今かと見つめながら待つことになるのだ。数分が今では耐えられないほど長く感じられる。

心理学者によれば、脳は「連想記憶処理装置」(associative memory processor)だという。つまり、私たちは物事を相互に関連づけることによってそれらを記憶する、ということを意味する。たとえば、愛する人と過ごしたあの特別な夜を思い出すとき、バンドが演奏した歌も思い出すかもしれない。何年かたってその歌を聞いたとき、あの夜の記憶が蘇ってくることだろう。だが、脳の連想傾向は恋愛の思い出に限られたものではない。私たちの日々の経験やそれに関連したものが私たちの脳に入ってくると、私たちの行動とその結果とが結びつけられる。私たちの記憶の中に格納されたそうした結びつきが今度は私たちのその後の行動を意識的に特徴づけるか、あるいは、潜在意識的に条件づけるかもしれない。火の中に手をつっこんで経験する痛みを覚えていれば、意識的に炎から離れていようとするものだ。情熱の炎からくる痛みを覚えていれば、再び、愛することに二の足を踏むかもしれない。

私たちの個人的関係は他の領域における私たちの絶えざる条件づけ、とそこで私たちが行なった連想によって影響される。めまぐるしく進歩するテクノロジーで覆われた環境に生きている私たちは、まったく技術的ではない状況にもテクノロジーに寄せるのと同じ期待を寄せている。すみやかに事が運ぶような状況、短時間で仕事を完了させることやすぐに結果を出すことを求めるような文化にどっぷりつかった私たちは、自分が必要としている愛を人生が速達で運んできてくれるのを期待し、そうでないとそわそわしはじめ、皮肉なことに他人から多くの見返りを求めておきながら自分は他人に与えることをしなくなっている。このように、私たちの生活のテンポが速まると、この世での他人との関わりの範囲が人為的に縮小する。(4) 忍耐が足りない私たちは、太陽をせきたてているのだ。

私たちの忍耐不足の原因が、ジャガイモを一個余分に電子レンジで焼いてしまったことではないことは確かだ!

そのような説明は単純すぎるだろうし、そうした説明にはひどく単純な治療法が付きものだ。むしろそれは、万物にコンピューターのような速度を期待するよう私たちを条件づける、電子レンジ文化の結果である。

私たちの物質文化は長持ちしないもの、いや、そもそも長持ちさせるつもりなど毛頭ないものを生産し、購入するという特徴ももっているという事実は、人間関係にも長続きしないことを求めるという事態をもたらしている。したがって、私たちの物質文化の利潤動機は私たちの生活の非物質的価値を歪めている。長続きするものが少なくなるにつれ、社会の持続的な面が薄れていき、それと共に私たちの持続性を期待する気持ちそれ自体も薄れていく。その代わりに、流動と一時性が支配的となり、私たちの態度に影響を与える。

記念日の贈り物ですらテクノロジーとスピードによって定義し直されてきている。最初の結婚記念日に贈られる伝統的なプレゼントは紙だったが、今では置時計になっている。四回目の結婚記念日の伝統的なプレゼントは果物か、花だった。だが、今では電化製品である。一四回目の結婚記念日のお祝いは、かつては水晶だった。だが、現在では、腕時計である。(5)

同棲

二人のか弱い男女が命の続くかぎり、生活を共にするという素晴らしい決断はロマンティックな魅力あふれるものにみえるかもしれないが、現代にはそぐわない。結婚生活が永遠に続くなどという考えに郷愁をおぼえる夫婦がいるかもしれない一方で、次第に多くの人々が結婚を先延ばしするか、離婚の可能性も視野に入れるようあらかじめ条件づけされた状態で結婚するか、のどちらかになっている。

印象的なのは、今日では結婚の大半は配偶者の死で終わるのではなく離婚で終わる、ということだ。一九六〇年以来、アメリカにおいて離婚率は事実上、倍増している。離婚率と離婚件数が増えただけでなく、結婚してから離婚するまでの期間が短くなっているのだ。たとえば、一九五七年に結婚した夫婦の三〇パーセントが二〇年後に離婚した。しかしながら、一九六二年に結婚した夫婦の三〇パーセントはたった一五年後に離婚してしまったのである。一九六七年までに、結婚後一〇年で離婚する夫婦は三〇パーセントとなった。一九八〇年代半ばまでに、再婚率は二五パーセントに達した。現在では、再婚の確率はおよそ五〇パーセントにとどまっている。(6)

アメリカにおける離婚の加速化は多分に法的・社会的障壁が低くなったことによるものと考えられる。「無責」[訳者注：離婚当事者のいずれにも有責事由がないということ]離婚法が離婚を容易にしているうえ、離婚歴があることはかつてのように社会的汚名ではなくなってきている。だが、そうした変化は単に誘因であるというよりも、否定できない新たな現実――人間の営為において、かつて例をみないほど永続性が蝕まれていること――を社会が正式に認めたのだとみなすこともできる。

結婚の絆を結ぶことを避け、その代わりに同棲するアメリカ人が次第に増えている。ノースカロナイナ大学チャペルヒル校の人口学の専門家ロナルド・リンドファス（Ronald Rindfuss）が述べているように、同棲は一九六〇年代末まで比較的稀であったが、一九七〇年代に普及し、今日では日常茶飯事となっている。(7)ウィスコンシン大学マディソン校人口統計学・生態学センターの社会学の教授ジェームズ・スウィート（James Sweet）によれば、アメリカの全成人の二五パーセントが生涯に少なくとも一度は性的パートナーと同棲したことがあるという。そうした同棲は比較的短期間のものである――最も続いたもので約一年である。(8)そうした同棲の約半分は結婚に至るが、(9)こうした結婚の三三パーセントは、同棲を経なかった結婚に比べて離婚に終わる可能性が高い。(10)一九九〇年には同棲しているカップルの数が一九六〇年の六倍の三〇〇万組に達した。(11)事実、一九八〇年以来離婚件数が明らかに横ばいになっていることの原因は結婚より同棲を選ぶカップルの数であった――結婚の絆が強くなりつつあるということではなく、まず、結婚するというカップルが少なくなっているのである。(12)

同棲の増加の明白な理由は数多くある。婚前交渉に対するより寛容な態度と相まった、いつの時代も存在する性的魅力が人に及ぼす力。不特定多数のセックスパートナーからエイズをうつされる恐怖。望まない妊娠を予防する手段としての避妊法の存在。家賃のような費用を分担することの経済的恩恵。結婚生活が破綻した場合に生じうる感情的・法的・財政的な結果を覚悟して結婚に踏み切る前に、試しに同居してみたいという願望などである。

しかし、こうした理由すべての根底にあるのは、一時性を一つのライフスタイルとしてイデオロギー的に認めていることである。結婚は、結局のところ、長期にわたるエネルギーや努力や感情の傾注を暗示する「通時的な」営みである。だが、現代社会のように短期的な社会では、長期的な努力は何であれ、次第に理解されなくなり、魅力すらない、とみなされるようになっている。長期にわたり一人の人間に献身することは、一時性をトレードマークとし、真理が「現在という時代」にしか育たない高速化社会とは、本質的に調和しないのである。それよりも、次から次へと相手を変える長続きしない結婚や拘束力のない同棲が私たちの社会の意識をより正確に映し出している。人々が離婚、ないし、同棲を選択していることは公衆道徳が乱れている証拠である、というよりも、「現在という時代」の力が浸透していることの更なる証拠なのである。

この力は結婚そのものの再定義をもたらしている。トフラーの『未来の衝撃』のちょうど三年後に出版されたニーナ・オニール（Nena O'Neill）とジョージ・オニール（George O'Neill）の『オープンマリッジ』（*Open Marriage*）が、まさにその再定義を与えている。[13] 著者が最初に定義した「オープンマリッジ」とは、変化を受けやすい結婚、夫婦のニーズと欲求に応じて絶えず流動的にその形を変える結婚のことであった。非常に意義深いことに、この「夫婦の新しいライフスタイル」は、「現在という時代」に対する感受性の高まり、結婚という「契約」を基礎的な草案としかみなさない感覚で満ちていた。

オニール夫妻の主張は、それが最初に発表されてから数十年たった今でも説得力がある。その説得力は、私たちは現在の中でしか生きることができない、私たちの経験はすべて今ここで起こっている、人間である私たちも時がたつにつれ変化する、といった明白な事実に基づいている。

しかしながら、彼らの主張の弱点はそのバランスの欠如である。現在において私たちが経験すること――というよりも、現在において私たちがどのような人間であるかということ――は、私たちが抱いている過去の記憶や未来への希望によって条件づけられている。このために、火事で家を失った家族は大切な写真や大事な人形のような商業的価値はほとんどないけれども、人間の記憶と連続性のきわめて貴重なしるしである物の喪失を最も悲しむのかもしれない。

実のところ、いつどんな時でも個人の生活は孤立した一瞬などではなく、活気あふれる連続体の上の一つの点である。前を見たり、後ろを振り返ったりすることが夫婦の共同生活を損なわせることはない。それどころか、それは強さの源となりうる。なぜならば、共有された思い出や夢は結婚に意味と目的を与えるからである。

思い出や夢と同様、他者に関わるということも私たちが何者であるかを特徴づける――深く関われば関わるほど、特徴は多彩なものとなる。だからといって、人間が過ちを犯す可能性や結婚生活に終止符を打つことにより過ちをなかったことにするような痛ましい必要性が退けられるわけではない。それにもかかわらず、契約は書き改められるためだけに存在し、誓約は破られるのが常であるような表面的な現在の流動の中で生きていると、人々はどうしても永遠の誓いの価値を過小評価してしまう、という事実に変わりはない。「性格」という言葉が現代の会話から顕著に姿を消しているのは、私たちの時代の徴候である。しばしば、私たちが耳にする言葉は「パーソナリティ」の方であり、それは現在の語法や思考の尺度として、心理学の柔軟性が宗教の堅固さにどれだけ取って代わっているのかを示す、「性格」よりもはるかに融通の利く言葉である。

『オープンマリッジ』の価値観は今なお私たちを後押ししており、それはオニールの本の直接的影響によるのではなく、この本が流動的な社会――伝統という古い堅固ものが、絶えず動いている変化の流れの中で消滅し続けている社会――を反映しているからである。

愛の時間旅行

生活を共にする男女は時間の中を一緒に動いている。しかし、彼らの中を時間それ自体が動いており、その過程で彼らを変化させている、とも言えるのかもしれない。

結婚は状態ではなく旅を荘厳にし、その旅は、旅をはじめたときと終えたときとではその人を変えてしまうような時間旅行である。それゆえ、結婚が、夫婦が別れるだけでなく、各々が自分自身の自己からも離れていくような危険をはらむ不安定な旅だとしても、不思議ではない。

老化の影響ゆえに、結婚でそれぞれが肉体的にも心理的にも変化するのは避けられない。だが、こうした影響は本質的に内的なメカニズムの働きを示している。しかしながら、私たち一人一人は、静的な背景を背にして動いているのではなく、それ自身も動いている背景を背にして動いている。なぜならば、時間と変化は人間のみならず、その世界にも影響を与えるからである。したがって、観察者だけでなく観察対象も変化する。

生活の背景が固定されているならば、あるいは、非常にゆっくりと動いているならば、観察者による変化の感じ方は単純で、なお、かつ、基本的には内面的なものであるだろう。しかし、背景がもっと速く動いているとすれば、変化の経験の仕方は、人間の内部で起きている出来事と外部で起きている出来事の混じり合いを反映するので、複雑になるだろう。外部の出来事の動きが速くなればなるほど、また、それらの始まりと方向が予期せぬものであればあるほど、変化の印象は強くなるであろう。

自然界は予測可能なサイクルに従う傾向にある。宇宙は成文化されていないが、普遍的な自然法則に従っているので、天気や気候の異常を除けば、自然の行動はおおむねパターン化されている。宇宙の無生物的側面はそうした法則と偶然によって支配されており、生物的側面は法則、偶然、本能によって支配されている。しかし、人間の営為は別の強力な要素、すなわち、選択の要素と相まってこれらすべての特異な相互作用により形成されている。したがって、人間の営為は自然界の働きに比べて予測可能性が低く、そのために、文明は自然よりも予期せぬ展開をすることが多くなりうるのだ。

人間は自然環境の変化に適応できるのと同じように、文化的環境の変化、特にそうした変化があまりに急であったり、強烈であったりしない場合には適応できる。しかしながら、単一の出来事、または、一連の出来事の結果に適応することと、永続的状態としての変化に適応することとは、まったく別物である。ある予期せぬ出来事は最初はストレスを誘発するかもしれないが、最終的には、その影響を受けた人が起こった出来事を甘受するようになったとき、大局的な見方をもたらしてくれるかもしれない——ゆえに愛する人の突然の死は、心を圧倒的な悲しみから最終的な諦めへと導くのかもしれない。しかし、つらい変化が長期にわたって持続すれば、個人は何度も拒絶されることから生じるものに似た、感情的麻痺状態に引きこもるかもしれない。

持続は、それなりに、どんな一つの出来事の影響よりも破壊的になりうる。巨大な石でさえ、見たところ堅そうであるにもかかわらず、たゆまぬ川の流れによって侵食されうるのだ。流れの速い時の川では、結婚生活が侵食される速度が速いのは確実である。

昨今、それほどまでに多くの結婚が失敗するのはなぜなのかを説明しようとして、専門家やエセ専門家らは財政的問題や義理の親の干渉から性的不一致や言語的コミュニケーションの不足まで、よく引き合いに出される数多くの要因を指摘している。しかし、今日の最大の要因は生活のペースの速さかもしれない。伝統的な結婚は、移ろいやすい世界で不変性を肯定するものであるがゆえに、すり切れやすいのである。

第1章で論じた、高速化が引き起こすストレスは共働き夫婦、特に子どものいる共働き夫婦に非常に大きな打撃を与えている。ワシントンD.C.にある人口調査局（Population Reference Bureau）の政策研究ディレクター、マーサ・ファーンズワース・リッチ（Martha Farnsworth Riche）はこう述べている——「今日、夫が家計を支え、妻が専業主婦という家庭は夫婦世帯全体の二二パーセントしか占めておらず、一九六〇年の六一パーセントから劇的に下落している」(14)。「共働き夫婦が、果たすべき責任のすべてを首尾よく果たすことは非常に困難である」、とコメントしているのは、米国ストレス学会（American Institute of Stress）会長のポール・J・ロシュ（Paul J. Rosch）である。「女性は、仕事で成功し、リトルリーグやバレエに通う子どもの送り迎えをし、それでも毎晩六時にはテーブルに夕食を並べることのできるようなスーパーママにならなくては、としばしば感じている。自らを一家の大黒柱とだけみなすように育てられた男性は、家事・家族・育児に関する責任をわざわざ負うようなことはしないのがしばしばである」[15]。ニューヨークのストレスマネジメント・カウンセリング・センター（Stress Management and Counseling Center）所長のアレン・エルキン（Allen Elkin）は、共働き夫婦の一日の会話時間は一五分しかなく、しかもその大半は家計・家事・育児に関するものであることを示す研究がある、ことを指摘している。エルキンは言う――「彼らは疲れ切っているので何も感じなくなってしまっている。彼らは、自分たちの関係を楽しいものにするさまざまなことを計画するのをやめてしまっている。そのかわり、彼らはテレビの前で無為に過ごすだけである[16]」と。

リビングルームの家具の構成原理であるテレビは、そのとき、人生はどうあるべきかを彼らにみせるのである。それはコマーシャルを通じて、共有を通して人と関わるよりも所有を通して物と関わる方がよい、ということを彼らに教える。それは、自己犠牲より自己充足が望ましいことを明らかにする。それは彼らに短気を教え、すべての問題が一時間か、それ以下で解決するのを期待するように彼らを条件づける。さらに、ソープオペラ［訳者注：テレビ、ラジオの連続メロドラマのこと］を通じて、それは不貞の官能的魅力を絶えず彼らの前にちらつかせる。「現在という時代」の下僕であるテレビは厳粛な誓いから神聖さを奪うちょうどそのとき、浮世の一瞬を神聖化するのである。

テレビは夫婦を肉体的には近づけるが、夫婦の精神的隔たりを助長する態度を伝える。はかないイメージを次から次へと伝えるテレビが映し出すのは、新しい時間との関わりにおいて新しい形を与えられた愛それ自体の姿である。

その間ずっと、その確かなサイクルを通じて何千年にもわたり、永久不変という安心感をもたらしてくれた、自然という古い世界は、後退している――人間がつくりだしたはかないものたちによって顔色なからしめられ、消され、ついには取って代わられる。テレビがついている間はずっと、愛の季節はますます短くなっていくのである。

2 親と子

「現在という時代」の力は、離婚のプロセスを早めるだけでなく、親や子の意味の低下にも拍車をかける。

親と責任

親であることは、結婚と同じで、通時的活動、つまり、長期間に及ぶ活動である。恒久的な結婚で生ずる配偶者間の献身は子どもに対する親の献身に相当し、たいていの場合、直接の見返りはほとんど存在しない。だが、現在のあわただしい社会では、短期間での利益が強調され、そのような長期のかかわりあいは無価値な投資と思われている。

感覚と満足感に支配された私たちの社会は、献身という能力を育みはしない。しかし、献身はよき親であることには不可欠のものだ。だが、このようなあわただしい社会では、親として必要な忍耐という美徳がまれな存在となってしまっている。

親の素質は、私たちの文化において科学技術の前提と矛盾している。というのも、親の素質が至る所で人工的なものに取って代わられているからだ。さらに、ナウイズムは定義上、過去との関係や過去への敬意を減じるため、親の権威の基盤を蝕むものである。親の権威とは、世代から世代へと受け継がれた、善悪に基づく明白な信念であり、すなわち、子どもに対して権力を行使するのは親の義務であるという、最も基本的な信念を含んでいる。若者に注目しすぎる社会では、たいてい若者に対して有利な解釈が行なわれる。それは、怠慢にもなりうる服従の行為である。その結果、〝親業―ペアレンティング（parenting）〟という新語は、セルフヘルプ本やセミナーにおいて大人気のテーマとなっている。

確かに親は完璧ではないし、しばしば間違いも犯す。彼らが行使する権力によって、何度も子どもは傷つけられる。しかし、これらのことを考慮に入れても、子どもたちは成長の手助けをしてもらうために、親が必要である。普遍の真理が存在せず、すべてが絶え間なく変化する社会においては特にそうである。子どもたちはまた、よき親を必要とする。しかし、すでに述べたとおり、社会の原動力はよき親に不可欠な性質――献身、自己犠牲、忍耐――の発展に不利に働く。最も印象的な統計の一つがメリーランド大学の調査によって明らかにされた。一九九〇年に、親が子どもと過ごす時間は一九六五年よりも四〇パーセント少なかった[17]。その事実は子どもの保育が今日年商五〇億ドルのビジネスに成長したこと[18]によって裏づけられている。子どもの生活の中に両親が物理的に存在していなければ、手本を示して教えることはできない。人工的な「良質の時間」は、親が本当に必要とされる時にいないことの埋め合わせとはならない。

多くの夫婦が親となることを遅らせたり、止めたりすることは、驚くべきことではなくなっている。それは単に経済的な理由ではなく、かつて自然であったことがアメリカのライフスタイルには異質なものとなってしまったからだ。そのかわりに、避妊という科学技術の助けをかりて、さもなければ自然の結果として起こる出産と子育てから、性行為がもたらす即座の熱烈な快楽を故意に切り離す。感覚的刺激と瞬間的快楽のうえに住まうナウイスト文化の中で、性的満足は主要目的となる。

セックスが文化の中心となり、衝動的な行動の傾向が広く行き渡ったために、アメリカの婚外子出生率は急速に増加した。一九六〇年から一九九一年の間で四〇〇パーセント以上上昇した[19]。さらに言えば、一九八三年と一九九三年の間で七〇パーセント以上増えている[20]。事実、一九九一年にアメリカの一〇の主要都市で誕生した子どもの半分以上が婚姻外によるものだった。[21] 一九九二年には、アメリカの赤ん坊の三人に一人がシングルマザーから生まれている。一九八〇年代にはそれが五人に一人であったのに。[22] さらに、庶出は白人の間で急速に増え、[23] もはやスラムの黒人の問題としてみなすことはできない。庶出と離婚の両方を反映して、アメリカの一人親家族のパーセンテージは、一九九一年には一九六〇年の三倍に増えている。[24] 国勢調査局によると、今日一八歳以下の子どもの二七パーセントが未婚の一人親と暮らしているという。[25] アメリカでは、庶出誕生の増加が堕胎の増加と平行している。一九九一年には、一七〇万件の堕胎が記録されており、それは一九七二年のおよそ三一倍である。実際、一九七二年以来、合計三五〇〇万件の堕胎が行なわれたことがわかっている。今日、赤ん坊が三人生まれると、四人目は中絶されるという割合になっている。[26]

家族計画の遂行は必要性、さらには、愛情によって動機づけされるかもしれないが、それは「現在という時代」のパワーによって、さらなる力が付加される。個人的見地からは、「家族計画」の遂行とは、現実には利己主義の婉曲語句であるかもしれない。同様に、社会的見地からは、政府基金による堕胎カウンセリングと経口避妊薬の合法化は、単に公衆衛生のニーズに対する慈悲深い反応だけではなく、社会が一瞬を楽しむのを手助けする方法をも象徴する。そのような法案は手段を構築し、その手段を用いた「今」中心の文化が、生活をより安楽なものにしている。

価値観の伝達

子どもを産む能力は、人間が他の生物と共有するものである。しかし、人間は生物学的だけでなく、文化的にも自らを永続させる点で、他とは異なっている。身体的特性と本能の伝達は自動的に行なわれるが、文化の伝達はそうではない。世代から世代へ行為の原理を伝えるには、しばしば慎重で献身的な努力が必要となる。というのも、人間の種の単なる身体的複製では、究極的な目標の存続は保証できないからだ。

個人レベルで解釈すると、このことはつまり、単に子どもをもつだけでは、必要な価値観を子どもに与えはしない、ということを意味する。したがって、形式的教育と非形式的教育の社会的重要性は、単なる知識や技能だけではなく、道徳的感性をも伝達することにある。なぜならば、そのような価値観の伝達なしには、文化は内側から死んでしまうからだ。

テレビの科学技術は、子どもの人格発達に影響を及ぼす。就学前の子どもは、週に二七時間以上テレビを見る。[27]一方、ティーンエージャー［訳者注：一三歳から、一九歳までの年齢の者］は両親と過ごすよりも，一人でテレビを見ている時間の方が長い。[28]カーネギー審議会（the Carnegie Council）が一九九二年に行なった、青少年の発育に関する研究によると、ティーンネージャーは平均して一日三時間テレビを見るが、母親とは二〇分、父親とは五分しか共に過ごさない。

テレビの本質は、伝統の概念を否認する。テレビの長所は、「今」を披露することである。番組制作ディレクターは真新しい物事の魅力を知っているために、急いで新しさを視聴者に提供しようとする。同時に、コマーシャルは若者に物質主義と消費主義の価値観、すなわち、現時点における消耗品の購入と消費が人間の幸福の本質であると吹き込む。特に四歳から一二歳の子どもがターゲットにされる。なぜならば、彼らは最大の混在的セールスターゲットを具えた人口統計学グループを象徴するからだ。毎年、自ら九〇億ドルを使い、さらに、大人による一兆三〇〇〇億ドルの購入に影響を与える。[29]絶えず変化し、視覚的刺激を与えるコマーシャルや番組を通じて、子どもたちは絶え間ない変化という明確な価値観を身につける。

そうこうするうちに、コンピューター化したビデオゲームがスピードの美徳を教える。[30]一九七二年にアメリカで最初のビデオゲームとして登場した「ポング」は、初年度には六〇〇〇個しか売れなかった。一九八九年に発売された「スーパーマリオブラザーズ３」は、七〇〇〇万個売れた。一九九〇年から一九九三年だけで、家庭用ビデオゲーム産業は三五パーセント成長し、年間売上高、五五億ドルをもたらした。一九九三年までには、八歳から一六歳までの男の子がいるアメリカの家庭の八五パーセントがビデオゲームプレイヤーをもっており、一九九四年にはセガが最初に、双方向型のゲームチャンネルをテレビに導入した。

そのようなゲームは、手と目の協調関係を増すといわれ、[31]ときに賞賛される。確かに、そういったゲームは遊びの歴史において他にはないスピードをもたらす。しかし、若いゲームプレイヤーに電子工学の刺激に遅れずについていくよう要求することで、ゲームは性急に生きるという美学に人工的に若者を慣らしてしまう。こうして、子どもたちは過去とのつながりが希薄であり親よりもすばやい反射能力をもっているために、めまぐるしく回転するときというメリーゴーランドにたやすく飛び乗ることができるようになる。

子ども時代の加速化

低速度写真撮影を通じて、顕花植物が成長するシーズンすべてがたった一分の長さのフィルムに短縮できる。毎日、日中に一秒ごと、フィルム一コマを露光する。後になってフィルムが通常のスピードで映写されるとき、つぼみはぱっと咲き出し、同様の速さでしおれていく。そのような写真技術は単に現実を記録する方法にすぎず、現実そのものを変えはしない。本物のバラの灌木は自然の速さで咲きつづける。加速された成長はペテンにすぎないのである。

ところで、生命が芸術を模倣したらどうなるだろうか。もし成長を加速できるとしたら、そのようにして開花したバラは自然に成長したバラと何らかの点で異なるのだろうか。

この質問は、園芸学者と週末に土いじりをする人たちだけの興味をそそる事柄であってはならない。それは私たちすべてにとってきわめて重要な関心事でなければならないのだ。なぜならば、私たちは皆、大実験に関わっているからである。この実験によって、年代の圧縮にさらされたときに、人間文化と人間性が変化するかどうか、が証明されるだろう。そして、この実験の中では、私たちは独立した観察者ではなく、実験されている対象なのである。

その圧縮の意味が完全に理解できない若い人々も、その影響を受ける。加速化する社会に生まれた子どもたちは内部にそのペースを吸収し、そして、その結果、とてもはやく「成熟」し、浪費からセックスまでの行為を早熟で試みる。そうして同時に、緩やかな成熟がもたらす思慮は奪われる[32]。というのも人生には、単純に急いで行なうことができない事柄が存在するし、特に責任ある大人に成長することは、なおさら急いでできるものではない。さもないと、耐えがたい精神的感情的な代償が支払われることになるであろう。『せきたてられた子ども――早く性急な成長』（*The Hurried Child: Growing Up Too Fast Too Soon*）の中で、タフツ大学の心理学者のデービッド・エルキンド（David Elkind）はこの代償がどう支払われるかを説明する。

せきたてられた子どもたちは、対処する準備ができる前に、成人の身体的、心理学的、社会学的虚飾を身に帯びることを余儀なくされる。私たちは自分の子どもたちに、（しばしばデザイナーラベルのついた）大人の服の縮小版を着せ、不当なセックスや暴力にさらし、ますます当惑させられる社会環境――離婚、一人親、ホモセクシュアル――に対処するよう求め期待する。これらすべての圧力を通じて、子どもたちは自分たちがそのような変化に伴う混乱と苦痛を認知しないで、うまく処理していくことが重要だと感じる。彼らは自分たちが大人のように生き残る者にならなければならないと感じさせられる。ここでの生き残りとは順応することを意味する――たとえ生き残る者がほんの四歳や六歳や八歳であったとしても。くじけることなく対処しなければならない、というプレッシャーはそれ自体がストレスであるし、その影響は子どもたちをせきたてる他の影響と共に、認識されなければならない。

せかされた子どもたちは、臨床医の診察を受けるような問題を抱えた子どもたちの大半を占めるようである。彼らは学校で落第した若者や犯罪やドラッグに関わる者、自殺を図る者である。さらに、頭痛や腹痛といった慢性心身症の不満を抱える子どもたちやうつ状態が続いたり、異常に活発になったり、あるいは、無気力でやる気がなかったりする者を含む。これらの病気や問題は大人に関係するストレスとして長い間認識されてきた。そして、今や同じ観点で子どもに同様のストレスをみる時代となった(33)。

退職間近の幼稚園教師のペッグ・ヘイニー（Peg Heiney）は三〇年間の教職の中で、幼児の著しい変化を観察してきた。今日の四〜六歳児は、（たとえば、コンピューターや旅行の経験によって）ずっと洗練されているが、より緊張している。今日の幼稚園児は、昔よりも鉛筆を嚙み、言葉上でも身体的にも攻撃的である、と彼女は述べる。「子どものせいではありません」と彼女は言う。「時代のせいなんです。テレビ上で彼らがさらされるもののせいです。そして、両親が強迫観念から、子どもを関わらせるあらゆる活動のせいなんです(34)」と。

コミュニケーション学者のジョシュア・メイロウィッツ（Joshua Meyrowitz）とニール・ポストマン（Neil Postman）はテレビが幼い子どもたちに与える影響に関して、ヘイニーに同意するだろう。二人はかつて、大人と子どもを分けていた柵を解消しようとするマスコミの傾向を指摘する。その柵の解消により、テレビが子どもたちを「感覚のない空間」の中におきざりにするのだ、とメイロウィッツは主張する(35)。また、ポストマンは次のように説明する。

テレビは三つの方法で子どもと大人を区別する線を侵食し、その方法はすべて画一的なアクセスの可能性と関係している。第一に、テレビはその形態を理解するための教育を必要としないし、第二に、心や行動のどちらにも複雑な要求をしない。そして、第三に、テレビは視聴者を差別しないのである。

テレビは完全なる平等主義のコミュニケーション媒介物であり、話し言葉そのものをしのぐ。というのも、話しているときには、私たちは子どもたちに聞こえないようにささやくことができるし、あるいは、わからない言葉を使ってもいい。しかし、テレビはささやくことはできないし、画面は具体的で自明のものである。子どもたちはテレビが見せるすべてを見る[36]。

かつては大人だけが関与していたものを幼い子どもたちに見せたり、聞かせたりすることで、テレビは純粋な子ども時代の消失にさらに拍車をかける。まだ対処する準備ができていない子どもたちに多くの情報を与えることによって、テレビは不自然に、そして、有害に、成長のプロセスを早める。だが、テレビ産業は悪意をもってそうしたことを行なっているのではない。ポストマンが指摘するように、テレビの平等主義的傾向は、マスメディアとしての性質に固有のものである。テレビが子どもの成長を早めるのは、社会のスピードアップした力学を忠実に表現しているからなのである。

子ども時代の加速化は若者の性行為において、特に明らかである。若者は平均して、昔よりも早い年齢でセックスをする。そして、結婚前に子どもを産む率はますます上昇する[37]。人生がスピードアップするにつれて、子どもが子どもを産む。ニューヨークのアラン・ガットマッチャー研究所（the Alan Guttmacher Institute）によると、一八歳までに性体験していたのは二〇年前には少年の二人に一人、少女の三人に一人であったが、今日、その数は少年全体の四分の三、少女全体の二分の一にまで増加している。さらに、国立健康統計学センターによると、一九六〇年以来、未婚のティーンエージャーによる出産はほぼ二倍になった[38]。

実のところ、ある種の加速化は、善意の親によって奨励されている。彼らは自分の子どもの成功した姿を見たいという望みから、社会の新しいペースに適応する手助けをする。たとえば、幼児に「教育的」おもちゃを与えて遊ばせ、その後幼稚園に「備える」ために、プレスクール・プログラムに入れる[39]。小・中学校の高等カリキュラムや高校の上級プレースメントコース（クラス分け）によって、生徒の大学準備は完璧なものになる[40]。裕福な学生たちは将来において確実に財政的に豊かなくらしを得るために、高校を卒業するずっと前からすでに、最も権威ある大学への入学を競い合っている。大学の伝統的な四年間は、三年半の中に圧縮される。実際は、四年生としてすべての最終試験を終える前に、多くの者はすでに彼ら自身の卒業式に参加しているであろう。この学問の養成計画の中で鍛えられたために、彼らは準備段階を終えて本格的に活動を開始することができ、そして、汗もかかずにギアをトップに入れ変えることができる。もちろん、彼らは（あるいは、だれでも）このように速く走るべきなのかどうか、あるいは、こうした人生の踏み車が本当に、急かされた空虚な生活以外の場所に通じているのかどうか、こういった質問を尋ねる、という教育を受けてはいない。

この加速化現象における最も陰険な様相の一つは、親の目的が善意でおおわれているようにみえるということである。相乗りによって子どもの送り迎えをする良心的な親たちが自分の子どもがうまく調和して成長し、幸せになることを願うのを、結局のところだれが批判できるだろうか。実際、「幸福の追求」は、確かにすべてのアメリカ人の当然の権利である。しかし、いかなる権利の行使も極端に不健康な状態をもたらす可能性がある。学校では、前進する必要性がさらなる学問的利己主義の伝染病を生み出している。そのような状況であるために、多くのテストのカンニングや盗用が高校や大学で当たり前の行為となった[41]。物質的成功は若者にとって強力な動機である。特にカンニングや盗用によって節約された時間が、快楽に充てられる場合はなおさらである。感覚的な社会では、時間は具体的な結果によって測定されるので、学ぶことを目的とした早急な学習は時代錯誤の価値観となってしまっている。

ここまでみてきたように、異常な加速率は単に若者をスピードアップさせるだけではない。もっと深刻な事柄は若者の性質を変えてしまうことである。

3　遠心的家族

社会の高速化は家族の結束だけでなく、その個人生活にも影響を与える。狭い意味で離婚は強力だが、認識されていない遠心力がもたらす法律上の結果にすぎない。

これらの力をよりよく理解するために、蓄音機の回転盤を想像してみよう。私たちのアナロジーでは、回転盤の上に立っているのは、回転盤の中心から異なる間隔と距離をおいて置かれたいくつかのチェスの駒である。もしゆっくりしたスピードで、仮に毎分回転数一六　一／二で回転盤を回すとすると、チェスの駒はその場所にとどまっているだろう。毎分回転数三三　一／三でも、まだ、立っている。しかし、毎分回転数七八では、回転盤上でぐらつき、倒れるかもしれない。平面がはやく回れば回るほど、駒はあらかじめセットされた「軌道」を離れることでそれに応じる。突然のスピードの加速化で揺れる場合は特にそうである。

つまり、この原理は遠心分離機の基礎となるもの、すなわち、遠心力を利用する力学的装置である。たとえば、洗濯機は濡れた服を回転中にドラム缶の内表面に対して外側へ押し、服に含まれる水分を搾り出す。現実には、人々はチェスの駒ではないし、世界は洗濯機ではないけれども、今日の家族の変化は遠心力と同様のスピードに関連する社会現象によって起こっている。一見、物理学領域から社会学領域へとアナロジーを援用させることは適当でないかもしれない。しかし、社会の根本的な物理学的特徴が変わり、その結果として起こる変化は内側にある人間関係の構造の中で引き起こされるかもしれない。それゆえに、たとえば、大都市のように、人口の規模が大きく増大すると、経験の没個性化が起る可能性もまた、高まる。

一九六〇年代に、突然の加速化現象が、アメリカ社会の回転盤の固定位置から、人間の駒を急激に揺さぶった。六〇年代の急進運動は社会の前進をもたらした単独の原因というだけではなく、アメリカ文化の中ですでに起こっていたほとんど目に見えない深遠な変化の形が増大していってもたらされた結果とみなされている。つまり、何か一つの社会問題による特定の影響というよりも、おそらく加速化する科学技術の圧倒的な衝撃に由来する変化の形であろう。アメリカの親と子の二つの世代はお互いの目には見知らぬ人として映るようになっていたために、六〇年代と七〇年代初期における若者の政治化は、平均的家族のすでに分裂した構造をさらに進ませた。メディアは

「ジェネレーション・ギャップ」の存在を宣言した。今日、急進的な社会変化の力によって、年齢を基盤とした考え方の自然な分離が広がったときに、歴史上以前にもそのようなギャップが生じたことがある、という事実をメディアは気づかなかった[42]。

それ以来、私たちが経験してきた高速化は駒を再び、立たせてその場にとどまらせることを不可能にしている。スピードにかられて、遠心分裂へと向かう傾向をくつがえすような強力な求心力の存在がなければ、家族本来の安定性とその成員の伝統的な軌道位置を再構築することは、不可能である。愛と尊敬は家族の完全な状態を保ったり、あるいは、回復させたりすることができる唯一の力である。だが、それらを家族の中に人工的に再生することは不可能であるし、社会全体においてはなおさらである。

社会評論家のジュディス・ステイシー（Judith Stacey）は、家族とは本質的に、「人々が親密な関係を構成する種々の方法」に反目しているために民主主義的な理由から家族自体を不要にすべきだ、とまで主張する[43]。ステイシーは『勇敢な新家族』（*Brave New Family*）の中でこう述べる。「『家族』とは、存在するためにここにあるのではないし、私たちもそう願うべきではない。反対に、民主主義社会の人々はすべて、親類関係の優先についてどのような考えをもっていようとも、その消滅の時期を早めるよう努めるべきだと思う[44]」と。このような主張のもとでは、遠心性の影響を哲学的に証明するために、平等主義の要素が大きく提起される。

ステファニー・クーンツ（Stephanie Coontz）は、もっと非好戦的な方法で同様の問題に取り組み、伝統的な家族はなぐさめとなるが、それはまた誤解を招きやすい神話を具現化すると提案する。『決して存在しなかった風習――家族とノスタルジーのわな』（*The Way We Never Were: Families and The Nostalgia Trap*）の中で、彼女はこう書いている。

二一世紀における社会的義務と相互依存を論じるにあたって、私たちは主に架空の伝統的家族というものを再び、流行させることが可能であるとか、また、そうすべきだ、という幻想を捨て去らなければならない。私たちは過去のノスタルジーにおぼれたり、自分とは異なる家族の価値観をもつ人々を軽蔑したりするのではなくて、新しい家族の伝統を考案し、昔の共同体の伝統を復活させる方法を見つける必要がある。私たちがそのような新しい伝統を発展させることができると期待するもっともな根拠は存在する。しかし、それは過去をロマンティックに扱う解決策を捨て去った場合に限ってである。(45)

根本的な意味で、両方の著者は同じことを言っている。ステイシーが過去に戻るべきではない、と言う一方で、クーンツはたとえそうしたくてもできないのだ、と述べる。

そうこうするうちに、回転盤はさらに速く回りつづける。一九六〇年には、両親の離婚を経験したのは一八歳以下の子どものうち一パーセント以下であったのが、今日ではほぼ半数である。(46) さらに、幼少期の両親の離婚はその子ども自身の離婚や別居の可能性を六〇パーセントも増加させる。(47) 皮肉にも、家族の分裂そのものが伝統となっている。つまり、離婚の子どもを通じて永続する伝統である。

もし遠心性が「再び家に帰ることはできない」、というトーマス・ウルフ（Thomas Wolfe）の格言の真実を証明してはいないとしても、遠心性が家に帰ることをよりいっそう難しいものにしていることは疑いない。

4　老　人

子ども時代のやっかいな加速化に匹敵するのは、生物学スペクトルの対極にある混乱した変化である。

医学のおかげで、今日、大人はより長い人生を期待できるようになった。確かに、老人学者のアラン・パイファー（Alan Pifer）とリディア・ブロンテ（Lydia Bronte）が指摘するように、「今日の高齢化傾向の驚くべき事実は、それが進む速度である」[48]。一九五〇年にさかのぼると、六五歳以上の人間はアメリカ人全体のたった一〇パーセントであった。しかしながら、ほんの二世代後、その割合は二倍になった[49]。八五歳以上の人は事実上、四倍となり、人口の中でもっとも急速に増大する世代グループとなっている[50]。

高齢化問題

多くの老人は科学が与えてくれた余分の年月をどうすべきかわからないでいる。多くの人々にとって、強制的な退職は経済的・心理的負担となっている。だんだん減っていく所得の不安定さの中で暮らすことを余儀なくされ、彼らは生き続けることに奮闘している。病に苦しみ、死がなかなかやってこないことにいらだち、自殺を補助してもらったり、長期生命維持装置をとりはずすことを選択する者もいる。

ますます、多くの老人は実際長く生きすぎたために、社会から間接的に不利な立場に追いやられる。社会の加速化がもう一方の先端にある子どもの圧縮をもたらすように、その反対側にいる老人の分離をもたらす。なじみ深い環境の中で年をとり、最終的に自分の家のベッドで愛する者に囲まれて死ぬという安楽さは、今日の遠心的家族からはめったに与えられることのない贈り物である。確かに、老人のための人工的な「家族」や非個人的な長期介護施設は、二〇一〇年までに今の数のほぼ二倍となることが予期されている[51]。

ニーズがあるにもかかわらず、老人の長期健康管理はそれが象徴する経済的費用におびやかされる。二一世紀において私たちは、若者と老人が費用に関して衝突するという新しいタイプの世代間対立を目撃するかもしれない。生物医学倫理学者のダニエル・キャラハン（Daniel Callahan）が主張するように、

もし万が一若者が、老人の健康に関するニーズや要求に高齢化社会が傾倒することによって、自分たちが不利な立場に追いやられていると思うようになるならば、彼らの老人に対する同情は完全に消えうせてしまうだろう。

なぜ、若者が自分たちの現在の可能性、さらには次世代の老人としての可能性を傷つけてまで、年配の世代のために重い犠牲を払わなければならないのか。若者にとって老人は、富と薬の恩恵によって、利己的に生きることができるようになり、そして、そうすることに満足している人々なのである。(52)

こうした状況を回避するには、私利私欲から離れて、自分たちのニーズの充足を政治的に主張するような、高齢のアメリカ人の数が増加していく必要がある。しかしながら、彼らのニーズのための支払いはもちろんだれかが犠牲にならなければならない。人口統計学的に縮小している支持グループ、つまり、子どもたちは高齢者の生活やライフスタイルのツケを払うために、教育などの場において能力を十分に発揮させられずに終わってしまうかもしれない。そのような議論の中での利己主義は、伝統的家族や忠誠や愛情のきずなの急速な崩壊によって、よりひどいものになるだろう。最終的に、世代を結びつける共通の特徴は互いへの献身や尊敬ではなく、共有されたわがままや利己主義であることが判明するかもしれない。

朽ちていく老人たち

どの時代においても老人は過去を生物学的に具現化する者である。(53) 過去の価値が減少するにつれ、老人の価値も低下し、社会的に時代遅れとみなされるだろう。現代の牽引力が統治する社会では、老人は彼らがかつて理解していた世界の構造が急速に変化していき、それとの接触を失っていくとき——自分自身に対しても——ますます時代遅れとみえてくるに違いない。

伝統的に老人は、生きる知恵の倉庫とみなされてきた。つまり、何十年もの人生経験によって築き上げられた知恵である。しかし、数多くの要因が重なって、老人からその資格を取り去ってしまった。第一に、社会が変化するスピードは過去の経験に基づく知識を時代遅れにする傾向がある。時代遅れとは、大部分が科学技術における時代遅れであるが、現代社会の科学技術支配は、他のあらゆる種類の知識にも同様に長い影を投げかけ、価値観を不明瞭にする。第二に、そのような社会におけるデータへの依存やその蓄積の増大によって、主観的知恵が客観的事実に見劣りする傾向にある。その結果、私たちは人間の判断よりもコンピューターの「判断」を尊重しがちになる。

長い旅の案内人としてかつて重んじられていた老人は、このような社会では空のスーツケースの管理者として——つまり、文化的に無学の若者世代が、無力に成長したかたちとして——軽視されるようになった。階級において老人は、アルツハイマー病患者と社会的に同等の立場になる。なぜならば、アルツハイマー病患者は逆説的に、彼らが集めた記憶の蓄えが最大となるまさにその時に過去を忘れてしまうからである。

新しいものを崇拝する社会から、古くからの伝統の防御者としての特別な役割を否定され、さらには彼らがその一員であった家族から時代遅れの人と扱われることによって、老人は自尊心を失うか、あるいは、社会的に推奨されるジェスチャーとして、次第に若者のまねをするようになる。どちらの場合においても、時代遅れの経験がつるつるすべる記憶の坂を忘却へと滑り落ちるにつれて、長期の記憶は短期のものにとってかわられ、ついにはノスタルジー的回想が戻ってくるのは、ほんの短時間になるだろう。歴史そのものが時代遅れのものとなるような未来のナウイスト社会では、「現在という時代」を中心におく世代が前の時代の人々に取って代わっていくにつれて、道徳的伝統や永続的倫理規準はほとんど生き残らないだろう。その結果、家族は、回転儀のように騒々しい時代に家族を安定させることができるもっとも価値のある財産の一つ、すなわち、連続性の感覚を失ってしまうことになるだろう。

5　絶滅の危険にさらされた家族

今日家族の存続が危険な状態にあるのは偶然ではない。家族が生き残るのに必要な通時的傾倒は、私たちの社会とは相容れない概念である。連続性の概念もまた異質なものである。連続性は単に一時的なものとは違う。というのも、連続性は瞬間ではなく意味を強調するからだ。つまり、男と女、若者と老人といった部分部分を共通の目的でつながった生き物全体へと有意義に結びつけ、そこにおいて、エネルギー（家族にとっては愛のエネルギー）が与えられ、分けられる。今日の家庭崩壊が多発する環境とは、人々が人間関係の隙間にしみこむ非永久的雰囲気と共に暮らしている環境である。家族の分裂は例外ではなく、規則となった。

一つ確かなことは、変化という遠心力への防御となる家族の密着性をこれほどまでに奪ってしまう文明はかつて、歴史上一度も存在しなかったということである。

注

（1）特に古代エジプト人や古代ギリシャ人（その中でも特にサッフォー）、古代ローマ人（特にカトゥルス）の恋愛詩を参照のこと。
（2）「今を楽しめ」（“Carpe diem”）（Horace, *Odes*, 1.11）。
（3）Allan Bloom, *Love and Friendship*, New York: Simon & Schuster, 1993, pp.81-82 に注目せよ。
（4）社会の高速化が現代の恋愛を加速させていることを論じたものとしては、Staffan B. Linder, *The Harried Leisure Class*, New York: Columbia University Press, 1971（＝邦訳、江夏健一訳『忙しい有閑階級』好学社、一九七一年）, pp. 83-89 を参照のこと。
（5）Hallmark Cards, Inc., *1994 Date Book* より。
（6）Sam Roberts, *Who We Are: A Portrait of America Based on the Latest U.S. Census*, New York: Random House, 1993, pp. 42-49 と William J. Bennett, *The Index of Leading Cultural Indicators*, New York: Simon & Schuster, 1994（＝邦訳、加藤十八・小倉美津夫訳『グラフでみるアメリカ社会の現実――犯罪・家庭・子ども・教育・文化の指標』学文社、一九九六年）, pp. 55-60 を参照のこと。
（7）Jan Larson, “Cohabitation Is Premarital Step”, *American Demographics*, November 1991, p. 20 を参照のこと。
（8）Jan Larson, “Cohabitation Is Premarital Step”.

(9) Barbara Foley Wilson, "The Marry-Go-Round", *American Demographics*, October 1991, p. 52.
(10) Amy Engeler, "Living Together: What Will It Mean to Your Marriage", *Glamour*, January 1991, p. 150.
(11) U. S. Bureau of the Census, *Marital Status and Living Arrangements*, March 1992 (1993). 同時期に、アメリカの人口全体は二五パーセントしか増加しなかった。
(12) Shervert H. Frazier, "Psychotrends: Taking Stock of Tomorrow's Family and Sexuality", *Psychology Today*, January/February 1994, p. 64 (*Psychotrends: What Kind of People Are We Becoming*, New York: Simon & Schuster, 1994 からの抜粋).
(13) *Open Marriage: A New Life Style for Couples*, New York: Avon, 1973 (=邦訳、坂根巌夫・徳田喜三郎共訳『オープンマリッジ——新しい結婚生活』河出書房新社、一九七五年). 特に p. 95 ("Now for now") に注目せよ。
(14) Riche, "The Future of the Family", *American Demographics*, March 1991, p. 44.
(15) Michael Castleman, "Till Stress Us Do Part", *Atlanta Journal-Constitution*, July 24, 1991 より。
(16) Michael Castleman, "Till Stress Us Do Part".
(17) William R. Mattox, Jr., "America's Family Famine", *Children Today*, November/December 1990, p. 9 による引用。
(18) *Statistical Abstract of the United States* の表610、表1322、表1362 のデータから見積もった、受領高と総収入である。
(19) National Center for Health Statistics より。Bennett, *The Index of Leading of Leading Cultural Indicators*, p. 46 による引用。Shannon Brownlee and Matthew Miller, "The Lies Parents Tell about Work, Kids, Money, Day Care, and Ambition", *U.S. News & World Report*, May 12, 1997, pp. 58ff も参照のこと。
(20) U. S. Bureau of the Census, "Martial Status and Living Arrangements" (1994). Steven A. Holmes, "Birthrate for Unwed Women Up 70 Since '83, Study Says", *New York Times*, National Edition, July 20, 1994, p. 1 も参照のこと。
(21) U. S. Department of Health and Human Services, *Vital Statistics of the United States*, 1991, Vol.1, *Natality*. Bennett, *The Index of Leading Cultural Indicators*, p. 50 からの引用。
(22) National Center for Health Statistics より。
(23) David W. Murray, "Every Society Is Threatened by the Disappearance of Legitimate Marriage", *The Chronicle of Higher Education*, July 13, 1994, B5 も参照のこと。*Policy Review*, Spring 1994 からの再版。
(24) U. S. Bureau of the Census. Bennett, *The Index of Leading Cultural Indicators*, p.50 からの引用。
(25) U. S. Bureau of the Census report, 1995.

（26）Bennett, *The Index of Leading Cultural Indicators*, p. 68f を参照。
（27）Brandon Centerwall, “Our Cultural Perplexities”, *The Public Interest*, Spring 1993 を参照。Bennett, *The Index of Leading Cultural Indicators*, p. 103 からの引用。
（28）Bennett, *The Index of Leading Cultural Indicators*, p. 103 を参照。
（29）James McNeal, *Kids as Customers: A Handbook of Marketing to Children*, Ithaca, NY: American Demographics, 1992. Susan Antilla, “‘I Want’ Now Gets”, *New York Times*, April 4, 1993, Education Supplement, 17. *Captive Kids: A Report on Commercial Pressures on Kids at School*, Yonkers, NY: Consumers Union Educational Services 1995 を参照。
（30）統計に関しては、*U.S. News & World Report*, January 3, 1994, p. 12 を参照。
（31）皮相的なこの主張に関しては、Mander, *In the Absence of the Sacred*, San Francisco: Sierra Club, 1991, p. 65 を参照。
（32）親の忍耐や多くの時間を要するガイダンスを化学物質で代用するために、リタリンやプロザックのような薬が幼少期にますます使用されるようになった。子どもへのプロザックの使用に関しては、Elyse Tanouye, “Antidepressant Makers Study Kids' Market”, *Wall Street Journal*, April 4, 1997, B1f と Arianna Huffington, “Peppermint Prozac”, *U.S. News & World Report*, August 25, 1997, p. 28 を参照。リタリンの使用は一九九〇年から一九九五年までに二五〇パーセント増加した（Gina Kolata, “Ritalin Use Is Lower than Thought”, *New York Times*, December 17, 1996 を参照）。プロザックは現在、子ども用に風味を付けた液体として生産されている（上記の Tanouye を参照）。
（33）David Elkind, *The Hurried Child: Growing Up Too Fast Too Soon*, Reading, MA: Addison-Wesley, 1981, pp. xii-xiii.
（34）Susan R. Pollack, “Slowing Up Growing Up”, *Detroit News*, May 13, 1994, 5c からの引用。
（35）Joshua Meyrowitz, *No Sense of Place: The Impact of Electronic Media on Social Behavior*, New York: Oxford Unversity Press, (1985).
（36）Neil Postman, *The Disappearance of Childhood*, New York: Delacorte Press, 1982, p. 80.
（37）Ramon G. McLeod, “Teen Sex Starting Younger, Study Says”, *Detroit Free Press*, June 7, 1994, 5A を参照。*San Francisco Chronicle* からの再版。
（38）Bennett, *The Index of Leading Cultural Indicators*, p. 72.
（39）ジャーナリストのリチャード・ロウは「プログラム化された世代」と彼が呼ぶものについて説明する。それは子どもの世代で、彼らの人生に多すぎる経験を詰め込もうとする親によって、彼らの自由時間が構造化された時間に置き換えられる。この原因の一部は親と子どもたちがなにかしら遅れをとっていると不安を感じること、からきている（Richard Low, *Child-*

hood's Future: Listening to the American Family: New Hope for the Next Generation, Boston: Houghton Mifflin, 1990, chap.7). Lucida Franks, "Little Big People", *New York Times Magazine*, October 10, 1993, p. 31 も参照のこと。

(40) 一九六五年には、四万五〇〇〇の上級実力試験を高校生が受験している。一九九五年にはその数は八四万三〇〇〇に増加した。

(41) 最近の調査によると、高校生と大学生の六〇パーセントが試験でカンニングをするという（William L. Kibler and Pamela Vannoy Kibler, "When Students Resort to Cheating", *Chronicle of Higher Education*, July 14, 1993, B1f. "Your Cheatin' Heart", *Psychology Today*, November/December 1992, p. 9: Ken Schroeder, "Give and Take, Part 2", *Education Digest*, February 1993, 73Af. を参照）。さらに、Kevin Davis, "Student Cheating: A Defensive Essay", *English Journal*, October 1992, pp. 72ff も参照のこと。

(42) Stephen Bertman, ed., *The Conflict of Generations in Ancient Greece and Rome*, Amsterdam: Gruner, 1976 と Lewis S. Feuer, *The Conflict of Generations: The Character and Significance of Student Movements*, New York: Basic Books, 1969 を参照。

(43) David Poponoe, "The Controversial Truth: Two-Parent Families Are Better", *New York Times*, National Edition, December 26, 1992, p. 13 からの引用。

(44) Judith Stacey, *Brave New Families: Stories of Domestic Upheaval in Late Twentieth Century America*, New York: Basic Books,1993, p. 269.

(45) Stephanie Coontz, *The Way We Never Were: Families and the Nostalgia Trap*, New York: Basic Books, 1992, p. 278.

(46) Carnegie Cooperation of New York のために作成された報告書。Susan Chira, "Study Confirms Worst Fears on U.S. Children", *New York Times*, National Edition, April 12, 1994, p. 1f.

(47) Norval Glenn and Kathryn Kramer, University of Texas の研究より。Barbara Kantrowitz, "Breaking the Divorce Cycle", *Newsweek*, January 13, 1992, pp. 48ff に引用。Bennett, p. 59 に言及されている。

(48) Alan Pifer and Lydia Bronte, eds., *Our Aging Society: Paradox and Promise*, New York: Norton, 1986, p. 4.

(49) U. S. Bureau of the Census, and American Association of Retired Persons, *Detroit News*, June 28, 1992, 10A 中に引用。

(50) *Ibid.*

(51) Michael Clements, "High Cost of Aging", *Detroit News*, June 28, 1992, 1Af.

(52) Daniel Callahan, "Health Care in the Aging Society: A Moral Dilemma", in Pifer and Bronte, *Our Aging Society: Paradox and Promise*, 337. さらに Callahan の *The Tyranny of Survival, and Other Pathologies of Civilized Life*, Lanham, MD: University

Press of America, 1985も参照のこと。

(53) 本節における見解については、著者は 43d Annual Scientific Meeting of the Gerontological Society of America (Boston, 1990) で口頭発表を行なった。*Vital Speeches of the Day*, January 1, 1991, p. 185f も参照のこと。

第5章　社会の変容

「現在という時代」の力は個人と家族へ直接作用するだけでなく、社会という媒介物を通じて間接的な影響も与える。この間接的な影響は重要である。というのも、社会の姿勢と信条は、その成員に対して、時間の意味と目的を含む現実の本質を定義するからである。私たちは社会から性急に行なう価値があるもの、ゆっくり行なう価値があるもの、ともかく時間を費やす価値があるものを教わる。この意味で、時間は貨幣のようであり、そして、社会がその価値を定めている。

社会から恩恵を得るために、個人はその命令に従う。そのお返しに、社会は個人のニーズを満たす。しかし、ニーズに応えるうえで、その成員の欲望を手早く満足させることにより、社会は「現在という時代」の力の付属品となる。実際、社会がそれを行なう速度こそが社会の発展のもっとも一般的な基準となる。

本章では、現代社会の二つの様相、すなわち、社会が基本的欲望を満たす方法（セクション一）とそれを行なうスピード（セクション二）を考察していく。この章で論じていくように、大衆を満足させることは現実社会の主要原理となり、そして物質主義はその指導哲学となった。より早く感覚を満足させるためにより多くの努力が行なわれていき、そして、社会のメカニズムは加速していく。科学技術の継続的な進化は、特に三種類の活動を加速する。（商業を通じた）物の動き、（コミュニケーションを通じた）考え方の動き、（乗り物を通じた）人々の動きである。

これらの別々だが関連した活動が結合しておこる加速は、渦巻きをつくりだし、個人の経験、思想、感情のすべての要素を内に吸い込んでしまう。その回転の中では、流動的な漏斗は、常に「今」しか問題にしない。

セクション一　物質主義と欲望の充足

1　物質主義の発展

生物学的起源

生物が生存のために奮闘している間、生命は「今」に焦点をあててきた。生物学的ニーズは「現在」においてのみ満たされるものであった。なぜならば、肉体にとって「今」以外の時間は存在しないからだ。飢えとのどの渇きは先延ばしにすることができるが、それでもしつこく私たちに要求してくる。熱や寒さは耐えることはできるが、私たちを圧迫しつづける。私たちの神経の末端は、たった一つの言葉、つまり、「現在」の言葉でしか語らない。最初、生物体には知覚がなかった。後に感覚を身につけた時、ニーズを知った。そして、その後ニーズの実体を理解したときには、自己認識するようになった。最も初期の人間は、もはや単にニーズを感じるだけではなくなり、思考力のある存在として、自分たちのニーズを現実として認識した。

しかし、ニーズも渇望も一種類だけではない。身体的なニーズがあり、さらには純粋に肉体を超越したニーズもある。基本的な生物学的渇望の先に別の熱望が存在し、それはもっと奥まった所にある不完全さに対してうずくような感覚をもつことから生まれる。

彼らの非肉体的願望をかなえるため、先史時代から人間は物質的なものへ手を伸ばしてきた。石器時代には洞窟の壁の美術を通じて、最も初期の願い事が表現された。そのようなアプローチはもっぱら自然であった。というのも彼らの原始時代の起源は物質の中に見出され、物質が彼らの初期の欲望を満たしてくれたからだ。したがって、最初のうちは、人間は触知可能なパワーによって統治されていたのだった。

社会の調停

社会の最初の機能の一つは、個人の緊急のニーズを満たすための手助けをすることであった。たとえば、先史時代には、労働と危険を共有する部族が共に協力することによって、その成員の生き残りが保証された。さらに、協力によって強さが生じて、部族グループの累積作用は高まった。しかし、原始社会は、成員の即座のニーズに応えるだけでなく、時間というより広い枠組も認知していた。

儀式を通じて、社会は未来と過去のパワーを思い起こさせた。これは、社会の意識が成員の意識の融合を象徴していたからである。個人が、「現在」から、つまり、個人的経験の視点から未来と過去を見た一方で、社会は共有の未来と過去という集団的感覚をつくりだし、続く世代のために未来と過去の両方向へ目を向けた。

もし文化が築いた幅広い時間の基盤がなければ、個人の人生は、「現在」という、より狭い範囲の基盤に基づいてつくりあげられたであろう。しかしながら、その集団の記憶を通じて、文化は個人に過去を思い出させ、導きをもたらした。さらに、集団の夢を通じて、文化は目的を与えた。このように、過去と未来は、「現在」に構造上の支えをもたらしたのだった。

この時間における相互依存の原理は、「religion」（宗教）という語の語源に明らかである。「宗教」は「つなぐ、または、結ぶこと」を意味するラテン語の語源から派生している。このように宗教は、私たちを外部にいる他者と結びつけ、さらに私たちの時代の外部にある他の時代と結びつけるからだ。その教えを通じて、宗教は「遠い昔」と「まだ来ていない未来」がもつ道徳的含意を定義し、目には見えないが、それでも実在する時の連続体と私たちの現在の行為が矛盾しないように命じるのである。

人間が個人や集団で基本的ニーズを満たそうと奮闘した時代に、成功者たちは単なる生存レベルからついには過剰な物質所有を楽しむ快適レベルへと上がっていった。質素な社会では、富は牛一頭や陶製の数珠玉のネックレスであるかもしれない。より裕福な社会では、牛の群れや金のネックレスかもしれない。実際は、異なる富のレベルが同じ社会の中に共存しているかもしれない。そういった場合には、富の集中は実際の価値だけでなく、象徴的な価値をもち、それは所有者の社会的地位を示すことになる。

人類の歴史の大半において、物質的富は、少数の強力な階級の手中に集中する傾向がある。彼らは自分たちの所有物が放つ輝きに歓喜した。ピラミッドの場合、たいてい品質の劣る数千もの石のあとに、まばゆい石が頂上へと運ばれ置かれた。慣習として、宗教はそのような社会的建築物を肯定し、その価値に夢中になった。それにより現れたのは、静的な時間のイデオロギーによって強化された貴族の特権を示す大建造物であり、そのイデオロギーは、過去の統治権と伝統を未来へ永続させる任務に対して、人々を従属させるものであった。

物質主義革命

厳密な貴族支配がもたらした建築物は、紀元前七世紀と紀元前六世紀に大衆の政府が王位に取って代わる一連のギリシャ革命という地中海沿岸を揺らした震動によって最初に亀裂が入った。そして、紀元前五世紀には、民主主義がアテネで完全な姿を現した。その五世紀後、ローマ人は地中海沿岸を軍支配下に置いたのち、世界的規模でゆがんだ民主主義を導入した。つまり、社会は、人々の自由を犠牲にしてその生活水準を上げることに専心したのだった。快楽主義と権力をそつなく結びつけ、ローマのエリートたちは安全と快適を保証することで、ローマの大衆を幸福にした。ローマ軍の剣以上に、物質的豊かさと充足は五〇〇年もの間、ローマ帝国を維持してきた真の武器であった。やがて、経済的弱点、飢えた異邦人種の欲求、ローマの指導力の道徳的空虚さが制度の崩壊をまねいた。

帝国倒壊につづく貧窮と混乱の中で、古い階級構造が中世の封建主義形式を身につけて、再び、主張をはじめた。十字軍ののち、だんだんと大きくなっていくさざ波のように、イタリアの商人階級の出現によって、個人が自身の物質的向上に対して人文主義的な主張をする権利概念が生まれた。このルネッサンス力学は、一七世紀の合理的議論により肯定され、一八世紀の哲学的啓蒙運動や革命運動において最高潮に達した。それはしばしば一般大衆を利用したが、ヨーロッパとアメリカの民主主義と結びついた一九世紀の産業革命は、世界初となる最も広範囲の物質商品流通の土台を築いたのだった。

もちろん、世界中で、エリートの国民や階級は富を独占しつづけていたが、すでに再分配のメカニズムは徐々に進んでいた。物質主義革命、すなわち、「現在」と「現在」の要求を最重要なものに回復させる革命がはじまったのだった。

アリからキリギリスへ

物質主義革命は、消費社会の土台を築いた。最も原始的な社会では、厳しい貧窮により、常に消費の上に暮らすように強いられた。しかし、可能ならいつでも、余ったものは生き残るために貯えられた。繁栄時には、社会からリーダーとしての栄誉を授けられた者たちが余剰により富を集めることができた。この場合、多産性とは、経済的名声の象徴である富の蓄積と解釈された。裕福な個人と階級は民主主義下で存続していたが、次第に生産は社会全体に対する物質商品の製造と流通を目的として行なわれるようになった。このようにして多産性は、狭い範囲に集中した蓄積（過去を認識し尊重すること）から広い範囲を基盤とする消費（「現在」に対応し、満足させること）へと移り変わった。

人々の基本的ニーズが満たされた後、さらに彼らの非本質的な欲望にも焦点が当てられることになる。当然のことながら時間の経過とともに、習慣的に満たされてきた欲望が、追加のニーズとして現われるようになった。大衆的ニーズの円が拡大し、それが満たされるにつれて、消費は増えつづけ、消費を制限するものは社会の資源、その経済がもつ構造上の能力、そして、リーダーの反応だけとなった。

やがて、資本家は既存の欲望を高めるだけでなく、新しい欲望をつくり出すことによって、利益が増すことに気づいた。一九世紀後半における宣伝の発達は、物質的商品に対する欲求を強調しただけではない。それはこれまで知られていなかった欲望を公的に発生させる手段となった。

現在、より多くの人々が富を蓄積できるようになったが、二〇世紀の大量消費は人間の活動と価値観の本質を根本的に変えた。

富の蓄積は、常に発展を含意した。蓄積の象徴的論理に従って、商品はしばしば実際の使用を意図せずに、つくり出された。使用のかわりに、開発、披露、入手、保管、維持、地位の象徴としての展示のために、時間は使われた。だが、消費は異なる時間的枠組を暗示する。すなわち、消費される商品をつくるために時間がかかる一方で、商品の本質的な目的が果たされるのは、商品が自発的に使用されることであった。

それゆえに、蓄積の経済から消費の経済への転換は、継続性から即時性への変化を伴う。そのような経済変化の中に潜在する時間の価値観は一般大衆に新しいタイプの行動、すなわち、長期の認識よりも短期の満足感を強調する行動を教え込むことになった。

この姿勢の相違は、古代ギリシャの寓話作家イソップによる、アリとキリギリスの寓話によって説明可能だ。物語では、放蕩者のキリギリスが音楽をつくり、夏を楽しんで過ごした。一方で、働き者のアリは、来るべき冬のための食物を集めて、夏を過ごした。冬が近づいたとき、腹をすかせたキリギリスが、アリのところへやってきて、食べ物を求めた。するとアリは、いやみっぽく答えた。「夏に歌っていたのだから、冬は踊ったらどうですか？」

この寓話は、将来の備えをすべきだという教訓だけでなく、時間に対する二つの異なる姿勢を描いている。ほんの一〇年前は、私たちの文化はあとで取り出すことのできる蓄えを築くために働いているアリの集落と比較できただろう。しかし今日、「現在」のためだけに生きるキリギリス集団にますます似かよっている。

新原始主義

消費の拡大によって、現代の物質主義は社会発展の印象をもたらしている。しかし現実には、大衆を熱狂的な消費者に変えることによって、それは逆説的に社会を最も原始的な状態に戻している。つまり、人間という動物がその日暮らしをし、一瞬一瞬を生きていた時代にである。早期のより単純な文化はさもなければ、もっぱら「現在」に没頭してしまう可能性のある人々に過去と未来の意味を教えることによって、釣り合いをとる方法を提供した。しかし、現代社会は即時性と引き換えにこれらの時間を放棄することによって、人々を「現在」の欲求に引き渡してしまう。伝統的な宗教はその不変性を理由に、慰めを添えた象徴を具体化したけれども、新しい消費社会は一時的で使い捨て可能なものから宗教をつくる。大衆は大きなゴミ箱の祭壇上に、世俗的な信仰という奉納物を放り投げるのである。

ますます多くの物質的商品が社会の知的空間を満たすにつれて、それは非物質的関心の重要性を閉め出していく。この点でも、社会はその原始的状態へ、すなわち、肉体的なニーズを満たしてしまえば、それ以外のものに対する要求がほとんど存在しなかった時代へと戻っている。この新原始主義の中で、物質は人間の満足をもたらす究極の起源としての地位を再び取り戻した。

その間、物質主義の倫理は無意識のうちに消費生活の非物質的な層にしみ込み、価値観の組織全体に行き渡っている。物質商品を入手し、楽しむことを促進する度合いによって、すべてが評価される。

大衆の不安定な雰囲気は、各種の異なる現象が集合して一時性の風潮をつくり上げることによって引き起こされる。しかし、この現象はこの風潮の原因というだけでなく、結果でもある。つまり、至る所で永続性を弱体化させ、一時性を栄えさせているような束の間の雰囲気の普及が、一貫性と相互関連性によって表現されるのである。

成功の失敗

実際のところ、社会の物質的成功はその結果として起こる破滅へのお膳立てをする。大昔、古代ギリシャ人が黄金時代に突入していた頃、劇作家たちは待ち受けている隠れた危険を人々に警告しようと努めていた。

弱い時に最も危険に瀕する、という一般的前提にもかかわらず、ギリシャ人は逆説的に、強いときにより傷つきやすいのだ、と結論づけた。彼らは哲学の中で、オルボス（olbos―成功）、ハイブリス（hybris―おこがましさ）、エイト（ate―愚かさ）、ネメシス（nemesis―神聖なる復讐）、という四つの概念間の因果関係を確認した。この連鎖の中で、成功はおこがましさに通じ、おこがましさは愚かさをかきたて、そして、愚かさは聖なる復讐を招く。パターンは舞台で実演され、強力な人物（悲劇の英雄）によって体現された。彼は、無敵だと思い込んだために盲目になり、最終的には、彼自身と愛する人々に大きな不幸をもたらす力を動かしはじめる。というのも、人間がおこがましくも神のようにふるまうとき――彼以外の人々に責任はないが――、嫉妬した神が（ギリシャ人はそのように信じた）人間の限界を厳しく思い知らせることで、人間に本当の姿を教えるのである。

常にアイロニーの鋭いセンスをもっていたギリシャ人は人間を偉大さへの渇望にそそのかされ、そして、裏切られる生き物とみなした。自分の可能性を十分に発揮することを熱望したがゆえに、自身の最も深い欲望によって滅ぼされた。成功でさえも、純粋な祝賀ではなく、実際は危険をはらんでいる時なのだ、とギリシャ人は述べた。

劇作家の警告にもかかわらず、紀元前五世紀に（古代）アテネの人々は歴史という舞台上で自らの政治上の悲劇を実演しはじめた。ギリシャ市民国家すべてが独立していた時代に、市民の誇りと物質的豊かさがアテネ人のより偉大な栄光への欲望をそそった。彼らの帝国主義的野心と尊大さはついに二七年に及ぶ戦争を引き起こし、アテネの倒壊で終わりを告げた。

同様に、多くの人々は、ローマ帝国の倒壊は物質主義的信条の影響による人の堕落が原因だ、と主張した。その信条は勇敢な農民兵をぜいたくによって、堕落した無抵抗の人々に変えてしまった。物質主義的に運命をよりよいものにしようとしながら、古代ローマ農民の世代は、国家滅亡への道を整えてしまったのだ、というアイロニーが存在する。

ローマ倒壊の数世紀前、ユダヤ人預言者は自分たちの社会の浅はかさ、つまり、思いやりよりも貪欲を社会的正義よりも搾取を優先する裕福な社会を公然と非難した。この罪のために、神はエルサレムを破壊し、神の選民を罰するだろう、と預言者たちは訴えた。歴史の教訓からみると、物質的成功は国家の悲劇的な衰弱の一因となったのである。

予想されるように、古代世界と私たちの世界は表面上異なっているために、本質的な類似がみえなくなってしまっている。だが、もし人間の弱さが万人に通じる共通の特徴とするならば、アメリカへの教訓ははっきりとしている。私たちの物質的成功は、社会としての生き残りに最も重大な危機をもたらすだろう。道徳的軌道を判断できないほどに、私たちがすばやく動いている時には特にそうである。

欠乏の賞賛

もちろん、国家の最大の希望は欠乏を維持する可能性にある、と単純に主張することはできる。私たちは、そうすることで、人々を堕落させる富の影響と物質的豊かさによる悲劇的な罠を少なくとも避けることができるだろう。

残念ながら、ロマンティックな低所得生活に真っ先に異を唱える人々は、ぎりぎりの生活をしている人々なのだろう。悲しいことに、低所得生活は素足の生活を賞賛する金持ちのぜいたくなのだ。

現代社会では、生活必需品さえも与えられない多くの人々がいて、さらに多くの人々が何も蓄えることができず、収入内でやりくりするその日暮らしの苦しい生活をする。もし今よりも金をもたなければ、ずっと幸せになるだろう、と主張することは持っているもので、現在うまくやっていくことができない人々にとって慰めとはならない。それでは、私たちが物質主義とその危険を話題にするとき、何を論じようとするだろうか。もしこの主張が富によって他から分断した人々に対しての訴えでしかないならば、それは失敗であるだろう。まず何よりも、物質主義とは人々の基本的な物質のニーズを満たすものではない。それは、すべての人が叶えたいと願う目的であり、国家がまだ果たせないでいる目的でもある。物質主義はまた、ぜいたくを楽しむことでもない。努力で得た快楽を他者に享受させないことは狭量であるだろう。

本書の中で述べている物質主義は、次のような人生への姿勢を表わす。つまり、物を所有、または、使用することは最も高尚な人間の召命であり、それは何ものにも勝る人生の主要目的であると考える姿勢だ。社会的に、物質主義はこういった目的を叶えるためにつくられた取り決めである。これらの目的に到達するのに適した方法と手段をもった人々にとっては、少なくともそうである。

物質主義特有の欠点は、他のレベル、すなわち、私たちの人生は全所有物以上の意味をもつことができるし、最終的に「手に入れて使い果たす[1]」ことが、最も深いニーズを満足させないであろう、という事柄を私たちが発見し、受け入れることを不可能にさせてしまうことだ。社会における物質主義の欠点は、人間が自らの可能性をみつけ出し、利己的な富は国家成功の最大の基準ではない、と悟ることができなくなってしまうことである。

これら物質主義の欠点は、「現在という時代」の力によって悪化する。それは、氾濫した川において勢いよく流れる急流がその川岸を侵食するように、土壌のような共同体の安定性を洗い流し、人々の希望という最後に残った岸を侵食する。消費社会の誘惑とは、その報いを認めない人々にとって、緊急性と自暴自棄の感覚を増すものでしかない。

物質の所有に対するあこがれは常に、人間の歴史のテーマであった。古代から、所有は個人の社会的地位を示してきた。歴史を通じて、先祖代々の富と権力は特権階級の形成を具体化した。そのような社会では、裕福な者と貧しい者は厳格な階級構造の構成要素として、二つに分裂していった。集まった見物人が国王の馬車の華麗な行列をながめるように、貧しい人々はめったにない儀式の場合にのみ、遠くから、富をみすぼらしく見守ることしかできない。

しかしながら、物質主義的社会は生まれや昔の経済的地位にかかわらず、すべての人々に開けた市場を築くことによって、有極性を無効にする。物質主義的経済は消費が活力を与えた社会の流動性を暗示し、かき立て、そして、実際それによって栄えるのである。

今日において歴史上はじめて、持たざる人々はテレビの偏在のおかげで、一年中、毎日毎晩、キッチンで、居間で、ベッドルームで、「よき生活」をみることができる。さらにテレビは持っている人々に対しても、コマーシャルを通じて実は持たざる人々であると確信させること、つまり、依然として、彼らは不可欠の経験や所有物をいくらか欠いているのだ、と納得させることで社会を平等にする。

しかし、視聴者たちが、欲望のすべては満たされないと気づくとき、テレビによってかきたてられた消費者の衝動はよりいっそう異常なものになる。風変わりなハブロフの機械のように、ベルを永続的に鳴らすことは、味覚をそそるが食べられないドッグフードの「絵」をつくり出すだけだ。実際に、競合するコマーシャルの多様性と排他性は（私たちは同時にいくつのブランドを買うことができるだろうか）、必然的に私たちが決して欲望のすべてを満たすことはできない、という確信につながる。一方で、テレビは社会の裕福さへ参加するための制約のない招待状を視聴者に与える。しかしもう一方で、経済的な現実が十分な参加を許さない。そのために、人々は社会階級というよりむしろ、自分自身の不十分な状態をあきらめて受け入れるようになる。

要約すると、社会の物質主義原理は私たちの価値を所有物という観点から定義するよう導く。しかし同時に、社会の主なコミュニケーションの媒介物は私たちが物質的に安定していると感じられないようにする。この八方ふさがりの状況の中で繰り返される経済的失望は、つまるところ、精神的衰弱感となる。

そのような失望は犯罪へとつながる可能性がある。持たざる者が挑戦的な電子工学による物質的富のイメージに、つまり、自己の価値と成功を示すイメージに絶えずさらされているときには特にそうである。国の最も貧しい者でさえカラーテレビを持ち、それによって家族に不足しているものを毎日思い起こさせているのである。

実際に、物質主義と「今」を中心とする倫理学のコンテクスト内で考察すると、いわゆる逸脱行動（暴力行為と犯罪行為を含む）は逆説的に、現代社会の最も高尚な目的と調和することがわかる。すなわち、できるだけ多くのものをできるだけすばやく手に入れることである。[2] 盗みは商品をドラッグは幻想を提供する。私たちの社会の犯罪を正確に理解するためには、逸脱ではなく、むしろ調和とみなさなければならない。

これは犯罪が完全に現代の現象だ、と断言しているのではない。ローマの公共広場近くにある、カーサー（これから incarceration《投獄》という語ができた）の地下室は、古代世界に刑務所が存在していたことを証明している。だが、私たちの時代に特有なのは、犯罪行動の徹底した広がりである。その拡大は、人口増加のみを理由にして説明することはできない。この犯罪の増加に貢献しているのは、「現在という時代」の力である。ナウイズムは、まず第一に、旧式の法律や保守的な権力への伝統的尊重を含む、過去の色合いあるものすべての価値を減じてしまう。第二に、それは「現在」の望みを満足させるために行なわれる衝動的な行為を認可する。第三に、「現在」に焦点を当てることによって、未来の現実とそれに伴う結果を不明瞭にする。麻薬常用者と泥棒は「現在」を生きる。それは、彼らが社会の価値観を拒絶するからではなく、より無意識のうちに人間のもつ潜在意識の要望に応じるからである。[3]

２　商業とコミュニケーション

商業の広がり

もし商業がこれほどの広範囲に私たちの生活に浸透していなければ、ナウイズムの影響から逃れることはもっと容易であっただろう。しかし、物質主義と消費はアメリカ社会の大きな象徴となったために、私たちは「今日、社会が商業である」と自信をもって言えるほどである。アメリカ国家の成功の真の基準として必ず引き合いに出されるのは、純経済活動を測定するＧＮＰ（国民総生産）とＧＤＰ（国内総生産）である。

アメリカ社会の商業化は、ビジネスが日常果たす役割をみれば明らかだ。確かに、その役割は人間の歴史のどの時代よりも今日の文化において支配的となっており、この支配は何よりもまず、日常生活の数多くの商業イベントが原因である。その数は、数十年間で急激に増加しており、私たちの生活構造そのものが商取引すべてである、とみなされるほどであった。

だが、商業支配はまた、かつての神聖な領域へ巧妙に侵入していった点からも説明できる。本来、非商業的であった私たちの文化の側面がゆっくりと、しかし、容赦なくビジネスの領域に吸収されつつある。

歴史の大半において、市場と家庭は二分されていた。人類早期の経済は根本的に自給自足であった。家族や村では自分たちで作り出せない品物はしばしば取得可能な場所にまで行って、他の物と交換することで手に入れた。農業社会では、市場は共通の便宜として生じ、主要な場所では日々の生活に影響を与えた。市の立つ日は、エンターテイメントや祝いの催しも行なわれ、社会において大行事となった。

都市生活の発展と、そこにおける人口やニーズの集中とともに、職人と商人は商品販売の永続的な場所を定めた。拡大した都会の市場はしばしば政府の建造物や寺院を備えて、都市生活の中心となった。

巡回商人の活動を除けば、現代コミュニケーション時代に入るまで商業を特徴づけたのは中央集権化であった。しかし、一七世紀半ばに始まった新聞広告は家にいる潜在的な消費者に届いた。二〇世紀には、最初にラジオが（一九二〇年代初め）、それからテレビが（一九五〇年代初め）コマーシャル広告を通じてより広い視聴者に到達した。しかし、商業を根本的に変えたのは一八九三年に最初に登場したシアーズ＝ローバックのカタログだった。商品の写真、説明、一定の価格を載せた本を使って、消費者が家から郵便や電話で商品を買えるようにした。印刷広告や通信販売カタログはラジオやテレビが電子工学によって行なったことを印刷術によって行なった。すなわち、神聖で静かな家庭と混雑したせわしい市場との間の伝統的な壁を破壊したのだった。

電子工学テクノロジーにおける最近の革新は、おそらく、その壁のすべての痕跡を取り去る役割を果たすだろう。新しい発想であったテレビショッピングは、たった一〇年間で、年商二五億ドルの産業になった。[4] 今世紀の終わりまでには、事実上、年商二五〇億ドルのビジネスになるだろう。

ケーブルテレビの双頭、フロリダを本拠にしたホームショッピング・ネットワーク（ＨＳＮ）とペンシルバニアを本拠にしたＱＶＣ（「質─価値─便利」）がテレビショッピングを支配した。テレビショッピングによって、視聴者、あるいは、「会員」はテレビの画面とプッシュフォン式電話を使って、家で商品を見たり、買ったりできるようになった。[5] 両ネットワークは二四時間営業で、コマーシャルだけを流す。しかしながら、通常のＴＶコマーシャルとは違って、単純に説得力のあるメッセージではなく、特定の時間内で多く売上げるためにつくられた、高度に的をしぼった売り込みを放送した。ＨＳＮは、商品が画面に映し出されている間だけ、視聴者が注文できるようにすることで、「今、買わないともう二度とそれを手に入れられなくなる」という心理を生み出す。ＱＶＣに関しては、コマーシャルが終わるまでカウントダウンするデジタル時計を見せ、その間に、数千人のオペレーターたちが注文を受ける──ＨＳＮの一部オートメーション化されたシステムは、一分で二万件の電話を受けることができる──。一方、精巧なセールス画面は、それぞれの売り込みの一秒一秒の効果を公表する。

ＨＳＮのほとんどの中央オフィスと放送スタジオや管理室の端々で、人目につきやすいように表示されたセールス画面は、一五秒ごとにリセットされ、売り出し商品、電話をかける消費者の数、分ごとの売上単位、全体の売上単位、在庫数の最新情報を提供する。画面は、最後の三分間で売上げ金を計算し、それを割って分ごとの金額、時間ごとの金額、ショーごとの金額をはじき出す。

（セールスマンが）三時間の勤務時間の冒頭で、二〇個セットの磁器製品をくつろいだ雰囲気で紹介しているとき、彼の片方の目は、机の中に隠されたセールス画面にくぎ付けになっている。さまざまな売り込みに対する視聴者の反応を比較することによって、彼は数秒後には、消費者が皿の美しいデザインよりも、割引価格に興味があることを知り、それに応じて売り込み口上を変える。(6)

パラマウント・ピクチャーとフォックス・ネットワークの前社長で、現在はＱＶＣの責任者であるバリー・ディラー（Barry Diller）によると、テレビショッピングは、「新世界の構造の一部」を形成するという。(7) 彼以外の人々も、この方法で一五年の間に全小売ビジネスの五五パーセントも稼いでおり、(8)「二一世紀初期の遠距離通信がもたらす最大の当りくじ(9)」かもしれないと認めている。

テレビショッピング産業は所有者に利益をもたらすだけでなく、何百何千もの誠実な申込者に、便宜、興奮、エンターテイメントを提供する。さらに、多くの生活を明るくする交流と参加の感覚をも与える。特に、ホームショッピング・ネットワークは、自らをクラブと紹介する。電話をかける会員たちは友人として迎えられ、誕生日や記念日にはあいさつ状が送られる。注文のプロセスは会員たちに、特に孤独な人々に、何か行動することとだれかと話す機会を提供する。加えて、生放送での商品の推薦は（会員は推薦を依頼される）、電話をかける人々にその選択と判断は正しい、と断言してくれる。

しかし、これらのネットワークが与える「友情」は、純粋に金銭上の協定である。長い期間買わないでいると、友人ではなくなる。テレビショッピングは、売春ビジネスのように、金と引き換えにおいてのみ「愛」を与える。

交流の感覚を商業に求めることに絶望的なほどの必要性を感じる人がいることは、私たちの社会にどれだけ真の気遣いが欠けているかを、示す尺度となる。だがかなり以前に、存在するという概念と所有するという概念を混同し、商業化しすぎてしてしまった私たちのような社会において、彼らの反応は自然である。

市場と家庭の最終的な境界線を破壊することによって、テレビショッピングは（それ以前の電話販売のように）私たちの社会にあふれている商習慣へとつづく水門を開き、家庭という聖域を水で氾濫させ、人々の個人活動と価値観の中に残されていたものは何でも、水浸しにした。そういったことが大衆の参加と熱狂によって楽々行なわれたということが最もやっかいな特徴である。

結局、電子ショッピングセンターに行く便利さによって、人々は、他の非物質主義的な娯楽に充てる時間を増やすことができるだろう。しかし、テレビは本来、視聴者を引き付けることができる誘惑的な媒介物である。さらにホームショッピングによって、「『今』それを持たなければならない」「『今』それを持つことができる」というセッティングの中で、視聴者は衝動的に行動することに慣らされ、即時の欲望の充足という傾向を強める。さらに、インターネットの世界に広まったウェブは、小売りのホームページやオンラインの「店」を通じて、急速に利用が高まっている[10]。

アメリカの商業化はまた、社会の別の様相、すなわち、宗教、スポーツ、教育においても明確にみられる。

宗教の領域では、祭日は多大な利益の源泉である。特徴ある例を一つあげるとすれば、クリスマスの産業化である。歴史上、正当なニーズを満たすために組織化された宗教はその会衆に寄付を求めてきた。そういった富の獲得はときにそれ自体が目的となり、宗教の崇高な伝道事業をあいまいにする。しかし、クリスマスの商業化とその結果生じた、ハヌーカ祭の商業化は神聖なものを世俗的なものへと大規模に転換した大胆な例である。それは教会やユダヤ教の礼拝堂によってではなく、社会それ自体がもたらした転換である。消費する大衆の熱心な共同行動によって、ビジネスは時間を超越したメッセージを短期間の利益に変えてしまう。

スポーツに関しては、選手とチーム、チームとファンの間にあったノスタルジックな中世の結束が、金銭的打算によってむしばまれた。名のある賢明なプロ選手のほとんどすべては有利な契約交渉のために、ビジネス代理人を使う。そして、オーナーたちはより利益をもたらす金星を見出すために、チーム全体を売ることで知られる。その結果、アメリカ精神の多くの部分に侵入した同種のシニシズムによって、ファンの情熱は冷めてしまう。大学のスポーツでさえも、コーチ、（運動）競技監督、管理委員によって、すっかり堕落させられた。そういった人々は、勝利をおさめたフットボールチームやバスケットボールチームが卒業生からの寄付に強い影響を与えることに気づいている。[11]一方で、アメリカのオリンピック参加は国際的規模で活用される。すなわち、ネットワークは放送権を求めて互いに競り合い、法人スポンサーたちは放送時間と選手のＣＭ出演の獲得を競う。

商業化はさらに教育の領域にも侵入をとげた。およそ七〇〇万人の六年生から一二年生の生徒たち（アメリカのティーンエージ人口の四〇パーセント以上に及ぶ）は、「チャンネルワン」を見る。それは学校用衛星ネットワークで、一二分間の最新の出来事と三分間のコマーシャルを混ぜて放送する。[12]無料のテレビとビデオを渇望する一万以上の学校が、その要望を解決してくれるこのサービスに申し込む。それは商業主義を教室に注入し、（ＭＴＶスタイルで）今、起こっている出来事（ニュース）とあなたが買えるもの（ＣＭ）をごっちゃ混ぜにする。

学校の内外で徹底的に物質主義を教え込まれた生徒たちは、次に大学に進むだろう。そこでは、学位を取ることは、金をかせぐ目的のための退屈な手段とみなされ、アカデミックな消費者たちはみな、代金を支払ったのに卒業証書を取得できないとなれば、教授と大学を一様に訴えることもいとわない。

かつてきわめて神聖であった領域——宗教、スポーツ、教育——の中で、商業とその基盤である金銭的原理はますます多くのアメリカの経験を特徴づけるようになった。

商業主義は、私たちの生活の中に物質主義を注ぎ込むだけでなく、時間の感覚をもゆがめてしまう。このことは、グリーティングカード産業の戦略の中に最も明確にみられる。つまり、時の象徴を文書で売るということは、いっそう破壊的な戦略である。クリスマスが過ぎるとすぐにバレンタインデーのカードが棚を満たす。そのクリスマスカードにしても、感謝祭のずっと前に姿を現している。主要都市で行なわれる感謝祭パレードは、実際のところ、祝祭日におもちゃの購買を刺激するための営利的な儀式であり、そのため別の月にとり行なわれることはない。

そのようなマーケティング戦略は古くからの伝統的・精神的よりどころから、季節を引き離してしまう。季節はもはや宇宙秩序の安定の中には定着せず、商業のおもちゃとなり、最大の収益をあげるために操作される。同様に、最近では、歴史的なアメリカの祭日は三日間の週末に取り替えられ、年代順に絶滅している。したがって、メモリアルデーは、現在、最も世俗的で便利な月曜日に「祝われ」、ワシントンとリンカーンの誕生日は没個性化された大統領の日として共に記憶に留められているだけだ。

コミュニケーション

社会の加速化は、商業だけでなくコミュニケーション、すなわち、物体ではなく、そのイメージの移動においてもはっきりみられる。根本的に、コミュニケーション——電子コミュニケーション——は、伝統的商業のもつ物理学的な限界を超越する。それは、電子コミュニケーションを通じて、光のスピードが社会が機能する基準となったからである。社会の新形式を出現させたものは、統合化された瞬間的コミュニケーションである。その社会についてはこれから述べていくが、それは同時性社会（synchronous society）、すなわち、私たちが考えたり、感じたりする方法を今まさに作り変えつつある社会である。

神経系ネットワーク

人間の身体と個々の器官の関係は、社会の主要部と個々のコミュニケーション・メディアの関係に等しい。確かに、後者は本質的には、前者を科学技術の進歩により拡張したものである。[13] したがって、歴史上、耳は電話、口はラジオ、目はテレビとなった。それぞれの発明品は個人が個人として存在しているからではなく、個人が集団の一部として存在しているために生まれた。「社会的」ニーズは発明の母である。なぜならば、聞いたり、話しかけたり、見たりする他者がいなければ、発明しようという気持ちにはならないからだ。

時間がたつにつれて、各コミュニケーション・テクノロジーは、多目的となり精巧さが増した。電話の聴覚的範囲は、ファイバーオプティックのデジタル式伝送により、精澄さが増し、無線セルラー方式の衛星伝達により、距離が広がった。そして、さまざまな便利な機能、つまり、会議呼び出し、発信者番号通知サービス、キャッチホン、自動転送、留守電録音装置、ボイスメールが存在する。ラジオを聴く範囲は、波長、周波数の調整、ステレオ方式サウンドによって拡大した。テレビの視覚範囲はカラーで高品位のデジタル放送と大画面の発展により、広がった。

科学技術の中には、すでに人間の複数の能力の役割を果たしてきたものがある（電話は聞くことと話すこと、テレビは見ることと聞くこと）。しかし、最新の科学技術の発展は別々の装置を統合して混合メディアシステムに融合させることにより、伝統的コミュニケーションの大改革を約束する。そのシステムを使って、使用者はクリエイティブに相互作用することができる。

AT&T会長のロバート・E・アレン（Robert E. Allen）はこう言った。「相容れないが、相互に連結するシームレスウェブのネットワーク――有線と無線の両方――によって、人々がいつでも、どこでも、どんな形式でも、お互いにそして必要な情報に簡単にアクセスできるようになるだろう[14]」と。

アレンや他の人々が心に描いているのは、人間の神経システムと同様の科学技術であり、しかも社会的規模のものである。この神経ネットワークのおかげで、個人の意識はこれまで以上に社会の意識と混ざり合うだろう。[15]

そのような科学技術の複雑化は、事実上、現在の社会の大きさと複雑性を有機的に反映したものである。有機体として生き残り栄えるためには、社会は――ほとんど生物学的必要性によって――変化する環境の挑戦に順応できる新しいシステムを考案することを強いられる。

原始的な村では、意識の統合は自発性にあった。複雑な遠距離通信など必要なかった。なぜならば、村民の世界は小さく、その生活はシンプルでわかりやすいものであったからだ。しかし、より大きく多様化した社会には、それを一つにまとめて能率的に機能する手助けをする人工的方策が必要となる。

そのような環境での社会の動きは、生物と無生物両方のエネルギー交換システムの作用に似ている。ノーベル化学賞受賞の化学者［訳者注：一九七七年度受賞］、イリヤ・プリゴジン（Ilya Prigogine）が展開した理論によると、

構造が複雑であればあるほど、それはますます統合され結合され、そして、それ自体を維持するために、より多くのエネルギーの流れを必要とする。もし変動が大きすぎて、システムが吸収できなければ、再組織を余儀なくされる。常に再組織化はより高度な複雑性、統合、結合、そして、より多くのエネルギーの流れへと向かう。継続的な再配列は、それぞれ以前のものよりも複雑なため、変動と再配列に対する抵抗力はずっと弱くなっている。このため複雑性はより高度な再配列や革命的発展とエネルギーの流れを加速する状況をつくり出すのである。(16)


歴史はプリゴーギンの理論を証明する。なぜならば、政治的統一体が大きければ大きいほど、そのコミュニケーション・システムは、複雑なものになるからだ。

紀元前五世紀の記述の中で、ギリシャ作家のヘロドトス（Herodotus）は、古代ペルシアの支配者たちが、巨大な帝国の遠くすみずみまで公式声明書を送るために、どれほど高度に組織化された能率的なシステムをもっていたかを述べている。


ペルシアの急使たちほど早く旅する生き物はいない。ペルシア人が考案した手順は以下の通りである。道の境界

線すべてに、（彼らが言うには）人が馬と共に配置されている。その数は、旅にかかる日数と同じ数であり、一日に一人と一頭が旅をするように配分される。そして、これらの人々は雪、雨、暑さ、夜の暗闇の中であろうと、必要な距離を最大のスピードで進むことができる。最初の乗り手が公文書を二番目の乗り手に配達し、二番目が三番目に渡す。そのようにして、すべての境界線づたいに、公文書は手から手へと運ばれる。それはちょうどギリシャ人がヘーパイストス（Hephaestus）（古代の技術の神）を称える松明リレー競走で受け渡す明かりのようである。(17)

こうした古代のコミュニケーション・システムは、ペルシア人が支配した広々とした空間、すなわち、エジプトからインドに及ぶ広大な領土において必要とされた。このすばやいコミュニケーション・システムがなければ、帝国への影響力はその手から滑り落ちていったであろう。

後の時代には、古代ローマ人が同様の目的のために、そして、さらに軍隊の移動と兵站業務の援助を容易にするために、どんな天候にも耐えうる舗装道路をつくった。ローマ人が巡回した地中海沿岸の常設航路のように、これらの道路は、品物、人間、思想を流通させることで、文化を均質化した。確かに、公的な迫害にもかかわらず、近東のキリスト教崇拝をローマ世界にまで広げたのは、このコミュニケーション・ネットワークがあったからである。帝国の絶頂期には、ローマの道路の全距離は五万マイルで、それはアメリカの州間高速自動車道の総マイル数を超える。

アメリカの歴史で、ペルシアの郵便システムに最も近いのは、ポニーエクスプレスであった。馬と乗り手のリレーシステムを使って、ポニーエクスプレスは、ミズーリ州とカリフォルニア州間で敏速な郵便配達を提供した。(18) 一八六〇年にはじまったその試みは、ほんの一八カ月後に終わりを告げ、さらに早い伝達システム、すなわち、電報に取って代わられた。

だが、ポニーエクスプレスと電報の違いはスピードだけでなかった。ポニーエクスプレスが身体を使って、本物の手紙を運んだのに対して、電報は電気によってメッセージだけを送り届けた。手紙の輸送は馬と乗り手のスピードの限界に拘束されるが、電報はメッセージ自体が自由に開放され、ほぼ光のスピードで走ることができた。

一八六〇年以来、これら二つの配達システム——本物の物体の配達とその類似物の配達——は、スピード、容量、複雑さが増大した。航空郵便や同日配達、(ファイバーオプティック、無線システムによるメッセージの伝達)によって郵便事業は向上した。今日では、ブンブン音をたてる人工衛星と鮮やかなスクリーンによる精巧なグローバルネットワークのおかげで、ほんの数マイルを、あるいは、同時性の中に融合された全国や世界を、言葉、数、声、顔が瞬時に移動できるようになった。現実に、私たちがこれらすべてを当然の事柄と捉えるようになったという事実こそが、科学技術の力が私たちの考え方を変えたことへの、最も説得力のある証拠となっている。

光のスピードで移動する視覚的メッセージは、もちろん新しいものではない。紀元前五世紀の劇作家のアイスキュロス(Aeschylus)は、トロイ倒壊の知らせがエーゲ海をわたり、ギリシャまでのろしを使って伝えられた方法を記述している。紀元前三世紀には、万里の長城沿いの監視塔が同様ののろしを使用して、二四時間以内に、太平洋からゴビ砂漠まで軍のメッセージを伝達した。そしてアメリカでは、インディアン部族がけむりの信号を使って同様の効果を得た。しかしこれらはすべて、緊急時に国民の指導者たちだけが使用した例外的な通達である。その一方で、今日における、光のスピードで作用するコミュニケーション・システムは、事実上、私たちの日常生活の繊維組織そのものとなっている。

その際立ったスピードによって、電子コミュニケーションは、私たちの文化の速度を定める。しかしその力は、メッセージを伝えるという単純な能力をはるかに超えている。

伝達と受取り、配達の予期と実際の配達の間の時間のギャップを詰めることにより、電子工学は時間における「前」と「後」の間隔を短縮する。間隔の長さを減らすだけでなく、電子工学は間隔の概念そのものを最小限にする。「過去のもの」と「未来のもの」とをより直接的に結びつける電子工学的結合は、独立した過去と未来の間に認知される差を除去する役割を果たす。そして、過去と未来の連続体を傑出した「現在」と取り替える。本質的に、電子工学のスピードは人間と物理学的現実の両方における伝統的回路の配線をはり替える。それにより出来事に対する総体的な見方が縮められて、経験は簡素化される。

電子工学が未来を収束していく中で、私たちが知っているようなテレビ受像機は存在しなくなるだろうし、伝統的な電話、ファックス機、パソコンも同じだろう。それらに取って代わるのはすでに市場に登場しつつある革新的なシステムであり、そのさまざまな構成要素は人間の身体の器官のように、有機的に結合し、協力し合う。そのシステムの「脳」は、ファイバーオプティック・ケーブルによる国内神経系的ネットワーク（双方向コミュニケーションを可能にする十分な性能をもち、電子工学のより小さな通りやわき道を通って、知識や研究の中心から個々の学校や家へ通じる、有名な「情報の高速道路」である）を通して外部データバンクに結合した家庭用コンピューターである。（四〇〇万を超える加入者をもつ）アメリカン・オンライン（AOL）のような現存する消費者向けオンライン・コンピューター・サービスやプッシュフォン式電話によってすでに利用可能なオンデマンド式映画サービスは、電子工学の企業家たちがすでに構築しているものをいくらか提示する。さらに家庭において、高品位テレビ画面が個人の興味や好みに合わせて、特定の個人向けエンターテイメントや情報を提供する。あるいは、家庭用コンピューターのビデオディスプレー端末（VDT）になって、CD-ROMやインターネット接続により、家族が買い物し、預金し、請求書を払い、投票をし、遊び、知性を伸ばせるようになる。[19] インターネットとして知られるグローバル・コンピューターネットワークは、実際に毎年その規模が倍になり、現在では二五〇〇万人以上の利用者が世界中にいるだろう。[20]

コミュニケーションはさらに、携帯できることによって革命が起きつつあり、「それぞれのポケットの中で、電話が社会と完全に接触する。なんてすごい電話だ」[21] といったような状況をつくり出すような、新世代の電話によって特徴づけられる。加入者が、世界のだれかの声を聞いたり、話しかけたり、（その画面のおかげで）見たりできるようになるセルラー方式の装置である。自動応答機を備え、コンピューター化された住所氏名録を含む電話である。衛星を通して地球上すべての国から送られるテレビ放送番組にアクセスすることにより、画面上であなたに世界を見せてくれる電話である。その画面が、家のコンピューターだけでなく、国内や国際データネットワークにもつながるＶＤＴとなり、縮小されたキーボードによって、あなたの手の中に知識を入れてくれる電話である。ファックスを送受信することができ、手書きメモをきちんとフォーマットされた手紙に変えることができる電話。内科医に電話をし、同時にマイクロチップにコード化されたあなたの完全な病歴を伝えることができる電話。ライトペンでスキャンすることにより、テイクアウトの夕食を注文できる電話。あなたに求人広告を見せ、瞬時にあなたの履歴書を伝送することができる電話……である。

そのような目もくらむような家庭用モバイル・テクノロジーは、ストレスを減少させる便利さを提供し、多くの消費者を引きつけるだろう。つまり、市場や店に行かないで、家で買い物をする。Ｅメールやファックスの助けを借りて「出勤する」[22]のである。事務所の四つの壁を車の四つのタイヤに取り替える。[23]さらに、空中三万フィートの飛行機の中から電話で贈り物やお土産を注文する。[24]多くの人々は、最初機械の真新しさにきっと引きつけられるだろう。だが一方で、他の人々はその見慣れないものに対して、拒絶反応を示すだろう。[25]

社会歴史学者のクロード・フィッシャー（Claude Fischer）はこう述べる。「新しい科学技術は、常にさまざまな理由でそれに反対する人々を刺激して怒らせる。しかし、いったん真新しさの段階を超えると、それは毎日の生活の中に吸収されていく傾向がある。われわれは今から十年後には、なぜ、こんなに大騒ぎしていたのか不思議に思うことだろう」と。

ベル研究所のアルノ・ペンジアス（Arno Penzias）は、そのような新しい情報科学技術に関して大衆が抵抗することを認めながら、同時にその考えを退けている。

人々は、多すぎる情報を得るという考えをおそれている。それは、われわれがまだ情報の時代にいないことを示している。あなたは多すぎる金を手に入れることが怖いですか？　多すぎる幸福は？

一方では、あなたはまだ文書出版物の時代にいる。そのもう一方では、「情報の透明さ」と私が考えるものを手に入れている。

では、いつあなたは自分が情報透明時代にいることがわかるのだろうか。教えましょう。もしだれかがあなたに今の一〇倍の情報を与えてくれると言ったとき、あなたの気分がよくなるならば、あなたは情報透明時代にいることになる。人が自分により大きな情報が注がれることを嬉しく思うとき、情報透明時代にいるのだ。それまでは、文書出版物時代にいることになる。[26]

実際に、コミュニケーションの収束を、社会を統合できる力とみなす者もいれば、それに同意しない者もいる。かつて、ネットワークテレビの番組制作はアメリカ全体を夜に同じテレビ体験を共有する共通の家族にすることでその役目を果たした、と主張されたことがある。しかし、ケーブルチャンネルの増加とその人気が視聴者をバラバラにしたことで、それに付随する社会的影響はどんなものになるだろうかと多くの人々は考えさせられる。そんな批評家の一人は、コロラド大学マスメディア研究センター所長のマイケル・トレイシー（Michael Tracy）である。トレイシーはこう述べる。「テレビは統合する力である。社会が結合の感覚をもつことは重要であると思う。問題は、新しい科学技術が共通の経験を破壊するとき、何が起こるのかということである」[27]と。

コンピューターの連結は、トレイシーが懸念していた問題に取り組むだろう。つまり、連結によって、電子掲示板やEメールを通じて遠い距離を越えて、個人個人が友人として互いを確認し合い、そして、コミュニケーションをとる手段が提供され、共通の興味と関心によって結びつけられた「バーチャル・コミュニティ」が築かれる。[28]しかし、そのようなコミュニティは広がりや深さのある国全体の観衆でないことを認める必要がある。実際に、ラルフ・ネダー（Ralph Nader）はこう主張している。「排他的な情報高速道路は、高速道路を旅して知識を得る余裕がある人々と、それができない人々から構成される、二つの階級をもつ社会をつくり出すだろう[29]」と。

当然ながら、社会が混合メディア・テクノロジーによってどう変わっていくかという予測は、社会が最終的に何を優先するかを考えるリアリズムによって統制されるべきである。ソニー・エレクトロニクス出版会社前社長のオラファー・J・オラフソン（Olafur J. Olafsson）は、相互作用するメディアを批評し、こう述べた。「たいていの人々は、家に帰り、テレビの前にポトンと腰をおろすと、冷蔵庫としか触れ合いたいとは思わないものだ[30]」と。ワシントンD.C.にあるメディア政策センター所長で社会学者のS・ロバート・リクター（S. Robert Lichter）は、次のように同意する。「人々は必ずしも彼らの生活を配列し直したいとは思っていない。だが、考案者たちは訊ねるべき相手ではない。彼らは自分たちが行なっていることに一番興奮しており、それがどのように人々を変えていくかということをまったく理解せずにいる[31]」と。

おそらくリッチャーは正しいだろう。しかし、この問題について意見してきた人々の多くは、アップルコンピューターのジョン・スカリー（John Sculley）やテレコミュニケーションズ株式会社のジョン・マロン（John Malone）のように、考案者ではなく、ビジネスマンである。すなわち、国家全体の科学技術を変えることで得られる巨大な利益を認識する「データ商人」である[32]。そのため、電子工学テクノロジーを買ったり利用したりすることが無料になることはないだろう。モトローラの会長ジョージ・フィッシャー（George Fisher）が述べるように、「二〇一〇年までには、遠距離通信は、機器とサービスにおいて三兆円市場になるだろう[33]」。さらに重要なことには、副大統領アル・ゴア（Al Gore）はデータの高速道路を、「二一世紀の最も重要な市場[34]」と呼んだ。利益と権力のために、電子工学装置の有機的な収束は大企業側によって積極的に促進され支配されており、そして、大企業が財政援助する政党と指導者にも明確に支持されている。

しかし、より多くの情報へのアクセスを激励することでかき消されてしまったのは、理性の静かな声である。アクセスすることは賢明に利用することとは同一ではないし、ただ単に使用することとも同じではない。老いも若きも皆が巨大な知識の貯えにアクセスするからといって、国民の間に知的な啓蒙の開花を期待することは、次の二つの事実を無視している。

(1)人間の吸収率は制限されており、(2)図書館大量の本はすでに何世紀もの間、ほこりをためこんでいる。

第一に、人々は学びたいと思わなければならない。知的に、感情的に、精神的に、動機づけされる必要がある。第二に、彼らは教え導かれなければならない。彼らがなたを持たずに情報のジャングルに入っていくときは、特にそうする必要がある。彼らは重要なものとそうでないものを区別する手助けが必要なのである。第三に、新しい理解のレベルに到達するためには、彼らが学ぶ事柄とすでに知っている事柄を結びつけるのを手助けしてもらわなければならない[35]。

別の大陸にある図書館にしまわれた原稿を学生が「読む」ことができるとは驚くべきことだ。しかし、設備それ自体は、学生に動機づけをしないだろう。もしアクセスが可能なことだけで学生に活気を与えることができるなら、アメリカ中のキャンパスにある大学図書館は毎日あふれるほど混雑していることだろう。だが、実際にはそうではない。その理由は、本がほこりをかぶっていて、印刷がもともとはっきりしないからではなく、何よりもまず、学生がすでに知っている以上のことを情熱的にもっと学びたいと思わなければそのようにならないからである。

確かなことは、メディアの有機的収束が急進的に情報の流れる割合を早め、それによりデータで利益を得ている社会機構――ビジネス、産業、政府の加速が助長されるということだ。しかしこれは、人間の見地を育成しているとは言えない。人間の見地はスピードに依存しておらず、スピードは逆効果にさえなりうるからだ。

一世紀半前、ウォールデン池（Walden Pond）の北にある森の遠景から、ヘンリー・デービッド・ソロー（Henry David Thoreau）は科学技術の発展や欠点、アメリカの科学技術への熱中について熟考した。彼自身が「現代の進歩」と呼ぶものについて、こう述べている。

現代の進歩に幻想を抱く人がいるが、常に明白な前進ばかりがあるわけではない。われわれの発明は、かつてはわれわれの注意を重要な事柄からそらしてしまうかわいいおもちゃであった。それは、改良されていない目的に到達するための改良された手段でしかなく、その目的はすでにやすやすと達成できるものになっていた。われわれは大急ぎでメイン州からテキサス州まで通じる電信機をつくり上げる。しかし、メイン州とテキサス州には、伝達すべき重要な事柄は何もないかもしれない。メイン州とテキサス州の困った状態は、次のようにたとえられる。耳の聞こえないすてきな女性に紹介されたがっている男性がいる。しかし、彼は紹介されて、彼女のラッパ型補聴器の先端に手をかけたとたん、何も言うべきことがなかったことに気づく。あたかも、主な目的は速く話すことであり、賢明に話すことではないようである。われわれは一生懸命に大西洋の下にトンネルを掘り、旧世界を新世界の数週間ほど近くにもってくる。しかし、おそらく、大きくそば立たせたアメリカ人の耳にもれ入ってくる最初のニュースは、アデレイド王女が百日咳にかかっているというものだろう。結局のところ、一分間に一マイルの早足でかける馬に乗った人が、最も重要なメッセージを運んでいるわけではないのである。(36)

ソローが、「結局、人間は狙ったものにだけ命中させる(37)」と言ったことがある。もし私たちの社会が、データは編成データでさえも、知恵と同義である、という思い違いをしたまま獲得しようとすれば、データを得ても知恵を得ることはほとんどないだろう。この習慣が社会にもたらす結果は、ロバート・K・マートン(Robert K. Merton)がソローに共鳴して、「いいかげんに吟味された目的に到達するために、継続的な手段の改善に傾倒する文明(38)」とかつて呼んだものとなるだろう。しかし、物質的進歩の光はまぶしく輝き、私たちの知性は非常に技術化されたため、多くの人々に、マートンの描写は間違いとしてうつるだけではなく、事実上、不可解なものとみなされる。

セクション二　社会とスピード

3　社会の加速化

科学技術は、私たちに人工的な力を与え、欲しいものを手に入れる手助けをする。この力は、私たちが使い果たす肉体的な労力の量を減らしたり、同じ仕事をするのにかかる時間を短縮したりする。

そのスピードは、実際には、一番認識されにくいものかもしれないが、文明の価値観を最も効果的に表現する。文化の本質的な信条は、多くの点で動きと関連している。つまり、すばやく動く社会はある種の特色を具体化するだろうし、その一方で、ゆっくりと動く社会は他の特色を表す傾向にある。たとえば、ゆっくりした社会は伝統にしがみつきがちであるだろう。だが、速い社会は伝統を置き去りにする傾向にある。スピードは社会の価値観を表現するだけでなく、それを形成していくことになる。

スピードの感知

スピードを感知するには、たいてい、空間的枠組が必要である。機内雑誌を精読している間、ジェット機の乗客は、自分が旅をしている速度を忘れているだろう。窓をちらりと見て、着陸時にそばを滑走路の光が駆け抜け、あるいは、ずっと下できらめいている小さな湖がすべるように徐々に動いていく姿だけが、飛んでいる実際のスピードを知らせるだろう。
同様に社会のスピードも、知覚されるためには、枠組が必要である。しかし現在において、枠組は空間ではなく心の中に存在している。つまり、かつての生活が営まれていた過去のペースの記憶の中に存在する。それゆえに、知覚の性質は、観察者が記憶している経験に関連する。現代からみると、昔の文化のリズムは郷愁的なけだるさをもっているようである。しかし、それ以前のゆっくりした時間からその文化に入り込む人にとっては、同じペースがあわただしいもののように感じられるかもしれない。

例として次の言葉を取り上げる。「大半の人々は、静かな自暴自棄の生活を送る。あなたは絶望的な都市から絶望的な国に入る。人間の遊びや娯楽と呼ばれるものの下にも、型にはまった無意識の絶望が隠されている。人間は自分たちの道具の道具になった」[39]。この文は、科学技術にかられた時代ではなく、一世紀半前に書かれた、ヘンリー・ソローの知覚によるものである。現在に比べると実際にはそれほどせかされてはいない、と考えられる時代に、ソローは自然の人里はなれた場所で、自我を再発見するために、一八四五年に湖畔の小屋に避難したのである。

確かに、その四三年前、産業革命による圧迫された重みと物質主義の拡がりは、ウィリアム・ワーズワース(William Wordsworth)にこう宣言させた。

この世界はもうたくさんだ。いつも、
手に入れ、消費することで、われわれは自分たちの能力を荒廃させる[40]。

ワーズワースとソロー、二人の一九世紀思想家にとって、絶望は自然と調和した世界がもつ昔のリズムとの接触を失った生活方法から生じたものだった。

だが、私たちはもっと昔、古代ローマ世界へさかのぼることができる。紀元前三世紀から二世紀にかけての喜劇作家のプラウトゥス(Plautus)は、都市の最初の日時計の取り付けについて回想し、日時計がもたらしたストレスと画一化をこうののしった。

時間を発明した者、この都市に最初に日時計を設置した者、私の一日をみじめな小さな破片に分割した者よ、地獄に落ちろ！　少年だったころ、私の腹が日時計だった。最もすぐれた信頼できるものだった。腹が時間だといったら、食べた。家に食べ物があればの話だが。今は、たとえ食べ物が何かあっても、太陽が言うまでは、何も食べない。近頃は、町全体は日時計で一杯だ。そして、大半の人々は腹ペコで半分死にかけて、あたりをのろのろと進んでいる。(41)

紀元前一世紀に、詩人のホラチウス（Horace）は、都会風の生活を激しい生存競争と比較した。(42)都会化が進むにつれて、紀元一世紀の哲学者のセネカ（Seneca）はローマの騒音公害をそして、風刺作家のユヴェナリス（Juvenal）は交通渋滞を嘆いた。

浴場の近くに住んでいたセネカはこう書いた。

これら「音のとどろき」のいくつかを想像してごらんなさい。筋肉たくましい男がバーベルをあげるとき（実際に取り組んでいるのか、それとも、見せびらかしているのか）、私は彼らのうめきを捉え、息を吸い込み吐き出すのを聞く。あるいは、身体のたるんだ人が、安物のマッサージをうけている。（手を杯状にしてまたは平手で）彼がぴしゃりと打たれるとき、それは打楽器のシンフォニーだ。「球技をやりたい者はいるか？」――それは私だ。騒々しい人やちょうど逮捕されたスリやシャワールームのテナー歌手合唱団に球を投げ込むのだ。ざぶんとプールに飛び込む太った男たちについてはどうしてくれようか！(43)

一方で、ユヴェナリスは、二輪馬車がもたらした交通渋滞の中を奮闘して進んだ。

区の狭い道で車輪がキーキーなり、御者たちは止められると、言い合い、騒々しく喧嘩する。うとうとと眠そうな海牛の息子には十二分に失望させられる。それが仕事につくと、人ごみが道をあける。車の高い位置で馬車で運ばれる金持ちの男が人々の頭上を乗って行き、読んだり、書いたり、振動で気持ちよくなってうたたねをしたりする。それでも、彼はわれわれよりも先に行きたい場所に到着する。われわれは急いでいるにもかかわらず、前も後ろもまわりも往来がまごついている。だれかが肘か小角材で私を押す。一人が棒で私の頭をごつんと打ち、もう一人はビールの小樽にひびを入れた。私のむこうずねまで泥で埋まり、だれかの大きな足に踏みつけられる。今度は何だというのだ？　一人の兵士が彼の靴のびょう釘で、私のつま先を押しつぶしている。(44)

こういった古代の証言は、都会の欲求不満やそれが引き起こす緊張がもっぱら現代の現象ではない、ことを確信させる。結局のところ、思い出を語る人々にとって、ローマ共和国、さらにはローマ帝国さえも、ストレスの多いものになりうるのだ。そして、〈私たちの心の風景ではロマンティックに樹木の茂った〉一九世紀のイギリスやニューイングランドに生きた人々にとって、科学技術による自然の支配は高圧的なものに思えた。(45)

それでは社会批評の大半を視野が狭いとして退けることが正しいのだろうか。「物事は、本当はどんどん悪くなっているのではない。そうみえるだけだ」、という社会相対性を引き合いにだすことは適切だろうか。あるいは、変化はまた、絶対名辞の中でも起こっていると主張する根拠はあるのだろうか。私たちの心理的・社会的環境が進歩的に変化しているとする長期的な証拠はあるのだろうか。

輸　送

まず、スピードの問題を取り上げる。スピードの知覚は相対的であるかもしれないが、スピード自体は客観的に測ることができる。スピードの発達は人間の歴史のグラフ上で、たえず上っていく線として記される。

文明の幕開け以来、人間は移動するスピードを増大させる人工的な手段を発明してきた。最初は、動物を使って移動する方法であり、人間が別の生物のスピードを使って、自身のスピードを高めることができた。その後、同じ目的を叶えるために、無生物の機械がつくられた。機械は、動物に比べて大きな利点があった。疲労しないために、スピードを長期間、維持することができた。さらに、動物のスピードを超え、より大きな荷を運べるように考案された。紀元前三〇〇〇年の車輪のついた荷馬車から、ユヴェナリスの時代の二輪馬車、ワーズワースとソローの時代の鉄道まで、人間の輸送スピードは着々と増していった。

しかし、鉄道は制限ある旅の形式を象徴する。列車は自由に動くことができず、固定され、方向づけられた線路上を走らなければならない。さらに、乗客は自分自身の方角を自由に決めることはできず、鉄道会社が予め決定したスケジュールに従って、予め設置されたコースに沿って、集団の一部として旅をしなければならなかった。

自動車の発明と大量生産、そして、複合的道路と高速道路建設によって、人々は自由に個人旅行できるようになり、アメリカの輸送が民主化された。

今日、車は人間の個性の延長となった。車の所有は子ども時代から大人時代への通過儀礼を表し、そして、車なしの個人活動など想像できないほどになった。事実上、人間の個性（と人間の文化）は、いくらか車の拡張部分である、と主張できるだろう。

そのような変化は一九一八年という早い時期に小説家のブース・ターキングトン（Booth Tarkington）に予言されていた。『気高いアンバーソンズ』（*The Magnificent Ambersons*）の中で、登場人物の一人が車の社会的・心理学的影響について述べる。

スピードは前進しているが、車は文明、つまり、精神文明の中では一歩後退したものになるかもしれない。車は世界の美も人間の寿命も増しはしないだろう。もちろん、はっきりと確信をもっているわけではないが、しかし、車が現れ、そして、私たちの大半が思う以上にわれわれの生活に変化をもたらしてきた。車がここにある場合、車がもたらすものが原因で、外界の事物すべては違ったものになるだろう。車は戦争を変え、平和を変えるだろう。人の心は車によって微妙に変化すると思う。だが、それがどのようにかは言い当てることはできない。しかし、精神的な変化なしに、多大な外界の変化を起こすことはできない。そして、おそらくその精神的変化はわれわれにとって悪いものとなるであろう。[46]

今日、アメリカの成人約三人に一人が毎年飛行機で旅行する。[47] そうであっても、自動車の利用の方がより一般的であるために、車は私たちの生活の中でより支配的な影響力でありつづける。複雑に広がった網状組織の道路は、人間の身体の循環システムと似ていて、日常生活の流れを管理する。加えて、車は私たちの自然環境に対する空間的時間的認識を変えた。歩くよりもずっと長距離を移動できるために、車はなじみの場所をより近くに呼び集める。そして起点と目的地の間の時間を短縮することで、私たちの日々の基盤である生活スピードを加速した。

一世紀前の新発明である「馬なしの馬車」は、今日のアメリカ生活に不可欠の要素となった。アメリカの一〇世帯のうち九世帯が車を少なくとも一台所有しており、一〇世帯のうち五世帯が二台以上持っている。一九六〇年から一九九〇年の三〇年間で公式登録された乗用車とタクシーの数は二倍以上になった。一方、同じ期間内で、アメリカで乗用車が走った総マイル数は、ほぼ三倍になった。今日、アメリカの労働人口の約八八パーセントは車で仕事に行き、その七六パーセントは車に一人で乗っている。[48]

これらの量的な変化の点から、私たちの生活の質的変化についても考えなければならない。そして、もし質的に変わったというのならば、それはよい方向になのかそれとも悪い方向になのであろうか。

たとえば、私たちはより速いスピードで移動し、それをふさわしいペースとして受け入れることと交換に、何か貴重なものを引き渡してはいないだろうか。確かに、車の排気ガスのため大気の質は悪化した。しかし、生活の質に関してはどうだろうか。確かに、高速道路は都心の放棄を促した。しかしその過程で、人間性に関しては、私たちは一体、何を放棄したのだろうか。つまり、時速六五マイル、または、それ以上の速さで移動することに慣れた人の価値観は、もっとゆっくりと人生が進む人の価値観と異なっているのだろうか。このような質問は馬鹿げているように思えるかもしれない。しかしそれは、私たちの知覚が身体とは違って、時間の長期的な影響を受けない、と考えている場合に限ってであろう。

移動がもたらす平衡的影響力は強く、長く続くだろう。揺れるボートの上で船酔いした乗客は、たとえ陸地に降りたあとでも、船酔いの症状に苦しむだろう。また、ジェットコースターに乗った人は、最後におそったたて揺れを乗り物からおりたあとにも感じている。私たちは輸送の方法が自分たちの利用する道具にすぎない、と思い違いをする。現実に、私たちは混乱したときも静かなときもある精神的な旅の参加者であり、それは身体の動きが止まったあともずっと私たちに影響を与える。

車で通勤するとき、すぐに退屈な「中間」、すなわち、私たちの生活のこととあそこに介在する退屈な空間を無視してしまうようになる。私たちは最も近くにある現実を無視して、代わりにドライブ中のラジオを聞き、遠くにある現実と心は完全に調和する。私たちは機械的に運転し、分離の技術を磨くのである。ジェリー・マンダー（Jerry Mander）はこう説明する。「車を利用する人は、長時間、固定された位置に座り、灰色の舗装道路の細い筋に沿って走る。目は前方に固定され、運転するという仕事に従事する。彼らは運転している間、道路の慣行と私たちが呼ぶものの中で生きている。ゆっくりと彼らは車人間へと進化していく[49]」と。

より多くの土地へ行くことは、高速ドライバーをより多くの現実にさらしてくれる、と主張する者もいるだろう。しかし皮肉にも、速く行けば行くほどきちんと見なくなる。スピードは私たちを有機的な詳細から隔離し、そして、空間は家でも近所でも個人の生活でもなく、それを通って私たちが移動する実態のない媒介物となる。見るものは多くなるが、観察するものは減る。なぜならば、理解の深さは速度と反比例するからだ。今度は、生活そのものが一つの大きな「通勤」となり、思いやりと献身がもたらす深みを欠く。実際、私たちは移動に慣れてしまったため、長い精算、交通渋滞、飛行機の遅延（それぞれ社会のスピード探求がもたらした鈍い副作用である）によって、私たちの動きが意思に反して邪魔されるとき、最大のストレスが生じる。一方、ハイペースの生活を愛する人々は、通り道にある障害物をののしる。彼らはもっとゆっくり進めば、そういった障害物には決して出会わないことにはまったく気づかないでいる。

動きの正当化により、動かないことは奇妙な不安を引き起こし、多くの人を落ち着かない気持ちにさせる。実際には彼らは静止して平静な状態でいるというのに。その結果、行く先のない旅に出て――運転していないときには――走って、終わりのない道の上でさえ動きつづけようとする。

結局のところ、ロバート・フロスト（Robert Frost）の「あまり旅行されない」道は、アメリカ人が習慣的に利用する道である。[50] モバイル・ジャーナリストのチャールズ・クラルト（Charles Kuralt）はかつてこう述べた。「州間高速自動車道システムはすばらしい。それを利用すると、何も見ずに、だれにも会わずに、海岸から海岸へ行くことができる[51]」と。

交換レート

私たちの社会は人々の動きだけでなく、ものの動きによっても特徴づけられる。移動とは、商業の概念に内在する。なぜならば、物が交換されるときに、移動が生じるからだ。社会における商業範囲の拡大により、動きと変化が激しくなる。その結果、社会の人々が意識的に、または、無意識的に、まわりの商業活動の加速したペースに応じるために、社会のテンポが速まる。

昔と現代両方における一連の発明は、次第に商業上の交換の過程と社会全体のスピードを加速化した。

古代の大半において使用された交換システムは、物々交換であった。それは、一つの品物や日用品を別のものと交換するやっかいな方法である。なぜならば、交換する人はそれぞれ、相手が欲しがる物を持たなくてはならないし、さらに手放してもかまわない物を持っていなければならない。それだけでなく、これらの「物」は持ち運びでき、同等の価値でなければならない。たとえば、私があなたの羊を欲しいと思っても、あなたが羊を手放そうとするものを私が持っていなければ、交換は成り立たない。同様に、あなたが私のブレスレットを欲しがっても、あなたが差し出すものを私が欲しいと思わなければ、交渉は成立しないのである。

しかしながら、大半の家庭は自給自足であったし、一般の人々はほとんどぜいたくをしなかったために、もっと能率的な交換方法を広範囲に求めることはしなかった。商品を下取りに出した旅商人の活動を除けば、利益を生む交換はほとんどなかった。文明国の商業ペースは、ゆっくりとした特徴をもっており、実際、物質交換とは本来、より早いテンポを妨げるものであった。

交換を能率化する最初のステップをとったのは、商人たちであった。彼らは、一般に容認された価値をもつ、持ち運べる代用貨幣を用いることで、商業の速度を増すことができると気づいた。代用貨幣は、高価な合金でつくられたが、実際の価値を疑う者もいるかもしれなかった。そのため、商人は、代用貨幣の重さと純度を保証するために、合金のかたまりに判を刻み込んだ。

しかし、代用貨幣に対する商人の信頼度と評判はそれほど高くなかったために、このシステムには限界があった。この時代、すなわち、紀元前七〇〇年頃に、政府が製作者と保証人の二つの役割を担い、硬貨（現在、私たちがそう呼ぶもの）に、均一の判を押すようになった。

貨幣制度は、トルコのリディア王国で最初に考案されたが、交換と利益を活気づけるその力はトルコの海岸やエーゲ海諸島の商魂たくましいギリシャ商人によってすぐに受け入れられた。政治同盟で結合したギリシャ都市国家は、貿易を容易にするため同様の貨幣の単位を採用した。のちに、アレクサンダー大王の征服によって、近東世界へ貨幣制度概念が広まった。やがてローマ人は、帝国の共同市場の経済的ニーズを満たすために、世界の造幣局で、十分な量の硬貨を製造した。これらの変化すべては、古代の商業ペースと、さらには古代社会のペースをも加速する手助けをした。

その後二つの出来事がこの加速を増大した。つまり、機械による硬貨の製造（一六世紀）と紙幣の導入（一七世紀）である。これら二つによる近年の発展により、貨幣の流通量を増やし、商業のエンジンに油をさして、より早く走ることができるようにした。この時代より前には、貨幣はほぼ全部がダイスから手で鋳造された金属硬貨であり、一般的に硬貨の価値はそれに含まれる金属の価値を表していた。実際のところ、貨幣の大量生産がなければ、物質主義革命は起きなかっただろう。

今日、電子工学の発展により商業は加速化しつづけている。一八七九年の金銭登録機の発明は、購買に要する時間を短縮した。統一商品コード（UPC）スキャナーは、さらに時間を短縮した。デビットカードは買い手と売り手の間で即座に資金を移動させることで、さらに取引を促進する。もう一つの革新は店のバリューカードである。それは、すでにコピー機や公衆電話で利用されているように、現金を取り出したりおつりをもらったりする必要性を取り除く。代わりに、財布サイズのカードの磁気ストリップには、最初の残高がコード化されており、買い物をするとその残高が減る。現実として、いつか現金にという観念は時代遅れのものになるかもしれない。

だが、これらの発展は心理的な代償とともに起こる。

私たちの生活の中に変化が多くあると、ますますその生活は変化によって特徴づけられる。しかし、変化は結婚するとか、新しい仕事をはじめるとか、別の都市に引っ越すとかを単純に意味するのではない。変化はまた、小宇宙レベル、つまり、小さな日常の出来事の中にも存在する。そういった出来事はあまりにありふれたものであるために、私たちは変化を当然のこととみなし、注目するのを止めてしまう。

私たちの社会のような物質主義社会において、商業は支配的な活動である。すべての商業取引はいかに小さなものであっても、一つのものを別のものと取り替えることを伴う。そのような交換が私たちの生活を満たしていき、生活は交換から影響を受けるようになる。なぜならば、「交換」という言葉の中には、「変化」の概念が隠されているからである。

交換をすればするほど、ますます私たちは変化に慣れていく。そして、交換の速度が速まるほど、ますます私たちは人生を流動するものとして意識するようになる。交換の道具自体も進歩的な変質（品物から硬貨へ、ドル札から電子インパルスへ）を経ていくうちに、各段階でますます多くの質量を失っている。

物質それ自体は、私たちの生活に普及し続けているが、経済取引における物質的性質は消えつつある。どんどん速く回る色のついた車輪のように、かつてはっきりとしていた色は、ぼやけて失われ、現在の白になる。

一九五〇年代に最初に導入され、現在のアメリカ家庭の八〇パーセントが利用するクレジットカードは、収入が有限ではなく、融通性のあるものという幻想をつくり出し維持するため、私たちの分別を失わせてしまう。[52] クレジットカードは、物質主義的快楽への究極の合鍵である。その鍵で「今」の王国に瞬時に入れるようにすることで、すべての欲求を待たせず叶えてくれるからだ。

適応的な商業戦略

商業スピードの急進的増大に直面したビジネスリーダーたちは、急速に変化する世界への順応を助ける新しい戦略を考案することで、そのスピードに応じた。ある場合には、戦略は、新しいタイプの機器や職員を獲得することであった。また他の場合には、まったく新しい製品とサービスが、あわただしく動いていく社会の新しいニーズを満たすために、迅速に発展した。たいていの場合、状況に応じてビジネスの組織や運営方法が根本的に再考された。確かに、社会活動のスピードメーターが上昇しつづけるにつれて、ハイスピードと変化に対してギアを入れたビジネスだけが成功するであろうことは、ますます明らかになっている。ボストンのビジネスコンサルタントのジョージ・ストーク・ジュニア（George Stalk, Jr.）は、こう指摘する。

自由競争の有利な点は、競争そのものと同じで、対象が絶えず動いているということである。最高の競争相手は、つまり、最も成功した者は動きつづけて、常に最先端にいつづける方法を知っている。

今日、「時間」は最先端にある。競争優位をもたらす最も新しく強力なるものは、――生産、新製品の開発・紹介、販売、流通における――一流会社の時間管理方法である。

実際、戦略上の武器として、時間は金、生産性、質、さらには革新と同価値のものである。(53)

カリフォルニア工科大学で、時間に基づく競争の公共セミナーを創設した、経営コンサルタントのクリストファー・メイヤー（Christopher Meyer）は、簡潔にこう述べる。「急がないと最後になる」(54)と。ハイスピードの商業は、すばやい反射能力を要求する。機器は最新式で、迅速でなければならない。それに対して、人間の能力は順応性があり、機敏でなければならない。

製造においては、新製品の企画と生産の間の時間の長さは、3―Dコンピューターのシミュレーションの使用によって、劇的に短縮されつつある。それにより、模型を制作したり試したりする必要性を省くことができる。たとえば、自動車や飛行機のパーツは革新的なソフトウェアのおかげで、製造前に、合い具合、応力、振動の試験が行なわれる。同時に、バーチャル・リアリティの技術によって、物が一つでもつくられる前に、自動車設計技師が新しいモデルの「中に入り」、内部の設計を経験できるようになった。組み立てラインでは、コンピューター・プログラム化されたロボットが人間よりもすばやく部分溶接を行なう。工場外では、電子データのやりとりによって、情報を集め、流行を発見し、指示を伝えている。事実、コンサルタントのトム・ピーターズ（Tom Peters）によると、小売りの成功に最も重要な三つの鍵は、「ロケーション、ロケーション、ロケーションから、データベース、データベース、データベースへ急速に移り変わることである」という。(55)

しかし、科学技術それ自体の急速な変質に伴い、ハードウェアとソフトウェアの絶えまないアップグレードや取り替えが要求される。これらの科学技術の発展や税金に有利な理由から、多くの会社は所有するのではなく、賃借を選ぶようになった。たとえば、今日では、備品賃借の経費は、年間で二〇〇〇億ドルに近づいている。(56)

人的資源（人材）も同様に、賃借されつつある。今日、国内での経営と事務における臨時従業員総数は一〇〇万を超える。「臨時雇い」は不在の正社員の穴を埋めているだけではない。彼らは、専門化したニーズを満たすために、戦略的サポートをするために召集される。ビジネスコンサルタントのウィリアム・ビリッジズ（William Bridges）はこう言う。「変化のペースが加速するにつれて、（永久的な）仕事がますます機能しなくなり、そのため消えてなくなりつつある。会社は、カネの節約が理由で仕事を外部調達すると考えられているが、しかし、カネは理由の一つにすぎない。賢い会社は、より順応性や敏感さを維持するために、こうしたことを行なっているのである」(57)と。

同時に、会社は数々の時間に敏感な製品とサービスを付随的に生み出している。これらの大半――携帯電話とポケットベル、電子レンジとその食事――は、ごく当たり前のものとなったために、私たちは、ほんの数年間に物質的文化がどう変化し、そしてその結果、日常生活がどれだけスピードアップしたかに気づくことができないでいる。

今日のスーパーマーケットほどありふれたものはないように思える。だが、スーパーに行くたび、私たちは消費者のためのタイムマシーンの中に入る。そこは時間を節約するために、あらかじめ皮をむき、洗い、調理され、切り、ラップされた無数の製品が詰め込まれている。(58)インスタント食品がおかれている店の外には、ファーストフードのフランチャイズがあふれている。実際、支店の数は、アメリカの人口増加率の四倍で増加した。つまり、一九七三年に九万のレストランが一九九三年には一八万以上になった。(59)ウェンディーズは、一五秒で正確なカウンターサービスを行なうことをめざし、さらに別のチェーンでは一分以上かかったら、食事を無料にする。伝統的な座って食べるレストランでさえ、競争に加わり、注文した食事が一五分でこないと、無料のランチを約束することで、ランチ時の客足を引きつけている。

アメリカはますます忙しい社会になり、かつてドライブインだったものが、だんだんドライブスルーになりつつある。ある葬儀場はドライブスルーの弔問を提供している[60]。ガラス窓の向こうに遺体が横たわり、車に乗った遺族の届くところに署名本が置かれ、利用される[61]。ニュージャージーの教会は、エクスプレスの礼拝までも提供する。すばやくあいさつし、短く罪をわび、短時間の教義の表明をし、小型の祈禱式、歌を少し、聖書の要約、そして、二分の説教。牧師はこう言う。「二二分下さい。そうすれば、神の治世をお見せしましょう[62]」と。ドライブスルーの銀行、一時間のドライクリーニング、三〇分間の写真現像、オールナイトの郵便、短時間のオイル交換所、ホテルのエクスプレス・チェックアウトは、忙しく動く文化をさらに証明している[63]。

二〇〇〇万人のアメリカ人――国内のフルタイムで働く人口のほぼ二〇パーセント――は、現在、夜間に働いている[64]。彼ら自身のニーズと九時から五時まで働くために日中に買い物や他の用に十分な時間がとれない人々のニーズをかなえるために、多くのビジネスは、現在昼も夜も商品やサービスを提供している。二四時間営業のレストランやスーパーマーケットから、オールナイトのガソリンスタンド、薬局、コピーセンター、無人の銀行など。これらの店は私たちの時間不足から利益を得ているだけではない。同時に、私たちが所有する時間の中により多くのものを詰め込んでいる。さらに、休みないテレビ番組が――コメディーショーや古い映画から、最新の割り込みニュースまで――眠っているはずの時間に、私たちを眠らせないようにと共謀している。

製品とサービスだけでなく設備と職員においても、時間のプレッシャーは商業を変えつつある。しかし、スピードもまた、ビジネスがビジネスを行なうその方法を変えつつある。特に二つの理論、ジャストイン・タイム（JIT）製造と配達、そして、ファースト・サイクル・タイム（FCT）が、今日のビジネスに影響を与えた[65]。カンバン方式と呼ばれる日本のシステムに影響を受けたJIT製造は、「できるだけ遅い時期に、できるだけ少ない量で、最低限の単位数を生産する[66]」というものである。JITの目的は、在庫品を減らし、それによって実際の需要を超過する資本労働への不必要な投資を減らすことだ。

必要な商品だけを能率的に生産することで、製造業者は損失を無くし、最大の利益を得る。しかし、そのような能率を得るには、会社は消費者の需要に対して非常に敏感で、その要求にただちに応じることができなければならない。少ない在庫品はさらに、会社にそのモデルを迅速に修正し、より魅力的なものをつくることを可能にする。しかしこの場合も、会社は即時に反応できなければならない。このために、電子コミュニケーションはＪＩＴの全作業工程の成功に不可欠となる。

ファースト・サイクル・タイムに関しては、時間を浪費する行程を取り除くことによって、会社全体の能率の向上をめざす。[67] ＦＣＴ専門家のクリストファー・メイヤーは次のように定義する。「ファースト・サイクル・タイムは、より速く作業することによってではなく、組織の目的、戦略、構造を一直線に並べることで、その目的が達成される」[68]と。しかし、いったん組織形態がその独自の機能をより能率的にしようとすると、増大したスピードは不可避の副産物になる。そして、時間が足りない社会では、潜在的な消費者はより速いサービスを得るために、よろこんで割増料金を支払うだろう。この目標を達成しつづけようと、アウトドア服地製造業者のＬ・Ｌ・ビーンはつい最近、年間一〇〇〇万個の商品発送の八〇パーセントを配達するために、フェデラル・エクスプレスに対して複数年契約を行なった。能率向上をめざして、フェデラル・エクスプレスは、サイクル・タイム研究所に基金を出し、会社に時間の節約を可能にする、さらに進んだ方法を調査させた。[69]

仕事場での能率向上は、今世紀はじめに、フレデリック・Ｗ・テイラー[70]（Frederick W. Taylor）がすでに取り組んでいた。テイラーは、作業に要する最適な時間を正確に測り、この独断的な基準を労働者たちに守らせることで、生産力がアップすると信じた。テイラーの科学的管理の哲学は今日、コンピューターの助けで最新のものになった。コンピューターは特定の作業を人間よりも速く行なうだけでなく、人間に遅れないでついていくよう強いる。あるオペレーターが使用するワープロは、ひそかにキー打ちを監視し、報告するように設計されている。[71]

コンピューター化は、また、ピザ産業の作業をスピードアップするためにも使用される。たとえば、ピザハットの目標は、新しい客の電話は一分で、なじみの客は三〇秒で受けることである。この目標達成のために、注文受注者は、用意されたスクリプトを使って会話するよう教えられる。その間、注文受注者は、コンピューターにその能率の度合いを測定される。一方で、配達人は最長三〇分でピザを配達し、八分で店に戻ってくる能力によって評価される。彼らは、注文品とともに出発するとき、タイムレコーダーで退出時刻を記録し、戻ってきた時間も記録する。終始、売り場から配達までのデータがカンザス州ウィチタにあるコンピューター化されたピザハットのアメリカ本社に、瞬時にして伝えられる。[72]

現代のビジネス習慣もまた、真新しさとスピードの概念によって形づくられる。新商品と新サービスは単なる進歩の結果ではない。新しさこそが、セールスキャンペーンの土台となる。「今」の魔法をかけられた社会では、新しさは神秘的な魅力をもつ。なぜならば、新しいものは「現在」を体現するからだ。多くのものが消えていく社会では、「流行している」ものが重要となる。

広告は、(もしあれば)新しいものが古いものよりも勝っている点を指摘する必要さえないかもしれない。「今」を消費して生きる文化の中では、新しさとは、広告者による最も説得力ある主張である。もし商品やサービスがスピードを体現するならば、その主張はより人を引きつけるものとなる。以下は、現代のコピーが説得力がある「現在という時代」を表現している例である。

「A地点からB地点に最も速く着く方法は何か」(マイクロソフト社)(Microsoft)

「世界をスピードについていかせる」(マグロウ・ヒル)(McGraw-Hill)

「この見出しを読む時間に、大胆な人は、一〇〇〇万の事柄をすることができる」(ドッジ)(Dodge)

「一〇〇〇枚のコピーの間違いを直すのに一二分間ある。今、コピーシステムについて話し合っていいですか」(キヤノン)(Canon)

「時間どおりにおねがいします」（フェデラル・エクスプレス）（Federal Express）
「時間が二倍」（ヒューレット・パッカード）（Hewlett Packard）
「ノンストップ」（南アメリカ航空会社）（South African Airways）
「ビジネスのスピードで動く」（ＵＰＳ）
「人生のスピードで動く」（シェル石油）（Shell Oil）
「もちろん、私たちの投資について考えてみるつもりです。考える時間が見つかったらすぐにね」（フィデルティー）（Fidelity）
「これは世界最速の電気かみそりかもしれない」（ウォールＵＳＡ）（Wahl U. S. A）
「大半の母親は朝あまり時間がありません。でも、インスタント・クウェーカー・オートミールをつくるのはほんの九〇秒です。冷たいシリアルと同じくらい速くて簡単なんです」（クウェーカー・オーツ）（Quaker Oats）
「このとっても速くて簡単な方法を見て」（フィットネスＵＳＡ）（Fitness USA）
「わかりました、本題に入りましょう。二四時間。私たちにあるのはそれだけです。それが十分でない人々もいます。お電話して下さい。もうそろそろ、そうしてもいい時間だからです」（ＧＴＥ）
「彼女には仕事一つと家庭一つとビジネスマガジン一冊の時間がある」（ビジネスウィーク）（Business Week）
「スティーヴン・ジェイコブは、五つの都市で一二の会合をちょうど終えたところです」（スカイ・テル）（Sky Tel）
「何を待っているのですか？　ハイペースな人生……ＵＳロボティックス特使から、あなたが予期するような息をのむスピード、グレードアップ可能度、性能のすべてをお楽しみください。特使とは、ビジネスモデムのことです」（ＵＳロボティックス）（US Robotics）
「今日のビジネスでは、『速い』はもはや十分に速いとは言えません。『より速い』でさえ、人間やコンピューターに対する途方もない要求におくれないようにするには遅すぎる。だからこそ、IBMがペンチウム・チップコンピューターを非常に速く、パワフルに開発したのです。それは今日では、従来のコンピューターがカタツムリのペースで動いているように感じさせます」(IBM)
「私たちは、毎日毎分家を売るお手伝いをします」(センチュリー21)(Century 21)
「フォーチューン・マガジンによる最も急成長する会社一〇〇」(ナスダック)(NASDAQ)
「職探しを加速化させる方法。ファストラックは、これまでよりも速く、簡単に、少ない費用で、雇用主とあなたをつなぎます」(ニューヨークタイムズ)(The New York Times)
「速いペースで進む世界です。遅れずについて行ったほうがいいですよ」(アウディ)(Audi)
「あなたにプレッシャーをかけたくはありません。でも、世界が待っていますよ」(プットナム・インベストメント)(Putnam Investments)
「私たちのまわりで未来が噴出している。つかみとりなさい」(ハードワイヤード)(Hardwired)
「どのくらいの速さで行きますか」(クライスラー)(Chrysler)
これらの広告を読んで、脈拍があがったと感じるなら、その広告にさらされることがもたらす影響の一つをすでに体験したことになる。それは私たちの回転速度をあげ、商品とサービスが届ける過剰な刺激を試演する。スピードだけでなく、集合的に広告は多様性や変わりやすさによって、私たちを過剰に刺激する。したがって、物質文化は一定の流れの中にあり、私たちは心理的にそのすばやい流れの中に取り込まれる。この状況は、大部分、商品開発の時間を急進的に短縮した製造過程の加速化のせいだと考えられる。[73] 商品開発時間の短縮は、同時に、市場に入っていく新商品の寿命を急進的に短くした。あるケースでは、六年間から、ほんの六カ月か、それ以下に短縮された。それゆえに、新商品が流れ作業列のうえにころげ落ちるとき、それは古い商品を棚から押しのけ、トム・ピーターズが「経済の全面的な新陳代謝[74]」(the whole metabolism of the economy)と呼ぶものを変えていく。

近所のスーパーに行くと、四九種類のさまざまなジュース、一〇五種類の瓶詰めサラダドレッシング、一九〇種類のシリアル、二五三種類のクッキーを見つける。[75] ほんの一年間で、五七四もの新しい塩味スナックが売り出された。[76] ストレスがたまった買い物客の率直な言葉。「どうして頭の中がごちゃごちゃになるのか知りたいって？多くのものに砲撃されて、考えることもできないからよ[77]」。

選ばないこと、これこそ多くの買い物客ができないことである。彼らは多様な選択に直面すると、慣れた商品を選ぶ。買い物中に、目を閉じることを学ぶ。多すぎる朝食シリアル、多すぎるクッキー、すべてが多くありすぎる。彼らは、「選択の不安」の犠牲者となる。あるいは、「コンシューマー・レポート」（Consumer Reports）の編集長、ディビッド・ヘイム（David Heim）が「ポテトチップス通路のパニック[78]」と呼ぶものの犠牲者となる。逆説的に、彼らは豊富さの犠牲者でもある。そのうえ、食料品の新商品は失敗率が高い（約八五パーセント）。しかし、商品が失敗したからといって、それらの商品が客の目にさらされなかったわけではない。商品が現れ消えることは、生活からにじみでる無常の感覚を買い物客の心の中に強くしみこませる。実際、高価な商品の中には、速く「流行」しないと成功するチャンスがないものもある。[79]

それは経営者や事業家にとってもよいことではない。機械のうさぎを追うグレイハンド犬のように、彼らはJITやFCTの尻尾を追いかける。短期間の利益に重点を置きすぎるために、遠くの目標を見失うかもしれない。そして、スピードに駆られて、長期計画の才能を失いかねない。バリー・ディラー（Barry Diller）が同僚の会社役員たちにこの危険を言及し、次のように警告した。「魔法の法則を軽率に追いかけることで、明晰に考える能力が鈍っている。かつては拍子、つまり、物事に対するリズムが存在していた。日常生活の加速、未来を追い越そうとする破滅的で狂った突進によって、新商品創造という真に必要な仕事をするために必要な建築用ブロックを集める一番重要な時間において、私たちの能力は蝕まれると感じる[80]」と。

結局、ビジネスにたずさわる人々は、「現在という時代」の力と人の判断をゆがめるその能力から免れることはない。特に迅速な取引をする人々はそうである。また、ビジネスの環境もスピードが落ちそうにない。AT&T社長のジョン・R・ウォルター（John R. Walter）はこう述べる。「われわれはかつて、用意、狙って、撃て、という号令に従って変化をもたらしてきた。今日、号令は、狙って撃て、狙って撃て、狙って！でなければならない。狙うために撃つのです。一発撃って何が起こるか見ます。修正する。もう一発撃つ。あなたの行為に、スピードを組み入れ、まわりの世界のスピードと比較して自分のスピードを測定しなさい」[81]。

トム・ピーターズ（Tom Peters）はこうつけ加える。

私見では、商業のペースは、現在動いている方向に進みつづけると思う。つまり、ますます速くなるということだ。そのために、問題なのは私たちが速さを選ぶことではなく、もうほとんど後戻りはできないところまできていて、決定的に変わってしまった状況から元に戻せないことだ。みなさん、これがあなた方の競争の世界なのです。いやでも辛抱するしかありません。私がスピードを支持するのは、それがいい考えだと思っているからではありません。支持する理由は作用する力のすべてがその方向に進んでいるというのに、どうやって逃れることができるというのですか[82]。

これまでみてきたように、スピードは、すべての製品、サービス、商売を正当化する唯一の価値となった。――すなわち、人々の目を向かせ、依存させる典型的な価値基準である。未来に対する重要な問いかけは、スピードが私たちの社会的存在を定義する唯一の価値にもなるべきかどうか、ということだ。もしピーターズのように、その必然性を受け入れるのならば、スピードが私たちの生活を支配する権利に私たちは従うことになるだろう。

4　同時性社会

新しいタイプの社会が、電子工学の相互通信能力と即時性の下に姿をあらわしつつある。つまり、同時性社会（synchronous society）である。[83] この社会では、人々は空間と時間の障壁によってお互いが引き離されることはなく、共働作用により共存し、親密な協調により有効な目的を達成する。同時性社会は大規模な社会であり、その構成要素は電子回路のように、市場と家庭をそして家庭と職場をつなぐコミュニケーションの神経系ネットワークで結合されている。そのような社会のマスコミュニケーションは、単に情報を提供するだけでなく、連結した知力に必要な産物であり、自らを持続させるために即座の情報を要求する。

社会とその働きの観念的イメージを得るため、読者は、交通が円滑で能率的に流れているときに、空高くから見た大都市の高速道路システムの姿を想像するかもしれない。だが夕方、暗さが増していく中で、なめらかに規則正しい模様——あるときはまっすぐ、またあるときは優美にカーブする——をたどる動く光の点として、地上に車が見えてくるこのときに、再び空から見ると、この想像上の眺めはより魅力的である。

そのような光景には否定できない美しさがあり（おそらく、当事者よりも全体を見ることができる見物人にとっての方がより美しく見える）同時性の誘導的牽引力とともに、その誘惑的な魅力の理由を説明するだろう。その美しさはファイバーオプティック・ケーブルのガラスの細糸を使って進む光の鮮やかな衝撃電流の美やシリコンの迷路を静かに疾走する電子の美とそれほど違いはないのかもしれない。

しかし、同時性の幹線道路は、疲れた旅行者のための流出ランプや緊急停止用の路肩を提供してくれない。というのもそのスピードと流れは、遅れを受けつけないからだ。私たちが昔経験したゆっくりとした世界の舗装されていない道路、狭い道、交通信号から別れを遂げた後、同時性の幹線道路は私たちを運んでいくが、そのうち支払おうと思っている金額よりも高価な精神的通行料を要求する。

プライバシーの侵食

空間と時間の境界線を溶解することで出現した瞬間的マスコミュニケーションは、統一された社会の意識の成長を促す。しかし、そのような意識の存在は、社会生活を容易にするが、個人のプライバシーに対しては大きな脅威となる。

電子ネットワークの設立は、純粋に身体的な見地において、孤立の可能性を減らす。なぜなら、社会のさまざまな要素が相互連結して、人々を引き離す障壁を取り除くからだ。目に見えても見えなくても、分離線となる壁は社会の融合に負け、孤立の可能性は減る。アイデンティティは至る所で連結されるために、私生活が自動的に公共の所有物となる著名人だけでなく、一般人のプライバシー――「干渉されない権利、権利の中で最も包括的なもの」[84]――も失われてしまう。

今日、革新的な道具やサービスは複雑性と通俗性が増し、より多くの人々を接触状態にする。携帯電話はたとえ車の中であろうと通りにいようと、壁を象徴的に壊し、コミュニケーションに完全なる可動性を与える。Eメールは、かつて職場と家庭を分けていた距離を解消する。パーソナル八〇〇番サービスは現在、電話をかける人が無料で私たちの耳にアクセスできるようにし、その一方でパーソナル九〇〇番サービスは、どこに移動しようと連絡がとれ、万国で生涯使える電話番号を提供する。世界中にアクセス可能なポケベルや所在をたえずチェックし、信号で伝えてくれる電子送信機と結びつくことで、私たちは決して連絡がとだえたり、届かないところにいることはなくなった。[85]

しかし、プライバシーは個人の身体的な孤立だけに当てはまるのではない。それはまた、個人の私的な感情、好み、考え、経験という内部の聖所も意味する。電子のつながりは触れられない神聖な場所もまた、汚してしまう。

科学技術がさらに広く行き渡り侵入的になるにつれて、レーザーのような限定性とスポンジのような吸収性で情報を集めることが可能となる[86]。

相互コミュニケーション・システムは個人情報の貯蔵を引き出し交換する。社会有機体（人間の社会）はその活力を永続させるために、かつて慎重に扱われていた情報を消化し、吸収し、合成する。電気を常食とするサイエンス・フィクションの怪物のように、社会はそのような相乗作用で繁栄し、私たちにより多くの相乗作用を求める。

経済的利便性は、社会の最も魅惑的な誘引である。生活をより安楽にするために、私たちは自らを裏切る共犯者となり、経済的報酬という社会制度に従事するために、プライバシーを従順に引き渡してしまう。実際のところ、社会の商業的要求は商業以外の機能に対して、主な阻害要因として作用する。信用を得るために、私たちは私生活を暴露しなければならない。信用が確立されないと、危険率の高い被保険者とみなされる。そして、信用によって生きる社会では、信用されないことは死に等しい。

ネットにより、私たちは「データシャドー[87]」(datashadow）をつくり出す。それはつまり、「われわれがコンピューターに記録した作業や処理の中に残した痕跡、すなわち、電子の足取りである。それは他と組み合わされ、将来の使用や販売のために記録される。たいてい直接市場で売買する人によって、われわれの承諾や認識なしにそれは行なわれる[88]」（政府機関、学校、図書館、病院、診療所、製造会社（友好的な被保証人カードを覚えていますか?)、クレジット会社、銀行において）独立したデータベースがすでに存在している。それらは私たちの日常生活のほぼすべての様相を反映し、それらを結合してより包括的で、全国規模のシステムにするための継続的な努力がなされている。「現在という時代」の力を電子的に表現したものであるデータベースは、個人の生活のほぼすべての情報——年収や、テレビの所有台数から、病歴、よく読む本まで——に対する要請に即座に答える（そして、抵抗力が乏しい)。データベース・ネットワークは、今のところカテゴリー（たとえば、「健康」や「クレジット」）単位で存在しているが、それらを単一な全国規模のスーパーネットワークに統一する努力がはじまっている。

ヨーロッパ諸国とは異なり、アメリカ合衆国は、非公認アクセスや使用からコンピューター記録を保護する政府機関をもたない。権利章典の憲法修正第四条（不当な捜索や押収から、人間、家、文書、動産が守られる人権）は、このような保護を保証するものとして解釈できるけれども、その言い回しは、前エレクトロニクス時代の時代遅れのものである。「憲法が保護するのは、かつて私的な情報があった場所であり、今日ある場所ではない」[89]。

それゆえに、私たちが私生活への支配力を失う危険を冒すのは、独裁者の有害な政治のためでも、また、（より現実的に）コンピュータースパイによる金銭ずくの関心のためでもない。その理由は、大衆社会の基本構造が能率的な作業や生存を保障してくれる、進歩的で即座に反応する神経学的システムの存在を求めているからだ。

こういった危険な水の中で私たちが浮かんだり沈んだりしているために、私たちのプライバシーを少しずつ取り去っていくデータベース・パラナス主義について警告する者がいる。また、政治的水域が淡水から塩水に変わることを懸念して、全体主義のサメにかまれるだろうと警告する者もいる。しかし、身をさらすことの長期的な危険性、つまり、極度の疲労がもたらす長期的な危険性を認識する者はほとんどいない。極度の疲労により、なぐさめる腕として大波を、そして苦闘の終わりとして死を、喜んで受け入れるようになってしまう。その結果、私たちは攻撃ではなく、黙従によって死を迎えるだろう。

しかし、もし人間がプライバシーをほとんどもたないと考えるならば、プライバシー問題のすべてはあまり重要とはみなされない。もし広範囲に及ぶ物質主義とマスメディア・イメージの支配が自覚と熱望を均一化するならば、個性的な思考は衰え、そして、そういった個性的な思考を見出す必要性はある程度、失われるだろう。クレジットはかつて特定の場所に集中していたが（中心街のデパートや小さな食料雑貨店）最終的には中央集権化し、全国的なものになった（ビザ、マスターカード、ディスカバー）。このように、エレクトロニクス時代の世論は均一性に向かう傾向にあるだろう。このことは世論に違いがなくなるというのではなく、同じ普遍的前提のもとに多様性を表すだけとなるだろう。ちょうどクレジットカードにさまざまな色、デザイン、ロゴタイプがあるのと同じように。

一方で、社会的な領域を通して忍び寄る電気分解は、自己というかつての聖域を一面におおい、ダイニンググルームで携帯電話が鳴ったりコンサートホールでポケットベルがビーという音を出したりするように、私たちに決して一人になれないことを気づかせる。

調　和

接続状態は、同時性システムにおいて不可欠な特色である。物事が一緒にそして同時に作用するときにかぎり、同時性が成し遂げられるからだ。当然の結果として、システムとその能率的作用に矛盾するものは何であろうと妨げられ、拒絶される。したがって、社会では、同時性は調和を生む傾向にあるが、それは物質ではなく、構造の調和である。変わりやすさは同時性システムの中核となっているために、人気のある信条や行動は必ずしも一定のままではいられない。なぜならば、同時性社会では、人々が何を考え行動するのかについて詳しく知ることは、彼らが同時に考え行動するという事実ほど重要ではないからだ。

そのような社会にとって不調和は根本的に異質であり、同一性は均一化の効果をもたらす傾向にある。社会が――包括、あるいは排除、によって――人々が現実とみなすものの中身を支配するので、この均一化は人々の考えだけではなく、現実の本質にまで適用される。民族的な独自性は大目にみられるが、それは、その痕跡が、均一な風景に表面的な多様性を添える程度である場合に限ってである。一方で、人々の違いは存在しなくなったという平等主義的幻想をつくり出すために、言語を正しく改めることが政治的に強要されるだろう。昼も夜も、テレビは全国規模で同じコマーシャルの画像を流し、その一方でラジオは地域のアクセントが取り除かれた声を放送するだろう。

ナウイストの文化は、常に一過性の価値を認めているため、大量市場の真新しいもの（人間、ないしは、物）に一般大衆が魅了されることは、いつも社会にとって好ましいとみなされる。しかしそれにより、人々は社会のより深遠なる前提を熟考しなくなってしまう。代わりに有名人の顔があふれ、彼らにしても、すぐに同じように短命の者たちと取り替えられるだけである。(90)

順応主義自体は、私たちの時代の発明ではない。新しいのは、今日における世俗的な順応主義力学である。というのも、それは社会的に認められた信条や価値の有限の集まりの中に定着しておらず、一つの曲線を描く感情的な流れからもう一つの流れへとただよい、ぐるぐる回っているからである。その順応主義は、厳密な専制的権威によって強要されるのではなく、思想と感性の電子的結合による自己中心主義的快楽の誘惑によって引き起こされるものである。そして瞬時に、人々の生活の最も私的な部分にたどりつき、現実の限界や形に関する概念を変えてしまう。

順応主義は反乱を排除する。なぜならば、反抗するには、何に対して反抗しているのかわかっていなければならないからだ。自分が刑務所の中にいることを知らない囚人は、脱出しようとはしないだろう。彼に思い止まらせるのに必要なのは、十分な快適さと自由な選択ができるという錯覚である。

しかし、同時性全体への吸収に真っ向から抵抗すると、破壊活動分子と呼ばれるだろう。新しい製造工場の建造を妨害する古い地域の住民、分譲マンションの拡大を妨げる未開発の地域、それぞれ空間的、そして、時間的に破壊活動的な存在であり、過去に忠実に固執することによって、「現在という時代」の権威に挑んでいる。さらに破壊的な特徴をもつものとして、アメリカの伝統的組織——政府、宗教、学校——がある。それらは瞬間的なものに対立する、人間の経験の持続的様相を具現化するからである。歴史的に、そのような組織は過去の不変の基準、すなわち、憲法、聖書、あるいは、文典に記されている基準に基づいて現代の行動を測定する。しかし、これら組織の権力は弱く、現代に疑いをかける理由は、組織が具現化する特定の信条のためではなく、組織が特異性そのものを具現化するからである。この理由のために、そして、その過去の色調のせいで、一般大衆の嗜好とはあわなくなった。実際には、私たちの文化の変わりやすい流れは、科学技術が流した電流によって、かつてアントワーヌ・

ドゥ・セイント・エクスペリー（Antoine de Saint-Exupéry）が目に見えない「力の線」（lines of force）と呼んだものを消磁した。それなしには、私たちの生活は磁石の定義と規則的な方向性をもたなくなってしまうというのに。(91)

伝統的組織にふりかかった運命は、当然ながら伝統それ自体にもふりかかった。多文化人による西洋文化への攻撃に動機を与えるものは、知覚できる学問的規範の狭量さだけでなく、現代よりも過去に高尚な価値を当てるカリキュラムの時間的排他性である。現代人の目には、現在のものではない研究すべては、一つに混ざり合って、無意味な時代錯誤のかたまりとなる。したがって、ドン・キホーテ（Don Quixote）はアイネイアス（Aeneas）やファウスト（Faust）とともに、共通の時間のるつぼの中に加わる。

皮肉にも、現代語学の教師たちはかつてラテン語や古代ギリシャ語の先生だけが経験していた問題に今日直面する。つまり、文学は時代遅れだという非難である。ひとたびレストランのフランス語や旅行用スペイン語が時代遅れになったとたんに、現代語学の教師たちは、自分たちよりも年上の著者の作品が、学生たちにとってはホメロス（Homer）やヴェルギリウス（Vergil）の作品と同じくらい古風にみえるということを認めなければならなくなる。「生きた」言語を教える者と「死んだ」言語を教える者は、衝突の範囲と現世の荒廃が広範囲に渡るにつれて、今自分たちが共に同じ戦場に立っていることに気づく。というのも、伝統そのものが異質となり、過去こそが外国語となってしまったのだから。

5　ハイパーカルチャー

拡大する電子工学テクノロジーによって加速された社会の速度は、よりいっそう速くなっていく。より多くの道具が光のスピードに近づくにつれて、社会自体が光のスピードに引き寄せられる。それはまるで社会的レベルで、ベルヌーイの定理として知られる流体力学の法則に従順であるかのようだ。

流体の動きを理解しようと、一八世紀スイスの数学者のダニエル・ベルヌーイ（Daniel Bernoulli）は、動く流体のスピードが増すにつれて、それは静止している、あるいは、よりゆっくり動いている近辺の流体を引きつけ、引き寄せる傾向があることを発見した。流体力学の世界から社会力学の世界へ転移させることで、ベルヌーイの法則は同時性社会のはじまりと作用を説明する手助けとなる。たとえば、急速に動く社会的現象はよりゆっくり動く他の現象をその流れの中に引き込んでしまうだろう。このように一つの社会活動の速度が加速化すると、それに関係している活動も加速化するだろう。そのような接触の段階で、より速いスピードがはびこる結果となる。より速い輸送は、他の輸送のスピードをあげるだろうし、より速いコミュニケーションは全体のコミュニケーションのスピードをあげるだろう。そして、両方が協同して、日常生活の平均的スピードをあげることになる。

社会でそのようなスピードに従う人々、つまり、「流れと共に進む」人々には、同一性がもたらす平和がやってくるだろう。抵抗する人々や速く動くことができない人々には、絶え間ないストレスがやってくるだろう。

より多くの人々が電子の流れの中に引き込まれるにつれて、彼らは（再生と死のサイクルを伴う）有機的世界の特徴も、（集合から分裂への直線的前進を伴う）機械的世界の特徴も示さない時間の様式へと同化していく。代わりに、彼らは下位有機的な物質の特質を帯びる。つまり、エレクトロン、プロトン、ニュートロンという原子の世界、すなわち、感知できる未来も過去もない世界であり、その粒子は永遠に輝く「今」の中で、光のスピードで思慮をもたずに疾走する。

私たちが目撃している社会の変化は、科学技術の進化がもたらした突然変異作用――つまり、亜原子世界の主要な本質と人間の結合――の前兆である。この突然変異は、大軌道の後方に傾く弧を象徴するだろう。その起動は、生命や自己認識に従う原子とともに生じた。生命は自ら文明を組織したが、最終的には現在において、時間を超越した源へと戻る仕組みをつくり出した。それはちょうど、太陽のまわりで弧形を描いたあと、今は宇宙空間の暗闇の中、故郷へと戻っていくすい星のようである。

この催眠状態の自己犠牲行為に比べると、原子を分裂し融合する科学の行為は先史時代の人間の火をおこす最初の試みと同じくらい原始的で、幼稚なもののようにみえるだろう。なぜならば、核の操作は原子は人間とは別々の存在物であったという前提に根拠を置いていたからだ。しかし現在、私たちが扱う電子工学の世界は、電子工学の論理と時間的法則へと私たちを導き、磁気作用のように、そして、私たちとその内部の本質を一つに引きよせる。

数十年の間で、二つの歴史的な線は収束しつつある。つまり、人が機械のようになりつつある線と機械が人間のようになりつつある線、である。物理学的見地からみると、最初の線は、生体工学と補綴学の業績を反映する（人工心臓、義手義足――それぞれ生き物に組み入れられる）。二つ目の線はロボット工学と人工知能の業績を映し出す。それは人間の行動パターンと思考パターンを人間がつくった装置に植えつける。いつか、これら二つの線が交わるとき、機械から人間を、そして、人間から機械を、見分けることが難しくなるであろう。

随分前に、身体的システムが電子化学的に作動すると認識され、人間の心臓の調子を回復させたり調整したりするために、あるいは、もっと露骨にいえば、感情にショックを与えて調和の状態にするため、外部の電流が使用されるようになった。将来、人間の脳とコンピューターの有機的合体は（心臓にペースメーカーをとりつけるのとは異なり）、新しい知力の段階をもたらすだろう。実際、今日においてそのような重大な発展的変化はすでに起っている。というのも、人類が自らの魂に科学技術の超人的速度を植えつけ、その速度に社会的に順応しているのだから[92]。

生体工学の真の変質が起るまで、社会はこれまで以上に速く動き、いやおうなしに瞬間に焦点を当てるようになる。その活動亢進状態から、私たちはそれを「ハイパーカルチャー」（Hyperculture）、つまり、高速化によって引き起こされた病的な文化の状態、と表現できるだろう。

ハイパーカルチャーは、容易に退屈させられ、すぐに注意力をそらされる文化である。そこにおいて娯楽は、個人と集団のたまの気晴らしから、生き方へと変えられ、仕事と仕事の合間すべてを占めるものとなる。そのエネルギーのたくわえをすぐに使い果たしてしまうため、ハイパーカルチャーは絶えず燃料の最補給を要求する。ハイパーカルチャーは、必然的に時間集約型活動の見地を拒絶し、その代わりに、短期間の興奮をもたらす服用量を注射されることを望む。なぜならば、ハイパーカルチャーは、「多忙な人々」の社会であり、彼らは経済的な必要性からではなくて、心理的な好みから、遅れずについていこうと熱狂するからだ。[93] 時間——組織化されていない未使用の時間——は、頭上にどっしりとのしかかる。それが特定の仕事からの気晴らしを要求しても、すぐに、さらに多くの活動が慣性の真空管を満たしてしまう。

こういった行動の特徴は、きわだって「タイプA」的性格の特徴を思い起させる。一九六〇年代と一九七〇年代に心臓学者のメイヤー・フリードマン（Meyer Friedman）とレイ・H・ローゼンマン（Ray H. Rosenman）がそれについて説明している。[94]「タイプAの行動パターン」は、「特に複雑な人格の特徴であり、過度に競争的な衝動、攻撃性、短気、時間の緊急性に悩まされる感覚を伴う。このパターンの人々は、長期的で不断の、そして、しばしば無益な戦いに従事し、その争いの相手は自分自身、他者、環境、時間、そして、ときには人生そのものである。また頻繁に、彼らは漠然としているが正当化された敵意と根深い不安定さを表している」。[95] つまり、タイプAの人々は、フリードマンとローゼンマンが「急ぎの病」と呼ぶものの犠牲者であり、その病気は、統計的に心臓病の平均的発生率よりも高い発生率をもつ。

重要なのは、「タイプAの人々は、時間に対して、緊急の環境を求めつくり出す」[96]ということだ。彼らはペースの速い都会でくつろぎを感じるだけでなく、意識的に速いペースを維持する。研究によると、「ペースの速い都会によって、すべての人々——タイプAの人々と「よりリラックスした」タイプBの人々——は、時間に緊急の行動が要求される。その結果、タイプBの人々がタイプAのように行動するようになり、一方でタイプAの人々はさらにいっそうペースを加速しようとする。[97] あたかもベルヌーイの定理に従うように、流れそれ自体が勢いを増したとたん、ゆっくりとした人々はより速い流れの中にのみこまれるのである。

しかし、タイプＡの人々と彼らが住むハイパーカルチャーの間には、明白な違いがある。科学技術の普及によって高速化が増大化する社会に、私たちは住んでいる。同時性社会は、「流れとともに進む」人々に主に報いるので、真のタイプＡの人々は、変則的なものとして浮き出てしまう。彼らはスピードへの愛着を残りの社会と共有するが、その個人主義のために、文化とは相反した目的をもつ。その結果、彼らは自分たちがワナにかけられたような感覚に苦しむ。精神医学者のローレンス・ヴァン・エゲレン（Lawrence van Egeren）はこう述べる。「はっきり言って、タイプＡの行動は、現在の報酬システムとはそぐわない。それはタイプＡの行動を不適応とみなし、心理的損傷を与えるからだ(98)」と。したがって、タイプＡの人々が事物のスピードをあげると――そして、その過程で他者のスピードをあげると――、彼らは身体と心に割増の代償を支払うことになる。

単純に高速社会の一員であるという理由から、残りの人々もまた、代償を支払う。ストレスや人間関係の決裂として支払われる代償である。スピードに対して人間は犠牲を強いられ、だれも逃れることができない。アメリカの家族をバラバラにしている遠心力は、さらに、アメリカ社会の構造そのものをも崩壊させている。スピードが速ければ速いほど、ますます止まることは難しくなるだろう。

注

（1）William Wordsworth's "The World Is Too Much with Us: Late and Soon"（1807）を想起させる。
（2）Richard T. Wright and Scot H. Decker, *Burglars on the Job: Streetlife and Residential Break-ins*, Boston: Northwestern University Press, 1994 を参照。
（3）ギャンブルもまた、「現在という時代」の力の魅力を示すものである。たとえば一九九六年に、アメリカ人はカジノで二二〇億ドル使ったが、それは七年前の二倍である。一九九六年の違法ギャンブルについては、九〇〇億ドルと推定される。
（4）Peter Carlin, "The Jackpot in Television's Future", *New York Times Magazine*, February 28, 1993, pp. 36-41 を参照。
（5）Home Shopping Channel とＱＶＣはそれぞれ、Home Shopping Channel 2 と（高級ファッション向けの）Q2/On Q とい

う系列チャンネルを所有する。

（6） Carlin, "The Jackpot in Television's Future", 39.

（7） *Ibid.*, 38.

（8） *Ibid.*, 41.

（9） Cecilia Deck, "Shopping the Electronic Mall", *Detroit Free Press*, October 10, 1994, 10F.

（10） 現在までのところ、クレジットカードの安全性に対する懸念が大規模なオンラインによる消費者の購入を妨げている。

（11） 商業上の宣伝もまた、大学にとって経済的な助けとなる。たとえば、ナイキは一九九六年の時点で、一〇の大学と運動競技用シューズの独占契約を結んでいる。

（12） チャンネルワンは、Whittle Communications of Knoxville, TN によって創設され、その後、会社の財政上の損失の結果、売却された。

（13） この概念に関しては、Marshall MacLuhan, *Understanding Media: The Extension of Man*, New York: New American Library, 1964 を参照。

（14） Hugh MaCann, "Electronic Highway", *Detroit News*, April 5, 1993, 2F からの引用。

（15） アルヴィン・トフラー（Alvin Toffler）は、著書 *Powershift: Knowledge, Wealth, and Violence at the Edge of the 21st Century*, New York: Bantam, 1990 のなかで、「経済の帰化」について書いている（p. 120）。他のページ（pp. 108-110 と p. 385）では、「中立ネットワーク」という表現を使用するが、専門的な意味で、それを電子工学システムに当てはめる。つまり、それ自体の経験から学び、状況に応じて行動を調整するシステムである。

（16） Jeremy, Rifkin, *Entrophy: A New World View*, New York: Viking, 1980, p. 241, Prigogine の見解を要約している。さらに、Ilya Prigogine, "Thermodynamics of Evolution," *Physics Today* 25, November 1972, pp. 23-28 と December 1972, pp. 38-44 も参照のこと。

（17） Herodotus, *History*, 8.98, trans. George Rawlinson.

（18） 重要なことは、一七七六年から一八七六年における連邦政府の拡大の四分の三以上が、郵便局の中でのみ行なわれたということだ（Alan Robbins, "E-Mail: Lean, Mean and Making Its Mark", in the *New York Times*, National Edition, May 11, 1997, F13）。コミュニケーションの発展は国家の確立と密接な関係があった。その発展がなければ、国家確立は不可能であったかもしれない。

（19） オンライン・コンピューター・サービスの広がりと発展については、Peter H. Lewis, "American Online Says Users of

"Service Exceed 1 Million," *New York Times*, National Edition, August 17, 1994, C4.

(20) インターネットにつながった二〇〇〜三〇〇万台のコンピューターのうち一台を平均して一〇人が使うという意見に基づいて、この数字を推定した。だが、実際のユーザーの数はもっと少ないだろう。おそらく、世界中で七〇〇〜一五〇〇万くらいだと思われる。確かなことは、インターネットの驚くべき普及率である。きっと近い将来、ユーザー数は二〇〇〇〜三〇〇〇万に達するであろう（Peter H. Lewis, "Doubts Are Raised on Actual Number of Internet's Users", *New York Times*, National Edition, August 10, 1994, p. 1f を参照）。

(21) James, Tobin, "10-Millionth Cellular Phone Sale Rings In Future", *Detroit News*, December 7, 1992, 1A.

(22) 一九九六年には七六〇万人のアメリカ人がコンピューター端末を用いて在宅勤務している（出典：LING Resources）。

(23) "Fast Times", *48 Hours*（CBS 1990）でのインタビュー中にモバイルビジネスマン Perry Solomon が使ったフレーズを使用した。

(24) アリゾナ州フェニックスを本拠とするスカイモールと呼ばれる機内ショッピングセンター・サービスにより、乗客がカタログを使って、飛行機の中から電話で買い物ができるようになった。着陸後すぐに購入物を受け取ることができる。あるいは、二四時間以内に配達される。

(25) クロード・フィッシャー（Claude Fisher）は、一九九二年の *America Calling: A Social History of the Telephone to 1940* の著者である。Dan Gilmore, "Voice Mail? Learn to Like It", *Detroit Free Press*, March 3, 1993, 1A からの引用。

(26) James Gleik, "The Telephone Transformed — Into Almost Everything", *New York Times Magazine*, May 16, 1993, p. 29 からの引用。

(27) Joseph B. Verrengia, "TV or Not TV", *Detroit News*, November 14, 1992, 20D.

(28) Howard Rheingold, *The Virtual Community: Homesteading on the Electronic Frontier*, Reading, MA: Addison-Wesley, 1993 を参照。あるコンピューター・ユーザーがこう書いている。「顔、声、アクセント、人種、民族的起源、社会階級などの不在によって、われわれの外見は取り除かれ、プログラム化された偏見や先入観なしに、他人とコミュニケーションをとることができる。われわれは自由に共通の話題や共通の感情を見出すことができる。」と。（Marc Gunther, "Life Connections: Computers Turn User into Communities of People Who Care", *Detroit Free Press*, January 3, 1994, 3B). Gunther が述べるように、そのようなオンライン接続は、のちに対面して、友情や結婚にさえ発展することがある。

(29) *Ibid.* 13 D. 1993 に、七一の非営利組織が集まった団体である、Telecommunications Policy Roundtable は次のように公表した。「提案された全国的な『データハイウェイ』が一般大衆の関心を満たすと、政策立案者に保証してもらうために、われわれは共に奮闘している」（*Chronicle of Higher Education*, November 3, 1993, A23）。

（30） Bill Powell, "Eyes on the Future". *U.S. News & World Report*, May 31, 1993, p. 41 からの引用。

（31） Verrengia, 20D からの引用。

（32） 「データ商人」という言葉は Theodore Roszak, *The Cult of Information: The Folklore of Computers and the True Art of Thinking*, New York: Pantheon, 1986, chap. 2 で使用されている。

（33） Fisher, "Technology Titans Sound Off on the Digital Future", *U.S. New & World Report*, May 3, 1993, p. 64.

（34） Bill Powell, "Eyes on the Future", *U.S. News & World Report*, May 31, 1993, p. 41 からの引用。

（35） 反対意見は、コンピューターを基盤とする科学技術の相互作用や視聴覚フォーマットにより、潜在的学習者の好奇心がかきたてられるだろうというものである。これに対して、同時に学生は、オンライン上にない本との接触を失い、今まで以上に、伝統的な文学と疎遠になるだろう。これに関連して、Sven Birkerts, *The Gutenberg Elegies: The Fate of Reading in an Electronic Age*, Boston: Faber & Faber, 1994 を参照のこと。

（36） Thoreau, *Walden*, chap.1, "Economy".

（37） *Ibid.*

（38） Jacques Ellul の *The Technological Society*, vi への Merton の序論。

（39） Thoreau, *Walden*, chap.1, "Economy".

（40） Wordsworth の詩より。

（41） Plautus, *Boeotians*, Aulus Gellius, 3.3.3 より一部引用。cited and trans. by Donald R. Dudley, Urbs Roma, New York: Phaidon, 1967, 99.

（42） Horace, *Satires* 2.6 を参照。

（43） Seneca, *Letters*, 57（著者による訳）.

（44） Juvenal, *Satires*, 3. trans. Rolfe Humphries, *The Satires of Juvenal*, Bloomington: Indiana University Press, 1968, p. 42.

（45） 一八六九年に、アメリカの神経学者ジョージ・ビアード（George Beard）は、一種の神経疲労を発見し、その原因をストレスの多い一九世紀後半の生活ペースにあるとした。彼はそれを、"American Nervousness" すなわち、神経衰弱と呼んだ（Tom Lutz, *American Nervousness*, 1903［Ithaca, NY: Cornell University Press 1991］; Cynthia Crossen, "Losing It", *Wall Street Journal*, December 3, 1996, A1 を参照）。

（46） Tarkington, *The Magnificent Ambersons*, Bloomington: Indiana University Press, 1989［1918］chap.19.

（47）一九九〇年には、アメリカ成人の三〇パーセントが飛行機で移動した（SkyMall 提供の産業データ）。

（48）American Automobile Manufactures Association and the U.S. Bureau of the Census, *Statistical Brief*, "Americans and Their Automobiles"（1992）による統計

（49）Mander, *Four Arguments for the Elimination of Television*, New York: Morrow, 1987, p. 44.

（50）Frost の詩 "The Road Not Taken" を想起させる。

（51）Charles Kuralt, *A Life on the Road*, New York: Putman, 1990, p. 192.

（52）クレジットカードの歴史については、Nancy Shepherdson, "Credit Card America", *American Heritage*, November 1995, pp. 125ff を参照。現在、一〇億以上のクレジットカードが流通している。

（53）George Stalk, Jr., "Time — The Next Source of Competitive Advantage", *Harvard Business Review*, July/August 1998, p. 41.

（54）Christopher Meyer, *Fast Cycle Time: How to Align Purpose, Strategy, and Structure for Speed*, New York: Free Press, 1993, p. 9.同じように、ビジネスコンサルタントのピーター・G・W・キーン（Peter G.W. Keen）は、今日におけるビジネスの成功はますます時間との競争になっていると主張する。ノーザン・テレコムの副会長、デービッド・バイスもこう付け加える。「九〇年代は、大急ぎの一〇年、つまりナノセカンド文化となるだろう。そして二種類の経営者しかいなくなるでしょう。すばやいか死んでいるか、どちらかです」（*The Quick and the Dead: Brian Mulroney, Big Business and the Seduction of Canada*, by Linda McQuaig, New York: Viking 1991 の本カバーからの引用。そして、Tom Peters in *Liberation Management*, New York: Knopf, 1992 からの引用）。

（55）New England Booksellers Association Spring Seminar（Manchester Village, VT, April 22, 1990）での Peters の演説。*Publishers Weekly*, May 25, 1990, p. 25 を参照。

（56）Kenneth R. Sheets, "Firs Now Lease Everything But Time", *U.S. News & World Report*, August 14, p. 1989, p. 45f を参照。

（57）William Bridge, "Tomorrow's 'Jobs' Defy Description", Detroit News, February 27, 1994, 5B.

（58）タイムマシーンのたとえは、クレイグ・ブロッド（Craig Brod）（著者とのインタビュー）から借用した。

（59）ラクンクス社（Technomics, Inc.）のデータによると、マクドナルド社は世界最大の不動産保有者であり、アメリカ最大の職業訓練機関となった。アメリカ軍隊よりも多くの人員を訓練している。Joseph Monninger, "Fast Food", *American Heritage*, April 1988, pp. 68-75 を参照。

（60）ドライブスルーの葬儀場は、フロリダ、テキサス、カリフォルニアで登場した（Mede Nix, "A Window of Opportunity", *Dallas Times Herald*, March 25, 1991 を参照）。ランカスター、テキサスの葬儀場は、傾斜する装置によって、ドライバーに

棺を見えやすくするという特色がある。

(61) シンプレックス・ノリッジ社（Simplex Knowledge Co.）のおかげで、会葬者は現在、オンラインで葬式に参加できる。インターネットを使って、サイバー会葬者は棺を見ることができるし、アイコンをクリックしてお悔やみカードや花を贈ることができ、また他のサイバー遺族たちと死者についてチャットすることができる（Deborah Solomon, "Mourning Becomes Electric", *Detroit Free Press*,October 27, 1997, 7E 参照）。

(62) Ari L. Goldman, "Religion Notes", *New York Times*, National Edition, February 12, 1994, Y7 参照。

(63) 一九七五年以来、オービル・リーデンバッチャー（Orville Redenbacher）社のポップコーンを宣伝販売してきた、サンフランシスコのケッチャム・アドバタイジング社によると、「二五歳から三四歳までのスナック好きの人々は、ポップコーンよりもポテトチップスやブレッツェルを好む。なぜなら、電子レンジの中で見出す満足感では、十分に早くないからだ」（*The New York Times*, National Edition, July 17, 1995, C8 の引用）。

(64) Sandy Bauers, "Night Work Is on the Rise for a Nation That Never Sleeps", *Detroit Free Press*, January 4, 1993, F1 を参照。Jane E. Brody, "America's Falling Asleep", *New York Times Magazine*, April 24, 1994, pp. 64ff は、こう指摘する。「約一億人のアメリカ人は深刻な睡眠不足で、自分自身と他人に対して潜在的な危険となっている。その仕事のために、他の人が眠っている間に働くことを余儀なくされる者もいる。アメリカ人雇用者の四分の一は、交代制の勤務時間で働き、彼らの体内時計を狂わせている。研究によると、夜勤や交代制の労働者たちの多くは、危険な機械装置を操作したり、トラックを運転したり、原子力発電所を監視したり、飛行機を操縦している途中で、定期的に寝入ってしまう」。

(65) Edward J. Hay, *The Just-In-Time Breakthrough: Implementing the New Manufacturing Basics*, New York: John Wiley, 1988 を参照。

(66) *Ibid.*, vi.

(67) Christopher Meyer, *Fast Cycle Time: How to Align Purpose, Strategy and Structure for Speed*, New York: Free Press, 1993 を参照。

(68) *Ibid.*, dust-jacket.

(69) 研究所は、メンフィス州立大学に基盤を置いている。所長のジェームズ・C・ウィザーブには、その助力に感謝したい。

(70) テイラーの *Principles of Scientific Management*（1991）と *Scientific Management*（ed. by C.B. Thompson; 1994）, in *Scientific Management, Comprising Shop Management, the Principles of Scientific Management, & Technology Before the Special House Committee*, Westport, CT: Greenwood, 1972 を参照。F・テイラー（F. Taylor）による効率性へのアプローチ

に関する議論は、Jeremy Rifkin, *Time Wars*, New York: Holt, 1987を参照のこと。

(71) アメリカ労働省のカレン・ナッスバーム (Karen Nussbaum) によると、約二六〇〇万人のアメリカ労働者は、現在その能率のよさを雇用者によって監視されており、その数は増え続けている。ナッスバーム (Nussbaum) の話では、ある事務員のビデオスクリーン上には、「隣の事務員に比べて仕事が遅いですよ」という文字がぱっと現れたという。

(72) 著者と地方の Pizza Hut マネージャーとのインタビューからの情報。

(73) ゼネラル・エレクトリック (General Electric Co.) の会長ジャック・ウェルチによると、故意にスピードを強調した結果、「GEの新製品はドラムのリズムの速度で世に出ている。今では九〇日ごとに電気器具の新商品の発表会が行なわれている。数年前には考えられなかったことだ。」(James C. Hyatt [Dow Jones News Service], "Progress Is Easy as 1-2-3 Buzzwords", *Detroit Free Press*, March 2, 1994, 1E, Welch の一九九四年度年次報告書からの引用)。

(74) "Tome Peters...and the Health Corporation", *Psychology Today*, March/Aril 1993, p. 58 からの引用。

(75) James, Tobin, "Consumed by Choices", *Detroit News*, November 18, 1992, 1A を参照。

(76) 1991, *ibid.*

(77) *Ibid.*

(78) *Ibid.*

(79) 多数の新ブランドは、人気の衰えにより「ゴーストブランド」と呼ばれる、昔からのなじみの商品の多くを除去してしまう。その消滅の一因となっているのが、スーパーのコンピューターにつながれたUSPスキャナーである。それは、さまざまなブランドの売れ行きを絶えずチェックしている (Stuart Elliott, "The Famous Brands on Death Row", *New York Times*, National Edition, November 7, 1993, 1Ff 参照)。もう一つの絶滅危惧種は、本屋の棚に並んだ本である。売り上げはコンピューターによりチェックされる。もし新刊書が九〇日以内に棚を「離れ」ないと、別の本のための場所を空けるために、棚から取り除かれる。そのために新刊書や新人作家は出版前に出版社やテレビ番組で大々的に宣伝してもらわないかぎり、読者を引きつけ、増やしていく時間をほとんど与えられない。

(80) ディラー (Diller) の見解については、Deirdre Carmody, "Slow Down on Technology, Diller Tells Magazine Chiefs", *New York Times*, National Edition, October 25, 1994, C18 を参照のこと。

(81) *New York Times*, November 10, 1996, F12.

(82) "Tom Peters and the Health Corporation", 78.

(83) 著書『第三の波』(*The Third Wave*, New York: Morrow, 1980) の中で、アルヴィン・トフラーは、こう述べている。産業文明が同時性、すなわち、時間にかられた機械的な画一化によって特徴づけられる。ここで「同時性」という用語を使用するとき、私は社会が工業化の産物であると言っているのではない。むしろ、社会は電子工学による相互連結や即座の相互通信を表現する。その構造や作用において、今日の同時性社会は工場というよりは、神経システムに似ている。

(84) Justice Louis Brandeis, *Olmstead v. United States*, 277 U. S. 438（1928）から反対意見の引用。

(85) Karen Brandon, "There's No Hiding from Beeper Fever", *Detroit Free Press*, February 11, 1993, 3A.

(86) Erik Larson, *The Naked Consumer*, New York: Henry Holt, 1992 と David Lyon, *The Electronic Eye: The Rise of Surveillance*, Minneapolis: University of Minnesota Press, 1994 を参照。

(87) 用語の使用法に関しては、Nathan Cobb, "The End of Privacy", *Detroit Free Press Magazine*, August 23, 1993, pp. 6–12 を参照。

(88) *Ibid*., 6.

(89) 米国市民の自由組合（American Civil Liberties Union）の常任理事、アイラ・グラッサーによる編集者への手紙から。*New York Times*, National Edition, January 24, 1993. その手紙は、最近の最高裁判所の判決を批判した。

(90) Neal Gabler, "The Brief Half-Life of Celebrity", *New York Times*, National Edition, October 16, 1994, 2.1f を参照。

(91) Antoine de Saint-Exupery, *The Wisdom of the Sands*, trans. Stuart Gilbert, New York: Harcourt, 1950, p. 82.

(92) これと関連して、ディーボールド・グループの会長ジョン・ディーボールド（John Diebold）が、the House of Representative Committee on Science and Technology, Washington, D.C. にあてた意見に注目したい（September 10, 1985）。「ますます情報技術は神経生物学分野の発展と結びついており、人間の神経システムに結合したコンピューターの可能性が高まっている」（*Vital Speeches of the Day*, February 1, 1986, p. 244 において報告された）。さらに Jerry Mander, *In the Absence of the Sacred*: San Francisco: Sierra Club, 1991, p. 32 も参照のこと。「進化とはかつて、媒体のない自然界と人間の間での相互作用の過程であった。しかし現在では、進化は人間と人工品の間の相互作用である。つまるところわれわれは、奇妙な同種内近親相姦の中で、自分自身とともに共進化している。サイクルの各段階において、変化はより早く起こり、より大きい。機械間の相互作用の網は、より複雑でより見えにくいものとなっている。その一方で、全体の影響は、より強力になり、全面に広がっていく。われわれはこれまで以上に囲い込まれ、事実を前よりも知らなくなる。われわれの環境は、われわれの発明の産物であるために、それは世界に及ぶたった一つの機械となる。われわれはその中に住み、その断片となる」。

(93) Lee Burns, *Busy Bodies: Why Our Time-Obsessed Society Keeps Us Running in Place*, New York: Norton, 1993 を参照。

(94) Friedman and Rosenman, *Type A Behavior and Your Heart*, New York: Knopf, 1974, 1f.

(95) *Ibid.*, 14.

(96) Robert V. Levine, "The Pace of Life", *American Scientist*, September–October 1990, 458. ユタ大学心理学者 Timothy Smith の研究を引用。

(97) *Ibid.* さらに、Robert V. Levine, Karen Lynch, Kuniyate Miyake, and Marty Lucia, "The Type A City: Coronary Heart Disease and the Pace of Life", *Journal of Behavioral Medicine* 12.6（1989）, pp. 509–524 を参照。

(98) Van Egeren, "A 'Success Trap' Theory of Type A Behavior: Historical Background", in Michael J. Strube, ed., *Type A Behavior*, Newbury Park, CA: Sage, 1992, pp. 48–55. タイプAの性格と現代社会に関する洞察力ある論考に加えて、西洋の価値観の発展を簡潔に記述している点で、この論文はたいへん貴重である。

第6章 民主主義の変容

アメリカ社会全体の変容は、その慣習の前進的な変容をみればはっきりとわかる。第4章では、高速化の影響で、アメリカの家族がどのように変わりつつあるかについて述べた。その変化は、もう一つのアメリカの慣習、民主主義の中にも明確にみてとれる。

政府は常に時間の奴隷であった。法律は、不動の行動基準を確立することで時間の明確化を試みるが、その法律は、新しい状況や出来事に応じてひんぱんに修正される。政府の顔も新しい指導者が現れるたびに変化する。実際、長い歴史の中で、進化や革命によって政府の形態そのものが変化してきた。

あらゆる政府形態はある程度の変化を具体化するが、特に民主主義はその影響を受けやすい。なぜならば、民主主義は大衆に潜在する不安定な心的状態や変わりやすい意見を反映するからだ。民主主義自体が比較的新しい国では特にそうである。

鋭い観察力をもつフランス人旅行家、アレクシス・ドゥ・トックヴィル（Alexis de Tocqueville）は一世紀半前にアメリカを訪れ、この影響の受けやすさを見抜いた。『アメリカの民主主義』（*Democracy in America*）の中で彼はこう書いている。

民主主義社会の構造ほど瞑想に適さないものはない。すべての人が動いている。ある者は権力を求め、ある者は利益を求める。至るところに混乱があり、異なる関心がひっきりなしに衝突し、人間が富を求めて絶え間ない奮闘を続ける。そういった中で、知性のより深い結合に必要とされる平穏は一体、どこで見出されるのだろうか。精神はどうやって一地点にとどまることができるというのだろうか。というのも、そのまわりを、すべてのものがぐるぐる回り、あらゆるものを運んでいく性急な流れにさらわれ、前方へ打ちつけられるのだからだ。

社会の民主主義的状態と民主主義的慣習は、大半の人々を休みない活動状態にさせる。活動する人間は、たいてい手に入れられる最善のもので自らを満足させなければならない。なぜならば、もし細部のすべてを完璧にしようとすれば、決して目的を成し遂げることはできないであろうからだ。人は本質を究明する時間がなかった、という考え方にすがる必要があるのだ。そして結局、真実に基づく信念の確立のために時間を費やすのではなく、間違った原理を利用するという危険を冒してしまう。世界は、長々しい、学問的論証によって支配されているのではない。特定の出来事をすばやく一瞥し、大衆の束の間の情熱、瞬間的な出来事、そして、それらを利用する技術を日々研究することがすべての事態を決定づけている。(1)

トックヴィルは、民主主義が移動性(mobility)を奨励していることを認めている。なぜならば、それは市民に政治的・経済的自由を与えるからだ。民主主義社会では、「すべての人は動いている」と述べる。しかし、さらに彼が言うように、まさにこの移動性こそが民主主義を弱める傾向にある。あわただしい生活には、注意深い熟考のための時間がほとんどないため、あわただしい社会の市民は賢明な政治的決定に必要な知識や観点を欠くだろう。私たちの生活の動くスピードが増加したために、一八三〇年代のアメリカでトックヴィルが感じたことが今日においてよりいっそう当てはまることとなった。しかし、この明白な弱点を今日のコミュニケーション・システムが十二分に埋め合わせをしていると主張する者もいるだろう。というのも、その領域と速さに人々が敏感に反応して行動するのに必要な情報を与えてくれているからだ。本章では、電子国家の市民の性質を探求しながら、この主張を考察していくつもりである。(2)

1　情報依存性

「今日は晴れです」と窓のないラジオ放送ブースに座り、ラジオのアナウンサーは断言する。しかし外では、ちょうど彼が話しているときに、雨が降っている。

天気予報はたとえ天気を反映しない場合でも、アナウンサーが手に持っている台本を反映している。彼が一瞬でも外に出てみれば、聴衆が見ていた雨は真実ではない、と言ってしまった決まり悪さを免れたであろう。しかし、彼の天気に関する知覚は周辺の感覚的体験に限られていた。彼には外を見る窓がなかったために、間接的な情報、つまり、手に持っていた台本、というういっそう説得力のある情報に頼らざるをえなかった。だが、アナウンサーの問題は大きくて複雑な社会の成員として、私たちすべてが直面する問題なのである。

最古の人間社会が形成された先史時代の薄暗い霧の中では、人間のニーズはごく基本的でシンプルなものであった。そして、そのニーズのほとんどは、個人やその個人が属する小集団、つまり、家族や部族によって満たされていた。すなわち、狩り、釣り、食用植物の採取、住まいや服をつくり、たき火をおこすことで。それからずっと後に、古代文明が肥沃な川谷に現れた。そこでは、豊かで恵み深い環境が過剰の食物をもたらした。この過剰さが労働の専門化を促進し、人々はもはや生き残るためのニーズを満たそうと奮闘するのではなく、特殊な才能がもたらす製品と生活必要品を交換した。

そのような複雑な社会は、自己依存というよりも、むしろ相互依存によって特徴づけられる。大きな居留地には、あらゆる種類の専門家が現れた。詩人、兵士、靴屋、陶工、音楽家。専門化によって、さまざまな文明が生まれ、社会の成員に新しい刺激の源や豊かな物質文化の恩恵をもたらした。

長い年月が経過するうちに、より技術の進歩した文化が生じ、そこにおいて、職業上の専門化はよりいっそう明確になった。たとえば、私たちの文化では、職業の種類や下位範疇が無数に存在する。文明人として科学技術の力を所有しているため、私たちの文化はこれまでのどの文化よりも強力である、という結論に導くことができるだろう。国家レベルではそれは正しいかもしれないが、個人レベルではそうではない。私たちの経済の強さを説明する相互依存は、私生活の安全性をずっと壊れやすくする。私たちが経済的に互いに依存しているのと同じ程度において、個人の未来が危険に瀕しているのである。

先史時代の穴居人は大自然の抵抗にもかかわらず、生き残ることができた。確かに、私たちの時代のスポーツカーや大画面カラーテレビと比べると、原始的なライフスタイルはつまらないものにみえるだろう。しかし、たとえば、氷でおおわれた荒地に一人というような同じ状況に追いやられると、私たちはどうやって生き延びたらいいかわからない。万が一私たちの文明を支える構造が崩壊した場合、私たちは日常の当たり前の必需品を自分自身でつくり出すことはできないだろう。[3] 車を走らせるためのガソリンをつくれないし、暖房や明かりのための電力をおこせないし、最も基本的なニーズを満たす十分な食物やきれいな水を手に入れることもできないだろう。一言でいえば、私たちは死ぬだろう。飼育によって洗練されたために、生命を維持するためのスタミナや回復力を失くしてしまった動物のように、私たちは専門化したことによって消滅するだろう。

しかし、文明社会に依存することは、単に身体的な生き残りのための必要条件とは限らない。それはさらに、私たちの知性の生き残りのための必要条件でもある。なぜならば、窓のないスタジオの中に閉じ込められたアナウンサーのように、私たちは必要な情報を他人に依存しているからだ。

社会生活が複雑であればあるほど、その成員はよりいっそう情報が必要となる。しかし、社会が大きくなればなるほど、情報の大半が間接的にやってくることを表している。

確かに、穴居人よりも私たちは世界についてずっと多くのことを知っている。しかし、穴居人が知っていた事柄は彼らが直接、知ったものであった。

私たちが受け取る豊富な情報はかなりの高値で購入される。これは真実を求める際に他者に依存する代償である。社会が拡張するにつれて、その成員が生活に必要な事柄すべてを直接、知ることはいっそう難しくなる。

直接の経験が間接的な情報に反比例して減っていくにつれ、現実の感覚は完全体ではなくなり、よりいっそう断片的なものとなる。ずっと昔、少しの情報に対して千もの個人的体験があったかもしれないが、ついに、千の情報に対して一つの個人的体験となってしまった。断片的な体験のもたらす結果として、人はかつて自分の生活に関してしっかりと理解していた事柄を見失う。情報が現実にとってかわるのだ。

したがって、コミュニケーション時代は逆説的に、脆弱な時代でもある。コミュニケーションに依存しすぎる社会において、人は受け取る情報の質からの影響をより強く受けやすくなる。そのために、それほど情報を伝え合う必要性のない社会と比べて、他者からずっと容易に操られる可能性がある。要約すると、私たちの生活は結局、「私たち自身とは、つまり、私たちが言われた事柄や見せられた物である」ということになる。なぜならば、私たちが頭の中で描く現実の写真は、大部分が私たちに示されたデータからつくられるためである。

社会が問う問題は結局のところ、それが承認する現実に左右されてしまうだろう。手短にいうと、問題に取り組む前に、人々はまず最初に問題が存在することを認識しなければならない。

えり抜きのデータ

問題となっているのは、社会における情報源の正確さだけではない。なぜならば、すべての情報源に内在する、選択という、目に見えないプロセスも存在するからだ。ニューヨーク・タイムズの発行人欄は「活字にするにふさわしいすべてのニュース」と誇らしげに宣言するが、それはむなしい自慢だ。なぜならば、どの新聞も所定の日に起った出来事について知っていたとしても、そのすべての出来事を語るのに十分なスペースをこれまでもたなかったのだから。代わりに、編集者が選択しなければならない。その仕事は、「報道価値」があるものと、ないものとを決定する。だが、報道価値があるものというのはだれに対してなのだろうか。どういった理由でなのだろうか。実際、「活字にするのにふさわしい」ものとは、本当はどういった意味なのだろうか。あなたや私が重要だとみなす出来事が、他の人には何の関心もそそらないかもしれない。それでは、広い読者の気に入る場合にだけ、記事を活字にすべきか。限られた関心しかそそらない記事は除外すべきか。こういった質問は単に学問的なものではない。それは、データの選択が社会の意識を形成するうえで、事実の正確さと同じくらい重要になりうるからだ。たとえば、もし領土が攻撃されたとか、きわめて重要な利益が脅かされたと知らされたならば、国民は戦争に行くのをいとわないだろう。しかし、もし自国の軍隊が攻撃を引き起したと知ったならば、行きたがらないであろう。いかに情報が正確であろうとも、もしその話が完全に語られない、と誤解を招くかもしれない。

しかし、話はどれだけ「完全」であるべきか。当然、私たちを誤った方向に導かないくらいに完全であるべきだ。だが、それをだれが決めるのか。もちろん、理性的な人である。メディアの場合では、レポーター、あるいは、編集者である。それは編集上の判断力の問題といえるだろう。

もし、すべてのメディアが同じであったならば、そうなるだろう。しかし、マスコミ機関はそれ特有の長所と短所をもっている。テレビは、起ったニュース場面に私たちを即座に連れて行くことにより、視覚的直接性を提供する。新聞は事実や意見を集めることにより、熟考の基盤をもたらす。理想をいえば、社会において、一つのメディアの長所は他のメディアの短所を補うべきである。

しかし、同時性の社会は熟考ではなく、刺激のうえに、過去時制ではなく、鮮やかな「現在」のうえに繁栄する。まさにこの理由のために、次々に新聞は生き残りをかけて合併し、あるいは、あっさりと休刊してしまう。なぜならば、電子文化的環境では、印刷メディアは心理上、はっきりと不利に働くからだ[4]。

新聞の読者数をたどり、メリーランド大学の調査はこう結論づけた。「過去三〇年間に渡る新聞購読の減少こそが、アメリカの大衆の自由時間の行動の中で一様に目立った傾向の一つである」と。テレビが登場する以前の一九四六年には、アメリカ成人の八五パーセントが「昨日、新聞を読んだ」と言った。一九六五年には、その割合は、七三パーセントに減少した。一九八五年には、五五パーセントにまで落ちこんだ。(5) それ以降、日刊新聞の発行部数は一定であったが、もう一つの決定的な変化が起った。新聞社数の減少である。世紀が変わるときには、ほとんどのアメリカ主要都市に二つ以上の新聞社があったが、今日では競合する新聞社があるのは、たった四〇のアメリカの都市である。(6) 競合的なジャーナリズムのそのような現象は、対立する編集者の視点や記事アングルの減少を意味し、その結果、民主主義の読者に提供していた、釣り合いのとれた見方を減少させることになった。

ジャーナリズムと「今」

今日のメディア世界において、広く浸透しているのは釣り合いのとれた見方ではなく、「今」のパワーである。ジャーナリストのマーク・ハーツガード（Mark Hertsgaard）はこう述べる。「ニュースメディアの取材範囲における問題の多くは、今、今、今にしつこく焦点を当てることからきている。もし二日前になにか起こっていたとしても、メディアは気にもとめない(7)」と。

評論家のスヴェン・バーカーツ（Sevn Birkerts）も次のように同意する。

電子メディアがもたらした最も印象的な影響の一つは、永遠の「現在」、つまり、「今」という説得力ある感覚をつくり出すことである。そのイメージとすばやく移り変わる連続体の影響力はとても強力であり、並列した内容に催眠術をかけるために、見る者は誘惑され、因果関係を示すような歴史的な考え方の習慣から次第に離れていく。番組の構造は、没頭や熟考の時間をまったく許さない。毎時間毎時間、世界のモンタージュは私たちの目前を急いで通り越していく。

画面上で、私たちのそばを流れる不変のコラージュを見ることで、自らが「今」の中に植えつけられて――あるいは孤立状態になって――いるのに気づく。私たちは真の歴史、つまり、「現在」を形成している過去への熱意を失くしただけでなく、きわめて重要な将来の感覚をも失った。将来性は人の気力を失わせ、支配力の欠如を知ることで人は無力になり、習慣的な現在時制の刺激の中毒になったために、私たちはカレンダー上で丸で囲んだ次の休暇よりもさらに先を見たりはしない。(8)

バーカーツの意見はテレビ視聴者側のものであるが、彼の認知はテレビで働いているジャーナリストに匹敵する。NBCのニュースキャスター、トム・ブローコー（Tom Brokaw）はテレビの政治運動報道を批評し、こう述べる。

ニュースのサイクルは一日二四時間になり、現在常に、とてもすばやく動いている。つまり、情報の断片が真実であろうが、間違っていようが、朝早くサイクルの中に吸い込まれ、一度サイクルの中に入ると、一日が終わるまで、情報が実直さをもつまでぐるぐる巻かれる。そして不幸にも、人々は情報の断片を追い求めるのに忙しすぎて、それが真実か、そうでないか、について忘れてしまい、事実とみなしてしまう。(9)

そういうわけで、つむじ風のように、テレビはすべてのものをその渦の中に引き込み、事実と虚構の間にある線をぼやけさせる。

レポーターのレスリー・シュタール（Lesley Stahl）も同意する。電子のスピードは無責任なジャーナリズムと結びつく可能性がある、と彼女は考える。

ジャーナリズムは、科学技術にまだ追いついてはいない。あなたは、一人の男を生放送に放り込むだろう。だが、彼が口を開いたときに、あなたは自分が何をするつもりなのか心の中で何も考えてはいない。われわれは物事が起るまで何も調べない。そしていったん起ると、トークショーの司会者がそれをとらえ、タブロイド版新聞がとらえ、そしてわれわれは言う。「おやまあ、私たちもそれを追いかけなければいけなくなった[10]」と。

しかしそのスピードは、テレビ産業全体を特徴づける。NBC社長のロバート・C・ライト（Robert C. Wright）が指摘するように、「われわれは頭上を打ちつけられる前に、必要な変化を行なうために時代に敏感でいようとしてきた。しかし、世界はとても速く動いている。もし時速八マイルの速さで私たちが走っているとすれば、世界は時速一二マイルだ。とても油断がならない[11]」。

批評家のニール・ポストマン（Neil Postman）は印刷メディアと電子メディアを比較して、一般に電子メディアは、そして、とりわけ、テレビは「脱コンテクスト化した情報環境[12]」をつくり出すと説得力をもって述べた。瞬間的なデータの流れを促進する電子メディアは、独自のコンテクストから相次いで事実を引き出し、まとまりのある組織を分解してバラバラにする。その結果、受け取り人を個々のエネルギーの衝撃で砲撃する。これらメディアの発端についてポストマンはこう述べる。

彼らのもっているものは、相互連結を否定し、コンテクストなしに進み、歴史の不適切さを主張し、何も説明せず、複雑性と首尾一貫性の代わりに魅惑を提供した「言葉」であった。彼らのもっているものは、画像と即時性のデュエットであった。

この電子工学技術全体は、新しい世界、つまり、いないいないばぁーの世界を生み出す。そこでは、今、ある出来事が視界の中にちょっとの間入ってきて、そして、再び消えてしまうのだ。それはほとんど首尾一貫性も認識力もない世界である。われわれに要求もせず、それどころか、われわれが何かすることも許さない世界である。ちょうど子どものいないいないばぁーの遊びのように、まったくそれだけで完結した世界である。しかし、いないいないばぁーのように、それはまた、永遠に愉快なものである。[13]

長期の熟考よりも短期の刺激を好む同時性の観客はその感覚のくすぐったさを喜び、意味があるように見せかけるくだらない事柄に夢中になる。その結果、現実の報告自体が軽視されるようになる。ジャーナリストのロバート・マクニール（Robert MacNeil）によると、テレビニュースの目的は、「注意力を引っ張るのではなく、多様さ、新しさ、活動、動きを通して不断の刺激を提供するために、すべてを簡潔に保つことである。人は、一度に数秒以上つづけて、概念でも登場人物でも社会問題でもないものに、注意を向けることを要求される[14]」。このようなニュース番組の作成は、視聴者の注意持続時間が短く、気まぐれにテレビのチャンネルを変え、そして、簡単に退屈するという推測から生まれた。おそらく現実に則した推測である。レスリー・シュタールが述べるように、「ゴールデンアワーの同僚たちは私にこう言います。彼らには、分ごとの追跡と呼ぶものがあり、たとえば、彼らが外国の指導者に関する話をしていると、視聴者は立ち去り、そして次の話はもっとおもしろいかどうかを確かめるために、ボタンを押して戻ってくる[15]」と。

空白を埋めるために、テレビのニュースには事件が必要である。視聴者に見つづけてもらうためには、おもしろいものが必要となる。映像型のマスメディアは、視聴者が思索的で知的であるよりも、むしろ主として視覚的で感覚的な話に引きつけられることをよくわかっている。そしてチャンネルは束の間の刺激を提供することで、同業者と激しく競争し合う。そして、センセーショナルな話題の選択と取り扱いを強調することにより、私たちの注意を得ようと競い、ベテランのデトロイトテレビ放送記者のジム・ヘリングトン（Jim Herrington）の言葉で、「犯罪、セックス、肉欲的な話のメニュー[16]」を放送するのである。そういった話に慣らされて、視聴者はすぐに扇情的なニュース、扇情的なスポーツ、さらには扇情的な天気をも期待するようになる。ニュースは重要でなくなったからではなくて、単におもしろくなくなったために、だんだんと退屈なものになり、そして、放送時間を他の番組に譲ることになる。強情で容赦のない平等主義は、重要なものもそうでないものもすべての事実を同レベルのものに変え、ささいなことを誇張して述べ、重要なことを平凡にする。混雑した電子市場の情報商品の売店では、売り手が「私のを買ってくれ！　私のを買ってくれ！」と叫び、大げさな売込みが最高潮に達する中で、より大きな声を出そうと努めている。結局、最も大きな声以外のものには、聞く人の関心はほとんど向かない。

あわただしく動く世界で、人と社会が必要とするのは何よりも総体的な見方である。――それは、つまらないものと重要なものを、はかないものと永久的なものを、間違ったものと正しいものとを、区別させる。そのような観点は正確に知識を与えられることが意味する本質である。そして、正確に知識を与えられることは、民主主義の本質である。ずっと昔にトーマス・ジェファソン（Thomas Jefferson）が警告したように、「文明状態の中で、国民が無知で自由であることを期待するということは決してそうでなかったこと、そして、決してそうならないものを期待していることになる」[17]。

しかし、時間が圧縮された電子メディアの世界では、（テレビニュースで繰り返して放送するために）ディスコース（言語情報）の代わりにサウンドバイト（音声情報）が容易に用いられる。実際、サウンドバイトそれ自体はより短くなりつつある[18]。ハーバード大学研究者のキク・アダトー（Kiku Adatto）の研究によると、一九六八年の夕方のニュースにおける大統領候補者の連続した演説の平均的長さは、四二・三秒であった。二〇年後、それはたった九・八秒に減少した[19]。この傾向に逆らおうと、一九九二年のCBSニュースは、大統領候補者に三〇秒の連続した放送範囲を与えると公表したが、しかし、すぐに手を引いた。ABCのピーター・ジェニングス（Peter Jennings）はこう言った。「すべての候補者に三〇秒与えることは一種の気まぐれです。候補者たちは現在、三〇秒間のサウンドバイトの中で話しません。彼らが話すのは、一二秒のサウンドバイト、九秒のサウンドバイトです[20]」。

ジェニングスの意見はとりわけ、サウンドバイトのジャーナリズムがどう候補者に影響するかを明らかにする。もしテレビに出たいのならば、彼らは複雑さを避けなければならない。しかし、単純な陳述や単純な思考は、国民の生活にとって危険となりうるだろう。

テレビは表面的ではあるが、テレビの直接性のオーラはその表面性に大いなる権威を加える。ナウイズムの社会は、即座のコミュニケーションを重んじる。その結果、私たちが自由に使える情報システムは、私たちが知る必要のある事柄を独力で知るよりもずっと早く伝えてくれる。その能率性のために、他の知識源よりも、さらには自身の個人的体験よりも、私たちはその権威や正確さを尊重するようになる。元大統領のリチャード・ニクソン(Richard Nixon)は、それをうまく、こう表現した。上院の審問がテレビ放送されるまで、ウォーターゲート事件は彼にとって大した問題ではなかったと、彼は言った。「アメリカ国民は、テレビで見るまでは何も本当だと信じない」と彼は述べた[21]。

視覚的イメージのリアリズム、すなわち、(活字の抽象的な性質と対比して)生きているような外観の忠実さによって、テレビは他のメディアが欠く説得力をもつ。テレビ放送された活気あるカラフルなイメージは、その人工性を実際に超越するだろう。あるいは、他の人工性と結びついて、散漫な出来事はそれ自体がもたらす以上の凝縮された感情的衝撃を視聴者の中につくり出すだろう。したがって、テレビ放送されるフットボールのクローズアップされた試合は、本物の試合がスタンドの高いところにいるファンに届けるよりも、より多くのものを家にいる視聴者に届ける。テレビの視覚的インパクトは、他のメディアよりも人を納得させるし、それどころか、現実そのものよりもずっともっともらしい。

しかし、テレビが現実を知るための情報源となればなるほど、逆説的に、ますます私たちは自律性を手放していく。テレビのニュースによって最新の出来事を取り入れることができるが、私たちの現実の概念はたいてい、他のイメージ――現実のものを意図的に選り分け、配列し直し、歪めてしまう人為的なイメージ、あるいは、決して起っていない事柄の描写――によって形成されつつある。真実として受け止められるこれらのイメージは、――トークショーやコマーシャルから映画やメロドラマまで――生の原料となり、そこから、私たちは意見や信条をつくり出す。批評家のジェリー・マンダー（Jerry Mander）は次のように説明する。

あなたはテレビを見ているとき、空想しているのでも、読んでいるのでも、窓から世界を見ているのでもない。あなたが心を開くと、だれか他の人の空想が入ってくる。そのイメージは、あなたが行ったことのない遠い場所からきたもので、決して経験できない出来事を描写し、そして、それはあなたの知らない、一度も会ったことのない人から送られてくる。いったん彼らのイメージがあなたの内部に入ったならば、それはあなたの記憶に刻み込まれる。そして、それはあなたのものになる。[22]

理論上、文明の情報テクノロジーは、共同体の成員に限られた狭い範囲での経験よりも広い眺望にアクセスさせ、彼らの生活や時代を超えた知識を提供し、壁を窓に取り替える。理論上、人々がその窓を通して見るものは、人々とその文明の成長を助けるだろう。しかし確認すべきことは、窓を通して見るものは実際にそこに存在するということであり、もし彼らが歪んだガラスを通してしか見ることが許されない場合には、特に歪んでいることを自覚しておく必要がある。

天気を正確に知るためには、実際には、目を窓から離さなければならないだろう。つまり、正面玄関をくぐり抜けて、開けた空を見て、自分自身の肌で新鮮な空気を感じなければならないのだ。

2　過去の改ざん

ここまでみてきたように、情報の必要性は「今」の電子工学の力を呼び出し、私たちにその助けに頼るように仕向ける。しかし、私たちを助けるうえで、「今」のパワーは、その形態と実質が人工的につくられた現代の中において私たちを孤立させる。事実、「今」のパワーは人工的な現代を製造し、そして私たちはそれを消費する。

しかし「現在」とは「今」のパワーによって影響される唯一の時間の範囲ではない。なぜならば、ナウイズムは過去にも影響を与えるからだ。第*1*章のはじめに述べたように、「現在」への執着は、私たちを過去の実体に縛りつける。だが、「今」のパワーはさらに、歴史を変える能力ももつ。そして、それは民主主義の将来に多大な影響を及ぼすことになる。

数十年間、コメディアンのジャック・ベニー（Jack Benny）は、自分が三九歳だと言い張った。自分のケチさかげんについて繰り返しジョークをとばすことに加えて、ベニーが本当の年齢をなかなか告白しないことは、いつも観客を楽しませた。時の経過によって真実の年齢がよりいっそう目に明らかになるときには、特にそうであった。もちろん、ジャック・ベニーは年齢を隠した最初のショービジネスの有名人ではなく、また、最後の人でもない。美容整形手術や誕生日を変えることは、高齢のスターたちをより若々しくするためにしばしば用いられる。政治家を含む公務員の名士たちは、大衆からより広く受け入れられるように、彼らの履歴書の忘れたい事柄を削除して、有意義に編集する。実際、しばしば政治において、立候補者の過去の人生が暴露されることは、その綱領の暴露よりもずっと有害となる。

伝記上の真実を政治的に操作することは、時々、悪意をもって行なわれる。二〇世紀のソビエト史は歴史の本から消されて、数年後に同一ページ上に復帰して戻ってきた作家や政治家たちで満ちている。ある時は彼らを見て、ある時は見ない。独裁者は全体主義の指揮棒を振り、魔法のように歴史の人口を激減させたり、増やしたりする。これは、現代だけの現象ではない。エジプトのファラオやローマ皇帝は彫像を粉砕したり、碑銘から名前を消したりして、嫌悪する先祖の記憶を消そうとした。こういった事例のように、古代も現代も、伝記上の過去は現代の伝道者のニーズに合わせて調整される。

メディアの力に最初に気づいたのは、過去の支配者たちであった。大衆に与える知的栄養素を方向づけすることで、彼らは大衆の思想をコントロールすることができた。公共の芸術や小礼拝堂は彼らの得意な方策であり、それによって、古代の独裁者たちは彼らが望む成果を得た。そういった独裁制は、経済的依存や中央集権化支配の特徴をもつ社会の中で成長した。

古代において、歴史の修正は、今日に比べてそれほど複雑ではなかった。古典ギリシャ語が現れるまで、専門の歴史家は存在しなかった。歴史研究の父のヘロドトス（Herodotus）は、紀元前五世紀に活躍した。二五世紀以上もの近東の王政と戦争がすでに過ぎ去ったあとである。巻物に書かれたものも石碑に刻まれていたものも、それ以前に保管されていたどんな年代記も、政府が管理したものであった。そのような記録は国家が依頼して、真理を国家の見解をもって具体化したものである。このように、たとえば、エジプト帝国とヒッタイト帝国の強大な軍隊がシリアで戦い、引き分けたとき、それぞれの支配者は本国に戻り、「勝利」を祝う記念碑を造るように命じた。出来事の偏見なき記述など、古代や中世にはまったく存在せず、しかも独立した報道機関という概念さえなかった。

ルネサンス期の印刷機の発明とともに、政治指導者たちは二つの新しい問題に直面した。民営化と配給である。当時、情報は私的に生み出され、公的に配給されつつあった。最初、真実を封じ込める政治家の任務は大衆の乏しい読み書き能力と初期の本の印刷にかかった時間のため容易であった。しかしやがて、教会と国会のリーダーたちがより独断的なイデオロギー手段による支配力を再主張する必要性を認めた。確かに知識は権力であった。もしだれもやっかいな出来事を知らなければ、その出来事は決して起らなかったことになるだろう。だれもいなかったので、その倒れる大きな音を聞かなかったということわざの森の木のように、政治の真実のくずれる音もまた消すことができる。

その当時からの社会変化と現代の技術進歩は、そのような改ざんを阻むかのように思われるだろう。数千の公立図書館に現在ある数百万冊の本、コンピューターを通じてデータにアクセスする容易さ、そして、コミュニケーションの媒体としてのテレビの有効性は、教育を受けた知識ある大衆をつくり出す完全な要素のようである。しかし、皮肉にも、歴史修正論は今日においてこれまでにないくらいずっと容易であるかもしれない。

資料の非常な多様性は――毎日毎日さらに多くなる――情報の氾濫を引き起こし、善意の読者は知性の救命具を投げ込まれないかぎり、その中で溺れ死ぬ可能性がある。そのような多様性がもつ真の危険は、その均一化の影響である。つまり、善と悪を等しいものにする影響である。なぜならば、そのような混雑の中で、真実と偽りを見分ける行為は、ひどく骨の折れることであるからだ。その状況の中で、いつも無料で案内してくれる人々がいるが、彼らは単純さの魅力と快適な嘘で私たちを誘惑する。

必要な事実が本やデータバンクのどこかにある、というだけでは十分ではない。というのも、読み書き能力だけでは、文明保持には不十分だからだ。いかに真実が複雑で痛ましいものであっても、真実の積極的な追求に読み書き能力を利用しようとする意志がなくてはならない。

だが、テレビメディアが公共市場を支配するつれて、白黒の印刷記録を求める気持ちは、個人にしても共同体にしても、ますます失われていくだろう。テレビ、特にスポンサー提供のテレビ番組は、私たちを楽しませる事実を主に放送し、私たちを満足させるためにその残りは誇張する。(23) なぜならばテレビ、すなわち、同時性社会の理想的なメディアは、瞬間のうえに繁栄するからだ。その記憶は、短期間のもので、歴史的ではない。進化する科学技術は、実際、過去の記録の改ざんをますます容易にする。事実上、科学技術の存在自体が改ざんを促進している。

コンピューターが生み出したイメージを利用することで、編集者は以前にとった写真に巧妙に視覚的要素（人間や人間以外のもの）を削除したり挿入したりできる。このようにして、写真やフィルムは目では見破れない方法で嘘をつくことができる。そして、視覚的な嘘は永久に保存される。電子工学を用いて人間や小道具を加えたり控除したりすることを通して、歴史はつくられたり、破壊されたりする。煙の出ている銃は電子工学により、暗殺者の手から取り去られ、別の人の手の中に置かれる。あるいは、政治家は一度も出席したことのない平和会議で起立し、演説することができる。なぜならば、現代の科学技術をもってすれば、時間と現実を処理できるからだ。

映画『フォレスト・ガンプ』（Forrest Gump）では、俳優トム・ハンクス（Tom Hanks）が三〇年前のアーカイブニュース映画の画面にうまく溶け込むことで、ホワイトハウスを訪れることができた。そして、くちびるを電子工学で操作し、録音帯に音声を加えることによって、ジョン・ケネディ（John Kennedy）とリンドン・ジョンソン（Lyndon Johnson）は彼に「話しかける」ことができた。これらの技術について批評した際、インダストリアルライト&マジック社のコンピューターグラッフィクス監督のジョージ・マーフィー（George Murphy）は、こう警告した。「『フォレスト・ガンプ』の中で、われわれの歴史操作はおとなしく無害なものだった。政治的見解を変えたり、悪意のあることは行なわなかった。しかし、極端なことができる可能性を秘めていることを、それは示している」[24]と。

しかし、そういったことはすでに行なわれていた。一九九二年の上院議員選挙運動で、だれかの手と握手している国会議員のロッド・チャンドラー（Rod Chandler）の写真は、彼が一袋の金をつかんでいるようにつくり変えられた[25]。同様に、候補者のビル・クリントン（Bill Clinton）がアル・ゴア（Al Gore）の手を高く摑んでいる一九九二年の写真は、ゴアの手の代わりに、上院議員のエドワード・ケネディ（Edward Kennedy）の手を使うことにより、ケネディが大統領の職の任命を助力しているかのようにつくり変えた[26]。それが露見した後や付随的に損害がもたらされた後の困惑を別にすれば、そういった不正につくり変えた写真や政治運動におけるその他のごまかしの使用を取り締まる規則は存在しない。一連の電子工学技術によってもたらされた、将来においても、他の改ざんへの取り組みを引き起すだろう。

公共の記録もまたそのような改ざんを免れない。実際、電子記録は、手書きや活字のものよりもずっと無防備である。ちょうどウォーターゲート事件のテープの欠けた数分が示すように、電子データは永続性をもたないからだ。貯蔵エネルギーの衝撃として、電子データは無限の可変性という時間を超越した領域に存在する。国立防衛文書局(National Security Archives)の局長トム・ブラントン(Tom Blanton)はこう述べる。「電子は文書を、書類形式のものよりもずっと価値あるものにする。探しやすく、検索しやすく、保管しやすい。しかし同様に破壊しやすい(27)」。過去において、検閲官によって本が焼かれ、あるいは、少なくとも流通からはずされた一方で、電子の本や文書は、単純に消すだけでいいし、あるいは、もっと都合のいいことには、つくり変えることもできる。確かに、ある事柄に対するすべての言及がコンピューター目録のメモリーから抹消されるならば、それは事実上、存在しなくなる。

第二次世界大戦におけるファシズムの敗北後、ジョージ・オーウェル(George Orwell)は以下のような方法で歴史が操作されると考えられる全体主義の未来を予見した。『一九八四年』(*1984*)の中で、オーウェルは、「真理省」(Ministry of Truth)の活動をこう説明した。


気送管が導く目に見えない迷宮の中で何が起ったのか、彼は詳しく知らなかった。だが、一般的な原理は知っていた。『タイムズ』の特定号において、たまたま必要な訂正文がすべて集まり、校合されるとすぐに、その特定号は再版され、元版は処分される。その代わりに修正された版がファイルに綴じられる。この断続的な手直し作業は新聞だけでなく、本、雑誌、パンフレット、ポスター、チラシ、フィルム、録音帯、漫画、写真、さらに政治的、イデオロギー的な意味をもつと思われるあらゆる文献や文書にも適用された。日ごとに、いやほとんど分ごとに、過去は「現在」に改められた。この方法によって、政党によるあらゆる言明は正しかった、と記録による証拠で示すことができた。また、その時のニーズと矛盾しているどんなニュースの項目も、あるいは、意見の表明も、記録に残すことは許されなかった。あらゆる歴史は羊皮紙であり、削ってきれいにし、必要なだけ何度も書き直された(28)。

私たちは実際のところ、悪意はないけれども、私たちを変容に慣れさせる身近な科学技術に囲まれている。旧式のタイプライターは、もし誤植をおかしたら、慎重に消すか、または、白い修正液を塗らなければならない。よりきちんと修正するには、全ページをタイプし直す必要があった。近代の電子タイプライターでは、修正テープが楽々と、誤ったつづりからインクを引き上げ、新しい文字をすぐにタイプできるようにする。今日のワープロでは、修正はなおいっそう簡単である。いらない文字、単語、行、そしてパラグラフはボタン一押しで、電子工学が取り除いてきれいにしてくれる。まるで一度も存在しなかったかのように見えなくなる。悲しいことに、書き手は昔の草稿を思案しようとしても、できない。彼に先見の明があり、コンピューターのメモリーにそれを保管しておかないかぎりは。横線で消した行を振り返ることも、くずかごからしわくちゃになった紙を回収することもない。電子工学の機能のために、過去は前例のない使い捨て用品となる。

同様に、長い間、家族の誕生日や休暇を記録してきた旧式の自家製映画は、今日のポータブルビデオカメラに取って代わられるようになった。それはフィルムではなくテープが同じ目的を果たす。しかし、テープはいつでも消すことができ、いつでも再利用できる。それは何か他に重要なものが出てくるまで、ほんの一時的にみられるものを記録する。

ワープロやポータブルビデオカメラは、単純に変化を促進するのではなく、変化を招いていることに注目することが重要だ。そのような装置が便宜上、賞賛されると同時に、それが要求を満たす社会の価値観を体現するのだ。すなわち、「現在」をより重要とみなし、過去を断ち切った社会である。ポータブルビデオカメラは、決して悪いものではないし、ワープロにしてもそうである。それぞれ、文化の価値観を反映しているだけである。つまり、一時的であることに慣れ、「今」に魅了された同時性社会の感性を反映する。しかし、その影響が知らぬ間に作用していくうちに、私たちは消耗品としての過去という概念に慣れてしまう。

ハリウッドの売出し中の若手女優が、他の男をより愛することになるまでは、自分は夫に常に誠実であったとして、夫婦間の貞節に関する彼女自身の定義を正当化したように、私たちはより魅力あるものが現れるまで、過去に対して忠実である。アメリカ人は、いつも三九歳で、いつも「現在」によるお世辞、すなわち、過ぎ去る年月を忘れるようにそそのかす、ご機嫌取りに影響を受けやすい気まぐれな恋人になる可能性がある。

3 ゆがんだ愛国心

結婚や家族に力を与える永続的な忠誠は国家にも力を与え、その場合、それは愛国心と呼ばれる。「愛国心」(patriotism)という言葉が家族の絆を含意するのは偶然ではない。というのも、それは故国(fatherland)を表すローマ単語である"partia"からきているからだ。古代ローマ人は、息子が父に対して忠実であるように、市民も自国に対して忠実でなければならない、と考えた。

伝統的なローマの愛国心は歴史の記憶、先祖への敬愛、先祖代々の伝統によって結びついた過去が意識の中に浸透し定着していた。ローマ国家組織に安定性を与えたのは、この時間の基盤であった。

家族愛のように、愛国心は時間の境界線上に広がり、「現在」のアーチで過去と未来の岸に橋をかける。だが、過去と未来の安定した土台がないと橋は持ちこたえることはできない。未来はまだ実現されていない国家の理想を象徴する一方で、過去は国家の創設者が心に描いた夢を象徴する。そして、「現在」はこの二つを結びつけるのである。

しかし、もし愛国心が未来と過去の橋渡しをするという時間を超越した態度であるならば、もっぱら「現在」の中にだけ生きている同時性社会の真中でどうやって愛国心は存続することができるのだろうか。そして、もし愛国心自体が国家の強度に必要であるとするならば、過去との疎遠により、愛情が奪われた国家がどうやって持ちこたえることができるのか。

この質問に対して国家は絶対にもちこたえられないだろう、と答える者がいる。また、スピードと同時性にゆがめられた産物、すなわち、ゆがんだ愛国心によって国家が維持され、存続していくだろうと考える者もいる。

一方で、歴史を知らない社会には愛国心は存在しないと思われるかもしれない。しかし、そのような社会は歴史に無知であるために、それだけいっそう心理的政治的操作に影響を受けやすくなる。指揮を欠くため、それは指導者を切望する。そして、指導者は権力を獲得するまたは永続させる手段として、自分の目的に合うように歴史をつくり出したり、修正したりすることができるだろう。大衆の短期間の記憶は、政治的支配をよりいっそう容易にする。なぜならば、彼らは「現在」の価値観と比較する基準である、比較的最近の過去さえも引き合いに出すことができないからだ。したがって、テープを消す必要性はほとんどない。なぜならば、それはすでに空白であるからだ。

大衆は、本能によって複雑な問題を避けるだろう。というのも、複雑な問題は熟考する時間を必要とするからだ。代わりに、彼らは「当座しのぎの対処法」という幻を好むだろう。それは少なくとも、問題を今のところは解決したようにみせかけてくれるからだ。そして、重要なのは「今」であるために、今だけでもう十分なのである。

瞬間的快楽への絶え間ない大衆の渇望は、企業と政府（二つを区別することは難しいだろう）によってかなえられ、さまざまなおもしろい人工的娯楽（スポーツイベント、戦争、無害な社会運動）をつくり出すだろう。苦痛でさえも、名前も知らない他人の苦痛として知覚されるかぎり、許容されるだろう。

そのようにして人生は続くであろう。休日は、祝われつづけるであろう（商業化された形式であろうとも）、そして、旗はひるがえりつづけるだろう。

「パンとサーカス」(bread and circuses) を最初に考案したのはローマ人であった。都会の大衆を幸福にするために食べ物を無料で配布し、無料の娯楽を提供した。(29) しかし彼らは、昔の共和国がもっていた厳格な価値観と接触を失った帝国人である。彼らの価値観は、今日の同時性社会の初期の原型であった。というのも、帝国ローマにおいて、コミュニケーション手段すべては(建築、彫刻、さらには貨幣)、人々を型に入れて、統一体――世界を支配することができる機械――をつくるために利用された。(30) しかし、順調に機能していたローマ皇帝たちの社会は、機械の長所と短所の両方を保持していた。強いが、非個人的であった。能率的だが、魂がなかった。

今日の同時性社会の近代的原型をつくるために相互連結したメディアを利用したのは、もう一人の独裁者のアドルフ・ヒトラー (Adolf Hitler) であった。ギリシャ・ローマの資材とモチーフを借りて、彼の新政治形態を古代の威厳と栄光で飾った。そして、アルバート・スピアー (Albert Speer) の建築上の想像力とレニ・リーフェンシュタール (Leni Riefenstahl) 映画の映像を利用して、ヒトラーは国家と民族の運命に対して、人々を奮起させる賛歌を作った。ユダヤ人の本や身体を焼いて灰にしたときには、非ユダヤ系白人の優位神話は、全国放送された演説や松明の光のパレードで称えられた。それはドイツ中の映画館でニュース映画としてくり返し上映された。第二次世界大戦におけるドイツの不名誉な敗北のために、この過去の悲惨な記憶を抑圧し、それをチュートン民族の偉大さというワグナー風の幻想と置き換えることが望まれた。(31)

当然ながら、ジュリアス・シーザー (Julius Caesar) もアドルフ・ヒトラーも自分の思い通りになるテレビの力をもたなかった。また、さらに重要なことはどちらも今日の観衆という好都合な要因をもたなかった。つまり、その観衆というのはかつてないほどに現代の中で孤立し、かつてないほどに過去から引き離され、そして、受動性に慣れて、電子による操作を受け入れる従順な人々のことである。(32)

テレビは思慮深い民主主義国家の敵ではなく、その救済の源になり得ると主張する人々もいた。

4　電子民主主義

『*Future Shock*――未来の衝撃』が出版される一年前の一九六九年、ロス・ペロー（Ross Perot）（EDS：Electronic Data Systems の創業者）は「電子議会」（electronic Town hall）の創設を提案した。それは、彼が組織した改革党の前身である政治結社、「UWSA：United We Stand, America」を通じて支持してきていた概念であり、また、一九九二年大統領候補として進めた構想でもあった(33)。

電子議会は、重要な問題、および、それらの代替解決策をアメリカの有権者に伝達するための手段として、全国テレビ放送を利用する。その表明を視聴した後に、国民は国家がとるべき行動計画に関する意見を自由に示すことができる。そして、これらの意見はフリーダイヤルによって中央コンピューターに直結するプッシュホンを使用して、各戸から登録される。また、この登録された投票の結果は国会議員が有権者の希望を把握するために、彼らが再生して聞けるようになっていた。

このシステムは一見、民主主義の有効性を高めるために、エレクトロニクスの力を活用しているようにみえるが、批判も多い。扇動的な政治家は自らが受け取りたい反応を引き出すために、意見の表明方法を注意深く練って世論を操作することができるのである。相対的にみれば、視聴者は全体として比較的少なく、科学的にもその少数の人々が有権者を代表しているとはいえないにもかかわらず、彼らの反応は国民感情の真実、かつ、正当な姿として議会に提示されることになる。さらに、批評家たちは、そのシステムのいくつかの技術的な欠陥も指摘する。たとえば、電子「投票」は、子どものような選挙権のない個人によっても投票することができる。また、各世帯（より正確にいえば、各電話番号）ごとに、複数の成人がいても一票しか票を投じることができない。さらに、視聴者は彼らが視聴した最新の情報によって最も影響を受け、合理的というより情緒的に反応する可能性が高い[34]（「映像をコントロールできる者が議論に勝てる」という別の証明[35]）。

さらに、このシステムは複数、かつ、（あるいは）複雑な答えを要求する複雑な問題にはあまり適しておらず、票を「はい」か、「いいえ」という形に単純化させてしまう。そして、仮にすべての有権者がそれを視聴したとしても、視聴者が参加する形での質問、および、コメントを通じて、重要な市民の力が介入する可能性は事実上、皆無である。その代わりに、指導者たちの話がその大部分を占めることになるだろう。実際、これらの弱点は都市レベル、地域レベル、また、全国レベルでも実験的に十分テストされた電子議会の運営ですでに観察されている。さらに、その弱点はその「国民投票」（referendum）が、初めて全国ネットでテレビ放送された一九九三年に顕著に示された。視聴者には論点の一片しか示されず、彼らは多くのサブリミナル効果［訳者注：意識下に刺激を与えることで表れる効果。テレビやラジオなどで、感覚的に認知できない速度のメッセージを挿入し、視聴者を操作することができる］で刺激され、選択を行なう余地をほとんど与えられなかった[36]。

しかし、前述したような弱点は代議制民主主義特有の弱点である。選挙運動では、政治家が一方的に話すために、有権者はほとんど大きな群衆の中に埋もれてしまい、投票は「はい」か、「いいえ」で行なわれることになる。さらに、人々はしばしば彼らが視聴した最新の情報に基づいて、情緒的に投票する。これは、二世紀以上前、すでに合衆国憲法の父、ジェームズ・マディソン（James Madison）を憂慮させていた、民主主義の特徴である[37]。

電子議会が危険なのは、それがこれらの弱点を促進し、制度化するということである。

ニューイングランドの初期の議会は小規模で、密着性の高い共同体——その成員が相互に話したり、聞いたりすることが可能であり、最終的な決定に到達する前に、互いの考えを共有できるような規模の集団——に適した組織的活動体であった。そのような親密な直接民主制は現代のような、より人口の多くなった状況下での代議制とは非常に異なっている。現代の民主主義体制の形式は市民の規模によって決定され、かつ、制限が設けられている。人口二億五〇〇〇万人という現在のアメリカにおいて、市民と政府、あるいは、市民間でコミュニケーションを共有するには、仮説として、すべての市民が互いにコミュニケーションをとれ――意見を問いただしたり、異議を唱えたり、議論したりするなど――、議員たちとも同様の方法でコミュニケーションがとれるような広範囲、かつ、集中的な相互伝達の広大な双方向システムが必要である。

そのようなコミュニケーションは、現在でも技術的に実現可能である（私たちは、一つの全国的に広がる「電話会議」で互いに会話するだけでよい）。しかし、二億五〇〇〇万人の各々にその声が届くには膨大な時間を要する――実際、それが採用されることはもとより、到達するためのコンセンサスを得るだけでも多大な時間が必要であろう。各々の話を最後まで聞くのに十分な時間がない。また、インターネットも助けにはならないだろう。というのは、すべての言葉を読むことはもちろん、非常に多くの人々と対話することがいまだ不可能であるからだ[38]。ホワイトハウスにいる大統領のEメールアドレス（president@whitehouse.gov）はそれを知っているごくわずかの人々にとってのみしか意味をなさなかった、という事実がそれを物語っている。今日、毎月そこには何千ものメッセージが送られてくるが、それには決まりきった同様の回答しか行なわれない。

実際のところ、現代民主主義の中心的問題はそのメカニズムではなく、その規模にある。電子議会構想は非技術的な問題に対して技術的な解決策を講じ、実際にそれができない場合でも、それが事態をいかにもよりよくすることができるという錯覚をつくり出す。一つの全国ネットの「議会」は本物のコミュニケーションをシミュレートすることはできても、それを実際に伝達することはできないのである。さらに電子議会は、時間をじっくりかけて熟慮したり、討論したりすることを推奨する代わりに、瞬時のレスポンスや即時の回答を促進する。しかし、スピードそれ自体が、私たちの非常に多くの問題の中心にある場合、より速いスピードがその解決策を保証することにはならない。

電子議会は、そのツールとしてテレビを利用することにより、アメリカの政治において「今」の力とテレビの効用を批准している。テレビは登場して以来、ずっと民主主義の浸透に一役買ってきた。テレビは地理的な距離、および、地域格差の障壁を除去することによってアメリカの人々を統一し、また、彼らに経済、社会、そして、国内外の環境状況を示すことによって彼らを教育し、さらに、彼らが政治集会、記者会見、ヒアリング、および、討論の現場にいるような臨場感を提供することもできた。そのように事実を放送することは、知識に基づいた行動主義を喚起する可能性をもっている。しかしその一方で、テレビにはその全国的な視聴者を受動的になるように条件づけることによって、民主主義を弱める力もある。ハーバート・I・シラー（Herbert Schiller）はテレビの「批判的意識を和らげる効果」について書いている[39]。また、トッド・ギトリン（Todd Gitlin）は、「習慣的な視聴者は催眠状態に陥り、文字通り、失神させられたようにみえる」と言い、テレビを見ることが「意識をもうろうとさせる」と主張した[40]。さらに、ラトガース大学でモニターを使って行なわれた心理学的研究のプロジェクトでは、「視聴しているテレビによる受動的波及効果」があらゆる年代の視聴者に明白にみられた[41]。

そのような主張、および、見方には議論の余地もあるが[42]、歴史的に先例がない政治的意識に関する壮大な実験に私たち全員が従事しており、その効果が民主主義の将来と重大な関係があるのは事実である。

シラーが指摘しているように、「アメリカ人のコミュニケーションの内容、および、形式は……巧みな操作で成り立つ。それらがうまく使われると、いつもそうであるように、その結果は個々人を受動的にし、無気力の状態にして、行動的でなくならせる。確かに、これは、メディアやそのシステムが活発になる条件である。なぜならば、この受動性が現状の維持を保証するからである[43]」。

この観点からみれば、テレビは、オールダス・ハックスレー（Aldous Huxley）の著書『すばらしい新世界』（*Brave New world*）で描かれている麻薬であり、公に配分された合成ドラッグ、すなわち、「多幸症や中毒を誘発する幻覚物質」である[44]。現在、私たちを無意味に包んでいるテレビという麻薬の誘惑は、オーウェルの著書『一九八四年』（*1984*）に出てくる全体主義の力よりも恐ろしいものである、とメディア批評家ニール・ポストマン（Neil

Postman）は、私たちに警告している。[45] ポストマンは次のように言う。「結局、彼（ハックスレー）は、『すばらしい新世界』（*Brave New world*）において、その中の人々の不運が、彼らが考える代わりに笑っていたことではなく、彼らが何に対して笑っていたのかということ、その中の人々の不運が、彼らがなぜ思考を停止していたかということを認識しなかったということを私たちに伝えようとしていたのである[46]」と。

「今」の力とそのツールは、単に民主主義の構造を転換させるということ以上に、民主主義の本質、人々の意識や判断力を転換させる能力をもっている。[47]

5　時間と民主主義の危機

同時性の意識

多くの食事客がビュッフェ皿を同時にのぞき込むように、同時性（出来事が同時に進行する）社会は時間の中に存在する。食事客にとって、料理を準備するのにどれくらいかかったか、また、その量がどれほどあるか、は無関係である。重要なことは、それらがどれくらい食欲をそそるかである。空腹であれば、彼は好きな料理を何でも平らげる。同様に、同時性社会は、それ自身の「現在」の姿勢を確認するのに役立つような過去の信念のみを認めようとする。残りは無視される。同時性社会に生きる市民は、今日という日を同じように生きる。過去も未来も彼には関心がない。

ドラッグの広がり、犯罪の急増、累積する国債、性病の蔓延、および、自然破壊の拡大などは、すべて私たちの時間感覚に原因がある。私たちは自らの欲求を即座に満足させようとする時、および、自らの最終的な選択を行ないたくない時、同時に未来の生活を拒絶する。また同時に、私たちは過去、そして、それが導くモラルからも顔をそらす。「現在」の欲求にとって、その声は邪魔でうるさいものである。

もし私たちの社会に存在する個別の問題がまったく共通点のない異種の原因の結果であるならば、私たちはそれらを一度に処理することができるだろう。しかし、この社会的ヒドラ〔訳者注：ギリシャ神話に出てくる、ヘラクレスに殺された九つの頭を持ったウミヘビで、一つを切るとその後に二つの頭が再生するとされる〕の複数ある、各々の頭を切り落としても、それを死に至らしめることはできない。というのは、その各々の頭は新たに再生するからである。社会の問題を解決することは決して簡単ではない。それらの個別の原因の答えは日常の基本的な姿勢——私たちが一時的なものの連続体の中で生きているのではなく、私たちの行動が未来と過去の承認によって条件づけられるに違いないという姿勢——にある。私たちの主な社会悪は放射状に広がっていく。しかし、これらの悪は神話上のヒドラよりもずっと恐ろしい。というのは、それらの脅威は怪物の中にではなく、私たち自身の同時性の意識の性質の中にあるからである。

全体主義社会と異なり、同時性の民主主義社会はイデオロギーによって一体化していない。効果的な全体主義国家はみな一時的なイメージを利用して、国民感情に訴えかける。大衆は、その歴史的な使命、および、崇高な運命を満たすような大きな運動に参加するよう喚起される。「万歳！」の叫びとともに、第三帝国の旗の下に、また毛沢東主席の言葉を声に出して、忠実な崇拝者たちは、満たされない過去への不満とまだみぬ壮麗な未来のイメージに喚起されて、老いも若きも全体主義の改革運動に参加した。しかし、これらの賛歌は同時性の民主主義社会では歌われない。というのは、それは、経過する時間にその市民権を与え、「現在」に対してのみの執着に縛られるからである。

また、同時性社会は、個人が暗黙の社会コードに協力的かつ無言で従い、それによって承認を得るような順応的な社会でもない。なぜならば、同時性社会とは、決まりきった規則がなく、単に流動的だからである。しっかりとした主張をもった政治家の代わりに、絶えず最新の支持団体と投票を確保できるように自分の位置を調整できる候補者がいる。(48) 議論と討論による自治体の合意形成の代わりに、メディアを引き込んだ意見表明がある。また、文化規範の代わりに、変わりやすい一時的な流行やトレンドがある。同時性社会の市民は、隊列を組んで飛ぶ鳥ではなく、きまぐれな風に吹かれる葉っぱに似ている。

同時性の意識とは唯我論的な意識、すなわち、自分のことのみに関心があり、自分自身の修正方法や状況についてしか知らないというような感情を意味する。同時性社会ではこれで十分なのである。しかし、逆説的にいえば、その自己中心主義において個人は孤独ではない。同時性の意識は、互いの修正方法、および、精神状態を潜在的に共有し、また、電子的な刺激による神経学的なネットワークによってつながれて、他者の心に同時に同じようにリンクされる。しかし、同時性の意識は、それがどのようにリンクされかを完全には理解しない。その代わりに、自分自身の決定に基づいて、自律的、かつ、自由なものとして知覚する。だが、終始、海面下の目に見えない流れの中で生まれた魚のように、その生活はそのネットワークに向かって否応なく流れていく。

その間に、唯物主義は理想から遠のき、やがて政治に対してのシニシズム〔訳者注：cynicism, 世論や道徳などを無視し、万事に冷笑的に振舞う態度〕やすべての制度に対しての疑念に発展していく。

「現在」を自己愛的に大いに楽しむにつれ、同時性の民主主義は、過去からその目を背ける。それは、過去の罪もその美徳も知らず、それがつくり出す欲求が満たされることのみにしか関心がない。歴史に対する嫌悪感と過去の記憶の欠如のために、そのような社会はそのリーダーによって操作されやすい。しかし、もしその欲求が否定されれば、それはその保持者、あるいは、その保持者が支持する人々に対して、激しく敵対するであろう。

同時性の民主主義下にある市民にとって、時間は、自律的ではなく、流動的である。歴史は一定でも自己完結的でもなく、「現在」から推測できるような固定的な基準などもない。それは変わりやすく、かつ、オープンな、一般大衆が見たいと思うどんな顔も映し出す柔軟な鏡なのである。実際、可変性というのは、そのような社会において最も高い価値の一つである。（歴史的事実を含む）すべての真理が不変（ゆえに面白味に欠ける）という定義である以上、不変の真理は容易に放棄される。しかし、変化には面白味があるために、同時性の民主主義は、真実と空想に「段階的変化」を見出そうとする。適切なキャスティング、熟練した演出、および、プロダクションの多くの予算で、戦争さえも娯楽イベントになりうるのである。[49]

時間中心主義

私たちの思考に関しての語彙のなかに、「中心主義」(centrisms) と呼ばれる言葉がある。これらの言葉の中で最も一般的なものは「自己中心主義」と「自民族中心主義」である。「自己中心主義」とは、他者の感情や欲求よりも自分の感情や欲求を重要視して、生活の中で自分自身を中心であるとみなすことを意味する。「自民族中心主義」とは、他民族の価値観や優先事項よりも自民族の価値観や優先事項を重要視して、自民族の文化を中心であるとみなすことを意味する。

しかし、同時性の民主主義の内部の特徴を理解するには、私たちにはこれらの「中心主義」に加えて理解しなければならない――それらほど明白ではないが、より重要な――別の用語がある。それは「時間中心主義」(chrono-centrism) ――自分の時間を中心であるとみなす習慣――である。なるほど、そのような姿勢は十分、自然にみられる。結局、私たちは今この場所で生きているので、私たち自身の時間を最も重要なものとして尊重することは非常に適切であると思える。

同様の感覚で、自己中心主義と自民族中心主義が自然な姿勢であると主張されうるであろう。結局、私たちは自分自身や自分を認めてくれる人々を他者よりも重要であると考えるのではないだろうか。

しかし、自民族中心主義が他民族の価値を軽んじさせ、自己中心主義が他者の固有の価値を軽んじさせる、ということをその定義は物語っている。目に見えないこれらの形式は、私たちの現実の認識を制限する。なぜならば、現実というのは、私たち自身と私たちが私たち自身にできることを超えて拡張するものだからである。個人、あるいは、民族は非常に孤立的であるが、その理解の外郭を広げたとしても、増進することは可能である。その外郭を広げないと、生き残って成長するキャパシティを縮小させてしまうことになるだろう。

同様に、時間中心主義もまた、私たちを疲弊させる。なぜならば、それは私たちが力を引き出すことのできる時間の源泉を制限することによって、すべての私たちの栄養分を現在、目の前にあるダイエット食ですまそうとするからである。しかし、精神的、かつ、知的に強くなるために、私たちは他の次元――希望によって明確化された将来の共通のビジョン、および、知恵として洗練された過去の共通の経験――から同様に滋養物を摂取しなければならない。

しかし、同時性社会は、「現在」に向けて生きているので、未来と過去の両方と本質的に対立する。それは回転していくにつれ、自由に浮遊している各々の要素を、その時間の渦の中に吸い込んでいく。そして、同時性社会の回転が速くなるほど、その欲求も旺盛になる。「現在という時代」の有する排他性は、真の進歩の認識を人々から奪う。彼らの記憶は短期間であるために、彼らが生きている時代に欠如しているものや完成したものを正確に測定する、長期的な尺度をもたない。確かに、過去に対する文化的偏見は人々からこれらの尺度を疎外する役割を果たす。それはそのような尺度が現代的ではないからである。したがって、社会は、その潜在的な救済の泉を徐々に奪われていくことになる。

この慢性病が長引けば長引くほど、治療はますます困難になる。というのは、それが進行するにつれ、その犠牲者たちは、自らを救うことのできる治療の存在をますます気に止めなくなっていくからである。時間が経つにつれ、私たちが環境汚染を処理することができなくなるであろう、と主張する者もいる。それは、汚染物それ自体がより強力になっていくからではなく、私たち自身の考える能力が退化していくからである。同様のシナリオは、私たちの時間感覚の汚染にも当てはまるであろう――私たちの暮らす土地の文化的環境に対する破壊的状況の長期的影響によって。

この病気の症状が進行すると、その犠牲者は、早く楽になりたいという願望につけこむ人々のインチキな治療をますます信じるようになるだろう。そして、より遅くより痛みを伴う治療は拒絶され、愛国色の強い偽薬や簡単な贖罪、また手軽な「パンとサーカス」が好まれるであろう。

風刺作家のユヴェナリス（Juvenal）は、紀元一世紀にこの「パンとサーカス」（bread and circuses）という用語を造り、ローマ社会の退廃について記述した。かつては誇らしく独立独行型のローマ文明の中にあったローマ人だが、次第に政府の付与する無料の食物や政府出資の二輪戦車レース、剣闘士ショーにのみ熱望する、単なる聴衆に転換していった。活動的生活から受動的生活へのこの変化は、単に全体主義の支配の一世紀によってではなく、「現在という時代」の過度な強調によって形成されていった。

もちろん、私たちはそのようなローマ帝国でも没落には五〇〇年を要したという事実に、ある種の安堵感を導き出すこともできる。時間中心主義は明らかに――彼ら、あるいは、私たちの――文化を即座には崩壊させない。しかし、真の問題は文化の崩壊ではなく、より内的な転換、つまり、人間文明（あるいは、非常に壮大なもの）の終焉ではなく、より平凡であり、また、より困惑させるもの――人間の可能性を根深く侵食するものである。したがって（二〇世紀の詩人、T・S・エリオット（T. S. Eliot）の言葉を借りると）、私たちが懸念しなければならないのは麻薬注射ではなく、不平不満である。人間の不平不満は彼らを夢の実現から遠ざける。(50) ユヴェナリスはこうも言っている。「もし神が私たちを破壊したいと思うのならば、私たちの願いを聞き入れさえすればよい」と。

また、私たちが民主主義の下で暮らしていることを保護するものは何もない。というのは、民主主義と時間中心的な行動とは自然な類似性があるからである。民主主義の意味とは、政府が人々の欲求を反映させることであるが、選挙を通じて、政府は彼らの意思（あるいは、気まぐれにさえ）反応するようになる。一方、全体主義の指導者は、彼らの役割として、より大きな不変的安定性を約束するが、崇高な個々人の自由と人権は認めない。

民主主義の最もすばらしい点は、崇高な理想に基づいた経験的な規範から「時間」を測定して、その創設の原理、および、その歴史の伝統を喚起することにより、その不安定性を調整することである。しかし、もし人々がその過去とその知識を伴って行動することの必要性に無頓着であるならば、それは非常に薄っぺらい政治に導かれるであろう。

民主主義特有の弱点――知恵ではなく、思いつきによって行動すること――は、過去を犠牲にして「現在という時代」を賛美する商業主義、および、コミュニケーションのすべての力によって悪化する。「現在という時代」は順次、現実についての時間中心主義的な見方を増強する新製品開発、および、サービスを励起して、際限のない需要を生む。企業家の中には、将来の動向から利益を得るために「現在という時代」を越えて未来を重視する者もいるかもしれないが、利益のために過去を研究する動機づけはほとんどない。したがって、「時間」の経済学は民主主義の期待を裏切ることになる。

「第三の波」を捉える

アルヴィン・トフラー（Alvin Toffler）は、その著書『第三の波』（*The Third Wave*）の中で、強力な潮流――「革命的な社会変動の潮流」――は、いかにして世界中で急増している（いた）かについて著している。[51] グローバルな変動の第一の波は農業革命によって、また第二の波は産業革命によって推進された。そして、トフラーは「われわれはその次の変革、すなわち、『第三の波』の落とし子である」と書いた。[52]

人類は大きな飛躍を迎える。それは、これまでの中で最も深遠な社会的変動、および、創造的再構築を意味する。われわれははっきりとはそれを認識せずに、徹底的に従来とは異なる新しい文明を構築することに没頭している。この新しい文明は古いものに挑戦するものであるために、官僚主義を淘汰するとともに、民族国家の役割を縮小し、さらに、脱帝国主義世界の自律的経済を生じさせるであろう。それは、より単純化され、より有効的であるが、今日、われわれが知っているどの民主主義よりも民主的な政治を要求する……。

それは、……歴史上最初の真に人間らしい文明に違いない。(53)

アルヴィン・トフラーとハイジ・トフラー（Heidi Toffler）は、続編『新しい文明をめざして――第三の波の政治』（*Creating a New Civilization*）においてもこの楽観的な予測を継続し、アメリカ民主主義の復活は、「第三の波」の情報化社会の精神を包含することによって実現できると提言した。(54)

しかし、トフラー夫妻の主張には大きな欠陥がある。革命――農業、産業、情報――の波は科学技術における急進的な変化を反映するのであり、必ずしも政治における変化を反映するわけではない。歴史が明白に実証しているように、全体的にさまざまな政治システムは第一、第二の波と適合性がある。古代ギリシアの民主主義は、ペルシャ王国と同時代に農業の「第一の波」を経験している。二〇世紀のアメリカ民主主義は、ドイツのファシズムと同時代に産業の「第二の波」を経験している。このように、民主主義は同時期の異なる政治システムにおいて存在したのである。

確かに、技術的・経済的変革は政治に影響を及ぼす。しかし、それらが政治を定義するのではない。「情報化社会」の到来は必ずしも民主主義の救済を予示するわけではない。メディア――「中間媒体として位置するもの」――はまさに中間媒体であり、それ以上のものではない。それらがもたらす内容は永久に私たちに依存するであろう。政治的な討論を放送する道徳とは無縁の電波は、独裁者の演説をも放送しうるのである。

注

（1） Tocqueville, *Democracy in America*. trans. Henry Reeve, rev. Francis Bowen, ed. Phillips Bradley, New York: Knopf, 1948 [1835-1840]; 2vols.chap. 10.

（2） このフレーズは、Jeffrey B. Abramson, F. Christopher Arterton, and Gary Orren, *The Electronic Commonwealth: The*

Impact of New Media Technologies on Democratic Politics, New York: Basic Books, 1998 から借用した。

（3） そのような危機を表現する仮定上の設定は、明らかに、核戦争直後であるだろう。しかし、そういった人間の無力さは、たとえば一九九二年にハリケーン・アンドリューがフロリダを襲った時のように、自然災害の中にもみられる。その場合、仮定でも現実でも、社会の経済・通信基盤が崩壊し、個人や家族は独力で生活しなければならなくなる。

（4） 国内の問題点に関するすぐれた情報源を二つあげてもらったとき、アメリカ人の八二パーセントがテレビと答えた（Pew Research Center for the People and the Press, 1996, cited in *Wall Street Journal*, February 14, 1996, A16）。

（5） John P. Robinson, "Thanks for Reading This", *The Demographics of Time Use*, Ithaca, NY: American Demographics, 1994, pp. 28-29.

（6） John W. Wright, ed., *The Universal Almanac, 1994*, Kansas City, MO: Andrew & McMeel, 1993, p. 222 を参照。

（7） David Barsamian, *Stenographers to Power: Media and Propaganda*, Monroe, ME: Common Courage Press, 1992, p. 136.

（8） Sven, Birkerts, *American Energies: Essays on Fiction*, New York: Morrow, 1992, p. 23f.

（9） Michael Kelly, "Being Whatever It Takes to Win the Election", *New York Times*, National Edition, August 23, 1992, 4.1 からの引用。特にファックスは、選挙活動と取材を大幅にスピードアップした。ファックスにより、対立する政党は以前よりもずっと早く、互いの情勢や攻撃を知り、それに応答できるようになった。

（10） "The Media: Out of Control?", *New York Times Magazine*, June 26, 1994, p. 31 からの引用。

（11） Geraldine Fabrikant "For NBC, Hard Times and Miscues", *New York Times*, National Edition, December 13, 1992, p. 3. 6 からの引用。

（12） Postman, *Amusing Ourselves to Death*, New York: Viking Penguin, 1985, p. 67.

（13） *Ibid.*, 77.

（14） Robert MacNeil, "Is Television Shortening Our Attention Span?", *New York University Education Quarterly* 14. 2, Winter 1983, 2. ラトガース大学心理学者のロバート・W・クーヴィー（Robert W. Kubey）は、マスメディアの創設者や幹部との長時間のインタビューに基づき、次のように結論づけた。大衆の注意持続時間が短いとする彼らの考えがとても広まったため、テレビ支配的な立案原理となった（著者とのインタビュー、一九九三年八月一〇日）。現在、このことが最も明らかなのは、テレビコマーシャルである。それは普通ならわずか三秒の長さしかない一連のイメージで構成されている。クーヴィーが述べるように、視聴者の注意持続時間の短さを前提として作られるメディアは、彼らが前提としたまさにそのものをつくり出す手助けをしている。

(15) "The Media: Out of Control?", 29.
(16) Tim Kiska "Herrington Is Mad as Hell about Show Biz in TV News", *Detroit News*, January 22, 1994, 4C からの引用。
(17) Thomas Jefferson, letter to Charles Yancy (January 6, 1816), *The Harper Book of American Quotations*, New York: Harper & Row, 1988, p. 208.
(18) Marc Gunther, "CBS Drops the Small Talk So Candidates Spell Out Ideas", *Detroit Free Press*, July 7, 1992, 1Af と Richard L. Berke, "Mixed Results for CBS Role on Sound Bite", *New York Times*, National Edition, July 11, 1992, Y7 を参照。さらなるデータとして、"The Hotline" (American Political Network) がある。
(19) Marc Gunther, 11A を参照。
(20) Richard L. Berke, Y7 からの引用。
(21) Roger Stone, "Nixon on Clinton", *New York Times*, National Edition, April 28, 1994, A15 からの引用。
(22) Mander, *Four Arguments for the Elimination of Television*, New York: Morrow, 1978, p. 240 [=邦訳、鈴木みどり訳『危険なメディア――ある広告マンの告発』時事通信社、一九八五年].
(23) Postman, *Amusing Ourselves to Death* を参照。
(24) Jack Thomas (Boston Globe) "How's Tricks?", *Detroit News*, August 5. 1994, 3D からの引用。このような視覚的操作の初期の試みに関しては、David King, *The Commissar Vanishes: The Falsification of Photographs and Art in Stalin's Russia*, New York: Henry Holt, 1997 を参照のこと。
(25) *New York Times*, National Edition, November 1, 1992, E3 を参照。
(26) *Detroit News*, October 25, 1992, 13A を参照。
(27) Karen De Witt, "Battle to Save U. S. Files from the Delete Button", *New York Times*, National Edition, April 11, 1993, p. 13. しかしながら一九九三年の判決では、コロンビア地区アメリカ上訴裁判所は次のように裁定した。連邦政府役人の電子メッセージとメモは、紙上の通信に適用される基準と同じ基準で保護されなければならない。
(28) *Nineteen Eighty-Four*, New York: NAL–Dutton, 1950 [1949], 1.4.
(29) Juvenal, *Satires*, 10.78–81.
(30) Stephan Bertman, *Art and the Romans: Roman Art as a Dynamic Expression of Roman Character*, Lawrence, KS: Coronado Press, 1976 を参照。
(31) ナチスドイツにおけるマスメディアの伝道的な使用に関しては、Helmut Lehmann-Haupt, *Art under a Dictatorship*, New

York: Oxford University Press, 1954, chap. 2; Berthold Hinz, *Art in the Third Reich*, New York: Pantheon, 1979；Igor Golomstock, *Totalitarian Art*, New York: HarperCollins, 1990を参照。さらに、Albert SpeerとLeni Riefenstahlの自伝も参照のこと。

（32）Kubey and Csikszentmihalyi, *Television and the Quality of Life*, Hillsdale, NJ: Lawrence Erlbaum Associates, 1990, p. 172; Todd Gitlin, "Sixteen Notes on Television and the Movement", in George White and Charles Newman, eds., *Literature in Revolution*, New York: Holt, Rinehart, & Winston, 1972, p. 351; Herbert I. Schiller, *The Mind Managers*, Boston: Beacon Press, 1973, p. 30; Jerry Mander, *Four Arguments of the Elimination of Television* を参照。

（33）Michael Kelly, "Perot's Vision: Consensus by Computer", *New York Times*, National Edition, June 6, 1992, 1.8; Jeffrey Abramson, Letter to the Editor, *New York Times*, National Edition, June 21, 1992, 16E を参照のこと。

（34）実際の投票以前に熱を冷ます期間を設けたり、あるいは、別の投票のような形でコントロールすることが可能である。Clark McCauley, Omar Rood, and Tom Johnson, "The New Democracy," *The World Future Society Bulletin*, November/December 1977.

（35）Walter Goodman, "And Now, Heeeeeeere's Referendum", *New York Times*, National Edition, June 21, 1992, H25を参照されたい。

（36）郵送の無記名投票を利用すれば、人々は審議するのにより多くの時間をかけることができるだろう。私の知る限りにおいて、国民投票の詳細な結果は、ペロー（Perot）、または、その組織によってこれまで公開されたことはない。

（37）政治的な決定のプロセスにおける国民感情の危険性については、*The Federalist Papers*, No. 49を参照のこと。同様のタイプの重大な懸念は、ギリシャの哲学者プラトン（Plato）によって二〇〇〇年以上前に表されていた（*Republic*, Book 8）。

（38）しかし、このようなシステムが政府の情報に市民アクセス権を与えることにより民主主義を援助することは可能である。C-SPAN［訳者注：Cable-Satellite Public Affairs Network、政治を専門とするケーブルチャンネル］上で番組作りをすることによって、テレビは市民に、これまで先例のない、政府への実際のアクセスの機会を与える。「トーマス」（トーマス・ジェファーソン（Thomas Jefferson）に因んで命名された）という国会図書館のオンライン・システムによって、市民は議会の委員会から未決の立法、および、報告書にアクセスすることができる。

（39）Schiller, *The Mind Managers*, Boston: Beacon Press, 1973, p. 30［=邦訳、斎藤文男訳『世論操作』青木書店、一九七九年］.

（40）Gitlin, "Sixteen Notes on Television and the Movement", in George White and Charles Newman, eds., *Literature in Revolution*, New York: Holt, Rinehart, Winston 1972, p. 351.

(41) Kubey and Gsikszentmihalyi, *Television and the Quality of Life*, 172.

(42) 特に、Douglas Davis, *The Five Myths of Television: Or, Why the Medium Is Not the Message*, New York: Simon & Schuster, 1993 など。

(43) Schiller, *The Mind Managers*, 29.

(44) 『すばらしい新世界』(*Brave New World*) 第三章を参照。

(45) テレビの誘惑性については、"Would You Give Up TV for a Million Bucks?", *TV Guide*, October 10, 1992, 10-17, esp. 11 を参照されたい。ある調査の結果、「アメリカの全視聴者の約半分(四六パーセント)は、テレビに一〇〇万ドル以上の価値を見出しており、四分の一(二五パーセント)は、一〇〇万ドルと交換でもテレビを見ることはやめないと言っている」。

(46) Postman, *Amusing Ourselves to Death*, 163.

(47) 民主主義国家の指導者たちもまた、「今」の力の影響を受ける。リーダーシップでそれを免れることはできない。政策をつくり、結論に達しようとする際に、高職の人々も彼らの時間に対する巨大な圧力によって影響を受ける。アブラハム・リンカーン(Abraham Lincoln)は自分の手紙を開ける時間を、また、ウィリアム・マッキンレー(William Mckinley)は自分の電話に出る時間、を惜しんだ。このことに関して、リチャード・D・ラム(Richard D. Lamm)(コロラドの元知事)は次のように述べている。「今日のオフィスに存在するものは、消火栓から出る水に似ている。多様な課題、公的な利権集団、公共政策決定を行なううえでの不協和音などがあり、だれがどのようにして正しい決定を下せるのか不思議である……。それは高度の機能障害である……。それはさらに深刻化する可能性がある……。それは社会を沈めるかもしれない。われわれが民主主義国家を現在の状態のままこれからどのように保つことができるかを確かめるのは、私にとって難しい」(著者とのインタビュー、一九九三年八月三〇日)。

(48) Elizabeth Kolbert, "Test Marketing a President: How Focus Groups Pervade Campaign Politics", *New York Times Magazine*, August 30, 1992, 18f を参照のこと。

(49) この関連では、メディアによる、湾岸戦争とその報道の範囲に注意してみるとよい。特に、George Gerbner, Hebert I. Schiller, and Hamid Molwana, *Triumph of the Image: The Media's War in the Persian Gulf—A Global Perspective*, Boulder, CO: Westview Press, 1992; Philip M. Taylor, *War and the Media: Propaganda and Persuasion in the Gulf War*, Manchester, England: Manchester University Press,1992; Hedrick Smith, ed., *The Media and the Gulf War*, Washington, DC: Seven Locks Press, 1992; Bradley S. Greenberg and Walter Gantz, *Desert Storm and the Mass Media*, Cresskill, NJ: Hampton press, 1993; Susan Jeffords and Lauren Ravinovitz, *Seeing through the Media: The Persian Gulf War*, New Brunswick, NJ: Rutgers University Press, 1994

を参照されたい。

（50） Recalling Eliot's poem, "The Hollow Men", in T.S. Eliot, *The Collected Poems and Plays*, 1908-1950, New York: Harcourt Brace, 1958, p. 96.

（51） Alvin Toffler, *The Third Wave*, New York: Bantam, 1981, 1［=邦訳、徳岡孝夫監訳『第三の波』中央公論社、一九八二年］.

（52） *Ibid.*, 9.

（53） *Ibid.*, 10f.

（54） Toffler and Toffler, *Creating a New Civilization: The Politics of the Third Wave*, Atlanta: Turner Publishing, 1994, 1995, p. 11［=邦訳、徳山二郎訳『第三の波の政治――新しい文明をめざして』中央公論社、一九九五年］.

第7章 国際関係の変容

「現在という時代」の力の影響力は、アメリカの国境のはるか向こうに拡張している。私たちの国を統合してきた通商力、貿易力、コミュニケーション力は、速度を増加させて、グローバルに遠く時空を超えて世界の地域を統合している。このグローバルな相互連結の速度は速い。エレクトロニクスの光速エネルギーによって加速化されて、世界は今、以前より速く廻っている。マーシャル・マクルーハン（Marshall McLuhan）が二五年以上前に予言したように「電子的ネットワークは、従来の時間と空間のあり方を覆し、即時的、かつ、連続的に、私たちに他のすべての人々の関心事を、浴びせかける。それはグローバルな規模で対話を再構築した」[1]。J・T・フレーザー（J. T. Fraser）の言葉を借りれば、私たちは今、「時間的にコンパクトなグローバル社会」――技術が距離を凌駕し、国際関係を変化させせながら、地球を狭めた社会――で生活している[2]。

ナウイズムの国際的な広がりは、最初は逆説的に見えるかもしれない。アメリカの文化はナウイズムをルーツとした新奇性によって創造性に富む土壌を生んだが、アメリカより長い歴史をもった国々はそのような新奇性を欠く。しかし、「現在という時代」のもつパワーの他の二つの源泉、すなわち、技術と感覚は――「現在という時代」自身のもつパワーと共に――国境を越えて広がる普遍的な魅力をもっている。さらに、それらは組み合わせられることにより、より古い文化の過去の感覚を減じさせ、そのような文化を迅速に変化させやすくすることができる。

本章で示されるように、グローバルな活動の増加する速度は、まさにその活動が世界規模で文化の来るべき均質化に向かっているときでさえ、古くて柔軟性のない政治機構を崩壊させることのできる強力な遠心力を発生させた。重要なことであるが、ミハイル・ゴルバチョフ（Mikhail Gorbachev）によって支持された原理には――ペレストロイカ（「再建」）とグラスノスチ（「開放」）という有名な原理――と共に、それほど有名でないが、スカレーニエ（「加速化」）という流動性の高い原理があった[3]。

高速で電子的な文化の発想はアメリカで起ったが、それは世界中の国々で積極的に取り入れられた。この文化を取り入れることにより、外国人はただそれを見るだけでなく、「アメリカ人」のようにふるまった。その文化は、より顕著に期待と行動を加速するような、有形無形のグローバルなインフラを確立した。このインフラは、順次、ナウイストたちに新しい国際的なエネルギー源を与え、超国家的な方向を示唆することにより、すでに国内で機能していたその傾向を補強する役割を果した。その結果として、高速で電子的に統合されたグローバルな文化をもつ、世界規模の同時性社会が形成された。

1　グローバリズムの起源

大昔、人類がまだ地球上に存在する以前、世界は物理的に、第一段階として、化学成分の反応によって、第二段階として、水と地面、および、それらを包んだ大気によって、第三段階として、その表面を覆った、生命の多様な精気によって、第四段階として、あらゆるものを一緒に保つ重力の力によって、最後に第五段階として、宇宙の結合によって一体化していた。その後、何百何千年が経過し、人間がジャングル、サバンナ、および、森林に出現しはじめた。彼らは地球の恵みを手に入れるために、身を隠したり表に出たりすることを繰り返して生き残った。当初、人間は他の生き物に数で圧倒されており、自然の驚異、野生の強さに畏敬の念を感じ、他の動物たちとの争いを恐れていた。しかし、文化が生起し、文明が発生するにつれ、人間は自分の周りの世界を変えはじめた。自然の驚異に敬服していた人間はゆっくりと自分たちの文化や文明に適応していった。

彼らの行動の影響が及ぶ範囲は移住、数の増大、および、技術的能力の向上によって拡大された。しかし同時に、その影響力は人の集落がより大きな政治的集団へと変わっていくことによって、ますます、拡大していった。最初の村はやがて王国となり、最終的に巨大帝国へと統一されていった。肥沃な（ナイル川、チグリス、および、ユーフラテス川、インダス川、および、黄河のような）流域は、人口の増加、および、強い中央集権国家の下での地理的な統一の両方にとって理想的な条件を満たしていた。

多くの初期の国家の指導者たちは領土拡大の野心をもち、また、領土を保全する目的で、領土を越えて征服戦争を展開していった。イラク南部の広く開けた平野部では、順次、強者が弱者を飲み込み吸収して、（シュメール人、アッカド人、および、バビロニア人などにより）より大きな王国が出現したが、その後、北部に興った貪欲なアッシリア帝国によって支配され、さらにその後、東部の強力なペルシャ帝国が征服するに至った。紀元前四世紀、アレクサンドロス大王は、父親のギリシャ征服では満足せず、ペルシャ帝国を破って歴史上最大の帝国を築き上げ、それはその後、ヨーロッパの大部分と北アフリカ、および、中近東を最終的に吸収することになるローマ帝国が登場するまで繁栄を極めた。

これらの政治的発展は、一つの培養皿に乗せたバクテリアの成長――ゼラチンのすべての表面が覆われるまで常に外に向かって拡大していく――と比較することができる。しかし、帝国は単純な微生物の増大ではなく、広大、かつ、複雑な一個の実体である。その存在はその育成、指導、および、防御に備える――活動やコミュニケーションの――内的なシステムによってのみ維持することができる。しかし、個々の民族を組み込んでいく不朽の帝国はこれらのシステム以上に、中央集権的な視点や信条として共有される組織原理を具体化しなければならない。恐怖心と抑制はそれらが統制の手段としてどれほど強力であっても、共通の思想を統一する力には勝てない。

アレクサンドロス大王はこれを理解していた。彼は、その広大な帝国を統一するために、異国の土地を横断してギリシャ文化を流布させ、多くのギリシャ型の都市を設立した。さらに、彼は軍隊においても人種的融和を図り、軍人たちに異なる人種の女性との結婚を促した。その後のローマ人も都市建設と植民地化を行なう際に、同様のやり方を用い、世界中に自分たちの考え方を広めていった。

ローマ帝国の没落はヨーロッパの自治国家の再起をもたらしたが、その千年後にはじまった大西洋横断の征服、および、植民地化の時代、ヨーロッパ人たちはその元々の自国の伝統的な文化的境界を拡張して、遠く離れた国々に自らとその価値観を移転させた。一八世紀、一三の植民地が人間の平等、および、分かつことのできない権利という共通の信念で結びつき、より大きな実体を形成するために結合した。こうして「海原から輝く海原に」渡った結果、アメリカ合衆国が成立したのである。

二〇世紀の到来とともに、ファシズム〔訳者注：全体主義的あるいは権威主義的で、市民的・政治的自由を抑圧し、国粋的思想を宣伝するような理念およびその体制〕、共産主義、および、資本主義的な民主主義のような、観念的な帝国主義が台頭し、どのシステムが世界の人々の心や土地に普及するかを決めるために戦いを繰り返した。二〇世紀に起った「世界大戦」という現象は、戦争それ自身が空間的に全地球を包含するために再定義されたことを示した。そして、世界戦争は第一次世界大戦後の国際連盟、および、第二次世界大戦後の国際連合の設立によって、平和を維持する世界的な努力を導いた。

国際連合では、国家間の紛争を解決しようと努力することに加えて、「すべての民族の経済的・社会的発展の促進のために国際メカニズムを機能させる」ことが意図された。したがって、その目的は政治的ではなく、経済的・社会的なものであった。さらに、このグローバルな目的は単に国家的なメカニズムではなく、新しい国際的なメカニズムの利用を通じて達成されること、が意図されていた。国連憲章が署名された一九四五年、世界の通貨制度を安定させ、かつ、開発途上国に対して、貸付と技術援助を施すために、国際通貨基金、および、国際復興開発銀行が設立された。その二年後、アメリカによってはじめられたマーシャルプラン〔訳者注：Marshall Plan, 第二次世界大戦後、ジョージ・マーシャル米国務長官の提案によって推進された欧州復興援助計画〕は、ヨーロッパ諸国の経済援助として数十億ドルを計上した。その後の一九五六年と一九六〇年に、国家間の民間資本の流れを促進し、かつ、有利な条件で貧しい国々への貸付を保証するために、国際金融公社と国際開発協会が組織された。さらに、規制と義務で負担を強いる関税のような貿易障壁を撤廃することによって「共同市場」(common market）の設立を促進するために、一九五七年に六つの西欧諸国――フランス、ドイツ、イタリア、ベルギー、オランダ、そして、ルクセンブルグ――が欧州経済共同体（ＥＥＣ）を発足させた。

これらの国際的な新情勢は第二次世界大戦の余波や冷戦の中で起った。新しい組織構造は古い領土区分に新たな橋を架けることになり、その進展は異なる国家間での貨幣や商品の循環を増加させ、経済活動を国内外で加速させた。物質的欲求とその達成との間のギャップを縮めることによって、そのような構造は、「現在という時代」の力を国際的に到達可能にしたのである。

2　通商の融合

ボーダレス経済

欧州連合加盟国の融合は、各国家の通商の中心が一体化するようなボーダレスの世界経済の発展を支援し続ける。マーストリヒト条約〔訳者注：一九九一年、オランダのマーストリヒトで開かれたＥＣ首脳会議で合意され、九三年に発効した、欧州連合の創設のための条約〕の下で、その目標である「欧州連合」は、「互いの国境警備さえなしで」三億五〇〇〇万人が自由に取り引きすることができる「国境のないヨーロッパ」(Europe without frontiers）を形成するものとされている。(4) その条約は、それを批准する一二の加盟国、および、七つの提携国のどこに住むこともどこで働くことも自由とする、ヨーロッパ「市民」の新しい政治経済国家を設立する。さらに、単一通貨――ユーロ――が、広く財政面、経済面、環境面に関しての権限をもつ中央組織機構と共に確立されることになる。

欧州連合の出現と併行して、大西洋の反対側では同様の出来事が起こっている。北米自由貿易協定（NAFTA）は、世界の富の三一パーセントを占める三億七〇〇〇万人を有効的に結びつけて、アメリカ、カナダ、および、メキシコの経済を統合しようと努力している。さらに、西側三四カ国の首脳たちはアルゼンチンからアラスカまで、自由貿易圏を拡大することに原則的に賛成した。

国際的な貿易協定は単に大陸内で結ばれるものではない。それらは、海を挟んでも結ばれる。関税と貿易に関する一般協定（GATT）は、世界の貿易の八五パーセント以上を生み出す一〇〇カ国以上の加盟国間の通商緩和を目標としている。また、意図は異なるが、三大陸の石油産出国はOPECによって相互利益を保護している。

国際貿易力は、世界市場――一日当たり一兆ドル以上にのぼり、一九八六年の三倍以上――で毎日交換される通貨量によって測定することができる。今日、国際貿易高は一九五〇年の二〇倍になっており、海外直接投資は世界で二兆ドル以上である。[5] 貿易の形態が単にグローバルに変わっただけではない。最近一〇年の世界全体の総生産額は、過去一〇年の二倍の増加率で変化している。また、そのような成長はグローバルな株式市場と商品市場の活況と併行している。

元米国労働省長官のロバート・B・ライヒ（Robert B. Reich）によれば、「アメリカ独自の経済観念は、アメリカ企業、アメリカ資本、アメリカ製品、そして、アメリカの技術についての概念と同様に無意味になりつつある」。[6] ライヒは、その著書『国家の役割』（*The work of Nations*）の中で、世界中で「国内技術がない、国内企業がない、国内産業がない」という時代が到来するだろう、と述べている。[7] ビル・クリントン大統領（President Bill Clinton）はこの見方を支持し、「われわれは、国内政策と外交政策の間の境界線がますます曖昧になっている、グローバル化された世界に住んでいる」と述べた。[8]

シティコープとシティバンクの元会長兼CEO、ウォルター・B・リストン（Walter B. Wriston）は次のように付言している。

> 世界は変わりつつある。コンピューターのオペレーターが事務タイピストに代わって、今、残存し、今後、繁栄するための人間の努力は、新しい富の源泉に依存している。それは価値を創造するため応用される情報である。情報技術はまったく新しい経済である、情報経済を創造した。それは産業経済が農業と異なるのと同じくらいに、これまでの産業経済とはまったく異なるものである。また、国家の富の源泉が変わるとき、その政治も同様に変わる……。
>
> 今日、電話、ファックスから光ファイバーケーブルに至るまで、情報技術の進展は世界のすべての人々に光速度で移動するデータと情報を溢れさせている……。この情報の急増、および、それが送信することのできる速度は、以前とはその質においても程度においてもまったく異なる状況をつくり出した。この変化は富の創造のみならず、軍事力、世界の政治構造、したがって、国際関係にも影響を及ぼす……。
>
> 世界は、もはや国家経済の集積体ではない。従来の効率的な輸送の大きな進歩と同様に、今、世界を結ぶ電子インフラは、単一のグローバル経済を創造しつつある。(9)

企業家スティーヴン・D・ハーラン（Stephen D. Harlan）は主張する。今日のビジネスマンは「グローバルに物事を考えられる人間」（global thinker）にならなければならないと。

> グローバルに物事を考えることは、今日、および、未来のビジネスにとって、攻撃的にも防衛的にも、絶対的に必要な条件である……。グローバルでなければならないのは、単にビジネスを行なう場所ではなく、そのやり

方もである。それは、市場において一つの国家色を出すことから「無国籍に」なることへのシフトである。グローバルであることは、あたかも境界が低いかのように（あるいは、存在さえしていないように）活動する能力をもつことを意味する。このような構造は孤立主義を排除し、共存共栄を促進する。

成功するグローバル企業では、最高経営者を「統治者」（Controller）とはみなしていない。彼らは「連結者」（Connectors）とみなされている。彼らは「糸を操って」物事を進めない。彼らは重要な部分をすべて連結する。彼らは調整する。彼らは仲介者としてふるまう。彼らは増幅する。彼らは物事を容易に進める。

真にグローバル化するには、ネットワーク化されることが不可欠である。たとえば、一五世紀に遡れば、それは最速の船を所有することを意味した。しかし今日、二一世紀に近づくにつれ、それは最も正確なデータ・ベース、および、最も有効なテレコミュニケーションをもつことを意味する。[10]

商取引が個人的な接触を要求する場合、海外への旅は超音速ジェット機によって促進される。一九八〇年から一九九〇年までの間に、米国の空港における離発着は、仕事外のフライトと同様にビジネスでのフライトも実質的に増加し、ほとんど倍になった。[11] 一九九〇年代全般にわたって、アジアと太平洋地域においてのフライトが、毎年二桁の割合で増加すると予想される。[12] 異なる国の航空会社同士が提携と合併を続けるにつれ、国際的なフライトはますます一体化してくる。航空会社の代表取締役のジョン・ダスバーグ（John Dasburg）にとって、国際的な目標は「乗客に、あたかも彼が一つの航空会社にいるかのように感じさせる」ことであるという。[13]

航空交通の混雑を縮小し、旅行を高速化するために、追加のターミナルやまったく新しい空港の建設が世界中で進められている。フランクフルトではターミナルをもう一つ建設し、年間一二〇〇万人の乗客を追加し、また香港では、世界で最も多い年間八七〇〇万人の乗客が利用可能な新しい空港を建設中である。[14] 航空作家のマッキンレー・コンウエー（Mckinley Conway）によれば、「新しい施設への投資は、これまでのすべてを合計した累積投資よりも大きなものとなるであろう」[15]。

さらに鉄道においても、旅行時間を縮めるために、日本の「新幹線」を手本に、高速鉄道が拡大されている。たとえば、二〇〇〇年までに、ヨーロッパでは、現在、機関車の多くの国境横断を妨げている電圧の標準化のためのコストを含む七六〇億ドル以上のコストをかけて、高速鉄道の線路を一八〇〇マイルから一万八〇〇〇マイルまで一〇倍に増加させる予定である。また、電車は歴史的に貴重な水中の「海底トンネル」を使って、ほんの三時間でロンドン―パリ間を疾走することができる[16]。

わざわざ人が出向く必要のない交渉の場合、国際的な商取引は、パスポートなしで継続的に移動する光ファイバー、マイクロ波、および、サテライト信号による、データと音声の送信を伴った電子的テレコミュニケーションによって促進されることができる。たとえば、アメリカと南アメリカの間の通話は、一九八〇年から一九九〇年の間に五〇〇パーセント増加した。その通話量はまだ増え続けている。また、地球の二万二三〇〇マイル上に浮遊しているCNN〔訳者注：米国大手ニュースネットワークの一つ〕の通信衛星ギャラクシー5は、同時に、ほんの二、三秒の遅れで、その二四の送受信機を通して、一万五〇〇〇のグローバルな通話を送信することができる。この数秒の遅れでさえ、国際的、大洋横断の光ファイバーケーブルの使用により、除去することが可能である[17]。「この傾向は継続するであろう」と国際テレコミュニケーションの専門家のジョーゼフ・マルコスキー（Joseph Markoski）は指摘する。「通信への欲求とその必要性は際限がなく、それはより強くなりつづけるであろう」[18]と。

製造業のグローバル化

数十年前でさえ、国際貿易は、単に白線で分断されている対面式の道路のようであった。外国製の輸入品が国内に入り、国内製の製品が外国に輸出された。フランスワイン、および、スイス時計が西のアメリカへ向かうとともに、アメリカのスチールやエレクトロニクスが東のヨーロッパへと向かった。徐々にアメリカ企業は支社を海外に設立し、活動範囲を広げた。そして、海外企業もアメリカでの活動範囲を拡張するようになった。

しかし近年、外国企業の関心が不動産に向くにつれ、アメリカ「買い」が増加した。それらはRCA、CBSレコード、MCA、ユニバーサル映画、コロンビア映画、バンタム、ダブルデイのような情報娯楽産業大手、また、グッドイヤー、ファイアストーン、ナショナル・スチール、マック・トラック、ボーデン、ピルズベリーのようなメーカー、そして、A&P、グランド・ユニオン、ブルーミングデールのような小売企業など枚挙にいとまがない。一九九〇年の上半期のみで、アメリカ資産の七九億ドル分がイギリスに、五七億ドル分がフランスに、そして三八億ドル分が日本によって買われた。[19] さらに、一九九六年の資産番付では、世界トップ二五の銀行のうち、ランクインしているアメリカの銀行は、一六位にチェース・マンハッタン、二五位にシティコープの二行のみであった。[20]

アメリカ企業の頻繁な買収よりも重要なことは、世界規模の戦略的同盟の生成を通じて企業が巧妙に内的な大変貌を迎えようとしていることであった。ロバート・R・ライヒ(Robert R. Reich)は次のように記している。

一九九〇年代までに、ほとんどの「貿易」は一つの国の中のバイヤー同士や他の一国の売り手との間の身近な取引ではなく、同じネットワーク内で境界を越えて互いに繰り返し取引する人々の間での身近な取引となった……。そのようなグローバルなネットワークにおいて、今や製品は国際的な合成物である。国家間で取引されるものは、多くの場合、完成品というより、価値の創出のために結合された部品とサービス、そして、専門的な問題解決手法(リサーチ、製品デザイン、組立て)、問題発見手法(マーケティング、広告、顧客コンサルティング)、そして仲介手法(資金調達、検索、契約)である。

そのような境界を越えた結びつきは、現在の先進国間のほとんどの国際貿易を含む……。実際、一九九〇年のアメリカの輸出入品の半分以上は、グローバル企業内においてのそのような商品、および、関連サービスの移転であった。[21]

おそらく、貿易のこの根本的な変化は自動車産業をみれば明らかである。アメリカの自動車業界において、部品、組立て、および、利益が外国製のものと混成して、国産製品の全体像をぼやけさせているとして、一九九五年の初頭、米国政府は、自動車メーカーに対して、外国製部品の使用、および、その製造国を示すステッカーを車に貼るように命じた。自動車作家のマーシャル・シュオン（Marshall Shuon）は、一九九二年に次のような苦言を呈している。

アメリカ製の自動車を求める消費者は気の毒である。標準サイズのシボレーやマーキュリーの一部はカナダでつくられている。フォードの大衆車エスコートの一部はメキシコでつくられている。また、ダッジ・ステルスは日本でつくられている。ポンテアックのル・マンは韓国製である。そして、ほぼすべての新車には世界中から集まった部分が使われているのである。

それだけでなく、デザイン、工学技術、経済性もまた、混合されている。ゼネラル・モーターズは、ロータスの全部、サーブの半分、および、いすゞ自動車の約四〇パーセントを所有している。フォードはジャガーを所有している。また、フォードはマツダの約二五パーセントを所有し、新型バンのマーキュリー・ビレッジャーは日産自動車とのジョイント・ベンチャーである。また、ランボルギーニの全部、および、マセラッティの一五パーセントを所有するクライスラーは、三菱自動車の一一パーセントの株式も保有している。

例を挙げれば枚挙にいとまがない(22)。

低賃金を求めてのアメリカのメーカー企業の世界進出は、外国からの招致、および、国際協定を通じて行なわれるが、それは従来の境界線の区別を曖昧にし、その結果として生じるグローバルな連合体が、かつての個別の経済の崩壊を加速させる。このようにグローバリズムはビジネスの本質を再定義するだけにとどまらず、根本的に製品の性質を変化させた。グローバルな貿易の遠心分離が加速化するにつれ、その製品は均質化されるようになった。

小売業のグローバル化

さらにグローバル経済は、世界の小売業界も変貌させている。たとえば、マクドナルドの売上上位一〇店はすべてアメリカ以外の国にある。マクドナルドは一〇一カ国に店舗を持つ。モスクワ（同社最大店舗）、パリ、ローマ、タヒチなどでサービスを提供しており、日本には約一〇〇〇の地域で営業をしている。一九九一年、同社の海外店舗数は、はじめてアメリカ国内店舗数を上回った。二つの新たな外国の地域に、今、新たな店舗が毎日のようにオープンされているが、アメリカ国外の四〇〇〇以上の地域から生じる利益は、同社全体の半分を占める。

一〇〇年もの間ずっとアメリカの都市部、および、郊外で人気を集めてきた特徴的な中華料理店に対抗するために、マクドナルド、ピザハット、および、ケンタッキー・フライドチキン（ＫＦＣ）は、北京にファーストフード・アウトレットを設立した。マクドナルドの北京店は七〇〇の座席数を誇る。また、同社は一九九五年までに、五〇〇〇万ドルを投じて中国に二七店をオープンしている。ＫＦＣが中国に出店している二八の店舗のうちの一つである北京店は、週当たり四万人の来客があり、そこは世界最大のＫＦＣ店舗である。今後数年で、同社は中国に約二億ドルを投資する予定である[23]。

中国市場は、コカ・コーラのようなアメリカの製造会社にとっても魅力的である。同社は、現在、中国にコークス・シロップを生産するための設備を含めて、一三のビン詰め工場を保有している。

近年、中国における外国ブランドは、二〇年前の毛沢東の『毛沢東語録』（*Mao's little red books*）と同じくらいに至るところに存在する［訳者注：『毛沢東語録』とは、中国の指導者、毛沢東の著作から引用・編集された語録であり、一九六六年から一般向けの出版が開始された。中国では非常に多くの人に読まれ、それと同じくらいに、中国で外国ブランドが増えているということである］。中国のテレビをつけてみると、コカ・コーラのオレンジジュースやコンタックの風邪カプセル、ヘッド・アンド・ショルダーズのシャンプーのコマーシャルなどが目に飛び込んでくる。上海で一番有名なデパートの屋上には……ポンズの化粧クリームやワセリン・インテンシブ・ケア・ローションのネオンライトのついた広告板がある。(24)

中国で広告されているその他の製品は、ベネトンからバーバソル、リッツクラッカー、レイドにまで及んでいる。コカ・コーラに関していえば、中国以外に世界一九六カ国――リビア、イラク、キューバ、北朝鮮などわずかな例外はあるが――で操業されている。

一方、トイザらスは、グローバルな展開計画に基づく四〇六店舗――シンガポールからスペインに至るまでの主要店舗――の収益として四一億ドルを期待している。国境近くのメキシコでは、シアーズが人工衛星経由のデータ通信を利用して操業しているのに対してJ・C・ペニーはスペイン語のカタログを配布している。また、ウォルマートはさらに、南部のアルゼンチンとブラジルの市場を調査している。

北京のビッグ・マックやプーシキン広場のピザは、ニューヨークの起業家たちよりも新開地で起業する資本主義精神をより明確に示している。(25)それらは中国人やロシア人のアメリカ化を越えるものである。それらは、異国の地にアメリカ式のファーストフード主義（American-style fast-foodism）の種を蒔くことによって、国際的消費者という新たな種類の消費者を育てるという企業の試みを象徴している。以前アメリカで起ったこと――新しいハンバーガーチェーン店による旧式のワゴンランチの転換、国内のスーパーチェーンによる古いタイプの食料品店の転換など――が現在、世界中で起っており、日常生活のペースを加速させるような、共通の消費者文化をグローバルに分配しているのである。

そのような変化が示唆する明瞭なメッセージは、空間軸、かつ、時間軸の存在である。ここにあるものすべては同時にそこにもあるのである。中国を訪れるアメリカ人観光客にとって、いや世界中を旅するアメリカ人にとって、彼らが訪れた国は彼らが知っている巧妙な映画のセットのようなものであり、同時に数千マイル離れた故郷に戻っているような錯覚を感じさせる。というのは、グローバルな規模での営利事業、および、製品の混在によって、物質文化は普遍的になり、恣意的な時間帯は重要性を失うからである。

3 コミュニケーション・ネットワーク

「現在という時代」の帝国

今、ここに生命が存在するからといって、「現在という時代」がその影響を及ぼすために何もする必要性はない。しかし、「現在という時代」が人々の過去と未来を見えなくするくらい過度の影響を働かせてしまうと、それは時間の他の次元の意識を排除して、人々の生活のすべての面に押し入ってくるに違いない。個人的な経験の要素はすべて、同時に同じ調子で鳴り響くに違いない。「現在という時代」の力がこの効果を国内で、そして、グローバルに発揮させるために、人々はどこにいても同一の時間軸の現実に慣れてしまうことになる。「現在」の排他的な感覚は、人々の生活の中で暗黙的になっているに違いない。いくつかの差異――それらが現実的であろうと、感覚的であろうと――は、「現在」がすべてであるという見解を抑える役目を果たし、その結果、共同体における「現在という時代」の力やその支配を縮小するであろう。

同時性にとっての障害の一つは距離である。ずっと先にいる人々は離れているために、彼らの経験が同じであるということはほとんどあり得ない。彼らは別々の家に住んでいる。彼らは別々のものを食べる。彼らが着ている服、使うお金、歌う歌——それらはすべて異なる。「外国」の言語の外来性は土地と民族の両方において、その空間的距離によるものである。確かに、同じ言語でさえ方言と呼ばれる違いが、それと同じ原理を反映している。私たちが知っている人工的な境界線——地域、あるいは、国——は、実在する相対的な位置を公式に支持する。また、距離が増加するとともに、差異も増加する。したがって、時間と空間は「現在という時代」の潜在的に普遍的な支配を破壊することで対抗し合っている。

しかし、人間の技術的成果によって、そのようなギャップは埋められることになった。実際、輸送とコミュニケーションでの成果は、地理的分離主義者の主張を退けることとなった。今日、迅速な輸送、および、瞬間的コミュニケーションは、グローバル社会——商品と経験の自由な交換を妨げる可能性のある、物理的障壁がすべて超越される社会——の実現を可能にしている。人々の生活の物質的内容がますます似てくるにつれ、また、彼らの身近にある思考がますます似てくるにつれ、さらに、彼らに相互利益の状況下に共にさらされることが増えてくるにつれ、彼らは必然的に自分自身で考えるのを止め、またその代わりに、彼ら自身を同一とみなすようになるだろう。ウォルター・トルーエット・アンダーソン（Walter Truett Anderson）が記しているように、「われわれは、境界線の薄れている——明確な線を備えた現実を組み立てた思考パターンが薄らいでいる——時代に生きている[26]」のである。

距離が無関係の統合されたような環境では、「現在という時代」の力は格段に上昇する。というのは、そのような環境では、空間が時間上の掌握を緩和するからである。その時、新しいグローバルな文化的重層構造——異なる民族のエネルギーと思想が相乗効果的に融合されるにつれ、文化的差異、言語的特色、および、政治的な区分が薄まっていく構造——が出現する可能性がある。

すでにみてきたように、そのような文化的重層構造は、世界中の貿易の相互連結の拡大によって促進される。電子処理のメモリー、分析、および、情報伝送は、かつては分離していた経済を協力的なネットワークとして結びつけた。大陸を横断する企業の成長、多国籍企業と戦略的提携の増加、以前の保護貿易論者の境界を越えた自由貿易の確立、および、証券取引所と金融機関の二四時間という、絶え間ないグローバルな結びつきは、独立した経済現象ではなく、世界の取引方法を変えた電子技術が相互連関した副産物である。総じて、そのような慣習は私たちが貿易をどのように定義するかということについて影響を及ぼし、また、私たちの思考を変化させることによって、今後、同様のビジネスが発展し、それが望ましく、かつ、当然であるとみなされる可能性をより高めたのである。

しかし、文化が特にそのような経済的共生をそのイデオロギーの脅威とみなす場合、積極的にそれに抵抗する。実際、ローマ共和国の厳格な元老院議員はヘレニズム化に反対したし、その二〇〇〇年後、日本のサムライも西洋化に反対した。それは自分たちの価値体系が外来思想によって破壊されるかもしれない、と思ったからに他ならない。他方、イデオロギー崩壊の代償を伴わずに、経済的便益を獲得することができると素朴に信じる文化圏の人々もいる。しかし、物質的な誘惑には必然的にイデオロギーの誘惑が伴う。物というのは、単に使用されるためだけにあるのではなく、生活の目的、および、生活を営むペースの感覚を含む、ある種のライフスタイルを意味する。クラブ・メッドのバカンス村［訳者注：Club Med resorts／、Club Med とは、フランスのパリに本社を置く国際的なバカンス・サービス提供会社。ここが運営するバカンス村では、旅行中にかかるほとんどの費用を前もって支払うというシステムになっている］が通貨の使用を禁止するのも、また、ミシガン州マッキノー島やニューヨーク近くのファイアアイランドのような避暑地が自動車を禁止するのもこのような理由からである。しかし、リゾート地、あるいは、避暑地に該当することは、国にも該当する可能性がある。商業面、技術面に関して変容した国家は特に速度、消費、および、利益に基づいた、強力で世界規模のシステムの影響下にある場合、精神面においても同様に変容する可能性もある。心の安定と生活様式を守るために、そのような貿易を禁ずるような措置が必要かもしれない。しかし、国境なき経済において、貿易禁止を強化することはほとんど不可能である。

国際的メディア

有形財の影響は物理的な移動なしでも可能である。それらが実際になくても、また、それらが表すライフスタイルを実際にみなくても、それらのイメージが効果的にその代用を果たす。なぜならば、イメージは特にそのようなイメージがエレクトロニクスの場合、物理的な物よりも容易に配信されるとともに、伝わるのがはるかに速い。私たちがどこにいようと、映画とテレビを見れば私たちは世界のどこにでも行けるのである。

数十年間、映画は、世界中にアメリカのイメージ――よきにつけ、悪しきにつけ――を投影し、それは革命の流れを奮起させるに十分なイメージであった。かつてのアジアのある指導者は「映画産業は、世界を見る窓を提供した。そして、植民地化された国はその窓を通して自分たちが奪われた事情を知った。おそらく、冷蔵庫のない民族にとって、冷蔵庫が革命的なシンボルになりえることは一般には理解されない」と言う[27]。アメリカ映画協会（the Motion Picture Association of America）の会長のジャック・ヴァレンティ（Jack Valenti）はイデオロギーに影響を与える代表として映画を「アメリカの最も求められる輸出」であると評した[28]。

しかし、その輸出品の流通は、映画がリールフィルムであるかぎり、厳しく制限された。だが、テレビ放送が行なわれることで、それらは即座に光速で移動する信号として世界に広がるようになった。実際、一九九三年までに、米国の映画、テレビ、および、ホーム・ビデオ産業によって得られた収益の四〇パーセントは、国際的市場（総計一八〇億ドルのうちの八〇億ドル）によるものである[29]。アメリカの九三〇〇万以上の世帯が、少なくとも一台のテレビを所有しており[30]、世界で一〇億以上のテレビがあるが、すぐにその数は倍増するであろう。スペインの子どもたちは、アメリカのおとなしい子どもたちよりもよくテレビを見る。フランス人は仕事をするよりもテレビを見る時間のほうが長い[31]。

テレビは他のどんなものよりも普及しており、その最も近いライバルであるラジオでさえ、利用者でもインパクトでも遠く及ばない。メディア学者のエヴァレット・E・デニス（Everette E. Dennis）は、「民族国家は、出国者と入国者をますますコントロールできなくなっている。それは実際に習慣や他の的外れのニュアンスを生み出すことになる。」と言う。[32] また、テレビのグローバルな影響を評価して、イギリスの政治学者のティモシー・アッシュ（Timothy Ash）は、「かつて、ひとつの文化を他の文化圏に普及させるためには、数十年間、または、数世紀を要したが、今日のテレビは短時間で永続するイメージを広げることができる」と述べている。[33] アッシュが記すように、テレビは単に娯楽媒体ではない。それは、世界のある地域に他の地域の暮らしぶりを示すことにより、歴史の経過に影響を及ぼすことが可能だ。東ヨーロッパで共産主義を崩壊させたものは何か。たとえば、ポーランドの指導者のレフ・ワレサ（Lech Walesa）はそれをテレビに他ならないと指摘し、「すべてそこから来た」と言った。[34] 今日、カラーテレビは、ポーランド世帯の少なくとも八二パーセントに視聴されている。[35]

アトランタに本社を置くCNNは、グローバルな規模での政治ニュースの報道に熟達している。アメリカ国内で六二〇〇万人、西ヨーロッパで五〇〇〇万人、その他世界全体で三〇〇〇万人に同時に視聴されている。[36] 中国における革命の鎮圧、アフリカの大量飢餓、あるいは、旧ユーゴスラビアでの大量虐殺などを捉えることによって、CNNのようなテレビニュース・ネットワークは、全世界の人々の良心を刺激することができる。確かに、MTVのポップスの送信でさえ、グローバルな世代の若者の感情を統一し、左右するような社会的インパクトをもっている。[37] MTVは九〇〇〇万人の視聴者がいるので、南極大陸以外のすべての大陸で見ることができる。さらに、子どもたちを対象とした『セサミ・ストリート』（Sesame Street）は一八〇カ国で見ることが可能である。

状況を混乱に陥れることもできるテレビの可能性は、抑圧的な国家政権の指導者には理解されていなかった。中国では、ある時期、「何十万もの衛星放送アンテナが……雨後のたけのこのように……芽を出している（いた）」。中国のある上級報道官は、「政府は、すでに情報に対するコントロールを失った。指導者はそのことをまだ知らないかもしれない。しかし近年、彼らは人々が何を知るかを統制することができないのである」と言った。しかし、一九九三年、西洋からの「精神的な汚染」（spiritual pollution）を厳しく取り締まるために、李鵬首相（Prime Minister Li Peng）は国内の一般市民が衛星放送アンテナを購入したり利用したりすることを禁止した。その時、中国には五〇万の通信衛星アンテナがあった。香港に本社を置くスターTVに一五〇〇万人が加入し、アパートに設置されているケーブルを通じて、そこが中継するBBC、CNN、および、MTVなどの英語番組を視聴していた。

西側の番組は、イスラム原理主義国家のイランにおいてもまた、消滅させられることになった。一般の民兵がテヘランの家々に乱入してテレビを壊して回った。ある政府高官は「西側の番組は、国際的な帝国主義によって準備されたものであり、われわれの宗教的、かつ、神聖な価値を払拭するための広範な計画の一部である」と言明した。特に、イランの若者によってみられる、『ダイナスティ』（Dynasty）や『ベイウォッチ』（Baywatch）のようなシリーズ物の再放送、『ドナヒュー』（Donahue）や『オプラ』（Oprah）のようなトークショーなどの番組のほとんどがセクシャルなものをオープンに取り扱っているために、不道徳なものとして引用されていた。(38)

中国とイランの両方の衛星放送アンテナの削減と厳しい罰則により、人々が今後危険を冒してまでテレビを見ることはなくなるかもしれない。さらに、イランの政府当局は「現在という時代」の力に対抗して、国家のイデオロギーに及ぼす各項目の影響を判断できるまでニュース放送を遅らせるなどして、思想統制を強めた。

コンピューターのバイナリコード［訳者注：「0」と「1」の二進数で書かれた、コンピューターが認識・実行することのできるプログラム］のように、テレビの映像は、誤解の余地のある単純さ、かつ、爆発力のある国際言語を構成する。この言語は、中国やイランの政府の行動が実証するように、私たちが通信する方法だけでなく、その信じる考えまでも変えることができるのである。

エレクトロニクスのネガティブな影響

しかし、「現在という時代」の力、および、その媒介手段には、ネガティブな側面もある。

相互に電子的に連結された世界は地理的に孤立し、国家的自治によって特徴づけられる世界よりも強くもあるが、同時により脆弱でもある。

この新しく、かつ、窮屈なゲームボードの上では、勝つためのリスクは無限により高く、そして、それによって失うコストも無限大である。ある商品（石油、ウラニウム、コカイン）への国際的依存、および、それらの危機的な源泉と供給をコントロールする必要性がその確たる証拠である。より小さな世界（より絶縁されなかった世界）は、より危険な世界になりうる。そうした世界では、マッチが導火線の近くにあるように、政治が接近している。

さらに、コミュニケーションの電子システムは単に出来事を送信するわけではない。それらはニュースが移動するために必要な時間を切り詰めることによって、また、戦術的、および、戦略的意思決定がなされるような緊急性を高めることによって加速される。エレクトロニクスは行動という端子を外交、あるいは、軍事的反応という端子に連結させて、直流の電気を通すように衝撃を与えることで、歴史のエンジンを始動させる。以前は、遠くでの戦争の成果がある国の資産に帰結するのに数日、または、数週間かかったかもしれない。今日、敵対する指導者はCNNでミサイル攻撃を「生放送で」見るかもしれない。このように、初期の時代のゆっくりとしたチェスの展開が今、カチカチと音を立てる時計の圧力の下でなされている。破壊的な軍事力が伝えられうる速度は速いが、それは取り返しのつかない行動を誘発することになる。

テレビ媒体は独特の問題を引き起こす。それは説得力と現実味のあるシミュレーションを映し出すので、曖昧な政策を支援するために操作される可能性がある。もし政治家と軍司令官が巧みにニュースを管理すれば、回避可能な戦争がスリリングで愛国的なミニドラマに変換されることもある。さらに、トム・ローゼンスティール（Tom Rosenstiel）はCNNについて、「（その国際的な報道の）効果は、グローバルな立場……特にテロリズムを支持する独裁者、および、スポンサーを衰えさせるということ……を欠いた政治指導者に意見を表明する機会を与えるということであった。意見表明の場を必要とした外国の指導者は、迅速にCNNの可能性を認識した」と記している。[39]

さらに、グローバルな規模の被害を伝達するテレビの能力は、実質的には利益よりも害になるかもしれない。

「毎日、世界中で起こることは非常に多いので、最も敏感な人々でさえ麻痺している」と経験豊富な特派員、ジム・ウッテン（Jim Wooten）は記している。[40]「各々の苦難の継続は、人間の本質的な結びつきについてのわれわれの理解を拡大させるか」「それとも、それは単にわれわれを麻痺させるか」と作家のアンナ・キンドレン（Anna Quindlen）は問うている。[41]

4　グローバリズムの代価

境界線をなくす科学技術の力は世界を一体化するようにみえる。しかし、境界線がなくなるということは逆効果も生み出す可能性もある。民族集団が領土への長年の権利を表明するために蜂起するように、祖先から受け継いだ壁を取り壊すことは祖先の憎悪を呼び起すかもしれない。同時に、自分たち自身を「持たざるもの」と呼んでいる民族は、民族的に恵まれて「持っている」とみなす人々に対して残虐行為を犯すかもしれないし、あるいは、その暴力が彼らが非常に長い間、彼らの土地で味わった経済的不公正を是正しようという努力に向けられるかもしれない。また、他の民族は兵士と民間人、有罪か、無罪を区別しない無差別の、計画的、かつ、凶悪な国際テロ行為を国境を越えて行なうことにより、無国籍の状態で自分たちの欲求不満を発散させるかもしれない。なぜならば、ボーダレスの世界では、そのような区別は無意味になってしまうからである。確かに、「現在という時代」の力は、まさにそれが長期間尊重されてきたモラルの抑制作用をなくすように、すべての衝動の満足を促進することによって、そのような行為を刺激する。このように、短期的には、少なくとも一つのボーダレスの世界が以前よりはるかに危険な場所になる。実際、いくつかのグループは猛烈な炎熱を備えた「過去」を保護するために、原理主義者の要塞を建造し、防御することにより、徹底的に「現在という時代」の包括的な力に抵抗するかもしれない。

グローバリズムへの傾倒は国際貿易と世界大戦を生み出したが、それはまた、国際規模の犯罪をも大量に生み出した。シシリー島や中国のマフィアやコロンビアの麻薬カルテルなどはすべて、二〇世紀の合法的通商外交組織として同じ時期に平行して生成されてきており、彼らと戦うために立ち上がった国際警察と同様に、国際的な取り組みを行なってきた。

グローバリズムはさらに自然界にも影響を及ぼした。国籍、あるいは、共犯のレベルとは無関係に、資本家の貪欲さや消費者中心主義の廃棄という罪に対する罰は、私たちすべてに課されたし、現在も課している。大気には境界はない。また、私たちが依存する食物の連鎖もそうである。好むと好まざるとにかかわらず、私たちはすべてグローバルな環境犯罪の共通の犠牲者として統合される。都市における銃乱射、および、テロリストの爆弾のように、有毒廃棄物の国際的投棄に良心というものがみられない「現在という時代」の力によって圧制されたボーダレスの世界を表している。(42)

さらに、グローバルなコミュニケーション特有の恩恵は、過大評価されやすい。まず、私たちはグローバルなコミュニケーションがそれだけで世界を再生することができるわけではない、ということを認識しなければならない。送信されたイメージ、あるいは、事実がどれほど多く鼓舞し、どれほど多く伝達しても、それは単なるイメージ、または、事実を映し出しているにすぎず、生の社会の実体ではない。それは空腹を満たすこともできないし、病気を治すこともできない。また、教育で、迫害された人々はデータだけでは解放されはしないであろう。

革命は起る。しかし、テレコミュニケーションとコンピューター技術が最終的にほとんど確実に行なうのは、それらを楽しむ富裕な人々——金と権力をもっており、より多くの金と権力を望む人々——に対して、それらの恩恵を保証することである。残りの人々は無力だが、快適な消費者として、最小限に間接的にその恩恵を受けるだけであろう。

政府が企業より行動が遅く、かつ、彼らの日常業務用に積極的に使用されていない電子技術があるということで、私たちは企業が全体的に政府より速く、より決定的に行動することを期待することができる。実際、ポール・ケネディ（Paul Kennedy）が考察しているように、現代の問題の本質は、政府が通常、解決すべき範囲を越えているのである。

地球温暖化から、二四時間トレードに至るさまざまな傾向は、生来、国境を越えており、世界中を横断し、離れた社会に影響を及ぼし、世界が区分されているにもかかわらず、単一のユニットであることを私たちに気づかせる。それらの大部分は従来の民族国家の権威ではコントロールすることができない。それは、国々が流入してくる大気の流れを防ぐことができない、という直接的な感覚、および、たとえ彼らがバイオ農業、ロボット工学、外国為替取引のような活動を禁じても他の至るところでそれがつづいていくだろう、という間接的な感覚を拭い去れないからである。最終的に、これらの課題に軍事力が介入することはない。なぜならば、それは国が自分たちの安全を脅かす脅威に対処する方法だからである。航空母艦の特殊任務部隊や装甲師団にはそれらの機能がある。しかし、それらはグローバルな人口の爆発の阻止も、温室効果の抑制も、外国の外国為替取引の禁止も、オートメーション工場やバイオ農業を停止させることもできない(43)。

これも重要なことであるが、領土は政治的な境界によって法的に定義されている。しかし、企業は主として野心のみによって制限されている。その結果、国境を越えるという考え方は政府より企業にとってより容易となる。批評家ハーバート・I・シラー（Herbert I. Schiller）は次のように指摘している。

拡張するか、縮小するか、を迫られた――中道のない――企業中心経済は、国境を越えてビジネスを行なってきた。その投機家たちは多くの外国地域で活動している企業である。企業のこのトランスナショナリズムは、それが活動するところならどこでも、ますます全国的に生活状態を満たすような、包括的、かつ、共同的な情報の文化的空間を世界にもたらしてきた……。
新しい情報技術が慣例的に国境を通過することを（いくらか）観察すれば、国家はもはや独立して存続はできない、と結論づけられる。ただ、だれか、あるいは、何が国家に取って代わるかということは明らかではない。多国籍企業が（執行役員でもないのに）世界を運営すべきである、とだれも提案しているわけではないが、他に候補があるわけでもない。国際機構が、今、主要西洋諸国を統治する支配的な力を発揮して世界を運営することは、それらが普遍的であり、かつ、各加盟国に代弁する声を許されない限り不可能であると考えられる。(44)

その結果、ますます商業的利己主義が政治的意思決定に影響を及ぼすようになるかもしれない。最古の帝国時代から、帝国主義的野心が外交政策を形成してきた。しかし、国家の提示する行動指針が国民の考えによってではなく、多国籍企業の実用的ニーズ、および、彼らが資金を融通する政党や政治家によって決められることの方が多いので、今後、それはますます国内政策にもまた、影響力を行使するかもしれない。したがって、戦争はクウェートからの原油の有益な流通を保証するために行なわれることはあっても、ボスニアのような資源に乏しい土地の大虐殺を停止させるためにはめったに行なわれないであろう。要するに、グローバル経済は強欲な国際化を促進させるにすぎないかもしれないのである。

そのような国際的な政策は倫理と深い関係がある。というのは、世界が実利主義［訳者注：ここでは、現実の利益を重んずることを意味する］と日和見主義［訳者注：形勢をうかがって、自分の都合のよい方につこうとすること］によって支配されればされるほど、世界の文明がより精神的に傾くからである。結局、ビジネスは利益を得ることにその最も高い忠誠心を誓約するのである。しかし、それを最も高い原理として選択する文化はこのうえなく、貧弱なものになる。

数年に及ぶ長期的計画を評価する際に、「耐久財」（durable goods）を三年程度しか続かないものとして定義する企業は、二〇世紀以前の価値を知らないといえる。それが独立国家を害し、グローバル経済に取り替えるとともに、「現在という時代」の商業的力は必然的にその国家の伝統を破壊するであろう。ちょうどベルリンの壁が倒されたように、過去のすべてのものの壁は――悪とともに強引に進んだ善として――引き倒される。というのは、国境を越えてアイデンティティを破壊することは、それらが先祖代々保護し、つくり上げてきた民族的価値を追放するということだからである。

それを「良き厄介払い」(Good riddance) と言う人もいる。哲学者のイマヌエル・カント (Immanuel Kant) が二世紀前に述べているように、結局、民族的差異は、数世紀に及ぶ憎悪と内戦をもたらした[45]。今日の世界では、民族的エネルギーはダニエル・パトリック・モイニハン (Daniel Patrick Moynihan) が抑制不可能、かつ、無秩序の「無法地帯」(pandaemonium) と称したものを実際に創出してきた[46]。

確かに、民族分離主義の終焉、および、グローバルな均質化の出現の中に、人間の文化の新しく創造的な改良の基本原理を見出す者もいる。ウォルター・トルーエト・アンダーソン (Walter Truett Anderson) は次のように記している。

> 確かにわれわれは多くの異文化の要素を共有するような、グローバルな超文化の誕生をこの時代にみている……。われわれは無限に破壊的な教訓を学んでいるが、それを信じるのも信じないのも自由である。われわれは古いやり方が崩壊することによって、社会的につくられた現実の中で信じられるものと信じられないものとの多くの層、および、そのような現実のうち一部はその中、一部はその外で生活するという多くの層をつくることができるようになる[47]。

その際、大衆は本質的に異質な慣習を組み合わせたファッションショー――光りきらめく民族的織物のバザーから取り出された豊富な超常的衣装を自由に構築することができる文化的スタイルの折衷的な混合——に招待されるようなものだ。

そのようなイメージは、現実味のない魅力のようにみえるかもしれないが、それは伝統とは何かということについての全体的な誤解を表している。伝統とは、時間の中に根を生やしている木のようなものである。それらは、海岸から拾ってきて、芸術品にできる流木ではない。それらはまた、根がなく、クルクルと砂漠を転がる回転草でもない。伝統は重要であり、それらは成長するために生来の土——時間の経過によって肥沃になった土——をもっていなければならない。どんなものの移植も大きな危険を招く。

もし民族意識が不和を引き起こすならば、それは自分たちが何者であり、他人とは違うということを民族意識が教えるからである。そして、もしそのような差異が強情に破壊的になろうとするならば、それは、最も耐久性があり、かつ、活力に満ちたアイデンティティの源泉の崩壊を促進することによってではなく、彼らが共有する共通の人間性、および、必要性を人々に認めさせることによって修正されるべきである。

ハロルド・R・アイザック（Harold R. Isaacs）はかつて、脱工業化時代における集団アイデンティティについて次のように述べている。「われわれは社会的・政治的に別々に飛んで、遠心力でスピンアウトする。同時に、巨大な求心力が働き、われわれすべてを、毎年、一つの集団の中にますます多く押しやる」[48]と。文明は試練を繰り返し、異質性を打ち砕く「現在という時代」の能力に抵抗するために、そのような力を乗り越えるようになるであろう。

しかし、元シティコープ会長のウォルター・B・リストン（Walter B. Wriston）のように、グローバリズムにおける民主主義的な保証によって活気づけられる人々もいる。リストンは、その著書『統治権の衰退』（*The Twilight of sovereignty*）の中で、情報技術をグローバルな規模で政治を革新する能力をもった解放手段と評している。

世界の多くの地域で、かつて公式筋に反したニュースはすべて厳しく統制されていた。他地域の政治システムに関する情報を入手するのは困難であった。今日、これらに関する情報は遠く離れたジャングルの中でも、衛星を通じて携帯型のトランジスタラジオの中へ飛び込んでくるし、世界中で映画とテレビのスクリーンに映し出される。自由にニュースを伝える情報技術は、統治権の衰退と評されるような状況を急速につくっている。というのも、その市民に対しては内的に、また、他国の出来事に対しては外的に、独自に行動を起こせるような国家の絶対的な権力が急速に減じられているのである……。われわれは、自由というものが対策を施しようのないウイルスのようなものであるということ、そして、そのウイルスがグローバルな電子ネットワークを通じて、以前によりよい生活様式に関しての可能性や知識をもっていなかった世界の遠い来訪者へと広がっていくことを知った。このプロセスはきれいに整備されており、その基礎にある技術がなくならない限り破棄することはできない(49)。

確かに、思想の力は特にそれ自体を広く流布するための手段が存在する場合、過小評価されるべきではない。また、自由についての思想ほど有力な思想はほとんどない。しかし、自由はどんなに貴重なものであっても、単に条件にすぎない。空き瓶のように、それは人々が望むさまざまな欲求で満たすことができる。

まさにその理由で、リストンが賛美する「よりよい生活様式」（better way of life）には定義が必要なのである。自由とは、どんな代償を払ってでも、たとえ他者の自由を犠牲にしてさえも、満たされてもよい感覚として存在するのではない。あるグループの解放が必然的に別のグループの抑制につながるというのでは意味がない。

また、本来、自由と呼ばれるものは、生活に精神的、および、心理的ゆとりをもたらすものなのであろうか。さらにいえば、自由は人々に対して、逆説的ではあるが、犠牲や自己鍛練を要求し、また、その獲得のために、当然守るべき自らの文化を伴わないような行動を促すのではなかろうか。

結局、グローバル経済はまさに経済なのであり、それ以外の何ものでもない。それ自体は、単に金融面での共同を行なうものであり、決して自由を保証するものではない。

私たちは問わなければならない。だれがきわめて自由に放送されるメッセージの内容を決定するのだろうか。情報は特に、送信手段が精巧で高価な場合、自発的に放送されない。では、キャスターはだれで、また、その動機は何か。また、これらの動機は、彼らが送るメッセージにどのように影響を及ぼすのか。

しかし、自分の既得権のためにマス・メディアを利用する権力機構（政府にしろ、企業にしろ）の歴史的な傾向は、どんなにメディアが変わっていっても、確実に継続されるだろう。また、もし政府と企業が実利主義を正当化するということでグローバル化に一致するのならば、別の正当性が存在する余地はあるのだろうか。

さらに、どのマスコミ機関もある種類のメッセージに関して自然と類似性をもっている。目に見えないふるいのように、過度の単純化が通り抜けて流れることをそれが可能にする場合、テレビは複雑さをろ過する。民主主義は（グローバルな民主主義でさえ）、長時間、そのようなろ過された食物で存続することはできない。それでも、情報は国家を育てるために統一されるに違いない。

皮肉にも、データを世界に送信する、まさにその必要性は、数量化の心理――意味ではなく、事実への信頼――を生成するかもしれない。金銭のように、数は理想の国際言語である――そこからは感情も民族の自由な特色も排除されている。そして、ますますグローバルな社会の中で、情報の蓄積は人間らしい伝統の雰囲気を削除し、それを表面的に光る非人道的な化粧煉瓦に取り替えるような、完璧な民族の「洗浄剤」になるかもしれない。その一方で、モラルの影響力は、より多くなる決定事項をより少ない時間で行なうようなシステムの中で、ますます薄くなるかもしれない。

国境を越えたテレビは、まさに商業が世界中の実利主義を永続させるように、等しい量の精神安定剤のような雑知識とのぞき魔的な興奮を提供して、空虚感を容易に満たすであろう。ラッセル・カーク（Russell Kirk）の言葉を借りれば、「コミュニケーションの時代」は「条件反射の時代」になるであろう[50]。

確かに、そのようなシナリオが実現する必要はない。インターネットにおける民主主義的な可能性がまさに私たちを個人としてともに結びつけるときに全体主義を崩壊させ、私たちをグローバルに救うだろうと言う人もいるかもしれない。しかし、情報技術それ自体を私たちの救済者とみなすことは早計であろう。(51) 私たちが第２章から第６章で、国家的見地からみてきた変化――個人、家族、社会、および、国家の変容――はすべて終わることなく、世界の文化の電子的統合のために国際的な規模で拡大されるであろう。

自由は「治療法のないウイルス」と言えるかもしれない。しかし、スピードアップするグローバルな環境において、「現在という時代」の力は、世界規模の流行病になる可能性をもっている。(52)

もしそのような流行病が広がるとするならば、それは脚本家のパディ・チャイエフスキー（Paddy Chayefsky）が映画『ネットワーク』（*Network*）用に書いた台本の中で二〇年以上前に予想していたことになる。あるシーンで、放送中に企業買収の正当性に異議を申し立てた、テレビ司会者のハワード・ビール（Howard Beale）の傍若無人さに対して、ＣＣＡの社長のアーサー・ジェンセン（Arthur Jensen）が怒りをあらわにしている。

ビール君、君は最も重要な自然の摂理を掻き乱したのだよ。それで解決したか。君は今回の件で、単に商取引を停止したにすぎないと思っているね。だが、そうではない。アラビア人はこの国から数十億ドルを引き出した。そして今、彼らはそれを元に戻さなければならない。そこには潮の干満――強者と弱者――の関係がある。それは生態的均衡だ。

君は国家と民族の立場から考える古い人間だ。だが、国家などない。民族もない。ロシア人などいない。アラビア人もいない。第三世界などない。西洋もない。そこには、広大で、網の目のように織り込まれた相互作用と多様性があり、ドルの多国籍支配――オイルドル、電子ドル、マルチドル、ライヒマルク、レアール、ルビー、ポンド、シェケルなど――による、ただ一つの包括的なシステムがあるだけだ。それは、地球上のすべての生命をあずかる通貨の国際的システムだ。それが今日の自然の秩序だ。それは今日の原子的、亜原子的、銀河的……

どの世界にも当てはまる。そして、君は最も重要な自然の摂理を掻き乱したのだ。そして、君は償うだろう（私の言うことがわかるよな、ビール君）。

君は小さな二一インチのスクリーン上で目を覚まし、アメリカと民主主義についてわめき叫ぶ。だが、アメリカはない。民主主義もない。ここにあるのはＩＢＭ、ＩＴＴ、ＡＴ&Ｔ、デュ・ポン、ダウ、ユニオン・カーバイド、そしてエクソンだけだ。それが今日ある世界の国家なのだ……。

われわれは、もはや国家とイデオロギーの世界になど住んではいないんだよ、ビール君。世界は、運命の不変の条例によって容赦なく決定づけられた企業の塊なのだ。世界はビジネスだよ、ビール君。そうやって人間は軟泥から這い出してきたんだ。そして、ビール君、われわれの子どもたちは戦争も、飢えも、圧迫も、また、残虐さもない、完璧な世界をみることになるだろう。共通の利益のために人が皆働き、その中で皆が株式を保持するような、広大で普遍的な一つの持株会社——がすべての必需品を提供し、すべての不安を解消し、すべての退屈さを娯楽に変えるであろう。[53]

注

（1）McLuhan, in Marshall McLuhan and Quentin Fiore, *The Medium Is the Massage*, New York: Simon & Schuster, 1967, 1989, p. 16（＝邦訳、南博訳『メディアはマッサージである』河出書房新社、一九九五年）.

（2）J. T. Fraser, *Time, the Familiar Stranger*, New York: Harper & Row, 1987, pp. 310ff.

（3）Ilya Zemstov, "Lexicon of Glasnost", *Crossroads 27* (1989), pp. 3-24 を参照のこと。

（4）Jim Rower, "The Nation-State on Trial", *The World in 1993*, newspaper supplement: "*The* [*Toronto*] *Globe and Mail* Report on Business/*The Economist* Publications", January 1993, p. 35.

（5）統計に関しては、Rower, "The Nation State on Trail"を参照のこと。

（6）Robert B. Reich, *The Work of Nations: Preparing Ourselves for 21st Century Capitalism*, New York: Knopf, 1991, 8（＝邦訳、中谷巌訳『ザ・ワーク・オブ・ネーションズ——21世紀資本主義のイメージ』ダイヤモンド社、一九九一年）.

（7）*Ibid.*, 3.

（8）Clinton, Inaugural Address（January 20, 1993）, *New York Times*, January 21, 1993, A15.

（9）Walter B. Wriston, "Clintonomics: The Information Revolution and the New Global Market Economy", *Vital Speeches of the Day*, April 1, 1993, p. 376.

（10）Stephen D. Harlan, "Becoming a Global Thinker", *Vial Speeches of the Day*, January 15, 1992, pp. 204-208.

（11）出所は、U.S. Department of Transportation, *National Transportation Statistics Annual Report*, 1996.

（12）John Naisbitt, *Global Paradox: The Bigger the World Economy, the More Powerful Its Smallest Players*, New York: Morrow, 1994, 116（=邦訳、佐和隆光訳『大逆転潮流（グローバル・パラドックス）――これからの社会・経済・企業の盛衰を決める一大法則』三笠書房、一九九四年）を参照のこと。

（13）ノースウェスト航空社長兼CEOのダスバーグ（Dasburg）の言葉。Agis Salpukas による引用。"The Big Foreign Push to Buy into U.S. Airlines", *New York Times*, National Edition, October 11, 1992, 11F.

（14）Naisbitt, 117ff を参照のこと。

（15）コンウェー（Conway）の言葉。Naisbitt, 119 による引用。

（16）Ferdinand Protzman, "To Track Unity in Europe, Watch Its Fast Trains", *New York Times*, National Edition, October 25, 1992, 5F; Jennifer Fisher, "Finally, LONDON to Paris by Train", *U.S. News & World Report*, November 21, 1994, p. 95 を参照のこと。

（17）Scott Norvell, "The Forgotten Fourth in Long Distance", *New York Times*, National Edition, December 27, 1992, 6F; Anthony Ramirez, "Battle Is Fierce on the Phone Front", *New York Times*, National Edition, November 27, 1993, Y13; Hiawatha Bray, "Long, Long Distance", *Detroit Free Press*, December 17, 1993, 1C; Sandra Sugawara, *Washington Post*, "Long Distance Firms Help Callers Keep in Touch in Any Language", *Detroit News*, May 8, 1994, 2A を参照のこと。

（18）ノーベル（Norvell）による引用。"Forgotten Fourth in Long Distance".

（19）Martin and Susan Tolchin, *Buying into America: How Foreign Money Is Changing the Face of Our Nation*, New York: Random House, 1988（=邦訳、東力訳『投資摩擦――買われるアメリカ』TBSブリタニカ、一九九〇年）and *Selling Our Security: The Erosion of America's Assets*, New York: Knopf, 1992 を参照のこと。

（20）出所は、*The Wall Street Journal Almanac*, 1998, New York: Random House, 1997, p. 215.

（21）Reich, *The Work of Nations*, 113（=邦訳、中谷巌訳『ザ・ワーク・オブ・ネーションズ――21世紀資本主義のイメージ』ダイヤモンド社、一九九一年）.

(22) Marshall Shuon, "From Geo, a Second-Generation Prizm", *New York Times*, National Edition, November 29, 1992, 3Y.

(23) Eben Shapiro (*New York Times*), "McDonald's Flips for Foreign Markets", *Detroit Free Press*, April 18, 1992, 6Af.; Roddy Ray, "Global Golden Arches", *Detroit Free Press*, February 20, 1993, 11A; Howard Witt, "The Big Mac Revolution", *Chicago Tribune Magazine*, July 25, 1993, 10-20; Susan V. Lawrence, with Mike Tharp, "Chinese Chicken: Dancing for Fast-Food Dollars" (on KFC in China), *U.S. News & World Report*, July 18, 1994, 46を参照のこと。マクドナルドの国際的なメニューは、地域の好みを反映させている。たとえば日本では、チャーハンやホウレンソウなど。

(24) James Sterngold, "The Awakening Chinese Consumer", *New York Times*, National Edition, October 11, 1992, 3.1.

(25) これに関しては、Victor Ripp's, *Pizza in Pushkin Square: What Russians Think about Americans and the American Way of Life*, New York: Simon & Schuster, 1990を参照のこと。また、Howard Witt, "From Russia with Relish... or How the Big Mac Conquered Moscow", *Chicago Tribune Magazine*, July 25, 1993, 10ffも参照されたい。

(26) Walter Truett Anderson, *Reality Isn't What It Used to Be: Theatrical Politics, Ready-to-Wear Religion, Global Myths, Primitive Chic, and Other Wonders of the Post-modern World*, New York: Harper & Row, 1990, p.256.

(27) インドネシアのスカルノ(Sukarno)大統領の言葉。Marshall McLuhan, Quentin Fiore, *The Medium Is the Massage*, 131からの引用。いろいろな記事を引用している。"Ice Boxes Sabotage Colonialism" (=邦訳、南博訳『メディアはマッサージである』河出書房新社、一九九五年).

(28) ヴァレンティ(Valenti)の言葉。WJR(デトロイト)でのインタビュー。一九九二年一二月一八日。

(29) Bernard Weinraub, "Directors Fight for GATT's Final Cut and Print, "*New York Times*, National Edition, December 12, 1993, 14Yを参照のこと。

(30) Nielsen Media Researchによる。

(31) John Lippman (*Los Angeles Times*), "Television Is Becoming a Channel for World Change", *Detroit News*, November 1, 1992, 8Aを参照のこと。

(32) デニス(Dennis)の言葉。John Lippmanによる引用、前掲。

(33) アッシュ(Ash)の言葉。John Lippmanによる引用、前掲。

(34) ワレサ(Walesa)の言葉。Lippmanによる引用、前掲。

(35) "Small Polish Broadcaster Wins TV License", *New York Times*, January 29, 1994, p. 137を参照のこと。

(36) Tom Rosenstiel, "Myth of CNN: Why Ted Turner's Revolution Is Bad News", *The New Republic*, August 22, 1994, pp. 27ffを

参照のこと。

（37） たとえば、MTVは、一九九五年までに三〇のアジア諸国へ英語および標準中国語のサテライトで放送していた。"MTV Multiples Its Asian Outlets", *New York Times*, May 3, 1994, d22を参照のこと。

（38） ここで示された中国とイランに関しての統計と引用については、Nicholas D. Kristof, "Via Satellite, Information Revolution Stirs China", *New York Times*, National Edition, April 11, 1993, 1f., "Chinese Left in Dark by Ban on Satellite Dishes", *Detroit Free Press*, November 22, 1993, 1A, reprinted from *The New York Times* や Chris Hedges, "Teheran Journal: From Satellite Dishes, Spice for TV", *New York Times*, National Edition, August 16, 1994, A4を参照のこと。

（39） Rosenstiel, "The Myth of CNN".

（40） ジム・ウッテン（Jim Wooten）の言葉。"Full Scope of the Rwanda Tragedy Escapes TV Cameras", *Detroit Free Press*, August 14, 1994, 6Gの中のMarc Guntherによる引用。

（41） Anna Quindlen（*New York Times* News Service）, "The Numbness Factor: Do the Starving Move Us, or Make Us Give Up?", *Detroit Free Press*, July 26, 1994, 9A.

（42） Center for Investigative ReportingとBill Moyers, *Global Dumping Ground: The International Traffic in Hazardous Waste*, Cabin John, MD: Seven Locks Press, 1990（=邦訳、粥川準二・山口剛共訳『有毒ゴミの国際ビジネス』技術と人間、一九九五年）を参照のこと。

（43） Paul Kennedy, *Preparing for the 21st Century*, New York: Random House, 1993, p. 129.

（44） Herbert I. Schiller, *Culture, Inc.: The Corporate Takeover of Public Expression*, New York: Oxford University Press, 1989, 4f.

（45） Kant, *Zum Ewigen Frieden*（1775）, *Preparing for the 21st Century*, New York: Random House, 1993, 133 and footnote. Kennedyによる引用。

（46） Daniel Patrick Moynihan, *Pandaemonium: Ethnicity in International Politics*, New York: Oxford University Press,1993（=邦訳、吉川元訳『パンダモニアム――国際政治のなかのエスニシティ』三嶺書房、一九九六年）を参照のこと。

（47） Anderson, *Reality Isn't What It Used to Be*, 24.

（48） Harold R. Isaacs, *Idols of the Tribe: Group Identity and Political Change*, New York: Harper & Row, 1975, p. 215.

（49） Walter B. Wriston, *The Twilight of Sovereignty: How the Information Revolution Is Transforming Our World*, New York: Scribners, 1992, pp. xii–xiii.

(50) Russell Kirk, "Will Eliot Endure?", *The World & I*, August 1993, p. 414.

(51) リストン（Wriston）は、技術が万能薬ではないと認めている。「先進技術は知恵を生まない。それは人間の本質ではない。それはわれわれの問題をすべて解決できるわけではない。しかし、それはわれわれをより人間的な自由への旅に誘うであろう」（*The Twilight of Sovereignty*, 176）。

(52) アメリカ人の生活を特徴づけてきたストレスは、ますます国際的になってきている。「ストレス」という言葉は多くの外国語に加わってきた。スペイン語では「ess-TRESS」、ロシア語では「STRESS-a」、日本語では「su-tor-es-u」と発音される。Richard A. Shweder, "America's Latest Export: A Stressed-Out World", *New York Times*, National Edition, January 26, 1997, E5を参照されたい。ストレスに関連する過労死は現代の日本の生活を特徴づけている1つである。

(53) Paddy Chayefsky, *Network*, Metro-Goldwyn-Mayer, 1976. 映画では、ハワード・ビール（Howard Beale）はピーター・フィンチ（Peter Finch）、ジェンセン社長（Mr. Jensen）はネッド・ビーティ（Ned Beatty）が演じた。

第8章
環境の変容

まさに科学技術のスピードが境界を越え、国家を融合させることによって世界の距離が縮まるにつれ、人々はその共通の故郷である地球の価値を忘れていっている。進歩的な「現在という時代」の力の影響で、自然の姿、また、――さらに、重要なことに――自然に対する人間の姿勢が変化してきているのである。

人間と自然との関係の分裂は、結婚生活の破局にたとえられるかもしれない。その昔、人間と自然はともに努力して、相互に補完するような関係で共存していた。しかし、時間が経過するにつれて、一見して調和不可能な差異――生態学的に両者が別離するであろうという見通しに結びつくような差異――の状態が、その二つのパートナーの間に発生した。人間と自然というパートナーは、かつては調和して存在してきたが、それらは今や、まったく異種の目的によって切り離され、子どもたちの保護ではなく、子どもたちの将来を決定するために、いわば、法廷で強力な敵同士のように闘っている。

多くの結婚の失敗のケースと同様に、失敗の潜在的な原因はそれらの関係のまさに最初の段階にあったのかもしれない。失敗が明らかになるまでには時間がかかった。「宇宙の分裂」（cosmic divorce）を導いた最初のひびはどこにあり、何がそのひびを広げていったのか。

すでに家族の議論でみてきたように、私たちの生活の速度も結婚の破綻の主要因の一つである。私たちは私たち自身と自然環境との間の有機的な結びつきの破綻を促進していると思われる速度を測定しなければならない。そのような宇宙の分裂の根本的原因を理解するためには、まず、人間自身の性質と成長について分析する必要がある。

1 自然と人間の性質

本能から知能へ

ちょうど動物が無生物から発生したように、理性も衝動から抜け出てきた。進化のはしごは一連の超越的な段階で構成される――無生物から動物に至るまで、また、本能から知能に至るまでである。この宇宙のはしごを登るのに際して、人間はより高い水準への意識の階段を数段登ったところで、自分たちにその成就を概観させることを可能にした。

人類の生来の環境は自然の法則や生物としての本能に従って、自給自足で形成されてきた。人間は、食糧を探し出し、その生存を確保し、このより大きな有機体の構成部分としてその種を広めて、長年の間、存在してきた。しかし、発達した知能ははしごの安定を保ち、それによってより上へと登れることを可能にする踏面へと向けられた。人間は、発明の力によって、その生活をより安全でより快適にし、それによって、彼らの寿命と人口は増加することになった。人間は火に精通することにより、夜に燃え上がる人為的な炎を理解しなかった肉食動物を脅かして追っ払った。一方、切り分けた木の先に鋭利な石をつけた石器を自由自在に使うことにより、捕えることが困難な獲物の捕獲を行ない、肉や皮を手中に収めた。

その後、作物のなる種子を植えたり、多産の動物の群れを慣らしたりすることにより、人間は自分たちの都合に合わせて有機的な世界を操作した。新石器時代と称されるこの時代までに、人間は人工的世界構築への第一歩として、思考構築の基本を設計していたのである。

人間は文明を起し、既成の世界から自らが考案する環境へと移行する進化を続けた。人間の概念化と野心とが結合した力は、より弱い生物の創作的本能を越えることで、人間の環境を構築した。

さらに、後述するように、言語という道具を活用して、人間は自然界のものとは異なる法則を考案した。それは他の生物体を特徴づけた共通の基準とは異なるものであり、つまり、種の内には多数の行動基準が存在した、ということである。

だがそれでも依然、食糧のために自然に依存し、また、非常に破壊力のある自然に従いながら、人間は自らの人工的世界を入念に構築していった。

文明の代価

自然から文明までの変遷の話は人間の最古の記録伝説、バビロニアの「ギルガメッシュ叙事詩[1]」(the Babylonian epic of Gilgamesh) とヘブライの「創世記」(the Hebrew account of creation) の二つに収められている。

バビロニアの伝説によれば、神はエンキドウ (Enkidu) という長髪の人間のような生物を創造した。彼は仲間とみなした野生の動物の中で、裸で暮らしていた。その後、純真なこの世界からエンキドウを誘い出すために、ある王が彼に売春婦を贈った。エンキドウは売春婦によって誘惑されてから後、衣類を着用し、文明人の食べるものやアルコールを摂取するようになった。かつて、彼の仲間だった動物たちは、もはや彼を遠ざけるようになった。その一方で、エンキドウとしても、以前の仲間だったライオンやオオカミを追い払って、羊飼いや牛飼いを手伝った。

エンキドウをかつての居場所だった自然界から遠ざけたのは、性交そのものではなかった。結局、他の生物――人間だけでなく――も性交にふけることになったからである。より正確にいえば、彼を堕落させたのは、日常的に行なった狡猾な商売であった。しかし、失った純真さと引き換えに、彼は博識を獲得した。売春婦は言った。「あなたは今、賢くなった。エンキドウ、あなたは神のようになれるわ」と。

世俗的な知恵の獲得と自然の純真さの喪失との関係は、その後のヘブライの「創世記」におけるテーマになった。最初の人間――アダムとイブ――は、禁じられた「善悪を知る木」（Tree of Knowledge）の実を食べて、初めて自分たちが裸であることを意識し、イチジクの葉で各々の生殖器を覆った。神の目には、彼らの不服従だけでなく、その啓発もまた、彼らがエデンの庭の住人としてふさわしくないように映った。その後、エンキドウと同様、彼らは人間以外の創造物と意識せずに調和して暮らしていた汚れのない世界から追放された。エンキドウと同様、さらにその後、彼らは額に汗を流して生計を立てなければならなくなった。「創世記」では、理性を適用する危険がバベルの塔（the tower of Babel）の話――人間が建築による威嚇行為を通じて天まで登ろうとした際に、その横柄さゆえに神が人間を罰するという教訓――によってさらにクローズアップされている。

古代バビロニア人もヘブライ人も、文明をもつためには高い代価が伴うということを理解した。というのは、それを獲得するために、人間は自然からの追放者にならなければならなかったからである。人間は未来永劫の、より高い知能を獲得する代わりに、亡命者としての烙印を押されたのである。聖書は人間に対して、神への服従によってのみ救いを受けることができると伝えた。

ギリシャ文明とローマ文明の遺産

もし西洋文明がこの中近東的、および、聖書的な視点によって統治されていたならば、最終的に自然との衝突は生じなかったかもしれない。しかし、西洋文明も二つの古代ヨーロッパの民族――ギリシャ人とローマ人――の信条によって強く影響を受けた。それが科学技術の進展を導いた理性に対して、肯定的な役割を果たしたのは明らかである。理性の発達は徐々につつましやかな起源から人間を遠ざけ、自然の原始的な脈拍をその耳からますますかき消していった。文明がさらに発展するにつれ、文化的生活の速度はその自然的背景のゆったりとしたものとはますます異なっていった。その環境の根本的な姿との同調から抜け出し、文明は最終的に自然に対して、人間の技術的な速度を受け入れさせようと決意した。

中近東の民族とは異なる古代ギリシャ人は、知的潜在能力を確かに感じており、彼らはそれを神からの贈り物と考えた。彼らにとって、理性は人間とより劣った生物とを区別する能力であった。個々人の考えの優位性を認めなかった古代文明の中で、彼らは知性を誇り、他のものを軽視した。彼らが理性と呼んだものは、女神アテナの贈り物であり、彼女自身は神々の王であるゼウス（Zeus）の脳から直接生まれていた。

理性に対するこの肯定的な姿勢は、ギリシャ神話の中で最もポピュラーなものの一つ、ラピテス族とケンタウルス族の戦いの話で明らかになっている。この物語によれば、「ラピテス」（the Lapiths）と呼ばれるギリシャの種族が隣国のケンタウルス族をラピテス王の結婚式に招待した。ケンタウルス族は奇妙な創造物で、上半身が人間、下半身が馬であった。婚礼の宴席でワインを酔うほどに飲んで、ケンタウルス族はラピテス族の花嫁とその付き添い女を襲って走り暴れ、ラピテス族をうろたえさせようとした。その後の戦いで、ケンタウルス族は追い払われ、ラピテス族は勝利を収めた。

この勝利はギリシャ人にとって非常に意味が大きかったために、彼らは最も崇敬していた神殿――（オリンピックの起源である）オリンピアにあるゼウスの神殿とアテネにある（アテネの寺院の中で最も大きい）パルテノン神殿――に装飾を彫り込んだ。

私たちの感覚からすれば、なぜ、酒場での乱闘場面が教会のステンドグラスに描写されるに値するかを理解するのは難しい。しかし、その正当性はギリシャ人が物語に見出した根本的な意味を私たちが発見するときに明らかになる。

ラピテス族は残酷なケンタウルス族の猛襲から文明の規範を守ったが、それは完全に人間であった。彼らは、法と秩序、儀式と慣習を守るために、性的な衝動に対しての分別ある抑制、本能に対しての理性の勝利を象徴化した。

しかし、半身半獣のケンタウルスは半分だけが人間であった。ワインに酔い、彼らは理性的な制御をすべて失い、婚礼を強奪に変形させてしまったのである。

このように、理性は人間と動物の相違を示した明らかな証明であった。理性は、より劣った生物から人間を遠ざけ、より高い能力を人間に賦与した。自然界は衝動と本能に応じて行動したが、人間は慣習と法則を大切にする超自然的な行動基準をつくり上げた。

さらに、理性の力は人間が自然の作用を見通すこと、そして、その内的な法則と秩序を発見することを可能にした。このように、ギリシャ人が「知を愛する者」（lovers of wisdom）と呼んだ賢人たちは自然の成り立ちの本質に目を向け、考え方が発案されるプロセスへの洞察を行なった。

哲学を通じて内的な世界を探究する代わりに、古代ローマ人は征服と構築によって外的な世界の変貌を企てていた。彼らは、自然界に隠された秩序を発見することではなく、無秩序で従順な世界に対して、自らが人間的見地から設計した秩序を課すことが自分たちの責務である、と信じていた。そこで、神の王ジュピター（Jupiter）は彼らに「終わることのない帝国」（an empire without end）を与えた(2)。

ローマ人は軍事力で領土を征服したとき、同時に工学技術と建築技術を駆使して、道路、橋、水路橋のある土地を横断して支配し、巨大劇場、円形劇場、大浴場を建設し、完璧な都市をつくり上げた。五世紀にわたって自画自賛のオルギー［訳者注：お祭り騒ぎの様子］の状態が続き、ローマ皇帝たちはローマ法でその世界を支配したとき、世界規模で大量の人間と人間以外の資源を浪費した。その努力の間、ローマ人は政治的なツールとして実利主義を利用し、帝国の権威に対しての人々の忠誠を確実にするために、一般大衆の感覚を満足させた。ローマ帝国の下では、理性は個々の楽しみの進行と社会福祉の保障という機能を果たした。

その後、中世において、理性は神学の小間使いになった。また、ルネッサンス時代には、芸術の指針になった。しかし、理性の最も大きな役割はその後の一八世紀の「啓蒙時代」（Age of Enlightenment）におけるヨーロッパ文化のための哲学的刺激として、また、その後の一九〜二〇世紀における科学と産業主義の原動力としてである。[3] その結果、新しく、かつ、非常に世俗的な文化――技術社会[4]――すなわち、ナウイズムが自由に成長するような文化が現代に姿を現し、そして、西洋文明の科学技術能力とその実利主義の成功と野心が、それを世界で際立たせることになった。

狂気のリズム

人類の経済がまだ単純なころ、それは、自然界の規則的な循環とリズムに浸っており、自然からの贈り物を得るために自然に対して意識的に依存していた。しかし、複雑な経済が自然界を崩壊させ、あるいは、その重要性を不明瞭にするようになると、人間は自然と分離するようになった。

明瞭な構造の類似は、人間がつくった社会とそれが抜け出してきた自然のものとの間に存在する。古代ギリシャの哲学者、プロタゴラス（Protagoras）がかつて言ったように、「人間は万物の尺度である」（Man is the measure of all things）。

人体の骨格に匹敵するのは、社会の建築と工学技術の機能であった。その筋肉組織は人間、および、機械の労働力になった。循環器系は輸送になった。すなわち、消化器系・呼吸器系は、通商や浪費の対象となった。ホルモンのシステムは、大衆の成長や活力で表現された。神経系はコミュニケーションと政府の機能になった。このように、アダムとイブから進化した文明は、有機的器官の複雑な延長線上に精巧につくられたものとして理解することができる。

しかし、社会の有機的組織がより「人間」的になるほど――すなわち、それが本能的な特性よりもむしろ理性的な特性（慣習や法則、科学や工学）によってより特徴づけられるほど――それはますます自然と分離された。言い換えれば、文明の程度がより高くなるにつれ、それは自然界から遠ざかっていった。人間の行動は自然界に関係なくますます利己的になった。そして、人間は独立して行動するようになるにつれ、人間以外の外部的な法則からますます除外されることを確信していった。実際、文明の合成された基礎や人工的なリズムは、人間が自然に依存しているという意識を鈍化させた。

忍耐は、ゆったりとしたペースの社会、特に日昇、日没、季節の決められたリズムに順応した農業のような社会から生じた美徳である。しかし、産業社会はそれぞれ勝手なペースで動く。

ベルトコンベアーやオン・ライン・コンピューターは、自然界のリズムや自然がその恵みを与えるときの充実感などを気に止めたりはしない。代わりに、技術的な文化は自然が働く方法とは無関係の非常に速いスピードで作動する。そのような文化の結果として、私たちは「狂気のリズム」(crazy rhythm) ——自然界の根本的なリズムとほとんど無関係の人工的なリズム——で生活を営むようになる。人工的なリズムと自然のリズムが衝突すると、不調和と律動不整で特徴づけられた生活様式が観察されるようになる。

ここで、自然と人間との誤った配列について根本的に考えてみよう。私たちが自らを自然界の有機的な構成部分として、また、自然の偉大さを畏れるほんの小さな糸で綴られたタペストリー［訳者注：壁かけなどに使われる室内装飾用の織物］として考えることは、すべて見せかけの言い訳であり、それらが私たちの不満の本質的な原因を考慮しない、という点で見当違いである。進化の結果、地球上のいくつかの生物は、容赦なく自分たちに並行する、人間が考案した規則や概念に従順な世界——原材料を求める際に自然に必ず依存するが、それ自身の内的な原理やその人工的な時間感覚によって動かされる世界——をデザインさせるような能力——理性——を獲得した。このようにして、人間は独立した生物になった。次に、人間の中で最も急進的な構成員たちは、他のグループ——自然界——にも彼らの文化を押しつけた。「創世記」では、人間が「海の魚、空の鳥、家畜、その他ミミズなど地球上にあるすべてのものを支配する」(5) ことを認め、それが強引に実現された。

しかし、終始、人間は潜在的に、以前失った楽園であるエデンへ戻ろうと努力した。とはいえ、人間が探したのは以前のエデンとは別のもの――アダムとイブの自己主張の強さの継続により、どうにかして達成できると人間が信じた楽園――であり、後ろ向きではなく、前を向いていた。

2　自然と「現在という時代」の力

シンクロニズム――自然と人工

先述したように、先進技術のもたらした顕著な影響の一つに、同時性（出来事が同時に進行する）社会の生成がある。そのような社会は電子的に相互に連結し、国内のみならず、グローバルな規模で、刺激に対して瞬間的に反応する。

ある面、同時性社会は自然の世界と類似している。地上を横断してその光を広げる太陽の上昇、暖かい、あるいは、寒い季節の到来は、地球とその生物が調和して反応する天体の出来事である。さらに、生き残るための生物の本能は、未来とか、過去よりも必ず「現在」に合わせられている。このように、「現在という時代」の力は、社会の発明であるというよりむしろ、事実上、自然の構造に内在しているのである。

それでも、自然の同時進行性は電子社会のそれとは異なる。日昇や季節によって引き起こされた同時進行現象というのは、局所的なものであり、全体的なものではない。太陽の出沈が地軸を中心に変わっていくのは、地球の丸さや自転によるものである。同様に、季節が半球ごとに移り変わっていくのは、地球が太陽の周りを公転するからである。要するに、地球の丸さや自転、公転は瞬間的であるというよりむしろ、太陽の連続した反応によるものである。自然界における同時進行性は、電子即時的なものではなく、徐々に変化していく、空間的に制限のある現象である。

そのような地球の軌道上の変化は私たちの生理現象に深く組み込まれており、実際、それにより私たちは二四時間のうち、昼間は起きて夜に寝るということを繰り返し、また、より微妙なバイオリズムに対しての月経サイクルも月の公転と時間的な関わりがある。私たちは自らを自律的な存在であるとみなしたがるが、その一方で、私たちの生理現象は、その生活全体の中で、自らでつくったわけではない時計——無視することができない体内に備わっている自然の時計——に合わせて、私たちの命がカチカチと音を立てていることを私たちに教える(6)。

しかし、技術は自然との一致を必要としない。たとえば、機械は太陽に関係なくスタートもできるし、ストップもできる。技術は外部世界の法則にではなく、それ自身の内部法則にのみ従う。実際、文化が技術的に進めば進むほど、文化やその構成員は自然の法則からは隔離される。技術は、私たちにその自律性の感覚——錯覚さえ——を増加させ、私たちが地球の母なる滋養や保護はもう必要ない、と私たちに確信させる。

しかし、私たちの技術が自然の時間的な法則に反する場合、私たちにとって避けられない結果として、衝突——自然という外部的なものだけでなく、私たち自身の最も奥底にあるものとの衝突——が生じる。時差ぼけは、太陽と競争する旅行者に課される、肉体的・精神的な代価である。したがって、高速の移動は、即時のグローバルなコミュニケーションと同様、自然に対してリスクをおかしているということができる。東京証券取引所の午前の取引に遅れないようにしたい、ニューヨークの株式ディーラーは、世界の半分を攻撃するというニュースで午前三時に起こされたアメリカ大統領のように丸一晩の睡眠を犠牲にするだろう。

より自然に近い生活に反した結果としてのそのような混乱は、古代人が炎で夜の到来を避けたときにはじまった、自然に対する反逆と同様の、ごく最近の側面を表しているにすぎない。しかし、技術を通じて自然に挑戦したときでさえ、初期の文化では、まだ自然の枠組の中に内在する人間の時間と空間を認めていた。「現在という時代」の鋭い感覚は常に人間が生き残るのに不可欠であったが、古代の文化はそれを過去と未来とを結びつけるかすがいとしてみていた。それは、一方では、思い出したいという欲求、また他方では、予言したいという衝動から形成されるものであった。しかし、今日の電子的文化はそれらを「現在」に分離することにより、逆説的ではあるが、より初期的な国家にでさえその成員に報いることができる。それが自然の長年のリズムから人間を分離するまさにそのとき、未来と過去両方の文化的意識は腐食される。高速の催眠術の影響下では、人間は——国外追放者のように——すぐに自らの母国語を一時的に忘れてしまう。

「現在という時代」の挑戦

私たちに直面する環境問題が私たちの緊急の対応を必要とするものであるならば、「現在という時代」の力は私たちを「現在」に釘づけにするので、それは私たちの味方であるようにみえるだろう。しかし、そのような合理的な判断評価は、私たちの問題とその解決における根本的な誤解に基づくものである。

「現在」の問題は、私たちの「現在」の生活姿勢の皮相下に深く定着している現実性の中に存在する。それらの問題を解決するためには、私たちはまず、ここに私たちをもたらした初期的な力を認識しなければならない。なぜならば、私たちは、なぜ自分たちが誤ったかを理解することなしに、真に自分たちの道を見つけることはできないからである。したがって、「現在」の問題を解決するためには、私たちはまず、過去を回顧しなければならない。しかし、私たちは「現在」の行動の最終的な結果を直視するために、過去の回顧に加えて、さらに未来を直視しなければならない。未来をみるとは、さらに現実的な代替案とその起こりそうな結果とを比較考察することを意味する。

しかし、「現在という時代」の力は、もっぱら私たちの目を「現在」に縛りつけることによって、私たちの視野から過去と未来を遮断する。それは、私たちがどこにいるかを私たちに示しはするが、私たちが懸命にふるまう必要のある「現在」の見通しを私たちに与えない。どんな理解も、生態的なコミットメントに取って代わることはできない。だが、理解なしのコミットメントは無意味になるだろう［訳者注：ここでの「コミットメント」とは、「関わり合い」を示す］。

しかし、「現在という時代」の力は、見通しを妨げることにとどまらない。それは、事実上、未来と過去の両方を犠牲にして短期的なキャピタルゲイン〔訳者注：債券や株式などの資産の価格上昇による利益〕を得ることを促進することによって、私たちの悪行に手を貸す。それは、私たちをそそのかして、かけがえのないものを犠牲にし、私たちがそれに取って代わるものを無視するように仕向ける。技術的にすぐれた能力や商業的貪欲さによって精気を養い、「現在という時代」の力は、価値を落とされた地球の枯渇、および、破壊の共犯者になるのである。(7)

スピードと自然環境

歴史の経過とともに、技術社会は物質的成功に依拠した巨大な立場――こうした「成果」への献身――を発展させた結果、どんなカウンセリングの手法を使っても、自然との密接な関係を修復することはできないようである。確かに、文明の物質的な罪の告白リストはあまりにも長い。大地・海・空の汚染、美しい眺望の略奪、種の無分別、かつ、大規模な殺りく、そして、私たち自身の身体や遺伝子の汚染など枚挙にいとまがない。しかし、その例を完璧にここで並べることが私の意図ではない。最終的に、森林全体の果実はすでに犠牲にされている。人間が聖なる食事をし、そして、それを排泄物につくり変えたといっても過言ではない。

文明の自然への衝撃の範囲は、その速度と相関関係がある。簡単にいえば、人間のライフスタイルの変化が速くなればなるほど、それがつくるダメージも大きくなるということである。

技術の結果として、人間はよりゆったりとした、より多くの自然のプロセスを自らの発明によってより速いものに取り替えた。そのような発明を駆り立てるものは、ゆっくりではなくより速くものを持ちたいという欲求を私たちに促す「現在という時代」の力である。しかし、私たちの欲求のエンジンに燃料を供給するために、私たちは地球の資源に頼らなければならなかった。これらの資源が再生可能なところで、私たちはそれらが再生できる速度よりも速い速度でしばしばそれらを採取した。資源が再生不可能なところでは、私たちはそれらの事実上の消滅の危機をもたらすか、あるいは、廃棄物を投棄してそれらを汚染した。

私たちの環境問題を常軌を逸した誤りの蓄積とみる分析では、私たちの問題の根本を探ることはできない。というのは、人間の環境的危機は、最終的に人間自身の避けられない性質が生み出したものだからである。種（species）から、「スピード狂」（*speedcies*）[9]に意識的に変わる際に、人間は「人類」という言葉に人類の競争好き[8]という新しい意味を与え、他の生物の消滅だけでなく、自然の恵みの消耗をも加速化させた。

そのような状態をもたらした原因は二層構造になっている。それは、有限という平面上で幾何学的に増加する人類の生物的能力とその存在を増強する技術を発明する合理的な能力の二つである。技術は短期的に少なくとも、種の育成、治療、保護の支援をすることにより、人口増加を促進させる。次に、人口の増加は技術支援の需要を増加させる。このように、二つの特性は協調し、互いの性能を強化する。

もし地球の人口が少なければ、そのニーズはかなり小さくなり、そして、その罪もより破壊的ではないだろう。しかし、人間はモーセの十戒［訳者注：モーセが神から与えられたとされる十の戒律のこと］よりも、より「実りが多く、富が増える」ことを認める創世記を選択した。

一年後には、地球の人口は約九三〇〇万人増加するであろう。この五〇年で、地球の人口は倍増したが、まさに資源が枯渇し続ける次の五〇年で、人口はさらに倍増するだろう。さらに、この増加は世界のほぼすべての地域で起り、その中には、ラテンアメリカ、アジア、アフリカなどの、経済的にこの増加を吸収することがほとんどできない地域も含まれている。現在、絶対的貧困者の数は、世界中でほぼ一〇億人と見積もられている。この一〇年間で、それはさらに一億人増えるだろう[10]。

貧困地域の問題は緊急であり、それは時間の経過とともに、より緊急になるであろうが、その一方で、すでに低成長に入っている地域——北アメリカやヨーロッパ——でさえ、この人口の激増による政治的、および、生態的影響を回避することはできないだろう[11]。

統合されたグローバル経済の進展は、単に原因と結果を増加させることによって、生態的乱用の次元をグローバルに拡大するにすぎない。技術の普及や資源開発に基づいた物質的な消費文化の世界的な広がりは、次第に環境への負荷を高める。そして、それは特に、「持たざる」国家が、「持っている」国家を熱心に模倣しようとするときに加速化される。危険、あるいは、希少性の高い物質（核廃棄物、石油）のグローバルな輸送が危険区域を拡張するのみならず、地球の傷つきやすい生態系が多数の領域で攻撃されるために、資源依存の国際化はすべての国家の領土の境界線を越えて生態的に非常に大きなダメージを誘発することになる。

急成長している人口とスピード主導の技術のうち、どちらの力が自然により大きな衝撃を与えているか、ということについては、議論の余地がある。だが、技術の方がより決定的な要因かもしれない。微生物や昆虫の数は膨大であるにもかかわらず、それらは地球上の脅威を生み出しはしない。なぜならば、それらは発明できないからである。確かに、人間の水準がより原始的であるほど（すなわち、人間がより純粋に本来的な生物の状態であるほど）、彼らが引き起す生態的な危険性はより少ない。実際、自動調整機能が働くシステム内では、すべての種の数は自然の平衡状態を維持するために修正される傾向がある。しかし、強力な技術の莫大な効果を与えられた集団はたとえそれが比較的小さな集団であっても、平衡状態を促進する自然のメカニズムさえも破壊する、巨大なインパクトを与えることができる。

理論上、地球は小惑星の衝突によって消滅する可能性がある――恐竜は一〇億年前にそうして消滅したかもしれない。しかし、有無をいわせない技術を装備した人間の文化は、同様の方法で地球の現在の生物学的な見通しを変更することができる。小さくとも、すぐれた技術と驚異的な要素を装備した決定的な力はこちらよりもはるかに大きいが、こちらを疑うことなく、脆弱である敵をすぐに打ち破ることができるのである（たとえば、広大なアステカとインカ帝国のスペインの征服において、コルテス（Cortes）が率いたのは七〇〇名、ピサロ（Pizarro）に至ってはたった一八〇名であった）。自然環境の戦いの場において、現代人は環境に対して少なくともダメージを与えることができる。

人間の有機的社会の増加とその強力な技術の増加は、「現在という時代」の力の根本的な現象である。繁殖の主要な推進力は性的欲求であり、性交である。消費を刺激するものは娯楽に対する欲求であり、満足への渇望である。私たちを快適にするような発明を鼓舞するのは、苦痛の反作用である。また、支配を刺激するのは権勢欲である。これらの本能はすべて、その欲求が今満たされることを要求する。人種差別主義の信条、国歌、および、経済的目標は美化されて、それらは人間を大きな「繁栄」へと追い立てる。

3　自然に取って代わるもの

自然環境の理不尽な破壊に関して書かれたものはあっても、私たちが自然に取って代わってつくり上げた人為的な環境に関して言及するものはほとんどない[12]。なぜならば、私たちは不朽の環境をプラスチックと電子の一過性の環境に置換するプロセスに存在しており、私たちの人工的な舞台装置に単に存在する物事だけではなく、私たちが潜在意識下で必然的に演じるドラマを自らの脚色の技法によって補強し、特別の種類の時間を意味する物事を取り入れているからである。

目に見えるようになった時間

時間に対する私たちの新しい感覚は、私たちがつくった人為的環境の本質に反映されている。重要なのは、時間が目に見えるようになったということである。

私たちの顔と身体は、言葉に表せないほど時間の経過を表す。もし、幼年期から後年までの写真がたくさん貼られたアルバムのページにざっと目を通すことができたならば、私たちは時間の流れの中で身体的に自分が変化してきたことに気づくであろう。しかし、変化は非常に少しずつ行なわれるので、私たちは日常の中でなかなか気づかない。

私たちが誕生パーティで祝うのは、単に特定の「年」だけではない。実際、私たちは、これまで生きてきたすべての年の総体なのである。したがって、老化はディスク、または、テープの録音とは異なった累積的な過程とみなすことができる。私たちがレコードをかけるとき、どんな特別な瞬間でも私たちが聞く音楽の音は多くの音のうちのたった一つである。しかし、レコード自身は、私たちが聞こうが聞くまいが、すべての音をすでに保持している。問題となっている時間の累積的な具体化は、人間だけでなく、もちろん、他の生物も同様である。そびえ立つ木は、その内部の年輪に長い月日の時間を記録する。無生物でさえ、時間の経過を物理的・化学的変化によって証明する。鉄がさびたり、石が風化したりするのは、地球自身の持続性を証明するものである。さらに、それらを形づくる自然の力は、人的エネルギー――問題になった際に形を変える――に似ている。このように、陶工によって生の粘土の一片に「放り込まれた」時間は、完成された花瓶のなかに、最終的に内在するのである。

古代、エリート用に意図された芸術形式は、しばしば大量の時間を投資することを芸術家に強いた。たとえば、石の中で最も硬いものの一つである翡翠は、マヤ人や、古代の中国人によって特に貴重であるとみなされた。一片を刻んでつくり磨くだけで、数年を費やすこともあった。赤と黒の漆も、同様の時間がかかった。二、三〇〇人の漆職人が手を加え、別々に乾かさなければならないほどに手間がかかった。その後、上部の層は下部の色と対照させる層を明らかにするために精巧に離して彫られた。「通常の」作品の製作さえ、現代の基準ではほとんど不可解な時間の投資を古代では必要とした。古代の文化では、日常生活に使用されたものはすべて、手、もしくは、簡単な道具だけでつくられた。

古代に生きた人々を取り巻く、時間という人為的環境もそのような作品と同様であるということを物語っている――その時間はゆっくりと安定していて確かな時間であった。今日、それとは対照的に、私たちは迅速につくられたもの――人間の手が一切関与することさえないような形でつくられたもの――の中で生活している。そのような人為的環境は、それ自身の伝達すべきメッセージ――生命の根本的に異なるペースに関するメッセージ、迅速で本質的に非人格的なメッセージ――をもっている。いかに私たちが電話やそれで会話する速さに支配されているか、を私たちがはっきりと理解していないのは驚くべきことである。

失われた地平線

ナウイズムは、驚くほど自己強化している。過去の存在がより少なくなるほど、それを失わないように思い出させるものもより少なくなる。駐車場の数が増えれば、公園に対しての誘引がより少なくなるのと同様である。かつて思いを寄せた郷愁は、すぐにほとんど思い出されなくなる。実際、人為的環境の精巧さは私たちの生活において、自然の本質的な役割を不明瞭に置き換える傾向がある。

皮肉にも、私たちの地球上の現実を理解することよりも、星の抽象的概念を列挙するほうが簡単である。私たちは、何十億マイル遠方の天空に星を観察することができるが、それはほんの地表三〇マイルの距離に感じることができる。私たちが実際にどれくらいの距離で見えるかは、私たちの眼前のオープンスペースの具合による。もし私たちが田舎の空き地の中で立っていれば、都市の中心部で立っている場合よりも、よりよく見ることができるであろう。建物が私たちの行く手をさえぎっている場合、あるいは、通りが曲がっている場合、私たちの視界は人為的な都市構造の障害によって縮小されるだろう。私たち自身の尺度は、私たち自身がつくってはいない自然の基準ではなく、私たち自身の基準に基づくものとなるであろう。したがって、高い建物では、私たちは逆に展望を制限する。高い建物からスモッグを見れば、私たちが何を放棄したかが見えるだろう。

人間の仕事が地球を支配すればするほど、地球における私たちの役目を評価できる外的な基準値がその分、姿を消していく。幹線道路の標識や地図は、私たちが精神的にどこに導かれていくかを尋ねるのを私たちに抑制させる、人工的な気晴らしにすぎない。クオ・ヴァディス（どこへ行くのか）。「汝、どこへ向かうか」。宇宙飛行士が地球の周りを回ることによって、初めてそれ――そして彼ら自身――を見ることができたのは当然である。

古代の中国人の風景画では、小さな人間が――ある時は馬の背に、ある時は歩いて――自然界の巨大な背景に対して、ほんのわずかに描かれている。高くそびえ立った山脈の下で、落差のある滝のそばで、彼らは自然の壮大さと比較して非常に小さく描かれている。しかし、人間がそのような絵画において非常に小さく見えているからといって、彼の相対的な小ささは、彼が無意味だということを示しているわけではない。というのは、驚くほど大きな全体の小さな一部分であるということが意味を賦与されることである、と古代の中国人は信じていたからである。画家は時々、景観に霧を加えた。この世のすべてのものが認識可能である必要はない、とそれらは言っているようにみえる。霧を見て、その現実を受け入れるのは十分である。

しかし、私たちの社会は容易に不可知のものを許容しない。というのは、不可知のものは伝達するのが困難であるからだ。一方、私たちは、測定可能なもの――事実として伝達可能なもの――を強調する。私たちのニーズを満たすために、私たちは合成して人為的に地平線を構築し、その地平線を構築したまま、確信をもって移動しつづける。というのは、私たちの社会は流動社会だからである。しかし、その地理的な一時性は単に私たちの生活の基礎となる一時的な一過性の空間の表現にすぎない。

それは社会を同時性として特徴づけるような共通の方向ではなく、たゆまない移動である。移動は目的ではなく、プロセスで測定される特性である。私たちが目標を欠かすことはそれほど重大ではない。私たちが進みつづけることがまさに重大なのである。

失われゆく時間

社会が自然をみる方法――そして、実際、それが現実をみる方法――は、時間を計る方法で明らかとなる。

古代の時間の測定は、人間にとって外的なより大きな自然界の変化についての観察から生じた。連続する季節、惑星と星の位置、月の満ち欠け、および、太陽の昇没により、古代人は多くの時計をつくった。

文明が起こったとき、これらの自然の変化は暦の中で神聖なものとして祭られ、そのような天体の出来事を観察し、記録し、かつ、予言する技術の開発に拍車がかかった。また、最も初期の天文学者は最も初期のタイムキーパー［訳者注：時間の管理者］であった。季節の移り変わりを識別することに熟練することによって、彼らは人間が生き残るための食糧を生み出す農民を支援した。時間は、依存する人間と自然の強力な神々の間をつなぐ役目を果たした。また、古代の天文学者はさらに古代の聖職者でもあった。

その後、古代文明は、仕事のために一日の時間を測定することができる自然の装置を考案した。日時計は、太陽の動く光線を利用したが、——悲しいかな——空が晴れている時にしか機能しなかった。その制限を補うために、地球の重力に自然の要素を反応させるようなものがつくられた。垂れる水滴を利用した水時計、および、沈む砂を利用した砂時計である。しかし、これらの装置——日時計、水時計、および、砂時計——はすべて、まだ自然界の中にあるプロセスに適応させるという形のものであった。そのために、それらは自然界への人間の密接な依存を証明するものであった。

ルネッサンス時代の機械時計の開発は、古代の時間計測からの根本的な脱却を表すものであった[13]。古代の力学的な時計は重量に対する重力を利用して動いていたが、機械時計を動かす本質的なパーツはまったく人工的なものであった。太陽、水、砂は、すでにこの世に存在するものであったが、歯車や離脱装置はそれらが製造されるまでどこにも存在しなかった。

さらに、機械時計は古代のものより高い精度を備えた時間測定を可能にし、時間の刻みが以前のものよりも細かく分割されるようになった。時間は常に存在したが、分と秒をつくり出したのは機械時計であった。機械時計は仕事の構造と人間社会のペースを再定義した。

また、機械時計は変化を映し出すものとして理解可能だ。すなわち、それは人間の思考において起っていた変容

——人間がその技術を通じて獲得した、より強大な力の効果によって、自分自身を自然と分離して、より自律的であると考えるようになったということ——の物理的時間を表現した。その時計によって、私たちは、時計によって、私たちは、科学的研究の開花と工業化時代の到来をみることができる。そのしかし、その時計の面と針の中に、私たちは、過去——人間の生活が季節の循環（万物が、常に元に戻る循環）で測定された過去——の遺産をみることもできる。旧式の時計の針の位置がどんなところにあろうと、それが指す数字は、私たちに過去の時間、および、未来の時間を連想させる。その時計は過去、および、未来の時間を細かく刻みながら、「現在」をその大きな文脈の中に位置づける。その数字はダンサーのように手をつないで、丸い地平線の近くで均等に間隔を置きながら並んで、中心点からの距離が従来の場所を指しているかどうか、を監視している。

しかし、デジタル時計は今——過去と未来とは非連結の孤立した今、次の今が生まれるとともに、消えていく今の数値——のことしか語らない。デジタル時計は、「だった」、あるいは、「だろう」という邪魔なものを除去し、かつてないほど私たちを「現在」に注目させることになる。そして、点灯する数字が自らをすばやく他の数字に転換するとき、架空の「現在」は忘れられたブランクになる。

デジタル時計はすべての遠近感を取り除いてきた。また、そういうものとして、それは私たちの時代にふさわしい象徴である。代わりに、それは正確さを約束する。だが、正確さは決して十分ではない。私たちが人間のままでありたいと望む限りは十分ではないのである。というのは、人間であるということは、無情に分割する「秒」以上に思いやりで修復された「分」を評価することを意味するからである。心の安定は、生活が統一性を感じるとき——万物をともに結びつけてそれらを一つにする自然の時間の枠組の中に、私たち自身（そして私たちが愛している人々）を確認できるとき——にのみやってくる。

4　人類の終わり

テーベへの道

もし人間が破壊——少なくとも自然にとっては破壊的であり、恐らく人間自体にさえ有害——に導く道を選んだならば、私たちはどのようにこの選択について説明することができるだろうか。もしそれが誤り、および、ランダムな誤算の結果というのならば、それは一つの答えになるだろう。しかし、それが人間の本質的な特性の自然な表現であるならば、それも別の答えである。

人間は自然から生まれた。なぜ、そのとき、自然はその破壊の源泉となるような特性を備えた子を創造したのだろうか。

ギリシャ神話が伝えているように、オイディプス（Oedipus）は、自分の父親を殺すことを運命づけられた。予言を聞いた後、彼はできる限り故国から離れて、テーベの都市へと逃れた。しかし、テーベへの途上で、彼は老人と口論になり、激怒して彼を殺害した。さらに、道を下って、彼はスフィンクスと呼ばれる怪物に質問された。「私の謎かけに答えよ」。スフィンクスはそう言って「さもなければおまえを殺す。朝には四足、昼には二本足、夜には三本足で歩くものは何か」と問うた。

聡明なオイディプスは答えた。「それは人間である。なぜなら、人間は赤ん坊のときには四つ足で歩き、青年期には二本足で歩き、老いては杖をついて三つ足で歩くからである」。したがって、オイディプスの命は取られなかった。しかし、激怒して途上で彼が殺害した老人——その名を知らされていなかった——というのは、実はまさに彼の父親であったのである。オイディプスは自分の運命から逃れようとしているその最中に、無意識にそれを完了したのであった。

この物語のオイディプスは人間の隠喩であり、彼自身がだれであるかは謎である。知性と荒々しさを併せもった慌しい生物は、その結果がどうなるかを知らない道を進んでいる――それが人間である。まさにその特性が彼の運命であり、その生みの親（自然）は彼の予想を裏切るような犠牲者となる。

地球の完全無欠な子孫――人類――がその親の存在に敵対していると考えるのは驚くべきことである。もし理性が進化する自然の産物であるならば、また、もし理性が自然破壊の一因となるならば、理性が致命的な変化であるか、あるいは、自然自体が自滅的であるかどちらかである。

『デザイン・ウィズ・ネーチャー』（*Design with Nature*）の中で、景観建築家のイアン・マクハーグ（Ian McHarg）は最初の命題として、次のように述べている。

進化の道や方向性が人間の運命に関する考え方と同一ではないかもしれないということ、また、現在、支配的な種である人間が永続的に頂点でないかもしれないということを提案することは有益である。さらに、脳は生物的進化の頂点ではないかもしれないし、あるいは、むしろ脊髄腫瘍というように異常かもしれない。そして、だれも予想もしないかもしれないが、最後に笑うのは藻類かもしれないのである。(14)

人類学者のローレン・アイズレイ（Loren Eiseley）の見方はさらに陰鬱である。

巨大な穴が自然界にあいているようである。巨大な黒い渦がますます速く回転して、肉、石、土、鉱物を消耗し尽くし、稲妻――原子から生じたねじれる力――を飲み込んでいる。そして、自然の古代の音はもはや自然ではないものの、不協和音の中でかき消され、代わりにルーズなもの、世界の心臓を叩くもの、悪魔のようなもの、もはや計画されないものが自然界から噴出し、その主人と最後の大きな戦いを行なっている……という現象が人間に到来する。[15]

また、ナチュラリストのエドワード・O・ウィルソン（Edward O. Wilson）のように、アイズリーの悲観主義を進んで共有しない人もいる。しかし、ウィルソンでさえ、短期的思考や明日の前に「現在という時代」を置くことを人間に備わった遺伝子的疾病要因とみなして危惧していた。

悪い種の中の知能が生物全体にとって致命的な連結に運命づけられる可能性……人々が非常に利己的であるために、全地球的な責任の感覚が鈍くなるような遺伝子によってプログラムされる可能性はありうる。個人は自らを最初に位置させ、二番目に家族、三番目に民族、そして残りがずい分、距離を置いた四番目となる。さらにそれらの遺伝子は、彼らにせいぜい一、二世代先のためにしか計画を立てないようになっている。[16]

ウィルソンが主張したような効果の中で、もし人間がその「現在という時代」を中心とする行動を変えなければ、それは無数の他の種を道連れに、自らを死に追いやるかもしれない。大昔、マヤの天文学者は地球がすでに多くの連続した「世界」――天体の破壊、および、その後の再生を繰り返してきた――を通り抜けていると明言した。奇妙なことに、この古代の考えは今日、一流の天文物理学者たちによって支持されている、生成に関する理論「ビッグバン」（Big Bang）の中で反響している。この理論によれば、宇宙は、その中心からエネルギーと物質を外へ浴びせた天体の爆発からはじまった。この理論の原則は「ビッグクランチ」（Big Crunch）であり、それは、結局、――後ろに引っ張って伸ばした輪ゴムのように――宇宙の物質やエネルギーが大変異で収縮し、それらの圧縮によって新しい宇宙を生み出す、別の爆発を引き起こすという考えである。

現在の人間の意識の拡張は、いつかそのコースを逆にし、すべての知識が崩壊して終わるかもしれない。同じ理由で、「現在」を中心とした、理不尽な自然に対しての虐待は、地球の生命をいつか終わらせるような、大きな一連の天体の振幅に同調する私たち自身の内的な性質による失敗を反映しないかもしれない。

しかし、天体に関して楽観論を提唱する人もいる。古代ギリシャの地球の女神にちなんで名づけられた、科学者ジェームズ・ラブロック（James Loverock）の「ガイア」仮説［訳者注：Gaia hypothesis, 地球を、自己調整機能を持ったひとつの生命体であるとみなす説］は、地球がその均衡を回復させるために絶えずその構成要素を自動的に調整する生命体であるとするものである。[17] しかし、この理論でさえ、地球全体として長期的に存在するであろう、ということを述べているだけで、自らの種の存続を保証しているわけではない。

しかし、二〇世紀初頭、神学者のピエール・テイヤール・ド・シャルダン（Pierre Teihard de Chardin）は、私たちが、それを悲しむべきものではなく、人間の進化の最高潮に達する出来事としてみなすときに、世界は終焉を迎えるだろう、と予言した。グローバル社会の心の結合が人間と神とを統一した超越的な経験を引き起こすだろう、と彼は書いた。[18] 作家のピーター・ラッセル（Peter Russell）はこのテーマについて詳述し、それを今起る電子革命にリンクさせて、人間が新しいレベルの精神的な意識に達成し、維持することができるような「グローバルな脳」（global brain）の誕生を主張した。[19] 同様の流れで、生物科学者のグレゴリー・ストック（Gregory Stock）は、彼が「メタ・マン」（「人間の力を超越したもの」）と呼ぶ、グローバルな超有機体――一部は人間、一部は非人間の「現在」が世界的なエネルギーを引き出し、人間の知能とコンピューターの力によって動かされる遠距離伝達的な「神経系」を通じて行動する有機体――の出現を予知した。ストックは「大変動の瀬戸際から離れた所にいる人類は、明るい未来に近づいている」と言う。[20]

結局、私たちは、自分たちが好む、個性に合った最適のシナリオを選択するであろう。実際、どの文化も、それがどのように「現在」をみるかということに基づいて、自らの終末論――万物がどのように終焉を迎えるか、ということの文化ごとの共通のビジョン――を設計するかもしれない。ちょうど古代人が十字架上でそれをみたように、技術中心の文化はコンピューターでその救済をみるであろう。

しかし、私たちが何を信じようと、技術に対して信頼を置きすぎることは命取りになるであろう。機械は私たちをより速くするかもしれないが、私たちをより思いやり深く、より責任ある、より賢明な人間にはしない。実際、私たちの行動のスピード化によって、それらはさらに私たちの終焉を促進するかもしれない。

電子の運命

長い間、思想家は、私たちの動物的特性面――ケンタウルス族の動物的側面――が私たちをハルマゲドン［訳者注：新約聖書・ヨハネの黙示録で書かれている、世界の終末時における善と悪の決戦場］に引き込むだろうと推測した。すなわち、私たちは、驚異的な技術力の発明に傾倒し、盲目的な怒りでそれらを使用し、その結果、自らの破壊を引き起すように導かれるであろうと。

確かに私たちに、私たちの内にある動物面の凶暴性やスイッチを握る手を制御したがる傾向がない、という保証はない。しかし、私たちがそうした性質と同じだけ畏怖の念を抱くというのも、私たちの性質のもう一方の側面である。それは論理的、かつ、合理的な部分――創造者、発明家の人間的側面――であり、私たちにとってもう一方の性質と同じくらい本質的で絶対的なものである。

技術に精通するようになったために、私たちは、「現在という時代」の根本的な力――その欲求が貪欲で、過去と未来の両方の感覚をすべて消費し呑み込んでしまう力――を解放させた。また、それを解放しただけでなく、私たちは電気回路と信号で、それに「現在という時代」を融合させた。

私たち人間がほんのわずかな修正しか必要としない、自然界の完璧な設計物である、と仮定することは自然なことである。しかし、私たちはヤコブのはしご［訳者注：Jacob's ladder. 旧約聖書において、ヤコブが夢でみた、天に届くはしご］の到達点にいるわけではなく、その最も高い踏面に立っているにすぎない。私たちより上にはしごは雲を突き抜けて伸びており、私たちはその高さがどれくらいかを知らないのである。

私たちは同じ場所に立っているようにみえるが、実は移動している。私たちはあたかもベルヌーイの定理［訳者注：Bernoullian law. 気体、液体の流れの速度や圧力が変化してもエネルギーの総和は一定に保たれるという法則］によって引き出されるように、光速度で勢いよく流れて、必然的に電子の運命を備えた進化の集合場所に向かっているのかもしれない。それが私たちの最近の姿だったので、私たちは三次元的な性質を置き忘れてしまっていた。ヘビが脱皮するように、私たちも脱皮する。宇宙が天体マイクロ波駆除装置（cosmic bug-zapper）のような働きをし、私たちの道に暗い空間ですーっと一瞬尾を引くような青みを帯びた光の印をつける一方で、私たちは、鮮やかなオレンジ色で描かれた新種の蝶――電子の蝶（electronic butterfly）――のようになるだろう。

『オデュッセイア』（*Odyssey*）にある、海の精のセイレーン（Sirens）は、船人を死なせるために一人で歌を歌わなかった。彼女たちは、聞き手の心への言葉を個々に区別し、船人の最も深い欲望をくすぐるような声で誘惑した。初期の宇宙は理性を越えて、情熱を越えて、無生物の固まりとか、脈打つ皮膚の温かさとか、を越えて、実質を越えて、暗闇の外から、あるいは、内から私たちを呼びながら手招きをする。

それは、私たちに灰ではなく、塵でもなく、原子でもなく、天体の帰路を提供する、私たちの帰るべき家である。それはまさに創造の起源であり、私たちが知っているような自然界の前、陸と海とが分かたれる前、天空が分かたれる前、光が最初に暗闇から現れる前の世界である。初めにロゴス（*logos*）という言葉ありき［訳者注：「ロゴス」とは、「論理」、「理性」の意味であり、哲学的に、「宇宙万物の一切を支配する理法」とされる］。それは宇宙の中心に内在する理性であり、私たちを過去や未来ではなく、まさに永久不滅の「現在という時代」に呼び戻すものがこのロゴスなのである。

古いケンタウルス族は人と馬の交配によって生まれた。新しいケンタウルスは動物と人との結びつきではなく、人と原子との結びつき、私たちの肌の下で静かに渦巻いている電子の結びつきを表している。

もしこのような終わりが私たちを待っているのならば、私たちが以前に予見した天体の分離は避けられるであろう。代わりに、驚くべき和解が起こるだろう。その先進技術によって、文明は、天体自体と同じくらいの初期の電子の流れ――人間の本質をかつてのように自然界の本質を備えたものにする、速い流れ――に不可抗力で引っ張っていかれるだろう。

注

（1）移り変わる時代の流れに関しては、Herbert Mason, *Gilgamesh: A Verse Narrative*, New York: New American Library, 1970を参照。
（2）Vergil, *The Aeneid*, 1. 279.
（3）現代科学の発展、物質主義を伴ったそのコラボレーション、および、それらの西洋的思考への影響についての議論に関しては、Bryan Appleyard, *Understanding the Present: Science and the Soul of Modern Man*, New York: Basic Books, 1993; Donald Worster, *The Wealth of Nature: Environmental History and the Ecological Imagination*, New York: Oxford University Press, 1993（＝邦訳、小倉武一訳『自然の富――環境の歴史とエコロジーの構想』食料・農業政策研究センター、一九九七年）を参照のこと。
（4）Jacques Ellul, *The Technological Society*, New York: Knopf, 1964（＝邦訳、島尾永康・竹岡敬温訳『技術社会』すぐ書房、一九七五年）を参照。
（5）Genesis,（創世記）1：26.
（6）この点に関しては、George Leonard, *The Silent Pulse*, New York: Viking Penguin, 1992を参照。
（7）この価値の低下の説得力のある証拠は、アメリカの新聞紙上でみつけることができる。大部分において、自然は「刺激的」ではないとのことで、技術とビジネスの話は、（災害を除いて）自然とその保護の必要性の話よりもかなり多い。
（8）"Fast Times", *48 Hours*, CBS documentary, 1990の中でダン・ラザー（Dan Rather）によってこの観点から使用されている。
（9）現在、消滅の速度は自然な状態での二万五〇〇〇倍で起こると推測されている。専門家の中には、この速度が続けば、二〇五〇年までに地球上に存在する種は現在の半分になると指摘するものもいる（David E. Pitt, "Biological Treaty, with the

Goal of Saving Species, Becomes Law", *New York Times*, National Edition, January 2, 1994, 4Y を参照)。

（10） Edward O. Wilson, "Is Humanity Suicidal?", *New York Times Magazine*, May 30, 1993, 24ff を参照。

（11） リオ・デ・ジャネイロでの一九九二年の地球サミット以来、人口抑制のエリア以外においては、環境問題の解決を前進させるという意味では、国際的な進行はほとんどなかった。しかし、二一世紀の世界人口は、現在の六〇億の水準から一一〇億に達すると予想される（*New York Times*, National Edition, June 17, 1997, B14 を参照のこと）。

（12） 荒廃地の消えつつある概念と現実に関しては、John Markoff, "The Lost Art of Getting Lost", *New York Times*, National Edition, September 18, 1994, 4.1 ; Bill McKibben, *The End of Nature*, New York: Random House, 1989（＝邦訳、鈴木主税訳『自然の終焉――環境破壊の現在と近未来』河出書房新社、一九九〇年）; *The Age of Missing Information*, New York: Random House, 1992（＝邦訳、高橋早苗訳『情報喪失の時代』河出書房新社、一九九四年）を参照。

（13） Lewis Mumford, *Technics and Civilization*, New York: Harcourt Brace, 1934, chap.1（＝邦訳、生田勉訳『技術と文明』鎌倉書房、一九五三年）第1章 ; Daniel J. Boorstin, *The Discovers: A History of Man's Search to Know His World and Himself*, New York: Random House, 1983, Part 2 ; Sebastian de Grazia, *Of Time, Work, and Leisure*, New York: Twentieth Century Find, 1962, chap.8 を参照。

（14） Ian McHarg, *Design with Nature*, Garden City, NY: Doubleday, 1969, 44（＝邦訳、下河辺淳・川瀬篤美総括監訳『デザイン・ウィズ・ネーチャー』集文社、一九九四年）。

（15） Loren Eiseley, *The Firmament of Time*, New York: Atheneum, 1962, 123f.

（16） Wilson, "Is Humanity Suicidal?", 26.

（17） James Lovelock, *Gaia: A New Look at Life on Earth*, New York: Norton, 1988（＝邦訳、星川淳訳『地球生命圏ガイアの科学』工作舎、一九八四年）。

（18） Pierre Teilhard de Chardin, *Hymn of the Universe*, New York : Harper & Row, 1965 を参照のこと。

（19） Peter Russell, *The Global Brain: Speculations on the Evolutionary Leap to Planetary Consciousness*, Los Angels: Jeremy P. Tarcher, 1983（＝邦訳、吉福伸逸他訳『グローバル・ブレイン情報ネットワーク社会と人間の課題』工作舎、一九八五年）。

（20） Gregory Stock, *Metaman: The Merging of Humans and Machines into a Global Superorganism*, New York: Simon & Schuster, 1993, xix（＝邦訳、林大訳『メタマン――人間と機械の文明から地球的超有機体へ』白揚社、一九九五年）。

第9章 「現在という時代」の力に対抗するための三つの鍵

個人、家族、社会、民主主義、国際関係、および、環境はすべて、「現在という時代」の力によって変容されている。「現在という時代」の力は単にそれらの性質を変えるだけでなく、私たちの心に内在するこれらの言葉の意味までも変えている。したがって、その影響の下では、現実、および、現実についての私たちの理解の両方がつくり変えられることになる。

「現在という時代」の力によってもたらされたさまざまな変容は、正の効果と負の効果の両面をもっている。それは以下のように要約される。

「現在という時代」の力の正の効果

1. 「現在という時代」の力は、「現在」に私たちを集中させることによって、過去の誤りから私たちを解放する。
2. 「現在という時代」の力は、「現在」に私たちを集中させることによって、未来の不安を防ぐ。
3. 「現在という時代」の力は、誤りと不安から私たちを解放することによって、私たちが「現在」を自由に生きられるようにする。
4. 「現在という時代」の力は、過去と未来の両方を抑制することによって、私たちにその生活の中で個々の瞬間の貴重さと可能性を認識させる。

5. 「現在という時代」の力は、私たちの感覚を刺激し、喜ばせることによって、生きていることの喜びを増加させる。

6. 「現在という時代」の力は、それが依存する高速技術のために、私たちの生活に即時性と興奮を加える。

7. 「現在という時代」の力は、スピードに最も高い優先順位を割り当てることによって、スピードを体現する活動の価値を増強する（電子的な娯楽、コンピューター化、電子情報の転送、自動化、有形財の迅速な消費、即時の回答と解決策を実現する信頼できるシステムの開発）。

8. 「現在という時代」の力は、私たちの物質的欲求を満たす重要性を強調することによって、生活を豊かにする。

9. 「現在という時代」の力は、私たちの知覚の意識を高揚させることによって、絶えず変化する満足感の供給を効率的に運ぶ人工的環境の生成を促進する。

10. 「現在という時代」の力は、ファーストフードやATMから緊急医療扶助に至るまで、私たちが欲しいものを欲しいときに与え、それによって個人の幸福、健康、安全性を促進する。

11. 「現在という時代」の力は、日常生活のスピードを加速させることによって、社会の変容と変化の過程に活力を与える。

12. 「現在という時代」の力は、関心が類似した人々を電子的につなぐことによって、私たちが互いによりよく知り合うことを可能にし、それによって、友情と共同体を構築する。

13. 「現在という時代」の力は、過去の因習から私たちを引き離すことによって、より正当な、より偏見のない民主主義を構築する可能性を増加させる。

14. 「現在という時代」の力は、電子的コミュニケーションによって、世界中の異なる民族を統一し、グローバルな平和と生産性に寄与することができる。

15. 「現在という時代」の力は、私たちが電子的技術の援助なしではみることができないような世界の地域を私たちに即座にみせることによって、自然界についての私たちの知識を増加させる。

「現在という時代」の力の負の効果

1. 「現在という時代」の力は、「現在」に私たちを集中させることによって、私たちから過去の豊富な経験と教訓を奪う。
2. 「現在という時代」の力は、「現在」に私たちを集中させることによって、私たちにその選択の結果をみえなくする。
3. 「現在という時代」の力は、私たちの経験と結果の両方を不明瞭にすることによって、私たちに賢明な決定に必要な歴史的な大局観を失わせる。
4. 「現在という時代」の力は、過去と未来の両方を不明瞭にすることによって、そうでなければ私たちの生活を安定させ強くすることができた連続性の感覚を私たちから奪う。
5. 「現在という時代」の力は、私たちの感覚を刺激し、喜ばせることによって、合理的な反応と重大な判断に対する私たちの能力の発達を妨げる。
6. 「現在という時代」の力は、それが依存する高速技術のために、私たちの生活にストレスと過度の刺激を加える。
7. 「現在という時代」の力は、スピードに最も高い優先順位を割り当てることによって、展開する時間を体現する、あるいは、時間を必要とする経験の価値を蝕む(心理的成就、意味ある人間関係の構築、生活上の最も重大な問題や疑惑に対する正しい評価や技術の開発、および回答の模索)。
8. 「現在という時代」の力は、私たちの精神的欲求を満たす重要性をそれほど強調しないことによって、生活を疲弊させる。

9.「現在という時代」の力は、耐久性のあるものや永続性のあるものに対する私たちの感覚を奪うことによって、私たちから不満を取り除くような一過性の一時的な環境に私たちを閉じ込める。

10.「現在という時代」の力は、それがなければ文化が長くはもちこたえられないような技能や美徳——忍耐、献身、自制、自己犠牲など——を、私たちが養う必要性を不明瞭にする。

11.「現在という時代」の力は、日常生活のスピードを加速させることによって、家族を含む社会的慣習の崩壊を促進する。

12.「現在という時代」の力は、人間関係の間に技術が入り込むことによって、生身の人間関係をつくり物の人間関係に置き換える。

13.「現在という時代」の力は、歴史を消し、伝統を腐食することによって、国家的、かつ、人種的アイデンティティの構築を弱める。

14.「現在という時代」の力は、国家をともに強化し、グローバル化するスピードを加速させることによって、以前と比較して、より不安定で爆発しやすい世界をつくってきている。

15.「現在という時代」の力は、律動的な動き、および、環境の有機的欲求に対して有害な、技術主導の速度を設定することによって、自然界に対する私たちの理解と畏怖の念を減少させる。

それが伝える多くの利点にもかかわらず、「現在という時代」の力の負の効果はその正の効果よりも重要である。この真相は、「現在という時代」の排他的な力に隠されている。ナウイズムは、私たちにかつてないほどの「現在」を提供する。しかし、その需要に対しての代価は、私たちが過去と未来の掌握、および、それらが提供することができる連続性と安定性を譲渡するということである。これは「現在という時代」の力の隠れたコストである。

しかし、未来へ進むために過去を振り返ること、そして、未来を見据えることは、「現在」を放棄することにはならない。私たちはこれまで通りその要求に応えて、それを満たすことができる。確かに、意味と目的の大きな文脈にある瞬間をみることができれば、私たちはより有効的にそうすることができる。しかし、その一時的な排他性のために、「現在という時代」の力はそのような大局観の重要性を失わせる。そのうえ、即時性の魅力は非常に巧妙である。ナウイズムの影響は非常に巨大である。

そのとき、私たちは、子どもたちと私たち自身の人間らしい未来を保証するために、どれくらいその負の効果に対抗することができるだろうか。

「現在という時代」の力——技術、歴史および感覚——の源泉をみつめることは、私たちが私たちのやり方をみつける助力となる。「現在という時代」の力に本来的に備わっている危険に対抗するために、私たちは同時に三つのことをしなければならない。それは、私たちの技術を抑制し、私たちの歴史を保持し、私たちの感覚を回復することである。そうすれば、私たちは自らの生活を更生させることができるであろう。

第一に、私たちは技術の制御を改めて断言しなければならない。私たちはまず、自分たちが望む生活の種類を——個人的、社会的に——明らかにしなければならない。そして、どんな技術がその目的に本当に役立つのか、役立たないのかを問わなければならない。さらに、私たちは、与える以上に奪っていく技術を拒絶するために、個人的、社会的に行動する勇気をもたねばならない。

第二に、私たちは積極的に過去の維持、および、その知恵と美の普及を保証する段階に進まなければならない。

第三に、私たちは、何が自然で、何が不朽で、何が本当の感覚であるか、を思い出すために、つくった人工物と一時性の両方を越えて未来を想い描かなければならない。そうすることは、「現在」を放棄するのではなく、それとその可能性を再発見することを意味する。私たちは、「遅い」ということが必ずしも悪いことではなく、また、「速い」ということも必ずしもよいことではないということを理解するようにならねばならない。

私たちは可能なかぎり、長さと短さ、永続性と即時性、恒久性と一過性、静観性と感覚性との均衡を図ろうと努力しなければならない。私たちがそうすれば、「現在という時代」の力は脅威ではなくなるであろう。というのは、その中に「現在」をはっきりと理解する機会——私たちがずっともち続ける機会——が存在しているからである。

その際、私たちの成功を左右するのが、私たちの技術を抑制すること、私たちの歴史を保持すること、私たちの感覚を回復することの三つである。順に、その各々のアプローチを検討してみよう。

1　技術の抑制

バスケットボールのような動きの速いゲームでは、タイムアウトがゲームのルールに組み込まれている。コーチはゲームの変動を注意深くみながら、サイドラインに座る。彼が熟練していれば、彼はチームが試合の流れをストップすることを必要とする決定的な瞬間を感じることができる。「タイムアウト」は、劣勢、あるいは、優勢な瞬間に適切な新しい戦略を再検討し、見極め、策定するための時間である。

しかし、実生活において、私たちはそのようなタイムアウトをめったに取らない。私たちは、部外者の見方を伴うコーチであるというよりもむしろ、息をつく間も惜しんで、コートの端から端までを前後して動く選手であり、一人でより大きな計画を考える。代わりに、私たちはつくられた、あるいは、封じ込められた個別のバスケットで喜ぶ。

より遅いペースで移動するスポーツにおいてさえ、考えを練るための時間帯がある。フットボールはハドルを組み、野球はマウンドに集まる。

精神上のタイムアウト

数千年前――バスケットボール、フットボール、あるいは、野球ができるかなり以前――に、古代ヘブライ人は、安息日――六日間の仕事とは別の一日、祈り、および、肉体の休息の日――と呼ばれる概念に身を委ねた。また、聖書は神が六日間で天地を創造した後に、自らの休息を祝って安息日を設けたと私たちに伝える[1]。

安息日の概念の基礎となっているのは、仕事の流れの外に出て、休息――時間のある様式から別の様式に移る行為――のゾーンへ入るという人間の考えである。仕事の時間の状態は直線的、かつ、連続的である。特定の活動は時間で構成された目的に向けられる。個々の努力は、単一の方向をめざして、目的によって進歩する。時間自体はその方向上に形づくられる。

しかし、安息日の空気の中で、時間は変容される。時間はある一つの方向である努力から、別の努力の方へと水平的にリンクすることをやめる。その代わりに、それは生活のすべての個々の要素が包含される球状の統一体になる。

安息日は連結し、かつ、分離する。それは、自らを破壊する外力からその新しく発見された統一体を分離する一方で、仕事の遠心分離的な欲求によって裂かれた私たちの人間らしい部分を修復する。

安息日のすべてを含んだ性質は、管理することが意図された人々――ヘブライ人自身のみならず、彼らの門の中にいる逗留者や彼らの家畜さえも――の性質によって説明される。このように、共同体全体は新しく特別の種類の時間が存在する、神聖な空間となるであろう。

モーセの十戒の一部で、人間は「安息日を思い出し、かつ、それを神聖に維持する」ように教示されている[2]。時間を神聖化するこの行為は、神が「安息日を祝福し、それを神聖化した」七日目の神自身の行動に対応している。実際、ユダヤ人の儀式の暦中の全日のうち、安息日ほど伝統的に神聖化された日はない。それは、ヨム・キッパー（Yom Kippur）という贖罪の日よりも神聖化されている。

さらに、モーセの十戒は、人間に「六日間労働するものとする」と教示する。このように、人間は、神聖な一体化に修復されて、再び、直線的な時間の世界に勢いよく入ることになる。

一時的共同体

今日の世界では、時間と空間の両方ともに神聖化されていない。安息日を保持し、それに敬意を表しようとする人々は、金をかせぐ理由、および、それを費やす理由が個々の生活での遠心力を増加させていくような異国の地に逗留する。個人や家族がこれらの力に対抗するのは非常に難しい。

しかし、アメリカにとっては珍しいが、大敵に対して、長年の間、超俗的な価値がいまだ崇められている宗教集団が存在する。たとえば、ニューヨークのユダヤ教神秘主義的一派［訳者注：Hassidic Jews of New York, ユダヤ教のなかでも最も伝統を重んじる戒律の厳しい社会をつくっている］のハシドやペンシルバニアのアーミッシュ［訳者注：The Amish of Pennsylvania, 信仰に基づいて地域社会集団を形成し、電気・自動車などを用いず、質素な生活様式を保つ］などはそうである。そのように時代錯誤的生活を意図的に行っている共同体では、個人が自らを全体に統合させることはさほど困難ではない。というのは、このような共同体は、変化の及ぼす破壊に対して互いに配慮し合い、保護し合って、時間と空間が有機的に共存する特別の場所を意味するからである。

しかし、そのような聖域――彼ら自身の文化の超自然的な攻撃から個人を守ることを意図する避難所――が必要とされることがいかに矛盾しているか。そして、その非人間的なスピードを歪めたり、そこに住む人々を殺したりするような社会がそのように構築されることがいかに矛盾しているか。多くの人々がその生活を遅くするために、あるいは、彼らが不安でしがみつく疾走する世界と歩調を合わせるためにそのスピードを上げようと化学的作用に救いを求めても不思議ではない。

しかし、私たちのほとんどは、アーミッシュの軽装馬車と私たちの車を喜んで交換しないだろうし、また、それは簡単にはできないだろう。ハシドのフェルト製品［訳者注：フェルトとは、動物の毛を集めて圧縮してつくるシート状製品の総称］と今日流行しているものとの交換も同様である。というのは、実際、私たちは自らが育ってきた一時的な環境によって条件づけられ、拘束されているからで、それはウィリアムズバーグのユダヤ人やランカスター郡のペンシルバニアダッチも同様である。しかし、私たちはより十分な生活を見つけるために、私たちの文化と絶縁する必要が本当にあるのか。また、私たちは平和に暮らすために、そのように「狂った群衆から遠くに」離れる必要があるのか。

技術の語源

これまでみてきたように、私たち自身の神経組織、私たちの国家の新規性、および、技術の進歩という三つのものが、私たちを「現在という時代」の力に対して弱体化させる。これらの要因が私たちの反応と選択に影響を及ぼす方法を理解することによって、私たちは自らの生活をよりコントロールできるようになる。だが、これらの三つの要因のうち、私たちの意志に直接従うのは一つだけである。私たちは神経組織を変えることはできない。私たちは国家の歴史も変えることはできない。しかし、私たちは使用する技術、および、それを従わせる方向を変えることはできる。

技術そのものは、興味をそそる言葉である。私たちは、通常、それを力とみなす。私たちは「技術」の進歩について話すか、あるいは「技術」が私たちの生活にどのように影響するかを議論する。しかし、この言葉のそのような意味は最近のものである。

『オックスフォード英語辞典』によれば、「technology――技術――」という単語は、一六一五年に最初に使われた。その後、それは、「芸術、あるいは、技巧に関しての論説または論文――実用的、あるいは、工業的技巧に関する科学的な研究」を意味した。すなわち、「technology――技術――」は、同じ「ology――科学――」という接尾辞をもっている他の言葉のように、研究の分野を表した。したがって、「geology――地質学――」（ギリシャ語のge―Gaea―は「地球」、logosは「研究」を表し、そこに語源をもつ）は、地球に関する研究であり、また、「biology――生物学――」（ギリシャ語のbiosは「生命」を表し、そこに語源をもつ）は、生命に関する研究である。したがって、「technology――技術――」は、語源的にはtechne――科学技術――に関する研究であり、美術、技術、あるいは、技能というギリシャ語を意味した。

二世紀以上にわたって、「技術」の意味はそのように保たれた。しかし、その二世紀の間に、世界は変わっていった。

工業化時代が絶頂期にあった一八五九年、「技術」は「集合的な実用的技術」（the practical arts collectively）という現代的意味を獲得した。要するに技術は、研究分野という見方ではなくなったということであり、人間の基準となるもの、人間に基づいて行動する集合的な実体に変化した。

確かに、意味の変化はしばしば社会の変化を反映する。機械や工場が日常生活への衝撃をますます強めはじめるにつれて、人々は新しい見方で産業と発明を見はじめた。結果的に、古い言葉は新しい社会的意味を獲得した。しかし、この意味の変化にもかかわらず、その機械と効果がどんなに強力になっても、技術は生命や心を獲得していなかった。その機械が役立つ目的を決定するのは、いまだ理性を賦与された創造物としての人間の義務であった。

私たち自身の定義

しかし、人間が技術的に正しい意思決定をするには、それ以前に彼らはまず、人間的に正しい意思決定をしなければならない。彼らは自分たちがどうありたいか、また、生活のどれくらいを物質的なものによって支配されてもよいか、ということをよく考える必要がある。

ストア学派の哲学者たちはずっと以前に、私たちが自分たちの所有する物から解放されず、逆にそれらに支配されており、最も所有物の少ない人が最も自由である、と主張した。このことは貧困がよいと言っているのではなく、富の真実の意味を定義しようとするものである。それは私たちが本当に幸せになるために必要な富はどれくらいか、ということを私たちに問いかけている。

また、私たちにとって本当に必要なものは何か。というのは、私たちは自らの生活を単純化することによって、逆説的に生活を豊かにしているかもしれないからである。

おそらく間違いなく、未来に対してのそのようなアプローチは、「哲学的」過ぎるということで、あるいは、私たちが住んでいる物質主義的世界に不適当ということで、また、私たちの社会が好むようにみえる迅速な解決策とあまりにも互換性がないということで、退けられるかもしれない。しかし、それがまさに、なぜ、それがとるべき正しいアプローチであるか、という理由でもある。それは、病気にとってめったにその適切な治療が魅力的である、とは限らないのと同様である。

また、そのような「哲学的な」アプローチはすべての人にとって重要というわけではない。今でさえ、地球上の人間の大部分は哲学よりも食物や衣類を必要とし、よりよい原則ではなく、よりよい住宅、衛生、および、ヘルスケアをより多く求めている。また、これらの基礎的、かつ、明白な欲求が満たされた後でさえ、ストア学派がすぐに軽蔑するような所有物によって、多くの人々は本当に、かつ、永続的に幸福になるかもしれない。

そこには、そのような物は生活上、最も重要で、幸福についての私たちの最も高い定義であるべきか、人間の最も高い目的は簡単、かつ、自由に手に入るものか、あるいは、私たちはより多くのものを切望するべきか、という根本的な問題がある。確かに、束の間の幸福はそれ自身が、私たちの目標、あるいは、それが与える以上に私たちが求めるもの——まだ、不確定なもの——であるのかどうかはわからない。

人間らしい行動指針

私たち自身がより理性的であることを越えて、より人間らしい世界を構築する現代技術の文脈の中で私たちが採用しなければならない姿勢とはどのようなものでなければならないのだろうか。

まず、私たちは二つの幻覚——新しいことが古いことよりも機械的によいということ、速いことが遅いことよりも必然的によいということ——を拒絶しなければならない。[3] 次に、私たちは生活の中で利用する人工物のすべての要素に払う、わずかであるが、累積的な代償を警戒しなければならない。最後に、私たちは技術によってまだ侵されていない世界の部分を注意深く保存しなければならない。なぜならば、自然界は——その固有の美、および、内部の調和を越えて——私たちがつくった一見不可避であるような世界に代わるもの、人為的な生活の息苦しく感じる排他性に代わるものがあるという明白な証拠を提供する。実際、それによってスピードが負の結果をもちうるということを理解することは、受動性から私たちを目覚めさせ、それによって、私たちはその生活の中で制御されることから解放される。

2 歴史の保持

一九七二年、NASAは、初めて太陽系を越えて二機の宇宙船を打ち上げた。それらはパイオニア10号と11号(Pioneer 10 and 11)と呼ばれ、地球外生物に向けて地球からの最初のメッセージを運んだ。それは、地球外生物が地球を捜し出しやすくするための宇宙「地図」と、男性と女性の地球人の彫刻が刻まれた、金を酸化処理したアルミニウムの板でつくられたものであった。一九七九年には、ボイジャー1号と2号(Voyager 1 and 2)が地球上の生命体の写真、および、音楽と人間の声を録音したものを携えて、同様に太陽系を越えた。これらのパイオニアとボイジャーのメッセージは、「地球」の消印が押された最初の宇宙の手紙であった。

地球外生物の知能を探索し続けながら、科学者はさらに宇宙からのメッセージに聞き耳を立てた。巨大な電波望遠鏡のアンテナは、そのような信号を検知するために天空を走査した。

万一そのような送信がいつか遮られるならば、あるいは、私たちの宇宙船のうちの一つが別世界にいつか着陸するならば、それが運ぶメッセージは巨大な時空の範囲を横断することになるだろう。ちょうど夜空に見える明かりがもはや存在しない星――数千年前、消滅する前にその最後の光を放った星――を表すかもしれないように、私たちが最終的に受け取る宇宙のメッセージは、ずっと以前に失われた文明の言葉を表すかもしれない。実際、地球で何千もの年月が経過するまで、――もしそれができたとしても――パイオニアやボイジャーが上陸することはないだろう。

安全な港に到着するために、これらの宇宙船は、暗黒の宇宙――隕石や小惑星との衝突、極度の温度変化や敵対的な大気圏、および、至近弾を遥かかなたへはね返すことができる広大な宇宙――の多くの危険を回避して生き残る必要があるだろう。

地球外生物の知恵

驚くべきことに、そのような宇宙船はすでに着陸していた。さらに驚くことに、それらは、ここ地球に着陸した。そのカプセルはほとんど見分けがつかないほど砕かれており、その異星乗組員たちは、死んだまま長いときを経て、地球に到着した。宇宙船に記されていたメッセージは、黒く焦げついて壊れた飾り板に不思議なシンボルを刻んで残存している。これらの時間旅行者の言葉は今、解読されつつあり、それは貴重なものである。実際、このきわめて重要な宇宙船の解読に私たちの文明の運命がかかっているかもしれない。

しかしながら、その出発点がどんなに離れていても、また、どんなに長く広大な宇宙を旅してきたとしても、これらの宇宙船は別の惑星、あるいは、銀河系外から来たのではない。千年の時を経た旅でボロボロになっていても、それらは私たちのような地球人からの古代の遺言――私たち人間の過去の失われた世界や消えた文明のひびの入った碑文、くたびれた人工遺物――である。

「現在」に到達するためにこれらの物体が耐えなければならなかった障害物は宇宙で遭遇するものと同じくらいぞっとするようなものであった。地球の自然なプロセスはかつて高く評価されたものを風化させて水平化するために、また、かつて強かったものをさびさせて弱めるために、人間がつくってきたものを絶え間なく完全に破壊しようとしている。人間の精神、すなわち、私たちの中で最も貴重な部分は逆説的に、私たちの存在の最小の安定した要素である。もしそれ自体が壊れやすいものとして意識されなかったならば、それははかなく消えていく。

また、自然界が分解や崩壊の追求をやめようとする一方で、人間には破壊しようとする強い意志がある。神や金塊に対する強い欲望――宗教的熱情の炎、および、征服の松明――は、たき火で本を燃やし、るつぼで彫像を溶かし、歴史を忘却させる。権力に対する人間の強い欲望は破壊的なエネルギーで自然を減少させる。

軽視から生じた、この繰り返される破壊――過去が気まぐれに否定されるまではなくとも、気まぐれに忘れられるような受動的なプロセス――のために、その繊細な姿は時間の経過とともに蒸発してなくなった。ここに新しい野蛮さ――図書館を焼くのではなくそれらを無視する、文化を奴隷にするのではなく、気楽さを麻痺させるために自らを奴隷にするようなこと――が進行する。

このように拒絶される考えは、必ずしも古いわけではない。というのは、私たちの社会の加速度的な推進力は、時期尚早に過去のものを何でも風化させ、数世紀、あるいは、数十年の見識を時代錯誤として破棄してしまうからである。過去のことは終わって、プロローグとなる。そして、それは道端に捨てられる。

電子のカーテン

ミズーリ州フルトンのウェストミンスター大学で五〇年前、ウィンストン・チャーチル卿（Sir Winston Churchill）は、「鉄のカーテン」（iron curtain）――古い資本主義を管理するライン――がヨーロッパ大陸を横切って張られた、と警告した。今日、アメリカ中、世界中に、別のカーテンが張り巡らされている。それは電子のカーテン（electronic curtain）――チャーチル時代のカーテンほど明白ではないが、より浸透性がある――である。それは地理的でなく一時的でもない、「現在という時代」以外のすべての時間から私たちを分離するカーテンである。

「その時」の力

私たちは個人の中にあるそのカーテンを引き上げるために、文脈の感覚を回復させることによって、私たちの家族と共同体が「現在という時代」の平準化する力に対抗することができるように、生き生きと祖先の記憶、人種の伝統、宗教儀式を保持するよう努力しなければならない。

その同じ公共的なカーテンを上げるために、私たちは、「基本に戻ること」が連続した健全な歴史と核となる堅固な伝統的遺物――単にそれらが古いというだけの理由ではなく、それらが「永久に関連する重要な問題」[4]（初期の時代の価値に対して、私たち自身の価値を比較させることができるような問題）を統合するために敬意を表されている遺物――を含むことを主張しながら、教育の方向を変えなければならない。そのような遺物は目的のための努力が孤立したものではなく、より大きな連続体の一部であることを私たちに理解させるうえで助けとなりうる。また、それはより大きな知恵を備えた自らの方針を選ぶために、代替案とその結果に関する研究を通じて、私たちを敏感にさせることができる。

はっきりと見ること

四〇年以上前、子どもの頃、家の近くの小さな湖の端のそばに座って魚釣りをしていたときのことであった。明るい夏の太陽が、湖面に反射してキラキラと輝いていた。私がそこに座っていると、年老いた漁師が手に何かを握り締めて近づいてきた。「おいで、坊や。これを試してみてごらん」。彼は、奇妙なメガネを私に差し出しながら言った。彼は「それをかけてごらん。そうしたら何か見えるだろう」と誇らしげに言った。

私がそれをかけると、水面の光が急に消えた。そして、私は、大きな魚が水面の下にゆっくりとすべるように泳いでいるのを見ることができた。その偏光レンズ——そのとき、新しく考案された驚異——は、太陽の光を遮って、光によってそれまで隠されていた魚を私は見ることができたのである。

文学——特に、別の時代のもの——は、私の幼年期のこの眼鏡に似ているかもしれない。「現在」のトレンドの明るい光を遮断して、多くの人が現実と呼ぶ、キラキラ光る水面の下を私たちが見ることを可能にする。昔の本に目を通すことは、私たちが他のどこにも見つけることができない深いビジョンを与えて、私たちの世界に関しての予期しない真実を示すかもしれない。

3 感覚の回復

目に見えない世界——人間の自然な視力では見えない世界——がある。その中には、たとえそれらが近くにあっても、小さすぎて見えないものやまた、そのサイズは大きくても、あまりにも遠くに離れ過ぎて識別できないものもある。しかし、目に見えない内側の世界のための顕微鏡、外側の世界のための望遠鏡などのように、見えるようにするための補助的な方法はある。もし私たちがそれを利用すれば、私たちの感覚の範囲は拡張する。

しかし、他にも見えない世界は存在する。私たちが意識的に気づかないような世界である。これらは、あまりにも近すぎて、実際に見ることはできない、あるいは、あまりにも大きすぎて完全には理解することができない世界である。

私の仕事場の近くに、私が数え切れないくらい何度も車で通った非常に平凡な通りがある。数カ月前、私はその通り沿いのある官庁で車を停める必要があった。しかし、駐車場が見当たらず、私はそのブロックの一番端まで車を動かし、歩いて戻ってきた。それは面倒くさかったが、大事な用件だったので、他に選択の余地はなかった。私は車からそのオフィスに向かって歩いているとき、いくつかの驚くべき発見をした。その通りは以前に何百回も運転したことがあったのに、それらは初めて見るものばかりであった。野草や形の変わった石、そして、細かい木を集めてつくった不思議な家など……。さらに、私は、今まで気づかなかった小さなわき道を偶然、見つけた。しかし、私が見たそれらのすべての新しいものは、実は常にそこにあったものであった。

非常に速く進むことにより、私たちはどれほどたくさんのものを見失ってきたことか。また、私たちが本当に見ているものがいかに少ないか。私たちが住んでいる世界は、まさに私たちの感覚が構築するものであり、私たちが生活を通じて進むペースによって形づくられる世界である。きわめてありのままに、時間は空間をつくる。私が通りをゆっくり歩けば、家が現れてくる。私が通りを速く運転すれば、家は存在しない。私たちが単純に現実と呼ぶ世界をつくり上げるのはすべて時間である。

他にも、私たちが生活するテンポのために、私たちの生活の視界に入ったり、入らなかったりするもの――不思議な野花や石のように――がどれくらいあるだろうか。私たちが知らない、併行する世界――目には見えないが、私たち自身の世界と共在する世界――がどれほどたくさん存在するであろうか。

三〇年前、私は車でフロリダからニューヨークまで北上したことがある。フロリダにはすでに春の陽気が到来しており、そこは淡褐色の冬の景色からなまめかしい夏に向かっていた。私はジョージアとカロライナを通って北へ向かった。車が進むにすれ、私のまわりの世界は、春の緑から冬の茶色に変化していった。時間はさらに北上するにつれ後戻りし、ニューヨークに着いたとき、私の車は氷の寒さの中にあった。

その後、ゆっくりと、ほとんど気づかないうちに、再び、変化がはじまった。冬が春に降伏したのである。今、春がやってきた。それはこれまでとまったく変わらない到来であった――泥が溶け、ハナミズキが開花した――が、私が今までに見たことがないものであった。というのは、私がゆっくりと現れてきたその存在に注視し、その到来に敏感であったからである。

初めて春の意味を把握して、私はその瞬間、今までまったく知らなかった春がどれほどたくさんあるか、日常のビジネスの中でどれだけ多くのものが私の指を擦り抜けていったのかを理解した。それは非常に大きく、非常に身近なものであったが、私はその存在をまったく気に止めなかったのである。

それは光景だけでなく、音にも当てはまる。それは耳が聞き分けるには高すぎる、あるいは、低すぎる音ではなく、私たちの忙しさのために聞こえない音である。機械的な輸送の騒音は、私たちのまわりのそれ以外の自然環境から聞こえる静音を圧倒している。また、私たちの生活のペースがますます加速化することにより、私たちは人との会話に耳を貸さなくなる。「時間消費」の度が越えているために、聞くことができないのである。

習慣と文化が私たちの構築した人工的な世界の構造を強化するにつれ、私たちは人間らしい世界になるために必要な物を見たり、聞いたりすることがますますできなくなる。私たちが今世紀に目撃した電子的通信手段の革命にもかかわらず、地球上には他人に無関心な人が増え、社会はよりバラバラになり、そして、個人はより自己中心的になっていく。

数年前、私は大学のキャンパスのはずれ――コンクリートブロック塀の、ベッドが一つあるアパート――に住んでいた。暑い夏の夜は湿度が高かった。小うるさいエアコンが頼みだった。あるとき、突然、電源が落ちた。すべての明かりは消え、エアコンも止まった。私は外に出るほかはなかった。私は真っ暗な駐車場に面した、アパートのドアの外にあるアルミ製の折り畳み式椅子に腰掛けた。

夏の初めに、新しい住人が隣接するアパートへ引っ越してきていた。理由は思い出せないが、私は彼が嫌いだった。電源が落ちたために、彼もまた、アパートから出て来て、彼のアルミ製の折り畳み式椅子に座っていた。

私たちはほとんど同時に何かを発見した。それは夜空に輝く星であった。いつも以上に、星は暗闇の中で明るく輝き、私たちを包んでいた。私たちは一緒にそれを見上げながら話しはじめた。

二〇分後、通りの明かりと駐車場のランプが点灯し、私たちのアパートにも明かりが戻った。それは合理的、かつ、文明的な時間に戻ったことを告げる、まぶしいシンボルのようであった。星は蛍光灯の反射によって、不明瞭になり、ほとんど姿を消した。再び、エアコンがブンブンと音を立てはじめた。この先、私たち二人が生活の時間を共有することは二度とないだろう。

その夜以来、私は私たちの技術がどれくらい私たちを盲目にしているか、それが他に見せられるのはどれほどあるか、ということについて、考えるようになった。バビロニア人、あるいは、ストーンヘンジ［訳者注：イングランドの先史時代から存在する環状列石の遺跡］の建築者が知っていたほどに、私たちは星のことを知らないし、彼らの力や神秘性も感じない。それは、私たちが今、知っているもの、私たちの科学が私たちに教えたもの、また、説明のつくものがすべてであるからである。りんごを味わったために、私たちはもはやエデンの純真無垢な住人ではいられないのである。

確かに、それはそのときでさえ楽園ではなかった。というのは、未知なるものは、畏怖の念と同様に恐ろしいものでもあるからである。しかし、事実は残る。私たちは、かつて世界が見られたように、それを決して見ないだろう。そして知覚が変わるように、現実も変わる。

世界を理解し、かつては古代の神のみの領域だった力を得て、私たちはそれと引き換えに人間らしさを多く失い、私たちのすべての知識において心を重視しなくなった。私たちの知覚が私たちの現実の感覚を変化させるにつれて、今度は、私たち自身も変わっていくこととなった。

知覚戦略

私たちが時間を戻して、より初期のより単純な日々に戻るには、あまりにその内容が多いために、それを期待することはできない。しかし、そのことは、静寂さが私たちの手の届かないところにある、ということを意味するわけではない。

平和を獲得するには、戦略的な行動が必要である。まず、私たちは今日のハイパーカルチャー（高速文化）が生成する知覚の過度の刺激から私たち自身を隔離する必要がある。次に、私たちは、生活に平和をもたらすことができるような単純な活動を見つける必要があるだろう。私たちの「戦術」は大げさである必要はない。というのは、「戦場」が通常の日常生活の規模ほどだからである。それでも、そのような努力の中で確保した勝利は小さくはない。

もし私たちが全文化に対して時計を戻すことができなくても、よりゆったりした方法に立ち返るようにすれば、私たち個々人は慎重な選択によって生活のペースを遅くすることができる。表面的で移り気な「現在」に私たちの生活を虐げさせるのではなく、私たちはそれぞれの時間に隠された富を切り開くことを学ぶことができる。また、もし私たちが愛する人々とこれらの技能を共有して、子どもたちにそれを教えれば、私たち個人の勝利は永続するものになり、自分自身の範囲を越えて広がっていくであろう。

というのは、そのような忍耐の結果として得られるものが一見小さいものから生じたものであっても、やがては大きくなり得るからである――コンクリートの石段から芽を出すハナミズキ、五月に解ける極寒の大地、夏の夜の満天に輝き広がる百万もの星のように――。

時間を支配する

行なわれなければならないことを行なうべき時間がほとんどない社会では、時間を管理する技術が非常に重要である。時間管理についてはセミナーや本で頻繁に取り扱われているが、その目標は効率性である。適切な立案、および、労働慣行を通じて、そうでなければ浪費される時間は節約され、かつ、そうでなければなされないような仕事に適用され得る。時間は支配することが可能である、といわれている。[5]

しかし、実際、私たちは漁師が海を「支配」できるほどに、あるいは、探検家が荒野を「支配」できるほどには時間を「支配」できない。時間――私たちが一生を通じて航海しなければならない海、横断しなければならない荒野――は管理することができない。そのように考えるのはあくまで仮定である。

しかし、私たちには自らの生活を見直すことはできる。それは私たちの旅行が意味をもつのと同様である。私たちは、どのようなことが本当に重要であるか否か、また、私たちの意思決定に作用するか、を決定する必要がある。

「現在という時代」の多様性

実際には、「現在という時代」の力は、反応を妨げる社会の速度によって保持された幻覚である。「現在という時代」は一つではなく多数ある。互いに補強しあう消費者運動家としての現在、大量市場化された現在、テレビ放送化された現在は、現実の一つの場面にすぎない。他にもあるが、それらは個々の人間の心によってのみ見つけることが可能である。しかし、それらを見つけるには、現代社会の物質主義的教化から私たちの心と感覚を解放しなければならない。

私たちは、「時間を摑んで」初めてそれを見ることができる。そして、私たちは、自らの暗くなった洞穴のただ一つの壁に点滅する錯覚のイメージでのみ見ることを私たちに強いるような契約を破って、私たち自身を解放して初めてそれを見ることができる。

行動主義者のロバート・シアボールド（Robert Theobald）の言葉に「われわれは、われわれが経験した過去、および、われわれが行動によって創造することができる未来の両方の深遠な感覚をもって、瞬間の中で生活することを学ばなければならない[6]」とある。それは、過去がより賢明であった、あるいは、未来がより容易になるというからではなく、「現在」の十分な価値がそれらの抱擁の中ではっきりと理解されうるからである。[7]

4　私たちの生活の改善

私たちの生活の速度が増加するにつれ、私たちはますます昔ながらの技巧を破壊するような、目に見えない「音速障壁」（sound barrier）により近づく。すでに、私たちは機体がバラバラに切り離される乱気流圏に入りはじめているように感じる。すでに、私たちはその制御が私たちの意思に反するようになっているのを感じる。私たちが経験する毎日のストレスは、私たちのペースがあまりにも速くなりすぎている、そして今でさえ、私たちは社会、かつ、自己を破壊する可能性のある方向に加速している、ということを私たちに警告する。しかし、私たちは、その障壁を打ち破る挑戦をしたい、という衝動に駆られる。

私たちが着陸するとき、私たちから報告を聞くエンジニアは私たちの飛行計画をやり直し、そして、すぐに私たちはより速いスピードを新たに探求して、再び、空を旅することになる。私たちは障壁を越えて存在するもの、私たちを向こう側で待つものを知らない。また、高く飛びたいという私たちの衝動が非常に強いために、私たちもそれを要求する。

しかし、航空力学とは異なり、私たちがつくったデザインの修正は私たち自身の変化を表す。私たちは、加速化状態を維持するために、人間らしい価値に敵対する人為的環境の要求にその行動の構造を適応させた。このように、形を変えるのは飛行機だけではなく、その乗客も同様である。「向こう側」に横たわるものは、単により速いスピードではなく、別の種類——私たちがすでにそうなっている種類——の私たちである。

したがって、「ワープスピード」（warp speed）とは、私たちの行動と私たちの価値の両方を歪め、同時に、私たちに訪れる大きな変化に対して鈍感にするような速度を意味する。それは、自分自身の内的な必要性によって生成され、私たちの強力な技術によって保持される速度、速さを備えた愛情に潜むハイパーカルチャーによって正当化された速度である。

そのような向こう見ずな飛行を止められるものが何かあるか。その力に対抗する方法が何かあるか。確かに、ある。しかし、それは私たちが非常に速く飛ぶことをしっかりと拒絶する場合のみである。また、それは多くの人が行なっていること——物質主義のタービン〔訳者注：原動機のこと〕を切ることにより、その生活を単純化すること、電子的刺激の変換器のスイッチを切ることによりその生活を遅くすること、代わりに精神と心のエンジンでその生活にエネルギーを与えること——である[8]。

しかし、たとえ一部の人がその生活を遅くすることができても、社会自身の速度を縮小することができるか。いや、文化的な勢いの力は非常に大きいために、人間はそれをそらすことはできないだろう。

一事成れば万事成る、また、一事誤れば万事誤る、といわれる。そして、速い生活——ワープスピードで移動するハイパーカルチャーの生活——は、個人、家族、社会、民主主義、世界の国家、そして、自然界に失敗をもたらしてきた。必要なのは、多くの人々がともに、その壊滅的な失敗を認めて、それを変える決意をもつことである[9]。

それは起るだろうか。ロバート・シアボールドは次のように言う。「それが起るだろうと信ずる気持ちは必要ないだろう。それが起らなければならないと信ずる気持ちが必要なのだ[10]」と。

それが成功する見込みは少ないかもしれない。しかし、見込みがいつも正しいとはかぎらない。結局、前方しか見ない直線的思考は、他の動的な軌道の存在を認めることができない[11]。

しかし、信念だけでは十分ではないかもしれない。

もし「現在という時代」でないのならば

二〇〇〇年前、ヒレル（Hillel）という学者が人間としての私たちの義務を定義しようとした。

彼は問うた。「もし私が自らに賛同しなければ、だれが私に賛同するだろうか」。こう言って、彼は自己本位の必要性を支持した。自分以外のだれが自分の要求を知っており、防御できるというのか、と。しかし、最初の問いに、彼は次のように付け加えた。「だが、もし私が自分しか認めないというならば、私とは一体、何なのだろうか」。こう言って、彼は無私の必要性を説いた。もし私たちが他者の要求に応答しなければ、私たちの価値は減少される、と。

人間の存在の逆説性を説いて、ヒレルは三つ目の問いをした。私たちの同時性は利己と無私の両方を必要とする。「そして、もし今そうでなければ、いつだろうか[12]」。

この最後の決定的な質問で、彼は、そうでなければ知的なパズルのままだったかもしれないものに答えを出した。生命の危機に直面している私たちは、何とかして行動しなければならない、ことを彼は主張した。というのは、世界が最も必要としているのは、より多くの思索ではなく、より多くの行動だからである。

ヒレルの言葉は、「現在という時代」が電子的幻覚を越えるもの、捉えがたい満足の源を越えるものであることを明らかにする。さらに、「現在という時代」は倫理的指令である。というのは、それは私たちが行動を起こせるただ一つの次元であるからである。それは、私たちが自らの生活を回復するためにもつ、ただ一つの機会である。

この見方からすれば、ストレスは——普遍的に回避されるものであるのではなく——道徳的に必要な付随物になる[13]。戦時中、協力者は、地下組織の構成員よりもストレスのない生活をする傾向がある。しかし、それは彼らを羨んだり、賞賛したりする理由にはならない。平和は、もし私たちが品位ある世界を構築しなければ、高い代価を私たちに要求するかもしれない。

そのような平和の行動指針を実行するために、私たちは互いに支援し合う必要があるだろう。というのは、そのような再建に抵抗する社会の力は巨大だからである。私たちが電子的、かつ、物質主義的攻撃から私たち自身や愛する人々を守るために、私たちは「時間的世界[14]」(chronocosms)——ハイパーカルチャーよりもゆっくりとしたペースで動く家庭内の世界、私たちが時間の傷を治すことができ、愛情を通じて目的意識を再発見することができる世界――を構築する必要があるだろう。

実際、私たちの時間的疾病[15]（chronopathology）に対する実際の治療法は、個人的な努力にではなく、個々人が相互の献身と愛情によって強く結合した努力の中にあるかもしれない。ポール・ピアーソル（Paul Pearsall）は力説する。「遠心分離的な力は非常に強力であるので、これを単独で扱うことはできない。私たちは複数でこれと戦わなければならないだろう[16]」と。

「現在という時代」の力の再検討

本書では、「現在という時代」の力を私たちの敵――私たちの生活において「現在」の専制政治を確立した敵――として描写してきた。

しかし、異なる観点から見れば、「現在」は異なる性格も帯びている。というのは、「現在」は私たちが行動することができる唯一の枠組だということである。私たちは過去で行動できないように、未来でも行動できない。「現在」においてのみ、私たちは積極的に自らの生活を形づくることができる。

さらにいえば、私たちが他者と生活と愛情を共有することができるのも「現在」においてのみである。どんなに感銘を受ける言葉でも、死者がそれを聞くことはできない。どんなに感銘を受ける祈りでも、まだ生まれていない人が返事をすることはできない。

このような見方をすれば、「現在という時代」の力は、私たちの敵ではなくなる。というのは、その中に機会――私たちが生活するために必要な唯一の機会――が存在しているからである。

注

（1） 神聖な時間と冒瀆的な時間との間の区別については、Eviatar Zerubavel, *Hidden Rhythms: Schedules and Calendars in*

Social Life, Chicago: University of Chicago Press, 1981（=邦訳、木田橋美和子訳『かくれたリズム――時間の社会学』サイマル出版会、一九八四年）第4章を参照のこと。

（2） Exodus 20：8-11.

（3） 二〇年前、大規模技術に直面して、E・F・シューマッハー（E.F.Schumaker）は次のように主張した。「スモール・イズ・ビューティフル」（E. F. Schumaker, *Small Is Beautiful*, New York: Harper & Row, 1973（=邦訳、木島慶三他訳『スモール・イズ・ビューティフル――人間中心の経済学』講談社学術文庫、一九八六年）。今日、ジェリ・マンダー（Jerry Mander）は次のように主張している（著者とのインタビューにおいて）、それと同じくらい有用な格言は「ゆっくりしたものは美しい」である。

（4） Moses Hadas, *Old Wine, New Bottles: A Humanist Teacher at Work*, New York: Pocket Books, 1963, p. 129.

（5） この見解については、特に Jean-Louis Servan-Schreiber, *The Art of Time*, trans. Franklin Philip, Reading, MA: Addison-Wesley, 1988 を参照のこと。

（6） Theobald, *The Rapids of Change: Social Entrepreneurship in Turbulent Times*, Indianapolis, IN: Knowledge Systems, 1987, p. 34.

（7） これに関しては、ラッセル・カーク（Russell Kirk）の以下のような価値ある考察がある。「われわれは永遠のものを懸念する場合のみ、時間の欠点を埋め合わせることができる」（"Will Eliot Endure?", *The World & I*, August 1993, p. 417）。

（8） 議論と提案に関しては、David Shi, *The Simple Life: Pain Living and High Thinking in American Culture*, New York: Oxford University Press, 1986（=邦訳、小池和子訳『シンプルライフ――もうひとつのアメリカ精神史』勁草書房、一九八七年）; Duane Elgin, *Voluntary Simplicity: Toward a Way of Life That Is Outwardly Simple, Inwardly Rich*, New York: Morrow, 1981（=邦訳、星川淳訳『ボランタリー・シンプリシティ――人と社会の再生を促すエコロジカルな生き方』TBSブリタニカ、一九八七年）; Joe Dominguez and Vicki Robin, *Your Money or Your Life: Transforming Your Relationship with Money and Achieving Financial Independence*, New York: Viking Penguin, 1992 を参照されたい。根拠を示すものとしては、Adair Lira, *Slowing Down in a Speeded Up World*, Berkeley, CA: Conari Press, 1994 を参照のこと。

（9） *The Structure of Scientific Revolutions* (2d ed. enl.; *International Encyclopedia of Unified Science*, 2.2; Chicago: University of Chicago Press, 1970）の中で、トーマス・S・クーン（Thomas S. Kuhn）は、伝統的に一つの観点からしか現実をみてこなかったコミュニティが突然、別の観点からみるように転換する際に、いかにして「パラダイム・シフト」が生じうるかを説明している（特に、Kuhn's chap. 12 and "Postscript" を参照のこと）。

（10）シアボールド（Theobald）の言葉。著者への手紙、一九九三年九月二九日付。

（11）ビジョンの相互連結および知的概念化については、第2章で論じられている。

（12）ヒレル（Hillel）の言葉。*The Ethics of the Fathers*（*Pirkei Avot*）, 1.14 における引用。*Sayings of the Fathers*, ed. and trans. by Joseph H. Hertz, New York: Behrman House, 1945, p. 25 を参照のこと。

（13）この点に関しては、ハンス・セルイ（Hans Selye）のコメントを参照されたい。「人類の目標は、絶対にストレスを回避できない。ストレスは生命の一部である」（*The Stress of Life*, New York: McGraw-Hill, 1956, p. 299）；「適度なストレスは生活には欠かせない」（*ibid.*, p. 300）；「ストレスからの完全なる自由は死を意味する」（*Stress without Distress*, Philadelphia: Lippincott, 1974, p. 32）。そして、最後に「個人が完璧に形成されるうるのは、ストレスの熱の中でのみである」（*The Stress of Life*, p. 277）。

（14）Robert Grudin, *The Grace of Great Things: Creativity and Innovation*, New York: Ticknor & Fields, 1990, 83f は、創造性にとって必要な隔離について話す際にこの用語を使用している。*Time and the Art of Living*, New York: Ticknor & Fields, 1982 の中で、彼は、保護用の「時間の巣」を構築する心理的価値についても言及している（p. 90ff）。

（15）この用語について、私は、ポール・パーサル（Paul Pearsall）博士に感謝している（著者とのインタビューにおいて）。

（16）*ibid.*

結論

「未来の衝撃」を越えて

アルヴィン・トフラー（Alvin Toffler）が、その著『未来の衝撃』（*Future Shock*）で著した変化は一九七〇年に、日常生活の至る所で広くみられた。時間的環境によって急降下する地球外からの隕石のように、予期しない未来が「現在」と不意に衝突した。それらは地球の表面に衝撃を与えて、地表全域に衝撃波を送った。この本の中で、トフラーはその読者に対して、彼らの世界が異常気象にさらされないように戦略をアドバイスした(1)。

しかし、それは単なる嵐ではなかった。それは突然変異ではなく、私たちが生活するための新しい環境のすさまじいはじまりであった。この環境で、トフラーが記述した変化は外部的な事柄から新しい社会の微妙な内部構造に転換された。出現した同時性社会では、一時性と非永続性は自然、かつ、正常であると受け入れられるようになった。

そのような変容された環境では、回避のための古い技術がもはや「現在」の脅威に対して有効的ではないので、生き残るために不可欠な戦略そのものが変えられる必要がある。目に見える隕石を回避するのもその一つであるし、目に見えない放射エネルギーを回避するという方法もある。

しかし、異なるのは、私たちが被るかもしれない危険の性質だけでなく、そのダメージもである。突然の変化という精神生物学的な激しい攻撃に備えて警戒するのではなく、私たちは、今、私たちの価値観をねじ曲げ、私たちの知覚を歪める、じわじわと加速化していくスピードの影響から私たち自身を保護しなければならない。要するに、その挑戦はもはや神経学的なものではない。それは倫理的、かつ、道徳的なものである。私たちの以前の問題は適応――新しい状況に適合させるべき能力――の問題であったが、今日の問題は、保持――人間らしい文化のために大切なものを保持する能力――の問題である。究極的に、社会はその忘れ去られた、かつての馴染み深い夢の形を取り戻そうと努力するので、私たちの問題は再建の問題といえるかもしれない。(2)

そして、それは人間が最初に適応し、その後保護することを強いられ、究極的には力と意志によって再建する必要があるような自然環境の歴史を伴ってきた。

しかし、オゾン層を侵食するハイドロフルオロカーボン［訳者注：hydrofluorocarbons, 二酸化炭素に比べて数百倍以上の温室効果をもち、気候変動枠組条約で削減が定められているガスの一つ。エアコンの冷媒やプラスチックの発泡剤などとして使用されてきた］のように、私たちを脅かすものは、自らが好む製品――苦痛の代わりに快楽を、努力の代わりに安易さを、自己犠牲の代わりに自己陶酔を、もたらす製品――である。私たちが発明したハイパーカルチャーを超越するために、私たちはいくつかの最も基礎的な本能を超越する必要があるだろう。

さらに、私たちはその社会が同時性のためにますます離れているように見える海岸へ、時間の流れに逆らって泳いで、同時的発生自体を超越する必要があるだろう。私たちが夜空を見上げて、隕石の炎を越えて、究極的に私たちを故郷に導くことのできる星を見ることができるのはそのような海岸からのみなのである。

注

（1） Toffler, *Future Shock*, New York: Random House, 1970（＝邦訳、徳山二郎訳『未来の衝撃――激変する社会にどう対応するか』実業之日本社、一九七〇年）Part 4（第一七～二〇章）を参照。また、Friedman and Rosenman, *Type A Behavior and Your Heart*, New York: Knopf, 1974, chap. 15-17 も参照されたい。特に、内的に組み込まれたA型行動型式が意図されている

が、フリードマン（Friedman）とローズマン（Rosenman）の助言も、さらにスピードアップが進んだ世界の中で残存しようとしている人々にとって価値がある。

（2）「もしわれわれが自分たちの習慣を調節できる以上に生活をより急速に変えることによって、われわれを飲み込むおそれのあるもの以上に安定した文化的構造を建造したいならば、それはクモの巣と同様にピンと張って柔軟である構造、深く自己意識の強い人間社会、その下を流れる水によって真実を悟る社会、より明晰な社会、以前に存在したあらゆる社会より人間的な価値のあるより感謝に満ちた社会に突き進むことによってのみ実現できるであろう。それは唯一の処方箋ではない。意味のない残存のためではなく、生きる価値のある社会のための処方箋が必要である。それは、結局、変化よりも高貴な心の育成により興味をもっている社会であるべきである」（Eiseley, *The Firmament Of Time*, New York: Atheneum, 1962, 147）。

解説

（1）時代変化にとまどう人文学者

いささか唐突な出だしとなるが、ここでまず、人類のエネルギー消費の歴史を概観した表1に目をやってほしい。見ての通り、人類のエネルギー消費カーブは、「火の発見」時代から一九〇〇年代少し前まで、いわば「だらだら坂」状態を続けてきた後、直近の過去一〇〇年間に文字通りうなぎのぼりの上昇を遂げている。しかし、このカーブのイメージは、ひとりエネルギー消費に限らず、人口、ひとびとの移動量（そしてスピード）、情報の生産・流通・消費量、食料消費量、そして加速する時間の圧力等々、人間活動の他の多くの領域にも――比喩的にではなく、実際に計測すれば実証できるかたちで――妥当するイメージなのだと言えよう。本書『ハイパーカルチャー』は、遠大な人類史から見ればごく短いいわばエピソード的時間の間に生じた、この右肩上がりのカーブが何を意味するのか、言いかえれば、短期間の間に多くのことを成し遂げるよう「急かされる」と同時に、ひるがえって、その成し遂げられたことによって絶え間なく「急かされても」いる現代社会の諸相を、批判的に描き出そうとしたものと言える。この小文の筆者なりの理解で言いかえれば、この本は、「科学技術を梃子とした人間による自然（ひいては人間）の支配により、富裕の度を高める」ことが追求された過去一〇〇年＝近代化過程の行き着いた現在を、「ハイパーカルチャー」というパラダイム設定によって解き明かそうとした書だということになる。

ところで、本書の著者紹介にあるように、スティーヴン・バートマン博士は西欧古典学のオーソリティである。著者紹介に掲げられている著作リスト中の本の多くも、『古代ギリシャとローマにおける世代間衝突』、『古代メソ

表1　人類のエネルギー利用の歴史

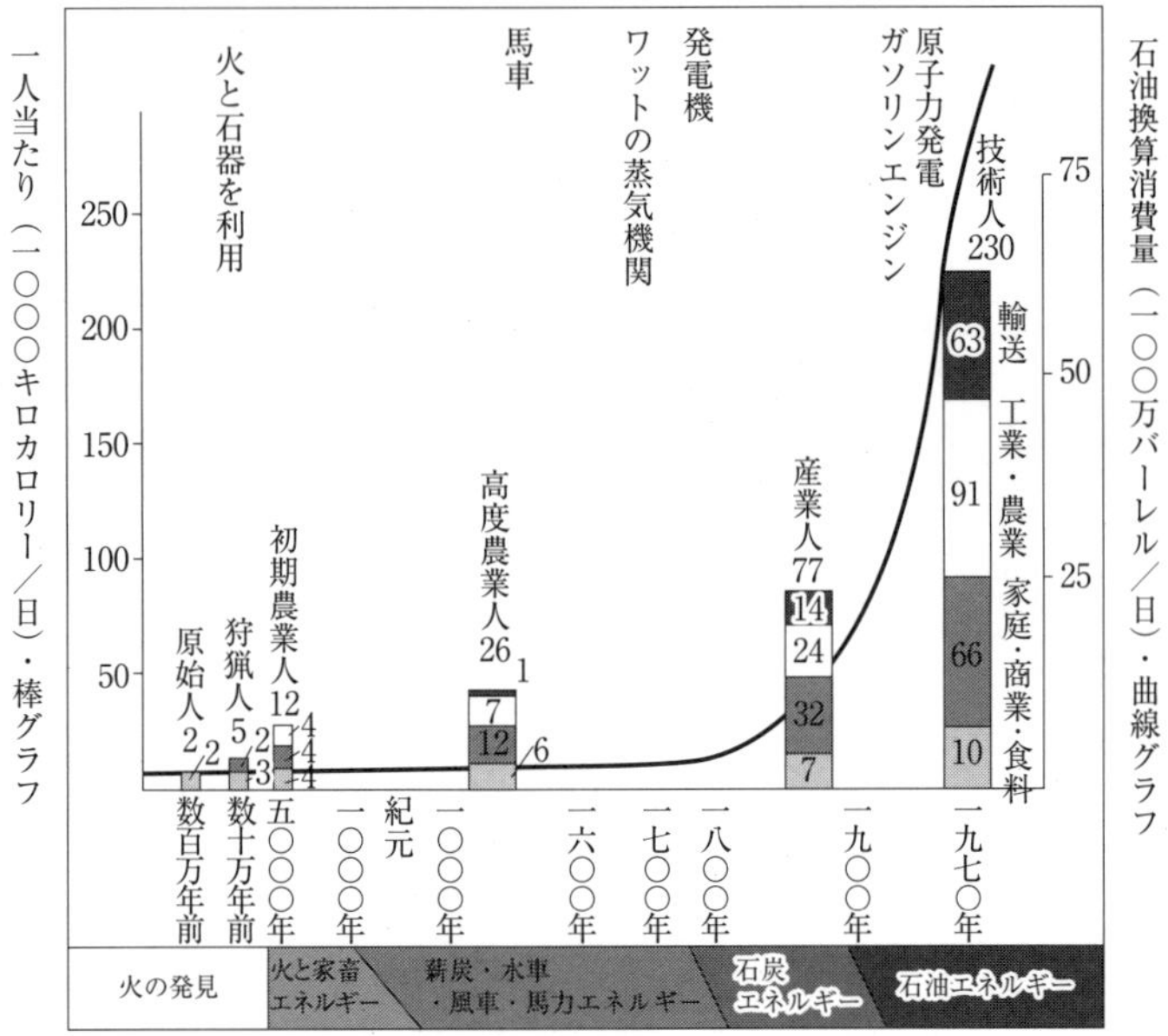

原　始　人　百万年前の東アフリカ、食料のみ。
狩　猟　人　十万年前のヨーロッパ、暖房と料理に薪を燃やした。
初期農業人　紀元前5000年の肥沃三角州地帯、穀物を栽培し家畜のエネルギーを使った。
高度農業人　1400年の北西ヨーロッパ、暖房用石炭・水力・風力を使い、家畜を輸送に利用した。
産　業　人　1875年のイギリス、蒸気機関を使用していた。
技　術　人　1970年のアメリカ、電力を使用、食料は家畜用を含む。
出所：http://www.tepco.co.jp/custom/LapLearn/teacher/kinder/chapter_5/48-51-j.html#p51_2

ポタミアの生活ハンドブック』、『オリンポスの丘を登る――ギリシャの神話と叡智から学びうること』、『ギリシャ・ローマのエロティック恋愛詩』といった、現代から時間的に大きく隔たった古典古代の時代・社会を対象とする著書である。このような著者が、なぜ本書を著し、家族の変質を論じ、強まるストレスを論じ、テレビショッピングを論じ、コンピュータを論じ、総じて「急かされて今を生きる」現代を論ずる気になったのだろうか。

このことで思い当たることがひとつある。メディア論を専攻する筆者が折に触れ感じてきたことは、この理論領域における最新の動向、たとえば、情報化、CMC（Computer-Mediated Communication）、インターネットといった最新のコミュニケーション動向を論ずるひとたちに、一見こうした領域に無縁と思われる人文系の研究者が目立つと言うことである。たとえば、メディア論のパイオニアとして頻繁に言及されるM・マックルーハンは英文学者、優位な文字文化時代におけるオラリティ（口承）の意義を論じたW・オングはカトリックの司祭にして英文学・宗教史学者、メディア技術の生産力とそれが埋め込まれた社会との矛盾に早くから着目した書『メディア論の積み木箱』を著したH・M・エンツェンスベルガーは（社会批評家としてマスメディア批判は行なっていたものの元々は）詩人にして文学者、『情報様式論』を著したマーク・ポスターはフランス現代史研究者、線的（linear）テキスト優位の社会からコンピュータ・ネットワークを基盤として成立するハイパーテキスト世界への移行を論じたJ・D・ボルターは古典学者といった風に、である。

このような事態を生み出す背景にあるものは何かと筆者なりに考えてみると、それは、二〇世紀後半以降、人文系領域で仕事をしてきたひとびとが、自らの研究対象そのものや研究手法が根底から問われているとの「パラダイムシフト」認識を迫られるなか、当の「パラダイムシフト」をもたらすものの「素性」を真正面から見据えようとしたからということになる。

いつ、どこで仕入れたエピソードだったのか今となっては思い出せないのだが、それは、文献学の碩学が、長年かけて蓄積してきたシェークスピアに関する知見において、デジタル化されたシェークスピア文献をベースにコンピュータを駆使して得た教え子の知見に後れをとったというエピソードである。シェークスピアの戯曲中のあることばの使われ方に関する知見を、関連書籍を渉猟しながら営々と積み重ねていくと言う作業は、データベース化されたシェークスピア文献をキーワード検索するという作業によって大幅に「加速化」されることになる。おそらくは何百年にもわたる長い伝統――それは表1における「だらだら坂」カーブの期間に対応するわけだが――に裏打ちされたアカデミック領域での営為が、新たな手法によっていとも簡単に凌駕されてしまうこと――こうした類の事態が積み重ねられていくなかで、敏感な一群の人文系研究者が、これを「パラダイムシフト」体験として深刻に受けとめたことは想像に難くない。

同じことは、始めも終わりもなく、バーチャル・スペース上に断片として漂う諸テキストを引用し、織り上げていく作業を前提とする――コンピュータ・ネットワークとWWWのようなプログラムによって構築可能となった――ハイパーテキスト的「知の世界」は、これまたあの「だらだら坂」時代に培われた古典的知の世界とは様相を異にするものであり、物語の線的（リニアーな）展開を自明のものとする小説、所定の形式にのっとり第一楽章から始まり第四楽章で終わるシンフォニーといった、「始めと終わり」を明確にもつ線的知が支配的な「旧世界」の住人を激しく戸惑わせ、いわば「新たな事態」への対応を迫るものであっただろう。

アカデミズムの分野で感取されたと思われる上記のような「パラダイムシフト体験」は、知の世界を離れた別の次元でも、また、実感されるものであったといえる。それは、本書の著者（バートマン博士）や本文筆者に共通する世代論的事情である。北米と日本という全く異なる生活環境にありながら、また、年齢にも若干差はある（筆者の方が六年ほど若い）ものの、二人（を含む同世代およびそれより以前のひとたち）は、「テレビのない時代」、あるいは、「ゆったりとした時間の流れる」時代から、それぞれの人生を歩みはじめている。思い返してみれば、この時代は、後続する右肩上がりの「急坂」時代にではなく、明らかに、それに先立つ「だらだら坂」時代の様相を色濃く残していた時代だったといえるのである。

したがって、物心ついた時点ですでに「急坂」にあった世代とは異なり、われわれ（およびそれ以前）の世代は、二〇世紀後半以降に現出した変化を「深い感慨」をもって、あるいはショックとして受けとめることとなる。すなわち、この世代は、おおげさにいえば人類の誕生とともに始まった「ゆっくりとした変化」と、ここ半世紀の間の

「激変」とを共に体験した「希有な世代」なのである（なぜならば、これら世代は年老いた方から確実に「消えつつ」あるのだから！）。本書のなかで、バートマン博士は、自らの学的ホームグラウンドである古典古代の世界から説き起こし、それとの対比で現代を論ずるという手法を随所で取り入れているが、そうした手法は上記意味合いでの「希有な世代」に共通する視点であるといえよう。

以上述べてきたような事情もあって、本書の背景にある著者の問題意識、そこで展開されている所論について、多くの点で頷かされることが多い。そこで、以下において試みることは、本書の敷衍ではなく、メディア論を専攻する筆者の視点から、本書にひとつの補遺を付すこと、具体的には、本書が刊行された一九九八年以降、主としてコミュニケーションの領域において生じたイノベーションと、それによりもたらされた社会の諸変化を追うなかから、本書を「読む」ためのいまひとつのパースペクティブを提供することである。

筆者がメディアの動向を追う仕事に関わり始めた一九七〇年代は、コンピュータと電気通信ネットワークとの結合により、様々な利用可能性が開けるとの期待のもと、「ニューメディア」時代の到来が熱く語られた時代であった。しかし、それ以降、一九九〇年代末に至るまで、そのような期待は単なる期待にとどまることが多く、日常生活のなかで広く現実となることはなかった。ところが、この一〇年間、「構想は様々に語られる割には、それが現実にならない」時代は終わり、メディア技術の可能性が格段に高まっただけでなく、その可能性を享受する（し得る）ひとびとの裾野が格段に広まる時代に入ったことを筆者は実感している。

(2) A・トフラー：『未来の衝撃』から『第三の波』へ

本書では、そのプロローグ部分と、エピローグ部分に、A・トフラーの『未来の衝撃』（一九七〇年刊）への言及がある。それは、いうまでもなく、この本で展開されているトフラーの見解が、それを本書の糸口とし、また、それをもって本書を閉じるにふさわしい著作だとみたバートマン博士の評価に基づくものと言えよう。ところで、トフラーは、『未来の衝撃』刊行後一〇年を経た一九八〇年に『第三の波』というタイトルの書を著している。その序においてトフラーは、『未来の衝撃』が「変化の過程」を論じたのに対し、『第三の波』は「変化の方向」を描いた書だとしたうえで、「世界は狂ってなどいない。それのみか、一見ばかばかしい事件がごたごた起っている裏に、意外に明るい、希望に転じうる図式のあるのが見える」（一五頁）と述べる。そうした「希望の図式」の描出を促す動きとして、トフラーは様々な社会動向に言及しているが、本論の文脈に添う限りでの指摘を列挙すれば、

(1) 人びとの関心の細分化、それに呼応するかのように新たに生まれた新しいメディアによって、マスメディアの「非マス化」が進んでいる一方で、「系統のある統合された一連の思想を受け継ぐかわりに、われわれは短い、組み替え容易な瞬間的情報」を「一つの線につなぎ合わせて独自の体系を作り出そう」（『第三の波』：二二八頁）としつつあること、また、コンピュータにより「社会的記憶を拡大するとともに活性化」（同上書：二四三頁）することが可能になったこと、

(2) 進展する市場経済のもとで、生産と消費の分離が深まった「第二の波」の時代を経て、今日、自助運動やＤＩＹ（Do-It-Yourself）の高まりに見られるように、「自分のため、あるいは家族や地域社会のために行う無給の仕事」（同上書：三五四頁）にたずさわる——かつて「第一の波」の時代において「自給のための生産」（同上書：三五三頁）を行っていたのと同じ——「生産＝消費者（pro-sumer）」のライフスタイルが復活しつつあること、

(3) 「コンピュータや電信電話による通信は……人間関係をいっそう間接的にすると恐れるひとが多いが、それは浅はかで安易な考え」（同上書：四八四頁）であり、コンピュータ・ネットワークは、様々な領域で断片化の進む社会において、その趨勢を抑止する「通信による共同体」の基盤になりうること、

の三点になる。

ところで、本書が刊行された一九九八年からこの小文を執筆している現在（二〇一〇年）にいたる期間もまたほ

ぼ一〇年である。しかし、一〇年という時間がトフラーの二冊の著作のニュアンスを変えたように、以下に見るような、デジタル・ネットワーク領域でのイノベーションを背景として、直近の一〇年間に生じた社会変化は、本書が刊行された一九九八年当時には認められなかった新しい事態をもたらしているかに見える。さらにいえば、その変化は、トフラーが『第三の波』で予見したいくつかの事柄の延長線上に位置づけ、語ることができるのではないかというのが、以下で概観したいことである。

(3) 加速するメディア変化

たしかに、電車のなかで、街頭で、メールを受信するやいなや折り返し「即レス」すべく、ひたすら携帯電話のキーを押し続けているというおなじみの光景は、間違いなく本書の主張の延長線上においてとらえるべき、「忙しさに追われる」現象の典型と言えようし、さらに、コミュニケーションの加速化を促す極めつけ的メディアとして、ここ一、二年、急速に受け入れられているTwitterをあげることもできよう。このツールによって、私たちは、自らの日常生活を「実況」するまでになり、「実況」することを念頭において行動するという逆転現象さえ考えられる今日である。さらに、次のようなエピソードも、また、メディア・イノベーションの「めまぐるしさ」、「加速度性」を象徴するものと言える。

「最近、驚かされたのは、わたしの二歳の娘が発した「パパの本（daddy's book）」という二つのことばだった。というのも、彼女が抱えていたのは、私愛用のキンドル［Kindle：amazon.com の電子ブック装置――筆者注］だったからだ。ここにいるのはおしゃべりを始めたばかりの子供。だが、すでに、彼女には、世代ギャップの次の種が植え込まれている。彼女にとっては、キンドルと紙のページに印刷された文字とは等価なのだ。ところが、それを所有している張本人のわたしはといえば、そうした発想に完全についていてはいけないでいる」。

これは、インターネット版ニューヨーク・タイムズ紙の二〇一〇年一月九日号に掲載された『サイバースペースの子供たち――齢《よわい》二十にして時代遅れの年寄り』という見出しの記事の出だしである。記者は、キンドル（Google の）Nexus One、近々その登場が噂される Apple のタブレットＰＣ、Skype でのビデオチャット、iPhone 上でのゲームといった一連のメディア体験によって、自らの世界観・生活観を固めていくことになるであろう愛娘の将来に思いをはせる一方で、上記の装置群が一〇年前の子供たちにとって全く無縁のものであったことに注意を喚起する。「二年、三年、四年と経過するにつれ、ひとびとは全く異なる技術体験を持つ。……大学生は、高校生の兄弟姉妹のふるまいに困惑し、高校生はさらに年下の身内のそれに困惑する」という Pew Research Center 研究員の（当該記事中の）指摘は、長年、同一年齢層の学生に繰り返し接している筆者自身が感じていることでもある。

繰り返しになるが「わずか一〇年もたたずに構造的変化を遂げる技術システムに翻弄され、世代間断絶に陥るひとびと」というこのエピソードは、「加速度の時代」に警鐘を鳴らす本書の視点から見て、そこに書き加えられるべき、格好の最新事例と言うことになるかも知れない。だが、その一方で、直近の一〇年間におけるインターネットの展開過程を見たとき、私たちは、そこに、本書の文脈から外れる、言いかえれば著者が批判してやまない「現在という時代」の趨勢には添わない動向に気づかされる。別の言い方をすれば、加速度的に展開するメディア世界のまっただ中で、「急かされない」、あるいは「自律を促す」世界が逆説的に醸成されているという動きがかいま認められるということである。

（4）進む情報の生産・流通・消費革命

このような「逆説的状況」は、過去一〇年ほどの間に実現した新たなメディア技術環境への言及なしには説明できないだろう。それは、ひとことでいえば、この間、情報の〈生産・流通・消費〉革命が進み、とりわけ以下に述べるような意味合いでの「生産・流通手段の民主化」が進んだということなのである。

写真という興味深い例外を除けば、二〇世紀のマスメディアは、新聞にせよ、映画にせよ、テレビにせよ、法外もない資本投下を求めるものであった。新聞を例にとれば、値の嵩む敷地に社屋が建設され、そこに高価な輪転機が設置され、多くの社員が雇用され、大量の紙を消費しつつ、新聞が印刷される。印刷された新聞は、さらに（日本の場合で言えば）専売店制度と呼ばれる労働集約的な流通系を介して「宅配」されている。このように、新聞の生産・流通系は「法外な資本投下を求める」のであり、同じことが、映画にも、テレビにも妥当することは、もはや多言を要しないだろう。二〇世紀のマスメディアは、各メディアがそれぞれ独自の生産・流通・消費系を有しつつ構造化されていたと言える。

ところが先に示唆した写真には、新聞社、テレビ局、映画会社が存立しているようなかたちでの写真「社」（カメラ会社や写真材料会社はあっても）はないが、それは、写真の生産手段が――その創世期からアマチュア・カメラマンを成り立たせる程度に――安価だったからに他ならない。具体的には、誰もがカメラを保有し、必要なら自室に暗幕を張って暗室をしつらえるというかたちで、情報の生産手段を所有できたからに他ならない。写真に次いで、わたしたち自身が所有し、駆使することによって情報を生産・アレンジ（編集）・蓄積することを可能にしたのが、テープレコーダー、ビデオ・レコーダー、ビデオ・カメラといった一連の視聴覚系メディアであった。

しかし、多くのひとびとが写真から視聴覚メディアにいたる様々なメディア＝生産手段を手中にしても、依然として自由にできなかった文字通りのボトルネックがあった。それは、情報の流通手段である。たしかに、郵便と（現在の携帯電話ではない）固定電話という比較的長い歴史を有する流通手段はあったが、それらの機能が限定的なものであって、自らの情報を広く「流布」する手段を、わたしたちはついぞ手にすることはなかった。このような事態が大きく変わったのは、言うまでもなく、インターネットに象徴されるパソコンとネットワークとの結合によって、より正確にいえば、そうした「結合」の成果を多くのひとびとが享受できる環境の整ってきたここ一〇年ほどの変化によってである。このメディア結合により、わたしたちはパソコン上でマルチ・モードの情報を生産し、文字通りグローバルに流通させることが可能になった結果、情報・コミュニケーションの領域において、トフラー

表2　インターネット普及率の推移（国際比較）

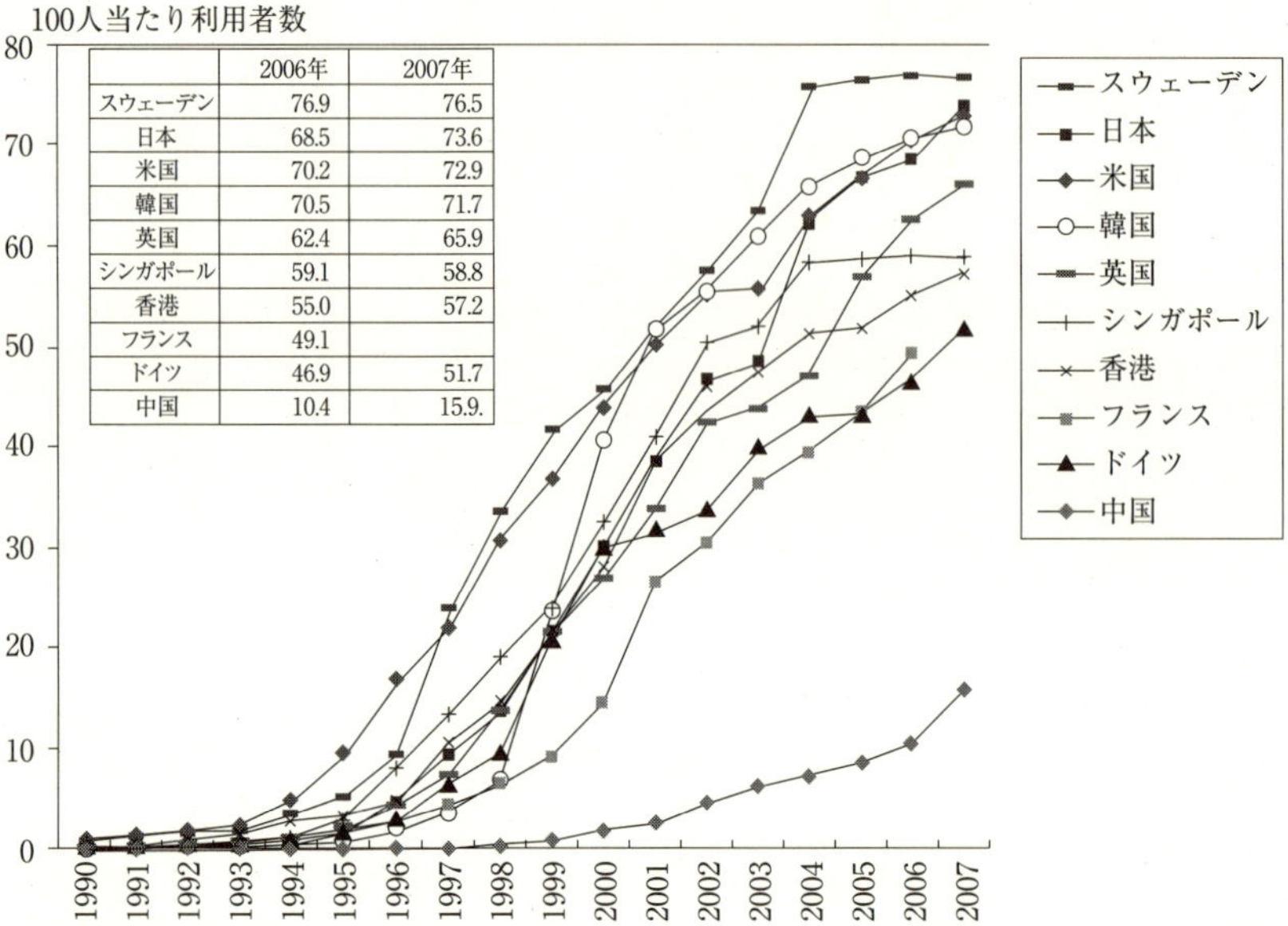

	2006年	2007年
スウェーデン	76.9	76.5
日本	68.5	73.6
米国	70.2	72.9
韓国	70.5	71.7
英国	62.4	65.9
シンガポール	59.1	58.8
香港	55.0	57.2
フランス	49.1	
ドイツ	46.9	51.7
中国	10.4	15.9.

注：人口に占めるインターネット利用者数の割合である。

資料：世銀 WDI Online 2008.10.15（原資料は ITU（International Telecommunication Union）日本の値は総務省データ（図録6210参照）とは異なっている。

出所：http://www2.ttcn.ne.jp/honkawa/6300.html

の言う「生産＝消費人」が広範に誕生する道が開けたと言えるのである。

ちなみに、本書『ハイパーカルチャー』が出版された一九九八年とその前後の数年とは、メディア環境の形成史の視点からみて、どのような時代であったかと言えば、それは、表2に示すインターネットの普及経過に見るように、その後の急成長の前夜段階、また、ブロードバンド化の前夜状態（ダイアルアップ接続時代）にあった。逆に言えば、わたしたちはその後一〇年余における図中の「急坂」（それは先の表1で見たエネルギー消費量カーブを彷彿とさせるものだが）が、人間コミュニケーションにとって何を意味するかを考えてみる必要があるということなのである。

（5）後退するマスメディア

まず、「急坂」をなす直近の一〇年間は、ひとびとがマスメディアに対する「こだわり」を徐々に薄める時代となった。トフラーが『第三の波』において、その予兆を語っていた「メディアの非マス化」が着実に進行し、いまや紛れもない現実となっている。その結果、事態を敏感に察知した広告主が、広告費をマスメディアから引き揚げていることもあって、「ハイパーカルチャー」時代の牽引力として本書でしばしば言及されている二〇世紀型マスメディアの腐蝕が進み、「新聞の死ぬ日」が語られるだけでなく（現実にアメリカでは死に始めている！）、テレビや出版の不振もまた広く取り沙汰される事態となっている。「テレビの無い時代」から「テレビ（マスメディア）の時代」を体験したあの「希有な世代」は、いまや――一九九八年にはいまだ萌芽期にすぎなかった――「インターネット時代」を目の前にして、もうひとつの「パラダイムシフト」に直面しつつある。

マスメディアの腐蝕は、思えば皮肉な現象である。なぜならば、ひとびとのマスメディアばなれを引き起す大きな要因を、マスメディア自身が生み出してきたと言えるからだ。腐蝕の原因はいろいろの角度から考えられるが、そのひとつは――新聞に最もよく当てはまるはずだが――ひとびとが、バランスのとれた知の獲得・享受（使い古されたことばで言えば教養ということになろう）に価値を認めなくなったということである。また、回顧話になってしまうが、筆者の学生時代には、下宿生活を始めた学生が新聞を新規購読する、ボーナス期になると出版社が大部の百科事典や世界文学全集を売り込むといった現象は何ら珍しいことではなかったが、いつからかそういう光景は全くと言っていいほど見受けられなくなった。こうした反ないし脱知性主義をもたらしたものが、他ならぬマスメディア（と教育）であったことは間違いない。いささか図式的に言えば、テレビ時代の到来が新聞・出版の市場を壊し、さらに、インターネットや携帯の氾濫、別のことばで言えば多メディア化のなかで、勝ち残るはずであったテレビの世界の地位も、また、揺らぎ始めている。

(6) メディアが変える関係性

先立つ箇所で、インターネットは情報の「流通革命」をもたらしたと言ったが、それは、情報の流れの在り方だけでなく、人間の関係性の在り方にも大きな変化をもたらしつつある。インターネットに先立つパソコン通信の時代から、ネットワーク上には、「掲示板」、「会議室」、「井戸端会議」、「フォーラム（広場）」といった「サイバースペース」が設けられ、それらを舞台にした多様なコミュニケーションが営まれるようになったが、インターネット時代に入り、さらに、私たちは、ｗｗｗ、ブログ、ＳＮＳ、Twitterといった新たなコミュニケーション・サービスによって、関係性の環を拡張し、多元化させつつある。

　変化の兆候は至るところに認められる。ここでは、インターネットが——ドゥルーズ／ガタリのいう——「リゾーム（根茎）」構造をとる関係性を育むものでもあることについて見ておきたい。「根茎」のイメージを描けば、それは、地表から見えないところで縦横に増殖し、時に応じて思いがけない場所から、その姿をあらわすものといったことになるだろうが、そのような「場」は、まず、近代社会から排除されていた、あるいはその周辺に位置しているひとびとであり、「声なき市民」であった（もちろん「悪の世界」もまたここに組み込まれたことも忘れてはならないが）。ホモセクシャルや少数民族のひとびとがネットで語り始め、韓国でネット上の支援ネットワーク「ノサモ」の支援をバックに盧武鉉氏が大統領になったのは二〇〇二年であった。

　さらに、「根茎」の比喩で語りうる勢力や関係性は、状況を把握し、先手を打ちつつ、それをコントロールしようとする権力の側からするとやっかいなものとなる。かつてロシアがソ連であった時代、自ら作成したタイプライター印刷のパンフレットを密かに回覧する反体制運動家たちの活動を称して「地下水（サミズダート）」と言われたことがあったが、「根茎」と「地下水」のイメージはきわめて近い。そして、今日、インターネットが、かつてのソ連時代の「地下水」とは比較にならない可能性と広がりをもつ「地下水系」になっていることは言うまでもない。このような「地下水系」としてのインターネットに対する懸念と抑圧が、近年日増しに高まっていることは、単発的な反政府運動が高まった折に、当事者のサイトが閉鎖され、場合によってはインターネット回線そのものの停止措置さえとられたりする事態、あるいは、日常生活下において、インターネット上でのコミュニケーション活動に様々なかたちでの「干渉」が加えられていることからも見てとれる。

(7) 胎動するネット上での共同性

ひとびとの関係性に対するネットのインパクトは、経済の領域でも認められる。二〇〇七年七月一五日、新潟県中越沖地震に見舞われた柏崎市は筆者の生まれ故郷なのだが、JR柏崎駅から二駅目に青海川駅がある。この駅が無人駅であることからも推測されるように、駅周辺に広がる集落は、日本のどこにでも見かける、さびれた雰囲気をただよわせているのだが、この集落に「酒の新茶屋」という、主に新潟の地酒を販売しているネット・ショップがある。この店が、全国ベースで活気に満ちた「商い」を展開していることは、ホームページ (http://www.oumi-gawa.com/index.html) や、店のおかみさん片山静江さんのブログ「青海川夢物語」からもひしひしと伝わってくる。筆者が、この事例に言及したのは、店舗のみでは一日わずかな地元顧客の来店しか期待できないなか、新しいビジネス・チャンスをもたらすネットの威力を例示したかったからだけではない。

ネット上での片山さんの活動からもたらされるものは、狭い意味でのビジネス効果のみではないことが他ならぬ中越沖地震をきっかけにして顕在化する。片山さんは、地震に先立つネット販売活動を通じて、同県・他県の酒造、酒販業者、日本中に広がる顧客、さらには町おこしにたずさわる広範なひとたちとの関係を深めておられたようだが、地震直後から、こうした「人脈」に連なるひとたちが、ネットを介して励ましの意を伝えるとともに、入れ替わり立ち替わり、直接救援・慰問に訪れていることがブログ上からうかがえる (http://blog.livedoor.jp/shincyaya_bor/archives/2007-07.html?p = 2#20070719 参照)。

今日有力となっている既存リテール市場関係を迂回するこのようなマイクロ・リテールとでも言えるネット上での関係性に加え、金融の領域でも、ネット上で同類の活動が認められる。たとえば、カナダのNPOが運用するKivaというサイト (http://kivajapan.jp/) では、ささやかな生活向上を目指し、少額の融資を求める写真入りメッセージを寄せる途上国のひとびとと、そのメッセージを手がかりに「融資先」を決め、「出資」するひとびととの間に、いわゆるマイクロ・フィナンスの絆が構築されており、同組織を介して寄せられた融資総額は一億ドルをこえている（二〇〇九年一一月現在）。

上の二つの事例は、（直接民主主義のひそみでいえば）直接経済主義への動きと言えよう。それは、莫大な費用が投下される広告によって励起される消費世界でもなく、数万円から数十万円規模の融資は歯牙にもかけない大手金融機関や高利の消費者金融から成るファイナンス・システムでもない、『第三の波』でトフラーが期待を込めて構想した「通信による共同体」の具現体のひとつと言えよう。

（8）新たなパラダイムを求めて

マスメディアの衰退がまぎれもない現実となってきている一方で、私たちの多くが、情報の生産・流通・消費の全ての領域において、かつてなかった自由度で多様なメディアを駆使できる「生産＝消費人」となっている現在、一体、そこで何が生じており、どのような新しいパラダイムへの胎動が認められるのだろうか。いま、そのことを語るとすれば、残念ながら、ただ文字通りに「ポストモダンなパラダイム」としか言いようがないだろう。かつて大手のマスメディアに所属していながら、そこを離れ、独立したジャーナリストとして活動しているひとたちと日頃話す機会があるのだが、彼らが異口同音に語ることは「今日、ジャーナリズムの世界が構造変動期にあることは間違いない、だが、変動の先にあるものは未だ見通せない」ということである。それは、「モダンな社会」総体、「モダン期として歴史」総体の構造変化をひしひしと感じ取りながらも、それに後続する社会、歴史を規定する新たなことばを見いだせず、「ポストモダン（モダンの後に来るもの）」としか言えない現代の大状況に通じるものと言えよう。

世紀末に至り「ポストモダン」ということばが氾濫し、その揺らぎが顕在化した二〇世紀のパラダイムは、

⑴　近代化（modernization）を資本主義体制のもとで追求する。
⑵　近代化を社会主義体制のもとで追求する。

という二つの試みのなかで形成されてきたと言えよう。このうち⑵の試みはほぼ崩壊し、それ固有のパラダイムも――とりあえず――無効を宣言された。本書は、⑴の試みのなかで形成されたパラダイムを「ハイパーカルチャー」として対象化し、これを批判的に対象化してみせてくれた。しかし、コミュニケーション・メディア論の観点に立つこの小文で指摘したように、⑴の試みのうちにも、揺らぎが生じ始めており、その振幅の度合いは、（本論の射程からはみ出る）環境問題の深刻化ともあいまって、さらに強まることが予想される。

こうしたなかで、わたしたちには、本書が描き出している「成熟した」二〇世紀パラダイムを、どのように「再シフト」するかが問われている。

注

A・トフラーの『第三の波』は、本書の「引用・参考文献」にも何度か登場しているが、日本では、一九八〇年、徳岡孝夫監修で日本放送出版協会から刊行され、一九八二年に中公文庫の一冊（M178-3）に収められている（現在はいずれも絶版）。なお、本文中の引用ページは文庫本による。

二〇一〇年二月三日

早稲田大学政治経済学術院教授　小林　宏一

監訳者あとがき

人間の文明は産業革命以降の近代社会の成立以来、「能率」、「生産性」を基準とした高速社会の実現をめざし、その結果、大量生産―大量消費型の近代産業社会を生み出した。この新しい社会の実現は、われわれに経済的な豊かさ、機能的な利便性をもたらしたが、他方で、人間労働の機械化による人間疎外、公害問題や環境破壊による環境問題等の文明の負荷現象を創出した。本書はこうした現代社会が内包している病理を文化の高速化（Speed）による社会形成、すなわち、〈高速社会〉の代償として捉えた上で、近代産業社会の新しい方向性として、人間生活のあらゆる側面が技術的な時間管理に支配されない、〈低速社会〉（スロー社会）の実現の必要性を示唆した、新しい文明論である。

著者のバートマンは、社会、産業、家族、個人のあらゆる領域に高速社会の弊害が侵入していることを検証したうえで、現代文明の加速化している社会状況を根本的な低速化（drastic slow-down）による社会改革の必要性を主張している。今日、高速社会に対して、ゆったりとした社会生活、ゆったりとした社会的リズムの必要性を示唆している社会現象（例―スローライフ、スローフード、スローイズビューティフル等）が現出している状況を考えると、本書は、近代産業社会が生み出した「能率思想」（Efficiency）を基盤とした、高速化した現代文化のあり方に警鐘を鳴らし、産業革命以来の時間支配による社会生活・人間生活の支配を拒否する、二一世紀の新しい文明思想としての価値をもった著作といえるだろう（詳細については、早稲田大学政治経済学術院教授 小林宏一氏の「解説」をお読みいただきたい）。

著者のスティーヴン・バートマン博士は、カナダ・オンタリオ州にあるウィンザー大学名誉教授で、長年、同大学で、西欧古典学を中心とした、言語学・文学・文化論を講じてきた。バートマン博士は古代文明と文化に関する研究（ギリシア・ローマ文明等）の成果として、(1) Art and the Romans（Coronado）、(2) Doorways Through Time: The Romance of Archaeology（Tarcher/Putnam）、(3) Handbook to Life in ANCIENT Mesopotamia（Facts on File: Oxford University Press）、(4) Erotic Love Poems of Green and Rome（Penguin/New American Library）、(5) The Eight Pillars of Greek Wisdom（Barnes & Noble）、などの著作を世に問うてきた。

こうした西欧古典学における該博な知識を基盤として、他方、現代文明社会のあり方に警鐘を鳴らす文明批評を広範に行なってきた。その成果のひとつが、今回、翻訳刊行された『ハイパーカルチャー――高速社会の衝撃とゆくえ』である。バートマン博士は世界未来研究会（World Future Society）のメンバーであり、『フューチャーリスト（未来人）』（*The Futurist*）のレギュラー寄稿者であった。彼の西欧古典学を基盤とした、現代文明批評は米国の多くの人々に共感を呼び、テレビ・ラジオのマスメディアはもちろんのこと、さまざまな講演を通じて、近代産業社会がもたらした「時間の高速化と管理化」による、〈高速社会〉（Hyperculture Society）がわれわれの価値観・ライフスタイル・社会生活を崩壊させ、人間関係・社会関係を異常な競争社会へと向かわせたか、を明らかにし、時間に支配されない、人間らしい、〈低速社会〉（Slow-down Society）を実現していくことが二一世紀の文明社会の方向性であることを提起している。

著者のバートマン博士は一九七〇年に未来学者のアルヴィン・トフラー（Alvin Toffler）が刊行し、社会に衝撃を与えた『未来の衝撃』（*Future Shock*）の思想、すなわち、科学技術の進歩を基盤とした、加速度的な変化がわれわれの生活にどのような影響をもたらすのかということへの懸念、に触発された結果、〈高速化〉（High-Speed）による「同時性社会」（Synchronous Society）が現代文明社会にどのような影響を与えるのか、について、〈ハイパーカルチャー〉（＝高速文化［Hyperculture］）というキー・コンセプトを基軸として、現代の高速社会を分析し、批判した。この〈ハイパーカルチャー〉という概念は、二つの用語、すなわち、「文化」（社会、もしくは、文明）と形容句の「ハイパー」（Hyper ＝非常に活動的な、もしくは、極度に興奮した）を合成して著者が造ったものであり、一言でいえば、「高速（High-Speed）的な価値観に中毒化された社会」のことを揶揄して登場した概念である。人間の身体が血液の循環によって生かされているのと同じように、〈高速社会〉を維持していくためには、光速に近いスピードで走りぬける電子技術こそが現代社会の血液となる、とバートマン博士は述べている。これらの電子技術は二四時間稼働して眠ることなく、社会に時間エネルギーと即時のコミュニケーションを供給しているのである。この結果、現代社会における価値観や思想は電子技術的な考え方にリンクして、光速並みの判断力・決断力・行動力等が要求されることになり、そこに、高速による負荷としての〈ストレス〉が個人・家族・社会・国際関係等のグローバルな社会領域に発生し、〈現在という時代〉（Now）を生き抜くための、〈ハイパーカルチャー〉を生み出してきたのである。その背景には、人間の飽くなき物質的欲求〈商業主義〉や経済成長による永遠の社会発展、という近代産業社会がもたらした〈技術革新幻想〉や〈社会発展神話〉が存在していることを理解しておく必要があるだろう。その意味では、本書は単なる文明論だけではなく、現在のような高度産業社会における〈ファスト・マーケティング論〉（Fast Marketing ＝即時性を要求するマーケティング～ファスト・フード産業や通信販売等のＩＴによるマーケティング戦略等）を見直し、ゆったりした社会リズムに対応したライフスタイルを創造していく、〈スロー・マーケティング〉（Slow Marketing）のための最適の教材ともいえるだろう。

バートマン博士は近代産業社会が生み出した、人間のおろかな、社会進歩思想のあり方を根本的に自省し、現代文化のドラッグである〈高速〉思想から人間が解放され、人間の思考・行動が近代産業社会以前のゆったりとした時間的な社会リズムに基づく、〈低速社会〉へと回帰していく方策を考えていくことが〈ハイパーカルチャー〉の呪縛から人間が解き放たれる、最良の処方箋だ、と指摘している。本書は科学技術イノベーションの驚異的な進展によって、時間に支配された〈高速社会〉を根底的に再検討していくための、新しい社会論のバイブルといっても過言ではないだろう。

本書『ハイパーカルチャー』は、Stephen Bertman（1998）*Hyperculture—The Human Cost of Speed*, Praeger、を全訳したものである。刊行後、一〇年経過しても米国では、大きな反響が散見されており、現代社会を見直していくための、最良の時間社会の批評論であり、比較文化論でもある。

本書の翻訳体制は、松野弘（千葉大学大学院教授）が監訳者となり、全体的な修正・加筆をすべて行なった。共訳者には、文学論・文明論の専門家である二人の方（松野亜希子氏［明治大学経営学部講師］、岩本典子氏［東洋大学理工学部講師］）、経営学者の合力知工氏［福岡大学商学部教授］にお願いした。具体的には、謝辞、序論、第1～3章、第4章・1（松野亜希子）、第4章・2～6章・3（岩本典子）、第6章・4～9章、結論、索引（合力知工）が担当した。翻訳の過程では合力先生には原稿全体に対する一時的なチェックをお願いしたことに対して、謝意を表しておきたい。さらに、お忙しい中、本書の「解説」をご執筆いただいた、早稲田大学政治経済学術院教授（東京大学名誉教授）の小林宏一先生、並びに、「刊行によせて」をご執筆いただいた、日本でも大変ユニークな時間研究に関する総合的な研究所、山口大学時間学研究所所長の辻正二先生、さらに、マーケティング論の視点から本書を高く評価し、「推薦文」を書いていただいた、中央大学大学院戦略経営研究科（ビジネススクール）教授の田中洋先生、に御礼を申し上げたい。

今回の翻訳はこうしたすぐれた翻訳者の協力のもと完成された。ここにこれまでの翻訳作業に対して、心より御礼を申し上げたい。さらに、翻訳に際して、さまざまなアドバイスをいただいた、著者のスティーヴン・バートマン博士の瞬時のご協力に深謝したい（海外との通信システムの〈高速性〉については、きわめて有益であり、是としなければならないだろう）。

最後に、本書の刊行に賛同していただいた、ミネルヴァ書房社長の杉田啓三氏、いつもきめ細やかな編集作業をしていただいている、河野菜穂氏に感謝の意を表しておきたい。

本書の刊行が、二一世紀の文明社会のあり方を根底的に見直す思考を醸成してくれる役割を果たしてくれることになるのであれば、訳者一同、望外の喜びである。

二〇一〇年二月三日

監訳者　松野　弘
（千葉大学大学院教授、博士［人間科学］）

《監訳者紹介》

松野　弘（まつの・ひろし）

1947年　岡山県生まれ。

日本大学文理学部教授／大学院総合社会情報研究科教授を経て，

現　在　千葉大学大学院人文社会科学研究科教授。博士（人間科学，早稲田大学）。日本学術会議・連携会員（特任・環境学委員会）。

産業社会論・「企業と社会」論・地域社会論等，現代社会の重要な政策課題を研究テーマとし，それらに対する応答としてこれまで多くの著作・論文を刊行している。本書『ハイパーカルチャー』によれば，近代産業社会の登場によって，「社会進歩思想」と「能率思想」が相乗効果的にリンクした結果，時間による人間支配の道具としての，「ハイ・スピード化」（高速化）がもたらされ，それに支えられた思想・ライフスタイル・行動が「ハイパーカルチャー」という，文明思想やマーケティング思想を生み出したと産業社会論の視点から捉えている。

専門領域　産業社会論／CSR論・「企業と社会」論，環境思想論／環境社会論，地域社会論／まちづくり論。

主　著『環境思想とは何か―環境主義からエコロジズムへ』（単著，ちくま新書，筑摩書房，2009年），『現代地域問題の研究―対立的位相から協働的位相へ』（共編著，ミネルヴァ書房，2009年），『新しいリベラリズム―台頭する市民活動パワー』（J. Berry，監訳，ミネルヴァ書房，2009年），『環境社会学―社会構成主義的観点から』（J. Hannigan，監訳，ミネルヴァ書房，2007年），『「企業の社会的責任論」の形成と展開』（共編著，ミネルヴァ書房，2006年），『自由主義の二つの顔―価値多元主義と共生の政治哲学』（J. Gray，監訳，2006年），『環境思想 キーワード』（共著，青木書店，2005年），『地域社会形成の思想と論理―参加・協働・自治』（単著，ミネルヴァ書房，2004年），『アメリカの環境主義―環境思想の歴史的アンソロジー』（R. F. Nash，監訳，ミネルヴァ書房，2004年），『サラリーマン社会小事典』（編著，講談社現代新書，講談社，2001年）他多数。

ハイパーカルチャー
――高速社会の衝撃とゆくえ――

2010年4月30日　初版第1刷発行　〈検印省略〉

定価はカバーに
表示しています

監訳者　松野　弘
発行者　杉田啓三
印刷者　藤森英夫

発行所　株式会社　ミネルヴァ書房
607-8494 京都市山科区日ノ岡堤谷町1
電話代表　(075)581-5191番
振替口座　01020-0-8076番

亜細亜印刷・藤沢製本

ISBN978-4-623-05596-8
Printed in Japan

《訳者紹介》

松野　亜希子（まつの・あきこ）　**謝辞・序論・第1・第2・第3章・第4章「1　愛と結婚」**

お茶の水女子大学大学院人間文化研究科博士後期課程単位取得満期退学。

現　在　明治大学経営学部講師／日本大学文理学部講師（兼任）。

専門分野　イギリス文学／比較文明論。

主要論文等　「*Oroonoko; or, The Royal Slave*における王権と「書く女」の文化的権威」。

『英文学研究』第85巻，2008年。

「オスカー・ワイルドにおける個人主義，パーソナリティ，芸術」『人文科学研究』第２巻，2006年。

「*Howards End*における隠された同性愛」『えちゅーど』第32号，2002年。

「*The Longest Journey*におけるリアリティ」『えちゅーど』第31号，2001年。

岩本　典子（いわもと・のりこ）　**第4章［2　親と子］以降・第5章・第6章［3　ゆがんだ愛国心］**

お茶の水女子大学大学院人間文化研究科博士後期課程単位取得満期退学。
現　在　東洋大学理工学部専任講師。
専門分野　英語教育学。
主　著　"Effects of Self-Esteem on L2 Affective Variables: Anxiety, Self-Confidence, and Willingness to Communicate"『国際異文化学会異文化研究６号』2009年。
"Japanese Students' Perceptions of Rhetorical Patterns in Japanese and English Essays"『国際異文化学会異文化研究４号』2007年。
"Contrastive Rhetoric: Relationship between Reception and Production"『言語と文学の饗宴』DTP出版，2006年。

合力　知工（ごうりき・ちこう）　**第6章［4　電子民主主義］以降・第7章・第8章・第9章・結論・索引**

1988年　上智大学経済学部卒業後，93年同大学院経済学研究科博士課程満期退学。

現　在　福岡大学商学部教授／大学院教授。

専攻分野　経営戦略論・CSR論・「企業と社会」論。

主　著　『「逆転の発想」の経営学――理論と連携が生み出す力』（単著）同友館，2010年。

『チャンスをつかむ中小企業――ケースで学ぶリーダーの条件』（共著）創成社，2010年。

『伸びる企業の現場力』（共著）創成社，2006年。

『「企業の社会的責任論」の形成と展開』（共編著）ミネルヴァ書房，2006年。

『現代経営戦略の論理と展開――持続的成長のための経営戦略』（単著）同友館，2004年。

『社会にやさしい企業』（共訳）同友館，2003年。他多数。

《著者紹介》

スティーヴン・バートマン（Stephen Bertman）

西欧古典学の大家であり，西欧文明史研究にもとづいた幅広い文明評論を展開している，文明評論家。彼はカナダ・オンタリオ州のウィンザー大学で長年，西洋古典学・言語学・文化等の教鞭をとってきたが，現在は，ウィンザー大学名誉教授である。また，2002年より，米国・ミシンガン州のローレンス技術大学の客員講師（人文科学・社会科学・コミュニケーション分野）も務めている。

バートマン博士は，1936年生まれで，現在，73歳。1959年に米国・ニューヨーク大学で西欧古典学の学士号を取得後，ブランダイス大学で中東・ユダヤ研究で修士号を，さらに，コロンビア大学で古典学の博士号を取得した。1963年以来，カナダ・ウィンザー大学で言語学・文学・文化等の教鞭をとり，名誉教授に就任している。彼は西欧古典文学，ギリシヤ神話研究，エジプト学，古典芸術，考古学等の研究を通じて獲得した該博な西欧古典学の知識を活用しながら，文学のみならず，現代文明・文化の批評を長年，行なってきた。

とりわけ，産業革命以降の「時間革命」がわれわれの社会生活のみならず，生活自体に急激な変容（transformation）を与え，この「時間革命」のキー・コンセプトである〈高速化〉（High-Speed）が(1)家族の解体，(2)環境破壊，(3)限りなき商業主義の蔓延，(4)容赦のないストレスをわれわれ人間に課していることを危惧し，高速化による人間の犠牲を基盤として登場してきた，高速文化としての「ハイパーカルチャー」（Hyperculture）の問題点をきびしく分析し，〈高速社会〉の今後の方向性について提言したのが，本書『ハイパーカルチャー――高速社会の衝撃とゆくえ』である。バートマン博士はわれわれ人間がつくり出した近代産業社会における「時間管理システム＝能率思想」が人間の労働から，人間の生活に至るまでの，社会生活のあらゆる領域に弊害をもたらし，高速化が現代人間社会を崩壊させることを警告し，時間に管理されない，「低速文明社会」（Slow-down Civilization）を提唱している。1970年に刊行された，A・トフラーの名著『未来の衝撃』が科学技術の発展が人間文明にもたらす影響を予測的に提言したものであるとすれば，本書『ハイパーカルチャー』は文明の「高速化」による，人間文明の崩壊とそのゆくえを示した「スピード社会の衝撃」を提起したものといえるだろう。

バートマン博士の主要著作は以下の通り。

(1)*The Healing Power of Ancient Literature*（Newcastle on Tyne: Cambridge Scholars Publising, 2009）
(2)*The Eight Pillars of Greek Wisdom*（New York: Barnes & Noble, 2007）
(3)*Erotic Love Poems of Greece and Rome*（Penguin/NAL, 2005）
(4)*Climbing Olympus: What You can Learn from Greek Myth and Wisdom*（Sourcebooks, 2003）
(5)*Handbook to Life in Ancient Mesopotamia*（Facts on File, 2003）
(6)*Cultural Amnesia America's Future and the Crisis Memory*（Praeger, 2000）
(7)*Hyperculture: The Human Cost of Speed*（Praeger, 1998）
(8)*Doorways Through Time: The Romance of Archaeology*（Tarcher/St. Martin's Press, 1986）
(9)*The Conflict of Generations in Ancient Greece and Rome*（Gruner, 1976）
(10)*Art and the Romans*（Coronado, 1975）

索　引

あ 行

か 行

さ　行

た 行

な 行

は 行

ま　行

や　行

ら　行

わ　行

推薦図書一覧

〔時間に関する科学的理解〕(THE SCIENTIFIC UNDERSTANDING OF TIME)

Appleyard, Brian. *Understanding the Present: Science and the Soul of Modern Man*. New York: Basic Books, 1993.

Aveni, Anthony. *Empires of Time: Calendars, Clocks, and Cultures*. New York: Basic Books, 1989.

Barrow, John D. *Theories of Everything: The Quest for Ultimate Explanation*. New York: Fawcett Columbine, 1991.

Boorstin, Daniel J. *The Discoverers: A History of Man's Search to Know His World and Himself*. Book One. (New York: Random House, 1983).

Bruce, Roger R., ed. *Dr. Harold E. Edgerton and the Wonders of Strobe Alley*. Cambridge, MA: Publishing Trust of George Eastman House/MIT Press, 1995.

Coveney, Peter, and Highfield, Roger. *The Arrow of Time*. New York: Ballantine Books, 1990.

Doob, Leonard. *Patterning of Time*. New Haven, CT: Yale University Press, 1971.

Epstein, Lewis Carroll. *Relativity Visualized*. San Francisco: Insight Press, 1981 (＝邦訳, 井上忠・久保田陽子共訳 (1986)『不思議の国の相対性理論』新水社).

Fraser, J. T. *The Genesis and Evolution of Time: A Critique of Interpretation in Physics*. Amherst, MA: University of Massachusetts Press, 1982 (＝邦訳, 道家達将・山崎正勝監訳 (1984)『自然界における五つの時間』講談社).

———. *Time as Conflict: A Scientific and Humanistic Study*. Boston: Birkhauser, 1980.

———, ed. *The Voices of Time: A Cooperative Survey of Man's Views of Time as Understood and Described by the Sciences and by the Humanities*. New York: Braziller, 1966.

———, and Rowell, Lewis. *The Study of Time* Series, 8 vols. 1969-1996. Vols. 1-4, New York: Springer-Verlag; 5, Amherst, MA: University of Massachusetts Press; 6-8, Madison, CT: International Universities Press.

Hawking, Stephen. *A Brief History of Time*. New York: Bantam, 1988 (＝邦訳, 林一訳 (1989)『ホーキング, 宇宙を語る――ビッグバンからブラックホールまで』早川書房).

———, ed. *Stephen Hawking's "A Brief History of Time": A Reader's Companion*. New York: Bantam, 1992 (＝邦訳, 林一訳 (1992)『「ホーキング, 宇宙を語る」ガイドブック』早川書房).

Lieb, Irwin C. *Past, Present, and Future: A Philosophical Study of Time*. Champaign: University of Illinois Press, 1991.

Morris, Richard. *Time's Arrows: Scientific Attitudes toward Time*. New York: Simon & Schuster, 1984 (＝邦訳, 荒井喬訳 (1987)『時間の矢』地人書館).

Priestley, J. B. *Man and Time*. New York: Crown, 1989 (1964).
Prigogine, Ilya. *From Being to Becoming: Time and Complexity in the Physical Sciences.* San Francisco: W. H. Freeman, 1980（＝邦訳, 小出昭一郎・安孫子誠也共訳（1984）『存在から発展へ：物理科学における時間と多様性』みすず書房).
Rifkin, Jeremy. *Declaration of a Heretic*: Boston: Routledge & Kegan Paul, 1985.
――――. *Time Wars: The Primary Conflict in Human History*. New York: Holt, 1987（＝邦訳, 松田銑訳（1989）『タイムウォーズ――時間意識の第四の革命』早川書房).
――――, and Howard, Ted. *Entropy: A New World View*. New York: Viking, 1980.
Szamosi, Geza. *The Twin Dimensions: Inventing Time and Space*. New York: McGraw-Hill, 1986（＝邦訳, 松浦俊輔訳（1987）『時間と空間の誕生――蛙からアインシュタインへ』青土社).

〔時間に関する訳論（個人的、社会的）〕(THE PERSONAL AND SOCIAL IMPLICATIONS OF TIME)

Adam, Barbara; Giessler, Karlheinz; and Held, Martin, eds., *Die Nonstop-Gesell-schaft und ihr Preis*. Stuttgart: Hizel/Wissenschaftliche Verlagsgesell-schaft, 1997.
Allen, George. *The Importance of the Past: A Meditation on the Authority of Tradition.* Albany: State University of New York Press, 1985.
Ausubel, Jesse, "Rat Race Dynamics and Crazy Companies," *Technological Forecasting and Social Change*, 39 (1991): 11-22.
Bedini, Silvio A. "The Scent of Time." *Transactions of the American Philosophical Society* 5.3 (1963): 5.
Burns, Lee. *Busy Bodies: Why Our Time-Obsessed Society Keeps Us Running in Place*. New York: Norton, 1993.
Castelli, Enrico. *Il tempo esaurito*. Rome: Bussola, 1949. Retitled *Le Temp harcelant*. Paris: Presses Universitaires de France, 1952.
Conner, Daryl R. *Managing at the Speed of Change: Guidelines for Resilience in Turbulent Times*. New York: Random House, 1993.
Coupland, Douglas, *Generation X: Tales for an Accelerated Culture*. New York: St. Martin's Press, 1991（＝邦訳, 黒丸尚訳（1992）『ジェネレーションX――加速された文化のための物語たち』角川書店).
Csikszentmihalyi, Mihalyi. *Finding Flow: The Psychology of Engagement with Everyday Life*. New York: Basic Books, 1997.
Eiseley, Loren. *The Firmament of Time*. New York: Atheneum 1962.
Fraser, T. *Of Time, Passion, and Knowledge*. Princeton, NJ: Princeton University Press, 1975.
――――. *Time, the Familiar Stranger*. New York: Harper & Row, 1987.
――――. ed. *The Voices of Time*. New York: Braziller, 1966.
――――, and Rowell, Lewis. *The Study of Time* Series, 8 vols., 1969-1996. Vols. 1-4, New York: Springer-Verlag; 5, Amherst, MA: University of Massachusetts Press; 6-8,

Madison, CT: International Universities Press.

Friedman, Meyer, and Rosenman, Ray H. *Type A Behavior and Your Heart*. New York: Knopf, 1974（＝邦訳, 新里里春訳（1993）『タイプA性格と心臓病』創元社).

Gibbs, Nancy. "How America Has Run Out of Time." *Time*, April 24, 1989, 59ff.

Gonzalez, Alexander, and Zimbardo, Philip G. "Time in Perspective." *Psychology Today* 19 (March 1985): 21-26.

Grazia, Sebastian de. *Of Time, Work and Leisure*. New York: Twentieth Century Fund, 1962.

Grudin, Robert. *Time and the Art of Living*. New York: Ticknor & Fields, 1982.

Hall, Edward T. *The Silent Language*. Garden City, NY: Doubleday, 1954（＝邦訳, 國弘正雄・長井善見・斎藤美津子訳（1966）『沈黙のことば――文化・行動・思考』南雲堂).

Harrigan, Anthony. "Ignoring the Past." *National Review*, January 11, 1985, 32-36.

———. "The Inner Life in a Fragmented World." *This World* 16: 88-94.

———. "A Lost Civilization." *Modern Age*, Fall 1992, 3-12.

———. "The Poignancy of Human Existence." *Modern Age*, Winter 1986, 6-9.

Kane, Madeleine Begun. "When Executives Should Just Say No." *New York Times*, National Edition, April 14, 1991, 3.11.

Keyes, Ralph. *Time-Lock: How Life Got So Hectic and What You Can Do About It*. New York: HarperCollins, 1991.

Kundera, Milan. *Slowness*. New York: HarperCollins, 1996.

Lara, Adair. *Slowing Down in a Speeded Up World*. Berkeley, CA: Conari Press, 1994.

Lauer, Robert H. *Temporal Man: The Meaning and Uses of Social Time*. New York: Praeger, 1981.

Levine, Robert. *A Geography of Time: The Temporal Misadventures of a Social Psychologist*. New York: Basic Books, 1997（＝邦訳, 忠平美幸訳（2002）『あなたはどれだけ待てますか――せっかち文化とのんびり文化の徹底比較』草思社).

———. "The Pace of Life." *American Scientist*, September-October 1990, 451-459.

———. "The Pace of Life across Cultures." In *The Social Psychology of Time: New Perspectives*, edited by Joseph E. McGrath, 39-59. Newbury Park, CA: Sage Publications, 1988.

———. Lynch, Karen; Miyake, Kunitate; and Lucia, Marty. "The Type A City: Coronary Heart Disease and the Pace of Life." *Journal of Behavioral Medicine* 12.6 (1989): 509-24.

———. and Wolff, Ellen. "Social Time: The Heartbeat of Culture." *Psychology Today* 19 (March 1985): 28-35.

Lieb, Irwin C. *Past, Present, and Future: A Philosophical Study of Time*. Champaign: University of Illinois Press, 1991.

Lowenthal, David. *The Past Is a Foreign Country*. New York: Cambridge University Press, 1985.

MacLachlan, James. "What People Really Think of Fast Talkers." *Psychology Today* 13.6

(November 1979): 113-117.

Mattox, William R., Jr. "America's Family Time Famine." *Children Today*, November/December 1990, 9ff.

Meyer, Christopher. *Fast Cycle Time: How to Allign Purpose, Strategy, and Structure for Speed*. New York: Free Press, 1993.

Moore-Ede, Martin. *The Twenty-Four Hour Society: Understanding Human Limits in a World That Never Stops*. Reading, MA: Addison-Wesley, 1993（＝邦訳, 青木薫訳（1994）『大事故は夜明け前に起きる』講談社）.

"The 1991 *McCall's* International Job Stress Survey." *McCall's*, March 1991, 71ff.

O'Malley, Michael. *Keeping Watch: A History of American Time*. New York: Viking Penguin. 1991（＝邦訳, 高島平吾訳（1994）『時計と人間——アメリカの時間の歴史』晶文社）.

Peel, Kathy. *How to Simplify Your Life*. New York: New International Bible Society, 1994.

Price, Virginia Ann. *Type A Behavior Pattern: A Model for Research and Practice*. New York: Academic Press, 1982.

Priestley, J. B. *Man and Time*. New York: Crown, 1989 (1964). Chap. 7, "This Age."

Rifkin, Jeremy, *Time Wars: The Primary Conflict in Human History*. New York: Henry Holt, 1987（＝邦訳, 松田銑訳（1989）『タイムウォーズ——時間意識の第四の革命』早川書房）.

Robinson, John P. "How Americans Use Time: An Interview with Sociologist John Robinson." *The Futurist*, September-October 1991, 23-27.

———. "The Time Squeeze." *American Demographics*, February 1990, 32-33.

———, and Godbey, Geoffrey. *Time for Life: The Surprising Ways Americans Use Their Time*. University Park, PA: Pennsylvania University Press, 1997.

Russell, Peter. *The White Hole in Time: Our Future Evolution and the Meaning of Now*. San Francisco: Harper, 1992（＝邦訳, 山川紘矢・亜希子訳（1993）『ホワイトホール・イン・タイム——進化の意味と人間の未来』地湧社）.

Saltzman, Amy. *Downshifting: Reinventing Success on a Slower Track*. New York: HarperCollins, 1991.

Selye, Hans. *The Stress of Life*. New York: McGraw-Hill, 1956（＝邦訳, 杉靖三郎他共訳（1963）『現代生活とストレス』法政大学出版局）.

———. *Stress Without Distress*. Philadelphia: Lippincott, 1974.

Servan-Schreiber, Jean-Louis. *The Art of Time*. Translated by Franklin Philip. Reading, MA: Addison-Wesley, 1988.

Sisk, John P. "How Fast Should We Go?" *The Antioch Review* 44 (Spring 1986): 137-148.

St. James, Elaine. *Inner Simplicity*. New York: Hyperion, 1995.

———. *Living the Simple Life*. New York: Hyperion, 1996（＝邦訳, 由布翔子訳（1997）『素敵な暮らしのダイエット——シンプルライフのすすめ』ダイヤモンド社）.

Tassi, Nina. *Urgency Addiction: How to Slow Down without Sacrificing Success*. Dallas: Taylor, 1991.

Theobald, Robert. *The Rapids of Change: Social Entrepreneurship in Turbulent Times.* Indianapolis, IN: Knowledge Systems, 1987.

Toffler, Alvin. *Future Shock.* New York: Random House, 1970（＝邦訳, 徳山二郎訳（1982）『未来の衝撃』中公文庫, 中央公論社）.

Van Egeren, Lawrence F. "A 'Success Trap' Theory of Type A Behavior: Historical Background." In *Type A Behavior,* edited by Michael J. Strube, 45-58. Newbury Park, CA: Sage 1991.

Vries, Egbert de. *Man in Rapid Social Change.* Garden City, NY: Doubleday, 1961.

Whitrow, G. J., *Time in History: Views of Time from Prehistory to the Present Day.* New York: Oxford University Press, 1989.

Wright, Lawrence. *Clockwork Man.* New York: Barnes & Noble, 1992.

Young, Michael. *The Metronomic Society: Natural Rhythms and Human Timetables.* Cambridge, MA: Harvard University Press, 1988.

Zerubavel, Eviatar. *Hidden Rhythms: Schedules and Calendars in Social Life.* Chicago: University of Chicago Press, 1981（＝邦訳, 木田橋美和子訳（1984）『かくれたリズム――時間の社会学』サイマル出版会）.

〔進歩の意味〕（THE MEANING OF PROGRESS）

Bury, J. B. *The Idea of Progress: An Inquiry into Its Origin and Growth.* New York: Dover, 1955（1932）.

Durant, Will, and Durant, Ariel. *The Lessons of History.* New York: Simon & Schuster, 1968（＝邦訳, 寿岳文章訳（1970）『歴史にまなぶ』日本ブック・クラブ）.

Edelstein, Ludwig. *The Idea of Progress in Classical Antiquity.* Baltimore: Johns Hopkins University Press, 1967.

Fukuyama, Francis. *The End of History and the Last Man.* New York: Macmillan, 1992（＝邦訳, 渡部昇一訳（2005）『歴史の終わり上・下』三笠書房）.

Heilbroner, Robert. *Visions of the Future: The Distant Past, Yesterday, Today, Tomorrow.* New York: New York Public Library/Oxford University Press, 1995（＝邦訳, 宮川公男訳（1996）『未来へのビジョン――遠い過去, 昨日, 今日, 明日』東洋経済新報社）.

Jennings, Humphrey. *Pandaemonium: The Coming of the Machine as Seen by Contemporary Observers,* 1660-1886 New York: Free Press, 1985（＝邦訳, 浜口稔訳（1998）『パンディモニアム――汎機械的制覇の時代（1660-1886年）』パピルス）.

Kuhn, Thomas S. *The Structure of Scientific Revolutions. International Encyclopedia of Unified Science,* 2.2., 2d ed., enl. Chicago: University of Chicago Press, 1970（＝邦訳, 中山茂訳（1971）『科学革命の構造』みすず書房）.

Lasch, Christopher. *The True and Only Heaven: Progress and Its Critics.* New York: Norton, 1991.

Nisbet, Robert. *History of the Idea of Progress.* New Brunswick, NJ: Transaction Publishers, 1993.

Paepke, C. Owen. *The Evolution of Progress; The End of Economic Growth and the*

Beginning of Human Transformation. New York: Random House, 1993.
Schumaker, E. F. *Small Is Beautiful: Economics as if People Mattered*. New York: Harper & Row, 1973（＝邦訳, 小島慶三他訳（1986）『スモール・イズ・ビューティフル——人間中心の経済学』講談社）.
Shattuck, Roger. *Forbidden Knowledge: From Prometheus to Pornography*. New York: Harvest Books, 1997（＝邦訳, 柴田裕之訳（2001）『禁断の知識』凱風社）.
Shils, Edward. *Tradition*. Chicago: University of Chicago Press, 1981.
Solzhenitsyn, Alexander. "The Relentless Cult of Novelty and How It Wrecked the Century." *New York Times*, National Edition, February 7, 1993, 7.3.
Van Doren, Charles. *The Idea of Progress*. New York: Praeger, 1967.

〔自然と人間的自然〕(NATURE AND HUMAN NATURE)

Arnheim, Rudolf. *Art and Visual Perception*. Berkeley: University of California Press, 1969.
Blakemore, Colin, and Cooper, G. F. "Development of the Brain Depends on the Visual Environment." *Nature* 228 (1970): 477.
Boden, Margaret. *Artificial Intelligence and Natural Man*, 2d. ed. New York: Basic Books, 1987.
Brady, John. *Biological Clocks* London: Edward Arnold, 1979.
———. *Biological Timekeeping*. Cambridge, England: Cambridge University Press, 1982.
Bronowski, Jacob. *The Ascent of Man*. New York: Little, Brown, 1976（＝邦訳, 道家達将・岡喜一訳（1980）『人間の進歩』文化放送開発センター出版部）.
Brown, Lester R., et al. *State of the World: A Worldwatch Institute Report on Progress toward a Sustainable Society*. New York: Norton, 1994（＝邦訳, エコ・フォーラム21世紀日本語版監修（2001）『地球白書』家の光協会）.
Buber, Martin. *I and Thou*. New York: Scribner's, 1958.
Chase, Alston. *In a Dark Wood: The Fight over Forests and the Rising Tyranny of Ecology*. Boston: Houghton Mifflin, 1995.
Commoner, Barry. *The Closing Circle: Nature, Man and Technology*. New York: Knopf, 1971（＝邦訳, 安部喜一他訳（1982）『なにが環境危機を招いたか——エコロジーによる分析と解答』講談社）.
Csikszentmihalyi, Mihalyi, and Selega Isabella. *Optimal Experience: Psychological Studies of Flow in Consciousness*. New York: Cambridge University Press, 1988.
Dichter, Ernest. *The Strategy of Desire*. Garden City, NY: Doubleday, 1960（＝邦訳, 多湖輝訳（1964）『欲望を創り出す戦略』ダイヤモンド社）.
Donaldson, Margaret. *Human Minds: An Exploration*. New York: Allen Lane/Viking Penguin, 1992.
Dubos, René *Man Adapting*. New Haven, CT: Yale University Press, 1965（＝邦訳, 木原弘二訳（1970）『人間と適応——生物学と医療』みすず書房）.
———. *So Human an Animal*. New York: Scribner's, 1968.
Edelman, Gerald. *Bright Air, Brilliant Fire: On the Matter of the Mind*. New York: Basic

Books, 1992（＝邦訳, 金子隆芳訳（1995）『脳から心へ――心の進化の生物学』新曜社）.

Egan, Timothy. "Havens Besieged: Civilization Closes in on National Parks.," *Detroit Free Press*, May 30, 1991, 17A.

Eldredge, Niles. *Dominion*. New York: Holt, 1995.

――――. *The Miner's Canary: Unravelling the Mysteries of Extinction*. New York: Prentice Hall, 1991.

Elgin, Duane. *Voluntary Simplicity: Toward a Way of Life That Is Outwardly Simple, Inwardly Rich*. New York: Morrow, 1981, 1993（＝邦訳, 星川淳訳（1987）『ボランタリー・シンプリシティ――人と社会の再生を促すエコロジカルな生き方』TBSブリタニカ）.

Epstein, Lewis Carroll. *Relativity Visualized*. San Francisco: Insight Press, 1991.

Franck, Frederick. *Zen of Seeing*. New York: Random House, 1973.

Gallagher, Winifred. *The Power of Place: How Our Surroundings Shape Our Thoughts, Emotions, and Actions*. New York: Poseidon, 1993.

Gazzaniga, Michael S. *Nature's Mind: The Biological Roots of Thinking, Emotions, Sexuality, Language, and Intelligence*. New York: Basic Books, 1993.

Gibson, James Jerome. *The Perception of the Visible World*. Westport, CT: Green-wood, 1950.

Gombrich, E. H. *Art and Illusion*. London: Phaidon, 1959.

Gore, Al. *Earth in the Balance*. Boston: Houghton Mifflin, 1992（＝邦訳, 小杉隆訳（1992）『地球の掟――文明と環境のバランスを求めて』ダイヤモンド社）.

Gore, Rick. "The March toward Extinction." *National Geographic*. 175.6 (June 1989): 662-98.

Gregory, R. L. *Eye and Brain: The Psychology of Seeing*. New York: McGraw-Hill, 1973（＝邦訳, 近藤倫明・中溝幸夫・三浦佳世訳（2001）『脳と視覚――グレゴリーの視覚心理学』ブレーン出版）.

Grudin, Robert. *The Grace of Great Things: Creativity and Innovation*. New York: Ticknor & Fields, 1990.

Hall, Edward T. *The Dance of Life: The Other Dimension of Time*. New York: Doubleday, 1983（＝邦訳, 宇波彰訳（1983）『文化としての時間』TBSブリタニカ）.

Harrison, Robert Pogue. *Forests: The Shadow of Civilization*. Chicago: University of Chicago Press, 1992（＝邦訳, 金利光訳（1996）『森の記憶――ヨーロッパ文明の影』工作舎）.

Heilbroner, Robert. *An Inquiry into the Human Prospect*. New York: Norton, 1974.

Jantsch, Eric. *The Self-Organizing Universe*. Oxford, England: Pergamon, 1980（＝邦訳, 芹沢高志・内田美恵訳（1986）『自己組織化する宇宙――自然・生命・社会の創発的パラダイム』工作舎）.

Johnson, Mark. *The Body in the Mind: The Bodily Basis of Meaning, Imagination, and Reason*. Chicago: University of Chicago Press, 1990（＝邦訳, 菅野盾樹・中村雅之訳（1991）『心のなかの身体――想像力へのパラダイム転換』紀伊國屋書店）.

Kaufman, Lloyd. *Sight and Mind: An Introduction to Visual Perception*. New York: Oxford

University Press, 1974.
Kohaz, Erazim. *The Embers and the Stars: A Philosophical Inquiry into the Moral Sense of Nature*. Chicago: University of Chicago Press, 1984.
Kramer, Peter D. *Listening to Prozac: A Psychiatrist Explores Antidepressant Drugs and the Remaking of the Self*. New York: Viking, 1993.
Krutch, Joseph Wood. *Human Nature and the Human Condition*. New York: Random House, 1959.
Lawlor, Robert. *Voices of the First Day: Awakening in the Aboriginal Dreamtime*. Rochester, VT: Inner Traditions, 1991（＝邦訳, 長屋力訳（2003）『アボリジニの世界――ドリームタイムと始まりの日の声』青土社）.
Leakey, Richard, and Lewin, Roger. *Origins Reconsidered: In Search of What Makes Us Human*. New York: Doubleday, 1992.
Lederman, Leon, with Teresi, Dick. *The God Particle: If the Universe Is the Answer, What Is the Question?* Boston: Houghton Mifflin, 1993（＝邦訳, 高橋健次訳（1997）『神がつくった究極の素粒子上・下』草思社）.
Leonard, George. *The Silent Pulse*. New York: Viking Penguin, 1992.
Levy, Steven. *Artificial Life: The Quest for a New Creation*. New York: Pantheon, 1993（＝邦訳, 服部桂訳（1996）『人工生命――デジタル生物の創造者たち』朝日新聞社）.
Lewin, Roger. *Complexity: Life at the Edge of Chaos*. New York: Macmillan, 1993（＝邦訳, 福田素子訳（1993）『複雑性の科学コンプレクシティへの招待――生命の進化から国家の興亡まですべてを貫く法則』徳間書店）.
Lifton, Robert Jay. *The Protean Self: Human Resilience in an Age of Fragmentation*. New York: Basic Books, 1993.
Lovelock, James E. *The Ages of Gaia: A Biography of Our Living Earth*. New York: Norton, 1988（＝邦訳, スクミ・プレム・プラブッダ訳（1989）『ガイアの時代――地球生命圏の進化』工作舎）.
――――. *Gaia: A New Look at Life on Earth*. New York: Norton, 1988（＝邦訳, 星川淳訳（1984）『地球生命圏―ガイアの科学』工作舎）.
――――. *Healing Gaia: A New Prescription for the Living Planet*. New York: Crown, 1991.
Maybury-Lewis, David. *Millennium: Tribal Wisdom and the Modern World*. New York: Viking, 1992.
McHarg, Ian. *Design with Nature*. Garden City, NY: Doubleday, 1969（＝邦訳, 下河辺淳・川瀬篤美総括監訳（1994）『デザイン・ウイズ：ネーチャー』集文社）.
――――. *A Quest for Life*. New York: John Wiley, 1996.
McKibben, Bill. *The Age of Missing Information*. New York: Random House, 1992（＝邦訳, 高橋早苗訳（1994）『情報喪失の時代』河出書房新社）.
――――. *The End of Nature*. New York: Random House, 1989（＝邦訳, 鈴木主税訳（1990）『自然の終焉――環境破壊の現在と近未来』河出書房新社）.
――――. *Hope, Human and Wild: True Stories of Living Lightly on the Earth*. Boston: Little, Brown, 1995.

———. "Not So Fast." *New York Times Magazine*, July 23, 1995, 24f.

McNeill, Daniel, and Freiberger, Paul. *Fuzzy Logic*. New York: Simon & Schuster, 1993（＝邦訳, 田中啓子訳（1995）『ファジイ・ロジック――パラダイム革新のドラマ』新曜社）.

Millar, Susanna. *Understanding and Representing Space: Theory and Evidence from Blind Children*. New York: Oxford University Press, 1995.

Mitchell, John Hanson. *Living at the End of Time*. New York: Houghton Mifflin, 1990.

Mitchell, William J. *The Reconfigured Eye: Visual Truth in the Post-Photographic Era*. Cambridge, MA: MIT Press, 1992（＝邦訳, 福岡洋一訳（1994）『リコンフィギュアード・アイ――デジタル画像による視覚文化の変容』アスキー）.

Nearing, Helen, and Nearing, Scott, *Living the Good Life; How to Live Sanely and Simply in a Troubled World*. New York: Schocken, 1982.

Nietzsche, Friedrich. *Beyond Good and Evil. In Basic Writings of Nietzsche*, ed. and trans. by Walter Kaufmann. New York: Random House, 1977.

Ong, Walter. *Interfaces of the Word: Studies in the Evolution of Consciousness and Culture*. Ithaca, NY: Cornell University Press, 1977.

Penrose, Roger. *Shadows of the Mind: A Search for the Missing Science of Consciousness*. New York: Oxford University Press, 1994（＝邦訳, 林一訳（2001）『心の影――意識をめぐる未知の科学を探る１・２』みすず書房）.

Prigogine, Ilya. "Thermodynamics of Evolution." *Physics Today* 25 (November 1972): 23-28; (December 1972): 38-44.

———. "Unity of Physical Laws and Levels of Description." In *Interpretations of Life and Mind: Essays around the Problem of Reduction*, edited by Marjorie Grene, 1-13. New York: Humanities Press, 1971.

Rifkin, Jeremy, with Howard, Ted, *Entropy: A New World View*. New York: Viking, 1980.

Roszak, Theodore. *The Voice of the Earth*. New York: Summit/Simon & Schuster, 1992（＝邦訳, 木幡和枝訳（1994）『地球が語る――「宇宙・人間・自然」論』ダイヤモンド社）.

Russell, Peter. *The Global Brain: Speculations on the Evolutionary Leap to Planetary Consciousness*. Los Angeles: Jeremy P. Tarcher, 1983（＝邦訳, 吉福伸逸他訳（1985）『グローバル・ブレイン――情報ネットワーク社会と人間の課題』工作舎）.

———. *The White Hole in Time: Our Future Evolution and the Meaning of Now*. San Francisco: Harper, 1992（＝邦訳, 山川紘矢・亜希子訳（1993）『ホワイトホール・イン・タイム――進化の意味と人間の未来』地湧社）.

Sagan, Carl. *The Dragons of Eden: Speculations on the Evolution of Human Intelligence*. New York: Random House, 1977（＝邦訳, 長野敬訳『エデンの恐竜――知能の源流をたずねて』秀潤社）.

———. *Pale Blue Dot*. New York: Random House, 1994（＝邦訳, 岡明人他訳（1996）『惑星へ上・下』朝日新聞社）.

———, and Druyan, Ann. *Shadows of Forgotten Ancestors: A Search for Who We Are*. New York: Random House, 1992（＝邦訳, 柏原精一・佐々木敏裕・三浦賢一訳（1994）『はるかな記憶――人間に刻まれた進化の歩み上・下』朝日新聞社）.

Saint-Exupéry, Antoine de. *The Wisdom of the Sands*. Translated by Stuart Gilbert. New York: Harcourt, 1950.

Sarno, Louis, *Songs from the Forest: My Life among the Ba-Benelle Pygmies*. Boston: Houghton Mifflin, 1993.

Satchell, Michael. "The Rape of the Oceans." *U.S. News & World Report*, June 22, 1992, 64-75.

Schama, Simon. *Landscape and Memory*. New York: Knopf, 1995（＝邦訳, 高山宏・栂正行訳（2005）『風景と記憶』河出書房新社）.

Scheler, Max. *Man's Place in Nature*. New York: Farrar, Straus, & Giroux, 1961.

Schick, Kathy, and Toth, Nicholas. *Making Silent Stones Speak: Human Evolution and the Dawn of Technology*. New York: Simon & Schuster, 1993.

Shabecoff, Philip. *A Fierce Green Fire: The American Environmental Movement*. New York: Hill & Wang, 1993（＝邦訳, さいとうけいじ・しみずめぐみ訳（1998）『環境主義――未来の暮らしのプログラム』どうぶつ社）.

Thomas, Lewis. *The Fragile Species*. New York: Scribner's, 1992（＝邦訳, 石館康平・石館宇夫訳（1996）『人間というこわれやすい種』晶文社）.

Thoreau, Henry David. *Walden*. New York: Random House, 1991（＝邦訳, 真崎義博訳（1995）『森の生活』宝島社）.

Tiger, Lionel. *The Pursuit of Pleasure*. New York: Little, Brown, 1992.

Waldrop, M. Mitchell. *Complexity: The Emerging Science at the Edge of Order and Chaos*. New York: Simon & Schuster, 1993（＝邦訳, 田中三彦・遠山峻征訳（2000）『複雑系――科学革命の震源地・サンタフェ研究所の天才たち』新潮社）.

Weinberg, Steven. *Dreams of a Final Theory*. New York: Pantheon, 1993（＝邦訳, 小尾信彌・加藤正昭訳（1994）『究極理論への夢――自然界の最終法則を求めて』ダイヤモンド社）.

Weiner, Jonathan. *The Next Hundred Years: Shaping the Fate of Our Living Earth*. New York: Bantam, 1990.

Weizsacker, Carl Friedrich von. *The Unity of Nature* New York: Farrar, Straus, & Giroux, 1980.

White, Lynn, Jr. "The Historical Roots of Our Ecological Crisis." *Science* 155 (March 10, 1967): 1203-7（＝邦訳, 青木靖訳（1972）『機械と神――生態学的危機の歴史的根源』みすず書房）.

Wilson, Edward O. *The Diversity of Life*. Cambridge, MA: Harvard University Press, 1992（＝邦訳, 大貫昌子・牧野俊一訳（1995）『生命の多様性１・２』岩波書店）.

———. *On Human Nature*. Cambridge, MA: Harvard University Press, 1978.

———, and Holldobler, Bert. *The Ants*. Cambridge, MA: Harvard University Press, 1991.

Wilson, James Q. *The Moral Sense*. New York: Free Press, 1993.

Wolport, Lewis. *The Unnatural Nature of Science*. Cambridge, MA: Harvard University Press, 1993.

Worster, Donald. The *Wealth of Nature: Environmental History and the Ecological*

Imagination. New York: Oxford University Press, 1993（＝邦訳, 小倉武一訳（1997）『自然の富――環境の歴史とエコロジーの構想』食料・農業政策研究センター）.

Wright, Robert. *The Moral Animal: The New Science of Evolutionary Psychology*. New York: Pantheon, 1994（＝邦訳, 小川敏子訳（1995）『モラル・アニマル上・下』講談社）.

Yamashita, Hiroaki. *Ancient Grace: inside the Cedar Sanctuary of Yakushima Island*. San Francisco: Cadence, 1992.

Young, Arthur M. *The Reflexive Universe: Evolution of Consciousness*. New York: Delacorte, 1976（＝邦訳, プラブッダ訳（1988）『われに還る宇宙――意識進化のプロセス理論』日本教文社）.

〔技術の影響力〕（THE IMPACT OF TECHNOLOGY）

Aronowitz, Stanley, and DiFazio, William. *The Jobless Future: Sci-Tech and the Dogma of Work*. Minneapolis, University of Minnesota Press, 1994.

Barrett, William. *The Illusion of Technique*. New York: Doubleday, 1979.

Berger, Kevin Todd. *Zen Driving*. New York: Ballantine, 1988.

Boorstin, Daniel J. "Tomorrow: The Republic of Technology." *Time* 109 (January 17, 1977): 36-38.

Burke, James. *Connections*. New York: Little, Brown, 1980.

Cowan, Ruth Schwartz. *More Work for Mother: The Ironies of Household Technology from the Open Hearth to the Microwave*. New York: Basic Books, 1983.

Eisenstein, Elizabeth. *The Printing Press as an Agent of Change*. New York: Cambridge University Press, 1979.

———. *The Printing Revolution in Early Modern Europe*. New York: Cambridge University Press, 1983（＝邦訳, 小川昭子他共訳（1987）『印刷革命』みすず書房）.

Ellul, Jacques. *The Technological Society*. New York: Knopf, 1964（＝邦訳, 島尾永康・竹岡敬温訳（1975）『技術社会上・下』すぐ書房）.

Ferkiss, Victor. *The Future of Technological Civilization*. New York: Braziller, 1974.

Fischer, Claude S. *America Calling: A Social History of the Telephone to 1940*. Berkeley: University of California Press, 1992（＝邦訳, 吉見俊哉・松田美佐・片岡みい子訳（2000）『電話するアメリカ――テレフォンネットワークの社会史』NTT出版）.

Florman, Samuel C. *Blaming Technology: The Irrational Search for Scapegoats*. New York: St. Martin's Press, 1981（＝邦訳, 竹村健一訳（1982）『テクノロジーの冤罪――このいわれなき非難への反論』実業之日本社）.

Giedion, Sigfried. *Mechanization Takes Command: A Contribution to an Anonymous History*. New York: Oxford Uniyersity Press, 1948（＝邦訳, 榮久庵祥二訳（1977）『機械化の文化史――ものいわぬものの歴史』鹿島出版会）.

———. *Space, Time, and Architecture: The Growth of a New Tradition*. Cambridge, MA: Harvard University Press, 1962（＝邦訳, 太田實訳（1969）『空間, 時間, 建築１・２』丸善）.

Giscard d'Estaing, Valérie-Anne, and Young, Mark, eds. *Inventions and Discoveries 1993:*

What's Happened? What's Coming? What's That? New York: Facts on File, 1993.
Grossman, Lawrence K. *The Electronic Republic: Reshaping Democracy in the Information Age*. New York: Viking, 1995.
Hay, Edward J. *The Just-in-Time Breakthrough: Implementing the New Manufacturing Basics*. New York: John Wiley, 1988.
Huxley, Aldous. *Brave New World*. New York: Penguin, 1968 (1932) (＝邦訳, 松村達雄訳 (1974)『すばらしい新世界』講談社).
――――. *Brave New World Revisited*. New York: Harper, 1958 (＝邦訳, 谷崎隆昭訳 (1966)『文明の危機――すばらしい新世界再訪』雄渾社).
Kelly, Kevin. *Out of Control: The Rise of Neo-Biological Civilization*. Reading, MA: Addison-Wesley, 1994 (＝邦訳, 福岡洋一・横山亮訳 (1999)『「複雑系」を超えて――システムを永久進化させる 9 つの法則』アスキー).
Klapp, Orrin E. *Overload and Boredom: Essays on the Quality of Life in the Information Society*. Westport, CT: Greenwood, 1986 (＝邦訳, 小池和子訳 (1988)『過剰と退屈――情報社会の生活の質』勁草書房).
Lanham, Richard A. *The Electronic Word: Democracy, Technology, and the Arts*. Chicago: University of Chicago Press, 1993.
Lubar, Stephen. *InfoCulture: The Smithsonian Book of Information Age Inventions*. Boston: Houghton Mifflin, 1993.
Lyon, David. *The Electronic Eye: The Rise of Surveillance Society*. Minneapolis: University of Minnesota Press, 1994.
Mander, Jerry. *In the Absence of the Sacred: The Failure of Technology and the Survival of the Indian Nations*. San Francisco: Sierra Club, 1991.
McLuhan, Marshall. *Gutenberg Galaxy: The Making of Typographic Man*. Toronto: University of Toronto Press, 1962 (＝邦訳, 高儀進訳 (1968)『グーテンベルグの銀河系』竹内書店).
――――. *Understanding Media: The Extensions of Man*. New York: New American Library/Dutton, 1966 (＝邦訳, 栗原裕他訳 (1987)『メディア論――人間の拡張の諸相』みすず書房).
Muller, Herbert J. *The Children of Frankenstein*. Bloomington, IN: Indiana University Press, 1970.
Mumford, Lewis. *The Myth of the Machine*. New York: Harcourt, Brace, & World, 1966 (＝邦訳, 樋口清訳 (1971)『技術と人類の発達』河出書房新社).
――――. *Technics and Civilization*. New York: Harcourt Brace, 1934.
Norman, Donald. *Turn Signals Are the Facial Expressions of Automobiles*. Reading, MA: Addison-Wesley, 1993 (＝邦訳, 岡本明他訳 (1993)『テクノロジー・ウォッチング――ハイテク社会をフィールドワークする』新曜社).
Orwell, George. *1984*. New York: Penguin, 1964 (1949) (＝邦訳, 吉田健一他訳 (1958)『1984年』木阪共同社).
Peters, Tom, *Liberation Management: Necessary Disorganization for the Nanosecond*

Nineties. New York: Knopf, 1992（＝邦訳, 大前研一監訳（1994）『自由奔放のマネジメント（上）――ファッションの時代』ダイヤモンド社）（＝邦訳, 大前研一監訳（1994）『自由奔放のマネジメント（下）――組織解体のすすめ』ダイヤモンド社）.

———. *Thriving on Chaos: Handbook for a Management Revolution*. New York: Harper & Row, 1987（＝邦訳, 平野勇夫訳（1989）『経営革命上・下』TBSブリタニカ）.

"Please Turn Off the Dog." *Time*, February 19, 1988, 70.

Postman, Neil. *Technopoly: The Surrender of Culture to Technology*. New York: Random House, 1992（＝邦訳, GS研究会訳（1994）『技術VS人間――ハイテク社会の危機』新樹社）.

Rifkin, Jeremy. *Declaration of a Heretic*. Boston: Routledge & Kegan Paul, 1985.

———. *Time Wars: The Primary Conflict in Human History*. New York: Holt, 1987（＝邦訳, 松田銑訳（1989）『タイムウォーズ――時間意識の第四の革命』早川書房）.

———, with Howard, Ted. *Entropy: A New World View*. New York: Viking, 1980.

Rothe, J. Peter. *Beyond Traffic Safety*. New Brunswick, NJ: Transaction Press, 1993.

Rothenberg, David. *Hand's End: Technology and the Limits of Nature*. Berkeley, CA: University of California Press, 1993.

Sale, Kirkpatrick. *Rebels against the Future: The Luddites and Their War on the Industrial Revolution, Lessons for the Computer Age*. Reading, MA: Addison-Wesley, 1995.

Schement, Jorge Reina, and Curtis, Terry. *Tendencies and Tensions of the Information Age: The Production and Distribution of Information in the United States*. New Brunswick, NJ: Transaction Publishers, 1994.

Schiller, Herbert I. *Culture Inc.: The Corporate Takeover of Public Expression*. New York: Oxford University Press, 1989.

———. *Information and the Crisis Economy*. Norwood, NJ: Ablex Publishing Corp., 1984.

———. *Mass Communication and American Empire*. Boston: Beacon Press, 1969.

———. *The Mind Managers*. Boston: Beacon Press, 1973（＝邦訳, 斎藤文男訳（1979）『世論操作』青木書店）.

Schumaker, E. F. *Small Is Beautiful: Economics As If People Mattered*. New York: Harper & Row, 1973.

Searle, John. *Minds, Brains, and Science*. Cambridge, MA: Harvard University Press, 1985（＝邦訳, 土屋俊訳（1993）『心・脳・科学』岩波書店）.

Seiden, Martin H. *Access to the American Mind: The Damaging Impact of the New Mass Media*. New York: Schapolsky, 1990.

Spretnak, Charlene. *The Resurgence of the Real: Body, Nature, and Place in a Hypermodern World*. Reading, MA: Addison-Wesley, 1996.

Springer, Claudia. *Electronic Eros: Bodies and Desire in the Postindustrial Age*. Austin: University of Texas Press, 1996.

Stock, Gregory. *Metaman: The Merging of Humans and Machines into a Global Superorganism*. New York: Simon & Schuster, 1993（＝邦訳, 林大訳（1995）『メタマン――人と機械の文明から地球的超有機体へ』白揚社）.

Teich, Albert. *Technology and Man's Future*. New York: St. Martin's Press, 1972.

Tenner, Edward. *Why Things Bite Back: Technology and the Revenge of Unintended Consequences*. New York: Knopf, 1996（＝邦訳, 山口剛・粥川準二訳（1999）『逆襲するテクノロジー――なぜ科学技術は人間を裏切るのか』早川書房).

Toffler, Alvin. *Future Shock*. New York: Bantam, 1970（＝邦訳, 徳山二郎訳（1982）『未来の衝撃』中央公論社).

———. *Powershift: Knowledge, Wealth, and Violence at the Edge of the 21st Century*. New York: Bantam, 1990（＝邦訳, 徳山二郎訳（1990〔下〕1991〔上〕)『パワーシフト――21世紀へと変容する知識と富と暴力上・下』フジテレビ出版).

———. *The Third Wave*. New York: Morrow, 1980（＝邦訳, 徳岡孝夫監訳（1982）『第三の波』中央公論社).

Wallis, Allan D. *Wheel Estate: The Rise and Decline of Mobile Homes*. New York: Oxford University Press, 1991.

Winner, Langton. *Autonomous Technology*. Cambridge, MA: MIT Press, 1977.

Wurman, Richard Saul. *Information Anxiety*. New York: Doubleday, 1989（＝邦訳, 松岡正剛訳（1990）『情報選択の時代――溢れる情報から価値ある情報へ』日本実業出版社).

〔テレビの力〕(THE POWER OF TELEVISION)

Abramson, Jeffrey B.; Arterton, F. Christopher; and Orren, Gary R. *The Electronic Commonwealth: The Impact of New Media Technologies on Democratic Politics*. New York: Basic Books, 1988.

Addato, Kiku. "Sound Bite Democracy: Network Evening News Presidential Campaign Coverage, 1968 and 1988." Research Paper R-2. Cambridge, MA: Joan Shorenstein Barone Center, Harvard University, 1990.

Barsamian, David. *Stenographers to Power: Media and Propaganda*. Monroe, ME: Common Courage Press, 1992.

Berger, Arthur Asa. *Television in Society*. New Brunswick, NJ: Transaction Publishers, 1986.

Burns, Eric. *Broadcast Blues: Dispatches from the Twenty Year War between a Television Reporter and His Medium*. New York: HarperCollins, 1993.

Davis, Douglas. *The Five Myths of Television Power: Or, Why the Medium Is Not the Message*. New York: Simon & Schuster, 1993.

Frankl, Razelle. *Televangelism: The Marketing of Popular Culture*. Carbondale, IL: Southern Illinois University Press, 1986.

Gilder, George. *Life After Television: The Coming Transformation of Media and American Life*. Knoxville, TN: Whittle Communications, 1990（＝邦訳, 森泉淳訳（1993）『テレビの消える日』講談社).

Haddon, Jeffrey K. and Shupe, Anson. *Televangelism: Power and Politics on God's Frontier*. New York: Henry Holt, 1988.

Hoggart, Richard. *The Uses of Illiteracy*. New Brunswick, NJ: Transaction Publishers, 1991.

Jacobs, Norman, ed. *Mass Media in Modern Society*. New Brunswick, NJ: Transaction Publishers, 1992.

Keen, Peter G. W. *Competing in Time: Using Telecommunications for Competitive Advantage*. New York: Harper & Row, 1988（＝邦訳, 大倉明治他訳（1989）『情報通信（テレコミュニケーション）時代の競争戦略』プレジデント社）.

Kneal, Dennis. "*Zapping* of TV Ads Appears Pervasive." *Wall Street Journal*, April 25, 1988, 27.

Kubey, Robert William, and Csikszentmihalyi, Mihaly. *Television and the Quality of Life: How Viewing Shapes Everyday Experience*. Hillsdale, NJ: Lawrence Erlbaum Associates, 1990.

Mander, Jerry. *Four Arguments for the Elimination of Television*. New York: Morrow, 1978（＝邦訳, 鈴木みどり訳（1985）『テレビ・危険なメディア——ある広告マンの告発』時事通信社）.

Marc, David. *Bonfire of the Humanities: Essays on Television, Subliteracy, and Long-Term Memory Loss*. Syracuse, NY: Syracuse University Press, 1995.

Mcllwraith, Robert; Jacobvitz, Robin Smith; Kubey, Robert; and Alexander, Alison. "Television Addiction: Theories and Data behind the Ubiquitous Metaphor." *American Behavioral Scientist* 35.2 (November-December 1991): 104-21.

McKibben, Bill. *The Age of Missing Information*. New York: Random House, 1992（＝邦訳, 高橋早苗訳（1994）『情報喪失の時代』河出書房新社）.

Merelman, Richard. *Making Something of Ourselves: On Culture and Politics in the United States*. Berkeley: University of California Press, 1984.

Meyrowitz, Joshua. *No Sense of Place: The Impact of Electronic Media on Social Behavior*. New York: Oxford University Press, 1985（＝邦訳, 安川一・高山啓子・上谷香陽訳（2003）『場所感の喪失——電子メディアが社会的行動に及ぼす影響』新曜社）.

Minow, Newton N., and LaMay, Craig A. *Abandoned in the Wasteland: Children, Television, and the First Amendment*. New York: Hill & Wang, 1995.

Mitroff, Ian I., and Bennis, Warren. *The Unreality Industry: The Deliberate Manufacturing of Falsehood and What It Is Doing to Our Lives*. New York: Oxford University Press, 1989.

Neuman, W. Russell. *The Future of the Mass Audience*. New York: Cambridge University Press, 1992（＝邦訳, 三上俊治・川端美樹・斉藤慎一訳（2002）『マス・オーディエンスの未来像——情報革命と大衆心理の相剋』学文社）.

O'Neill, Michael J. *The Roar of the Crowd: How Television and People Power Are Changing the World*. New York: Random House, 1993.

Perkinson, Henry. *Getting Better: Television and Moral Progress*. New Brunswick, NJ: Transaction Publishers, 1991.

Price, Monroe E. *Television, the Public Sphere, and National Identity*, New York: Oxford University Press, 1996.

Provenzo, Eugene F., Jr. *Video Kids: Making Sense of Nintendo*. Cambridge, MA: Harvard

University Press, 1991.
Rushkoff, Douglas. *Media Virus! Hidden Agendas in Popular Culture*. New York: Ballantine Books, 1994（＝邦訳, 日暮雅通・下野隆生訳（1997）『ブレイク・ウイルスが来た!!』ジャストシステム）.
Schultze, Quentin J. *Televangelism and American Culture: The Business of Popular Religion*. Grand Rapids, MI: Baker, 1991.
Spigel, Lynn. *Make Room for TV: Television and the Family Ideal in Postwar America*. Chicago: University of Chicago Press, 1992.
Turkle, Sherry. *Life on the Screen: Identity in the Age of the Internet*. New York: Simon & Schuster, 1995（＝邦訳, 日野雅通訳（1998）『接続された心――インターネット時代のアイデンティティ』早川書房）.
Whisnant, Luke. *Watching TV with the Red Chinese*. Chapel Hill, NC: Algonquin Books, 1992.
Winn, Marie. *The Plug-In Drug*. New York: Viking, 1985.
———. *Unplugging the Plug-in Drug*. New York: Viking, 1987.

〔コンピューターの役割〕（THE ROLE OF THE COMPUTER）

Beniger, J. R. *The Control Revolution: Technological and Economic Origins of the Information Society*. Cambridge, MA: Harvard University Press, 1986.
Birkerts, Sven. *The Gutenberg Elegies: The Fate of Reading in an Electronic Age*. Boston: Faber & Faber, 1994（＝邦訳, 船木裕訳（1995）『グーテンベルクへの挽歌――エレクトロニクス時代における読書の運命』青土社）.
Bolter, J. David. *Turing's Man: Western Culture in the Computer Age*. Chapel Hill: University of North Carolina Press, 1984（＝邦訳, 土屋俊・山口人生訳（1995）『チューリング・マン』みすず書房）.
———. *Writing Space: The Computer, Hypertext and the History of Writing*. Hillsdale, NJ: Lawrence Erlbaum Associates, 1991（＝邦訳, 黒崎政男・下野正俊・伊古田理訳（1994）『ライティングスペース――電子テキスト時代のエクリチュール』産業図書）.
Brod, Craig. *Technostress: The Human Cost of the Computer Revolution*. Reading, MA: Addison-Wesley, 1984（＝邦訳, 池央耿・高見浩訳（1984）『テクノストレス』新潮社）.
Dery, Mark. *Escape Velocity: Cyberculture at the End of the Century*. New York: Grove, 1996（＝邦訳, 松藤留美子訳（1997）『エスケープ・ヴェロシティ――世紀末のサイバーカルチャー』角川書店）.
Dreyfus, Hubert. *What Computers Can't Do*. New York: Harper & Row, 1973（＝邦訳, 黒崎政男・林若修訳（1992）『コンピュータには何ができないか――哲学的人工知能批判』産業図書）.
Friedhoff, Richard Mark, and Benzon, William. *Visualization: The Second Computer Revolution*. New York: Abrams, 1989.
Gates, Bill. *The Road Ahead*. New York: Viking/Penguin, 1995（＝邦訳, 西和彦訳（1995）『ビル・ゲイツ未来を語る』アスキー）.

Halacy, D. S. *Cyborg: Evolution of the Superman*. New York: Harper & Row, 1965.

Heim, Michael. *The Metaphysics of Virtual Reality*. New York: Oxford University Press, 1993（＝邦訳, 田畑暁生訳（1995）『仮想現実のメタフィジックス』岩波書店）.

Jacobs, A. J., *America Off-Line: The Complete Outernet Starter Kit*. Kansas City, MO: Andrews & McMeel, 1996.

Larson, Erik. *The Naked Consumer: How Our Private Lives Become Public Commodities*. New York: Henry Holt, 1992.

Negroponte, Nicholas. *Being Digital*. New York: Knopf, 1995（＝邦訳, 福岡洋一訳（1995）『ビーイング・デジタル――ビットの時代』アスキー）.

Pimentel, Ken, and Teixeira, Kevin. *Virtual Reality: Through the New Looking Glass*. Blue Ridge Summit, PA: TAB Books/McGraw-Hill, 1992.

Rheingold, Howard. *The Virtual Community: Homesteading on the Electronic Frontier*. Reading, MA: Addison-Wesley, 1993（＝邦訳, 会津泉訳（1995）『バーチャルコミュニティ――コンピューター・ネットワークが創る新しい社会』三田出版会）.

――――. *Virtual Reality: The Revolutionary Technology of Computer-Generated Artificial Worlds and How It Promises to Transform Society*. New York: Simon & Schuster, 1992.

Robinson, Phillip, and Tamosaitis, Nancy. *The Joy of Cybersex: An Underground Guide to Electronic Erotica*. New York: Brady Computer Books, 1993.

Rosenberg, Richard S. *The Social Impact of Computers*. Boston: Harcourt Brace Jovanovich, 1992.

Roszak, Theodore. *The Cult of Information: The Folklore of Computers and the True Art of Thinking*. New York: Pantheon, 1986, 1994（＝邦訳, 成定薫・荒井克弘訳（1989）『コンピュータの神話学』朝日新聞社）.

Rothe, J. Peter. *Beyond Traffic Safety*. New Brunswick, NJ: Transaction Press, 1993.

Rothenberg, David. *Hand's End: Technology and the Limits of Nature*. Berkeley, CA: University of California Press, 1993.

Rothfeder, Jeffrey. *Privacy for Sale: How Computerization Has Made Everyone's Life an Open Secret*. New York: Simon & Schuster, 1992（＝邦訳, 大貫昇訳（1993）『狙われる個人情報（プライヴァシー）――コンピュータ社会の罠』ジャパンタイムズ）.

Seabrook, John. *Deeper: My Two-Year Odyssey in Cyberspace*. New York: Simon & Schuster, 1997（＝邦訳, 伊豆原弓訳（1998）『愛しのネット狂（ジャンキー）――ぼくがネットにはまった理由』日経BP社）.

Shenk, David. *Data Smog: Surviving the Information Glut*. New York: HarperCollins, 1997（＝邦訳, 倉骨彰訳（1998）『ハイテク過食症――インターネット・エイジの奇妙な生態』早川書房）.

Simons, Geoff. *Silicon Shock: The Menace of the Computer Invasion*. New York: Black-well, 1985.

Slouka, Mark. *War of the Worlds: Cyberspace and the High-Tech Assault on Reality*. New York: Basic Books, 1995（＝邦訳, 金子浩訳（1998）『それは火星人の襲来から始まった

——現実を侵略するヴァーチャル・リアリティの脅威』早川書房).
Snider, James H., and Ziporyn, Terra. *Future Shop: How Future Technologies Will Change the Way We Shop and What We Buy*. New York: St. Martin's Press, 1992.
Staples, Brent. "Life in the Information Age: When Burma Shave Meets Cyberspace." *New York Times*, "Editorial Notebook," July 7, 1994, D18.
Stoll, Clifford, *Silicon Snake Oil: Second Thoughts on the Information Highway*. New York: Doubleday, 1995（＝邦訳, 倉骨彰訳（1997）『インターネットはからっぽの洞窟』草思社).
Turkle, Sherry, *The Second Self: Computers and the Human Spirit*. New York: Simon & Schuster, 1984.
Weizenbaum, Joseph. *Computer Power and Human Reason: From Judgment to Calculation*. New York: Penguin, 1984.
Wiener, Norbert. *The Human Use of Human Beings: Cybernetics and Society*. Boston: Houghton Mifflin, 1954（＝邦訳, 池原止戈夫訳（1954）『人間機械論——サイバネティックスと社会』みすず書房).
———. "Some Moral and Technical Consequences of Automation." *Science* 131 (May 6, 1960): 1355-8.

〔アメリカとその価値〕（AMERICA AND ITS VALUES)

Albert, Susan. *Work of Her Own*. New York: Viking, 1987.
Alderman, Ellen, and Kennedy, Caroline. *The Right to Privacy*. New York: Knopf, 1996.
Assael, Henry. *Consumer Behavior and Marketing Action*. 4th ed. Belmont, CA: Wadsworth, 1992.
Bagdikian, Ben H. *The Media Monopoly*. 4th ed. Boston: Beacon Press, 1992.
Baker, Nancy C. *The Beauty Trap: Exploring Woman's Greatest Obsession*. New York: Franklin Watts, 1984.
Barlett, Donald L., and Steele, James B. *America: What Went Wrong*. Kansas City, MO: Andrews & McMeel, 1992（＝邦訳, 堺屋太一訳（1993）『アメリカの没落』ジャパンタイムズ).
Bellah, Robert N.; Madsen, Richard; Sullivan, William M.; Swidler, Ann; and Tipton, Steven M., *The Good Society*. New York: Knopf, 1991（＝邦訳, 中村圭志訳（2000）『善い社会——道徳的エコロジーの制度論』みすず書房).
———. *Habits of the Heart: Individualism and Commitment in American Life*, Berkeley: University of California Press, 1985（＝邦訳, 島薗進他訳（1991）『心の習慣——アメリカ個人主義のゆくえ』みすず書房).
Bennett, William J. *The De-Valuing of America: The Fight for Our Culture and Our Children*. New York: Summit, 1992.
———. *The Index of Leading Cultural Indicators: Facts and Figures on the State of American Society*. New York: Simon & Schuster, 1994（＝邦訳, 加藤十八・小倉美津夫訳（1996）『グラフでみるアメリカ社会の現実——犯罪・家庭・子ども・教育・文化の指標』学文社).

Berlowitz, Leslie; Donoghue, Dennis; and Menand, Louis. *America in Theory*. New York: Oxford University Press, 1989.

Bernstein, Richard. *Dictatorship of Virtue: Multiculturalism and the Battle for America's Future*. New York: Knopf, 1995.

Blankenhorn, David. *Fatherless America: Confronting Our Most Urgent Social Problem*. New York: Basic Books, 1995.

Block, Alan A. *Space, Time and Organized Crime*. 2d ed. New Brunswick, NJ: Transaction Press, 1993.

Bloom, Allan. *The Closing of the American Mind*. New York: Simon & Schuster, 1988（＝邦訳, 菅野盾樹訳（1998）『アメリカン・マインドの終焉――文化と教育の危機』みすず書房）.

Bok, Derek. *The Cost of Talent: How Executives and Professionals Are Paid and How It Affects America*. New York: Free Press, 1993.

Bok, Sissela. *Lying: Moral Choice in Public and Private Life*. New York: Random House, 1979（＝邦訳, 古田暁訳（1982）『嘘の人間学』TBSブリタニカ）.

Boorstin, Daniel J. *The Image: Or What Happened to the American Dream*. New York: Atheneum, 1962（＝邦訳, 後藤和彦・星野郁美訳（1964）『幻影（イメジ）の時代――マスコミが製造する事実』東京創元社）.

Bordo, Susan. *Unbearable Weight: Feminism, Western Culture, and the Body*. Berkeley: University of California Press, 1993.

Borgman, Albert. *Crossing the Postmodern Divide*. Chicago: University of Chicago Press, 1992.

Branscombe, Anne Wells. *Who Owns Information? From Privacy to Public Access*. New York: Basic Books, 1994.

Bronfenbrenner, Urie; McClelland, Peter; Wethington, Elain; Moen, Phyllis; and Ceci, Stephen J. *The State of Americans: This Generation and the Next*. New York: Free Press, 1996.

Campbell, Colin. *The Romantic Ethic and the Spirit of Modern Consumerism*. New York: Blackwell, 1989.

Captive Kids: A Report on Commercial Pressures on Kids at School. Yonkers, NY: Consumers Union Education Services, 1995.

Carter, Stephen L. *The Culture of Disbelief: How American Law and Politics Are Trivializing Religious Devotion*. New York: Basic Books, 1993.

Cheskin, Louis. *Color for Profit*. New York: Liveright, 1950（＝邦訳, 大智浩訳（1955）『商業色彩ハンドブック――利を生む色彩』白揚社）.

――――. *How to Predict What People Will Buy*. New York: Liveright, 1957（＝邦訳, 大智浩訳（1959）『購買動機の予測――色は買う動機を左右する』白揚社）.

Clark, Eric. *The Want Makers: Inside the World of Advertising*. New York: Viking Penguin, 1990（＝邦訳, 沢田博監訳（1991）『欲望の仕掛人――広告業界でいま何が起こっているか』TBSブリタニカ）.

Cobb, Nathan. "The End of Privacy." *The Detroit Free Press Magazine*, August 23, 1992, 6-12.

Collier, James Lincoln. *The Rise of Selfishness in America*. New York: Oxford University Press, 1991.

Coontz, Stephanie. *The Way We Never Were: American Families and the Nostalgia Trap*. New York: Basic Books, 1992（＝邦訳, 岡村ひとみ訳（1998）『家族という神話——アメリカンファミリーの夢と現実』筑摩書房）.

Critchfield, Richard. *Those Days: An American Album*. Garden City, NY: Doubleday, 1986.

———. *Trees, Why Do You Wait?: America's Changing Rural Culture*. Washington, DC: Island Press, 1991.

———. *Villages*. New York: Doubleday, 1981.

Cross, Gary. *Time and Money: The Making of Consumerist Modernity*. New York: Routledge, 1993.

Cushman, Philip. *Constructing the Self, Constructing America: A Cultural History of Psychotherapy*. Reading, MA: Addison-Wesley, 1995.

Daria, Irene. *The Fashion Cycle: A Behind-the-Scenes Look at a Year with Bill Blass, Liz Claiborne, Donna Karan, Arnold Scaasi, and Adrienne Vittadini*. New York: Simon & Schuster, 1990.

Dominguez, Joe, and Robin, Vicki. *Your Money or Your Life: Transforming Your Relationship with Money and Achieving Financial Independence*. New York: Viking Penguin, 1992.

Debord, Guy. *Society of the Spectacle*. Detroit: Black & Red, 1973.

Drucker, Peter F. *Post-Capitalist Society*. New York: Harper Business, 1993（＝邦訳, 上田惇生他訳（1993）『ポスト資本主義社会——21世紀の組織と人間はどう変わるか』ダイヤモンド社）.

Dubin, Max. *Futurehype: The Tyranny of Prophecy*. New York: Penguin, 1991.

During, Alan. *How Much is Enough?: The Consumer Society and the Future of the Earth*. New York: Norton, 1992（＝邦訳, 山藤泰訳（1996）『どれだけ消費すれば満足なのか——消費社会と地球の未来』ダイヤモンド社）.

Ehrenhalt, Alan. *The Lost City: Discovering the Forgotten Virtues of Community in the Chicago of the 1950s*. New York: Basic Books, 1995（＝邦訳, 岡村二郎監訳（2002）『失われたまち』ぎょうせい関西支社）.

Elgin, Duane. *Voluntary Simplicity: Toward a Way of Life That Is Outwardly Simple, Inwardly Rich*. New York: Morrow, 1982（＝邦訳, 星川淳訳（1987）『ボランタリー・シンプリシティ——人と社会の再生を促すエコロジカルな生き方』TBSブリタニカ）.

Ellul, Jacques. *Propaganda: The Formation of Men's Attitudes*. New York: Knopf, 1965.

Etzioni, Amitai. *The Spirit of Community: Rights, Responsibilities, and the Communitarian Agenda*. New York: Crown, 1993.

Ewen, Stuart. *All Consuming Images: The Politics of Style in Contemporary Culture*. New York: Basic Books, 1988（＝邦訳, 平野秀秋・中江桂子訳（1990）『消費の政治学——商品

としてのスタイル』晶文社).
———. *Captains of Consciousness: Advertising and the Social Roots of Consumer Culture*, New York: McGraw-Hill, 1976.
Fallows, James. *Breaking the News: How the Media Undermine American Democracy*. New York: Pantheon, 1997（＝邦訳, 池上千寿子訳（1998）『アメリカはなぜメディアを信用しないのか――拝金主義と無責任さが渦巻くアメリカ・ジャーナリズムの実態』はまの出版).
Frank, Robert H., and Cook, Philip J. *The Winner-Take-All Society: How More and More Americans Compete for Ever Fewer and Bigger Prizes, Encouraging Economic Waste, Income Inequality, and an Impoverished Cultural Life*. New York: Free Press, 1995（＝邦訳, 香西泰監訳（1998）『ウイナー・テイク・オール――「ひとり勝ち」社会の到来』日本経済新聞社).
Gaibraith, John Kenneth. *The Affluent Society*. Boston: Houghton Mifflin, 1976（＝邦訳, 鈴木哲太郎訳（1978）『ゆたかな社会』岩波書店).
Garment, Suzanne. *Scandal: The Crisis of Mistrust in American Politics*. New York: Times Books, 1991.
Gergen, Kenneth J. *The Saturated Self: Dilemmas of Identity in Contemporary Life*. New York: Basic Books, 1992.
Glassner, Barry. *Bodies: Why We Look the Way We Do (and How We Feel about It)*. New York: Putnam, 1988.
Gleick, James. "*Dead as a Dollar.*" *New York Times Magazine*, June 16, 1996, 26ff.
Grant, Anne, and Burrell, Web. *The Patriotic Consumer: How to Buy American*. Kansas City, KS: Andrews & McMeel, 1992.
Grant, James. *Money of the Mind: Borrowing and Lending in America from the Civil War to Michael Milken*. New York: Farrar, Straus, Giroux, 1992.
Greider, William, *Who Will Tell the People?* New York: Simon & Schuster, 1992（＝邦訳, 中島健訳（1994）『アメリカ民主主義の裏切り――誰が民衆に語るのか』青土社).
Grinspoon, Lester, and Hedblom, Peter. *The Speed Culture: Amphetamine Use and Abuse in America*. Cambridge, MA: Harvard University Press, 1975.
Gross, Michael. "Fashion's Fickle Seasons." *New York*, August 21, 1989, 30–32.
Gusewelle, C. W. *Far from Any Coast: Pieces of America's Heartland*. Columbia, MO: University of Missouri Press, 1989.
———. *Quick as Shadows Passing*. Jefferson City, MO: Westphalia Press, 1988.
Hanson, F. Allan. *Testing: Social Consequences of the Examined Life*. Berkeley: University of California Press, 1993.
Harrell, Gilbert D. *Consumer Behavior*. New York: Harcourt Brace, 1986.
Harris, Louis. *Inside America*. New York: Random House, 1987.
Harrison, Lawrence E. *Who Prospers? Economic and Political Success*. New York: Basic Books, 1992.
Hawkins, Del I.; Best, Roger J.; and Kopey, Kenneth A. *Consumer Behavior: Implications*

for Marketing Strategy. 3d ed. Plano, TX: Business Publications, 1986.

Hayden, Dolores. *The Power of Place: Urban Landscapes as Public History.* Cambridge, MA: MIT Press, 1995（＝邦訳, 後藤春彦・篠田裕見・佐藤俊郎訳（2002）『場所の力――パブリック・ヒストリーとしての都市景観』学芸出版社).

Himmelfarb, Gertrude. *The De-Moralization of Society.* New York: Knopf, 1995.

———. *On Looking into the Abyss: Untimely Thoughts on Culture and Society.* New York: Knopf, 1994.

Hirsch, E. D., Jr. *Cultural Literacy: What Every American Needs to Know.* Boston: Houghton Mifflin, 1987（＝邦訳, 中村保男訳（1989）『教養が国をつくる――アメリカ建て直し教育論』TBSブリタニカ).

Hochschild, Arlie Russell. *The Time Bind: When Work Becomes Home and Home Becomes Work.* New York: Henry Holt, 1997.

Hochswender, Woody. "How Fashion Spreads around the World at the Speed of Light." *New York Times,* National Edition, May 13, 1990, E5.

Hostetler, John A., *Amish Roots: A Treasury of History, Wisdom, and Lore.* Baltimore: Johns Hopkins University Press, 1989.

———. *Amish Society.* 3d ed. Baltimore: Johns Hopkins University Press, 1980.

Howard, John A. "Ennobling Obligations: You Make a Life by What You Give." *Vital Speeches of the Day,* March 1, 1988, 314-17.

———. "Lifting Education's Iron Curtain: To Rebuild the Civic and Moral Capital." *Vital Speeches of the Day,* October 1, 1991, 756-61.

Hughes, Robert. *Culture of Complaint: The Fraying of America.* New York: Oxford University Press, 1993.

Hunnicut, Benjamin K. *Work without End: Abandoning Shorter Hours for the Right to Work.* Philadelphia: Temple University Press, 1990.

Huxtable, Ada Louise. *The Unreal America: Architecture and Illusion.* New York: New Press, 1997.

Jacobs, Jane. *The Death and Life of Great American Cities.* New York: Random House, 1961（＝邦訳, 黒川紀章訳（1969）『アメリカ大都市の死と生』鹿島研究所出版会).

———. *Systems of Survival: A Dialogue on the Moral Foundations of Commerce and Politics.* New York: Random House, 1992（＝邦訳, 香西泰訳（1998）『市場の倫理 統治の倫理』日本経済新聞社).

Jacobs, Michael. *Short-Term America: The Causes and Cures of Our Business Myopia.* Boston: Harvard Business School Press, 1991.

Jamieson, Kathleen Hall. *Dirty Politics: Deception, Distraction, and Democracy.* New York: Oxford University Press, 1992.

———. *Eloquence in an Electronic Age: The Transformation of Political Speechmaking.* New York: Oxford University Press, 1988.

Johnson, Warren. *The Future Is Not What It Used to Be: Returning to Traditional Values in an Age of Scarcity.* New York: Dodd, Mead, 1985.

Katz, Jack. *The Seductions of Crime*. New York: Basic Books, 1990.
Kennedy, Paul. *Preparing for the Twenty-First Century*. New York: Random House, 1993（＝邦訳, 鈴木主税訳（1993）『21世紀の難問に備えて上・下』草思社）.
Kerr, Walter. *The Decline of Pleasure*. New York: Simon & Schuster, 1962.
Kerschner, Frederick, Jr., ed. *Tocqueville's America: The Great Quotations*. Athens, OH: Ohio University Press, 1983.
Keyes, Ralph. *We,* the Lonely People: Searching for Community. New York: Harper & Row, 1973.
Kilpatrick, William. *Why Johnny Can't Tell Right from Wrong*. New York: Times Books, 1993.
Kirk, Russell *Enemies of the Permanent Things: Observations of Abnormality in Literature and Politics*. 3d ed. Peru, IL: Sherwood Sugden, 1988.
———. *The Roots of American Order*. 3d ed. Washington, DC: Regnery Gateway, 1992.
Kraybill, Donald B. *The Riddle of Amish Culture*. Baltimore: Johns Hopkins University Press, 1989.
Kugelmann, Robert. *Stress: The Nature and History of Engineered Grief*. New York: Praeger, 1992.
Kurtz, Howard. *Media Circus: The Trouble with America's Newspapers*. New York: Times Books, 1993.
Lamm, Richard D. *American in Decline?* Denver: The Center for Public Policy and Contemporary Issues, University of Denver, 1990.
Lapham, Lewis W. *Money and Class in America: Notes and Observations on Our Civil Religion*. New York: Weidenfeld & Nicolson, 1988.
———. *The Wish for Kings: Democracy at Bay*. New York: Grove Press, 1993.
Larkin, Jack. *The Reshaping of Everyday Life, 1790–1840*. New York: HarperCollins, 1989（＝邦訳, 杉野目康子訳（2000）『アメリカがまだ貧しかったころ』青土社）.
Lasch, Christopher. *The Culture of Narcissism: American Life in an Age of Diminishing Expectations*. New York: Norton, 1979（＝邦訳, 石川弘義訳（1981）『ナルシズムの時代』ナツメ社）.
———. *The Minimal Self: Psychic Survival in Troubled Times*. New York: Norton, 1984（＝邦訳, 石川弘義他共訳（1986）『ミニマルセルフ――生きにくい時代の精神的サバイバル』時事通信社）.
Leach, William. *Land of Desire: Merchants, Power, and the Rise of a New American Culture*. New York: Pantheon, 1993.
Lebergott, Stanley. *Pursuing Happiness: American Consumers in the Twentieth Century*. Princeton, NJ: Princeton University Press, 1993.
Leonard, George. *Mastery: The Keys to Success and Long-Term Fulfillment*. New York: Penguin, 1991（＝邦訳, 中田康憲訳（1994）『達人のサイエンス――真の自己成長のために』日本教文社）.
Linder, Staffan B. *The Harried Leisure Class*. New York: Columbia University Press, 1971

（＝邦訳, 江夏健一・関西生産性本部訳（1971）『時間革命――25時間への知的挑戦』好学社）.
Lutz, Tom. *American Nervousness, 1903: An Anecdotal History*. Ithaca, NY: Cornell University Press, 1991.
Mann, Charles C., and Plummer, Mark L. *Aspirin Wars: Money, Medicine, and 100 Years of Rampant Competition*. New York: Knopf, 1991（＝邦訳, 平澤正夫訳（1994）『アスピリン企業戦争――薬の王様100年の軌跡』ダイヤモンド社）.
Marc, David. *Bonfire of the Humanities: Essays on Television, Subliteracy, and Long-Term Memory Loss. Syracuse*, NY: Syracuse University Press, 1995.
Marchand, Roland. *Advertising the American Dream: Making Way for Modernity, 1920–1940*. Berkeley: University of California Press, 1985.
McCracken, Grant. *Culture and Consumption*. Bloomington, IN: Indiana University Press, 1988（＝邦訳, 小池和子訳（1990）『文化と消費とシンボルと』勁草書房）.
McNeal, James. *Kids as Customers: A Handbook of Marketing to Children*. Ithaca, NY: American Demographics, 1992.
Mitchell, Susan. *The Official Guide to American Attitudes*. Ithaca, NY: New Strategist, 1996.
Monninger, Joseph. "Fast Food." *American Heritage*, April 1988, 68–75.
Moon, William Least Heat. *Blue Highways: A Journey into America*. New York: Ballantine, 1982（＝邦訳, 真野明裕訳（1985）『ブルー・ハイウェイ――アメリカ漂流上・下』TBSブリタニカ）.
Moore, David W. *The Superpolluters: How They Measure and Manipulate Public Opinion in America*. New York: Four Walls, Eight Windows, 1992.
Moore, R. Laurence. *Selling God: American Religion in the Marketplace of Culture*. New York: Oxford University Press, 1994.
Moyers, Bill. *A World of Ideas: Conversations with Thoughtful Men and Women about American Life Today and the Ideas Shaping Our Future*. Edited by Betty Sue Flowers. New York: Doubleday, 1989.
Naisbitt, John. *Megatrends: Ten New Directions Transforming Our Lives*. New York: Warner, 1982（＝邦訳, 竹村健一訳（1983）『メガトレンド』三笠書房）.
――――, and Aburdene, Patricia, *Megatrends 2000: Ten New Directions for the 1990's* New York: Morrow, 1990.
――――. *Megatrends for Women: From Liberation to Leadership*. New York: Villard, 1993.
Neuhaus, Richard. *The Naked Public Square: Religion and Democracy in America*. Grand Rapids, MI: Eerdmans, 1984.
Newman, Katherine S. *Declining Fortunes: The Withering of the American Dream*. New York: Basic Books, 1993.
Nisbet, Robert. *The Present Age: Progress and Anarchy in Modern America*. New York: HarperCollins, 1989.
Osborne, David, and Gaebler, Ted. *Reinventing Government: How the Entrepreneural Spirit Is Transforming the Private Sector*. Reading, MA: Addison-Wesley, 1992（＝邦訳, 高地

高司訳（1995）『行政革命』日本能率協会マネジメントセンター）.

Packard, Vance. *The Hidden Persuaders*. New York: McKay, 1957（＝邦訳, 林周二訳（1958）『かくれた説得者』ダイヤモンド社）.

———. *The Ultra Rich: How Much Is Too Much?* Boston: Little, Brown, 1989（＝邦訳, 藤島泰輔訳（1990）『ウルトラ・リッチ——超富豪たちの素顔・価値観・役割』ダイヤモンド社）.

Postman, Neil. *Amusing Ourselves to Death: Public Discourse in the Age of Show Business*. New York: Viking Penguin, 1985.

Research Alert. *Future Vision: The 189 Most Important Trends of the 1990s*. Naperville, IL: Sourcebooks Trade, 1991.

Riesman, David. *The Lonely Crowd*. New Haven, CT: Yale University Press, 1961（＝邦訳, 加藤秀俊訳（1964）『孤独な群衆』みすず書房）.

Roberts, Sam. *Who We Are: A Portrait of America Based on the Latest U.S. Census*. New York: Random House, 1993.

Roche, George. *The Legacy of Freedom*. New Rochelle, NY: Arlington House, 1969.

Samuelson, Robert J. *The Good Life and Its Discontents: The American Dream in the Age of Entitlement, 1945-1995*. New York: Times Books, 1995.

Schiller, Herbert I. *Culture Inc.: The Corporate Takeover of Public Expression*. New York: Oxford University Press, 1989.

Schlesinger Arthur M., Jr. *The Disuniting of America: Reflections on a Multicultural Society*. Knoxville, TN: Whittle Direct Books, 1991（＝邦訳, 都留重人監訳（1992）『アメリカの分裂——多元文化社会についての所見』岩波書店）.

Schmookler, Andrew Bard. *Fool's Gold: The Fate of Values in a World of Goods*. San Francisco: Harper, 1993.

———. *The Illusion of Choice: How the Market Economy Shapes Our Destiny*. Albany: State University of New York Press, 1993（＝邦訳, 河田富司訳（1997）『選択という幻想——市場経済の呪縛』青土社）.

———. "The Insatiable Society: Materialistic Values and Human Needs." *The Futurist*, July-August 1991, 17-19.

Schor, Juliet B. *The Overworked American: The Unexpected Decline of Leisure*. New York: Basic Books, 1991（＝邦訳, 森岡孝二他訳（1993）『働きすぎのアメリカ人——予期せぬ余暇の減少』窓社）.

Sclove, Richard E. *Democracy and Technology*. New York: Guilford, 1996.

Sheehy, Gail. *Character: America's Search for Leadership*. New York: Morrow, 1988.

Shi, David, *In Search of the Simple Life: American Voices Past and Present*. Layton, UT: Gibbs Smith, 1986.

———. *The Simple Life: Plain Living and High Thinking in American Culture*. New York: Oxford University Press, 1986.

Shorris, Earl, *A Nation of Salesmen: The Tyranny of the Market and the Subversion of Culture*. New York: Norton, 1994.

Slater, Philip. *The Pursuit of Loneliness.* Boston: Beacon. 1976（＝邦訳, 渡辺潤訳（1980）『孤独の追求——崩壊期のアメリカ文化』新泉社）.

Straus, William, and Howe, Neil. *Generations: The History of America's Future, 1584-2069.* New York: Morrow, 1991.

Sykes, Charles J. *A Nation of Victims: The Decay of the American Character.* New York: St. Martin's Press, 1992.

———. *ProfScam: Professors and the Demise of Higher Education.* New York: St. Martin's Press, 1988（＝邦訳, 長沢光男訳（1993）『大学教授調書——手抜きが横行する大学教育』化学同人）.

Tarkington, Booth. *The Magnificent Ambersons.* Bloomington, IN: Indiana University Press, 1989.

Taylor, Charles. *The Malaise of Modernity.* Cambridge, MA: Harvard University Press, 1992.

———. *Source of the Self: The Making of the Modern Identity.* Cambridge, MA: Haryard University Press, 1992.

Testa, Randy-Michael. *After the Fire: The Destruction of the Lancaster County Amish.* Hanover, NH: University Press of New England, 1992.

Theobald, Robert. *Turning the Century: Personal and Organizational Strategies for Your Changed World.* Indianapolis, IN: Knowledge Systems, 1992.

Thomas, Andrew Peyton. *Crime and the Sacking of America: The Roots of Chaos.* McLean, VA: Brassey's, 1995.

Tocquevile, Alexis de. *Democracy in America.* translated by Henry Reeve, revised by Francis Bowen; edited by Phillips Bradley. 2 vols. New York: Knopf, 1948 (1835-1840)（＝邦訳, 井伊玄太郎訳（1987）『アメリカの民主政治　上・中・下』講談社）.

Toffler, Alvin, and Toffler, Heidi. *Creating a New Civilization: The Politics of the Third Wave.* Foreword by Newt Gingrich. Atlanta: Turner Publishing, 1995（＝邦訳, 徳山二郎訳（1995）『第三の波の政治——新しい文明をめざして』中央公論社）.

Tolchin, Martin, and Toichin, Susan. *Selling Our Security: The Erosion of America's Assets.* New York: Knopf, 1993.

Vidal, Gore. *United States: Essays, 1952-1992.* New York: Random House, 1993.

Wachtel, Paul L. *The Poverty of Affluence: A Psychological Portrait of the American Way of Life.* Philadelphia: New Society, 1989.

Withnow, Richard. *Poor Richard's Principle: Recovering the American Dream through the Moral Dimension of Work, Business, and Money.* Princeton, NJ: Princeton University Press, 1996.

Wolf, Naomi. *The Beauty Myth: How Images of Beauty Are Used against Women.* New York: Morrow, 1991（＝邦訳, 曽田和子訳（1994）『美の陰謀——女たちの見えない敵』TBSブリタニカ）.

〔アメリカで生きる・成長する・死ぬ〕(LIVING, GROWING UP, AND DYING IN AMERICA)

Arons, Stephen. *Compelling Belief: The Culture of American Schooling.* New York: McGraw-Hill, 1983.

Barnett, Rosalind C., and Rivers, Caryl. *She Works/He Works: How Two-Income Families are Happier, Healthier, and Better Off.* San Francisco: Harper, 1996.

Becker, Ernest. *The Denial of Death.* New York: The Free Press/Macmillan, 1973（＝邦訳, 今防人訳（1989）『死の拒絶』平凡社）.

Becker, Gary. *The Economic Approach to Human Behavior: A Treatise on the Family.* Chicago: University of Chicago Press, 1978; enl. ed., Cambridge, MA: Harvard University Press, 1981.

Berger, Arthur A., et al., eds. *Perspectives on Death and Dying: Cross-Cultural and Multidisciplinary Views.* Philadelphia: Charles, 1989.

Bertman, Sandra. *Facing Death: Images, Insights, and Interventions.* New York: Hemisphere, 1991.

Callahan, Daniel, *Setting Limits: The Aging Society and the Goals of Medicine.* New York: Simon & Schuster, 1987（＝邦訳, 山崎淳訳（1990）『老いの医療——延命主義医療に代わるもの』早川書房）.

———. *The Tyranny of Survival, and Other Pathologies of Civilized Life.* Lanham, MD: University Press of America, 1985.

Carper, Jean. *Stop Aging Now: The Ultimate Plan for Staying Young and Reversing the Aging Process.* New York: HarperCollins, 1995（＝邦訳, 村山寿美子訳（1996）『年齢革命——老化をとめる究極のプラン』学研）.

Carrick, Paul. *Medical Ethics in Antiquity: Philosophical Perspectives on Abortion and Euthanasia.* Norwell, MA: Kluwer Academic Publishers, 1985.

Cassel, John. "The Contribution of the Social Environment to Host Resistance." *American Journal of Epidemiology* 104.2 (1976): 107-23.

Chopra, Deepak. *Ageless Body, Timeless Mind.* New York: Harmony Books, 1993（＝邦訳, 沢田博・伊藤和子訳（1997）『エイジレス革命——永遠の若さを生きる』講談社）.

Ciardi, John. *I Marry You.* New Brunswick, NJ: Rutgers University Press, 1958.

Conner, Karen A. *Aging America: Issues Facing an Aging Society.* Englewood Cliffs, NJ: Prentice Hall, 1991.

Coontz, Stephanie. *The Way We Really Are: Coming to Terms with America's Changing Families.* New York: Basic Books, 1997（＝邦訳, 岡村ひとみ訳（2003）『家族に何が起きているのか』筑摩書房）.

———. *The Way We Were: Families and the Nostalgia Trap.* New York: Basic Books, 1992.

Dizard, Jan E., and Gaddin, Howard. *The Minimal Family.* Amherst, MA: University of Massachusetts Press, 1990.

Edelman, Marian Wright. *Families in Peril: An Agenda for Social Change.* Cambridge, MA:

Harvard University Press, 1987.
———. *The Measure of Our Success: A Letter to My Children and Yours*. Boston: Beacon Press, 1992.
Elkind, David. *All Grown Up and No Place to Go: Teenagers in Crisis*. Reading, MA: Addison-Wesley, 1984（＝邦訳, 久米稔他共訳（1994）『居場所のない若者たち——危機のティーンエイジャー』家政教育社）.
———. *The Hurried Child: Growing Up Too Fast Too Soon*. Reading, MA: Addison-Wesley, 1981（＝邦訳, 久米稔他共訳（1983）『急がされる子供たち——現代社会がもたらす発達の歪み』家政教育社）.
———. *Miseducation: Preschoolers at Risk*. New York: Knopf, 1987（＝邦訳, 幾島幸子訳（1991）『ミスエデュケーション——子どもをむしばむ早期教育』大日本図書）.
———. *Ties That Stress: The New Family Imbalance*, Cambridge, MA: Harvard University Press, 1994.
Epstein, Fred J., and Shirnberg, Elaine Fantle. *Gifts of Time*. New York: Morrow, 1993.
Friedan, Betty. *The Fountain of Age*. New York: Simon & Schuster, 1994（＝邦訳, 山本博子・寺澤恵美子訳（1995）『老いの泉　上・下』西村書店）.
Fromm, Erich, *The Art of Loving*. New York: Harper & Row, 1956（＝邦訳, 懸田克躬訳（1959）『愛するということ』紀伊國屋書店）.
Greenfield, Lauren. *Fast Forward: Growing Up in the Shadow of Hollywood*. New York: Knopf/Melcher Media, 1997.
Grimes, Ronald L. *Marrying and Burying: Rites of Passage in a Man's Life*. Boulder, CO: Westview Press, 1995.
Hochschild, Arlie, with Machung, Anne. *The Second Shift: Working Parents and the Revolution at Home*. New York: Viking, 1989（＝邦訳, 田中和子訳（1990）『セカンド・シフト——第二の勤務 アメリカ共働き革命のいま』朝日新聞社）.
Hymowitz, Carol. "For Many Kids, Playtime Isn't Free Time." *Wall Street Journal*, September 20, 1988, 39.
Imber-Black, Evan, and Roberts, Janine. *Rituals for Our Times: Celebrating, Healing, and Changing Our Lives and Relationships*. New York: HarperCollins, 1992.
Kaminer, Wendy. *I'm Dysfunctional, You're Dysfunctional: The Recovery Movement and Other Self-Help Fashions*, Reading, MA: Addison-Wesley, 1992.
Kilpatrick, William. *Why Johnny Can't Tell Right from Wrong: Overcoming Moral Illiteracy*. New York: Simon & Schuster, 1992.
Lasch, Christopher. *Haven in a Heartless World: The Family Besieged*. New York: Basic Books, 1977.
Lickona, Thomas. *Educating for Character: How Our Schools Can Teach Respect and Responsibility*. New York: Bantam, 1991（＝邦訳, 三浦正訳（1997）『リコーナ博士のこころの教育論——「尊重」と「責任」を育む学校環境の創造』慶應義塾大学出版会）.
Longman, Phillip. *Born to Pay: The New Politics of Aging in America*. Boston: Houghton Mifflin, 1987.

Low, Richard. *Childhood's Future: Listening to the American Family: New Hope for the Next Generation*. Boston: Houghton Mifflin, 1990.

O'Neill, Nena, O'Neill, George, *Open Marriage: A New Life Style for Couples*. New York: Avon, 1973.

Oppenheimer, Todd. "The Computer Delusion." *Atlantic Monthly*, July 1997, 45-62.

Packard, Vance. *Our Endangered Children: Growing Up in a Changing World*. Boston: Little, Brown, 1983.

Pearsall, Paul. *The Ten Laws of Lasting Love*. New York: Simon & Schuster, 1993.

Pifer, Alan, and Bronte, Lydia, eds. *Our Aging Society: Paradox and Promise*. New York: Norton, 1986（＝邦訳, 黒田俊夫監訳（1987）『高齢化社会――選択と挑戦』文真堂）.

Postman, Neil. *Conscientious Objections: Stirring Up Trouble about Language, Technology, and Education*. New York: Knopf, 1988.

――――. *The Disappearance of Childhood*. New York: Delacorte Press, 1982（＝邦訳, 小柴一訳（1985）『子どもはもういない――教育と文化への警告』新樹社）.

Rogers, Fred. *You Are Special*. New York: Viking Penguin, 1994.

Rosenberg, Charles E. *The Care of Strangers: The Rise of America's Hospital System*. New York: Basic Books, 1987.

Scarf, Maggie. *Intimate Worlds: Life inside the Family*. New York: Random House, 1995.

Selye, Hans. *The Stress of Life*. New York: McGraw-Hill, 1956（＝邦訳, 杉靖三郎他共訳（1963）『現代生活とストレス』法政大学出版局）.

――――. *Stress without Distress*. New York: Lippincott, 1974.

Shapiro, Laura. "The Myth of Quality Time." *Newsweek*, May 12, 1997, 12ff.

Stacey, Judith. *Brave New Families: Stories of Domestic Upheaval in Late Twentieth Century America*. New York: Basic Books, 1993.

――――. *In the Name of the Family: Rethinking Family Values in the Postmodern Age*. Boston: Beacon Press, 1996.

Whitehead, Barbara Dafoe, *The Divorce Culture: How Divorce Became an Entitlement and How It Is Blighting the Lives of Our Children*. New York: Knopf, 1997.

Witkin-Lanoil, Georgia. *The Female Stress Syndrome: How to Recognize It and Live with It*. New York: Newmarket Press, 1984（＝邦訳, 木村駿訳（1984）『女性のためのフィーメイル・ストレス・シンドローム――もうこれでイライラしない』扶桑社）.

〔ナショナリズムとグローバリズム〕(NATIONALISM AND GLOBALISM)

Anderson, Walter Truett. *Reality Isn't What It Used to Be: Theatrical Politics, Ready-to-Wear Religion, Global Myths, Primitive Chic, and Other Wonders of the Post-modern World*. New York: Harper & Row, 1990.

Ardrey, Robert *The Territorial Imperative*. New York: Atheneum, 1966.

Ash, Timothy Garton. "The Third Superpower." *World Press Review*, March 1990, 72.

Aslund, Anders. *How Russia Became a Market Economy*. Washington, DC: The Brookings Institution, 1995.

Barber, Benjamin R. *Jihad vs. McWorld: How the Planet Is Both Falling Apart and Coming Together*. Times Books/Random House, 1995（＝邦訳, 鈴木主税訳（1997）『ジハード対マックワールド――市民社会の夢は終わったのか』三田出版会).

Barnet, Richard J., and Cavanagh, John. *Global Dreams: Imperial Corporations and the New World Order*. New York: Simon & Schuster, 1994.

Center for Investigative Reporting and Bill Moyers. *Global Dumping Ground: The International Traffic in Hazardous Waste*. Cabin John, MD: Seven Locks Press, 1990（＝邦訳, 粥川準二・山口剛共訳（1995）『有毒ゴミの国際ビジネス』技術と人間).

Enzensberger, Hans Magnus. *Civil Wars: From L.A. to Bosnia*. New York: New Press, 1994.

Greenfield, Liah, *Nationalism: Five Roads to Modernity*, Cambridge, MA: Harvard University Press, 1992.

Greider, William. *One World, Ready or Not: The Manic Logic of Global Capitalism*. New York: Simon & Schuster, 1996.

Guéhenno, Jean-Marie. *The End of the Nation-State*. Minneapolis: University of Minnesota Press, 1995.

Hobsbawn, Eric. *The Age of Extremes: A History of the World, 1914-1991*. New York: Pantheon, 1995.

Kagan, Donald. *On the Origins of War and the Preservation of Peace*. New York: Doubleday, 1995.

Kaplan, Robert D. *The Ends of the Earth: A Journey at the Dawn of the 21st Century*. New York: Random House, 1996.

Kennedy, Paul. *Preparing for the Twenty-First Century*. New York: Random House, 1993（＝邦訳, 鈴木主税訳（1993）『21世紀の難問に備えて上・下』草思社).

Kohn, Hans. *The Idea of Nationalism: A Study in Its Origins and Background*. New York: Collier/Macmillan, 1944.

Kurtzman, Joel. *The Death of Money: How the Electronic Economy Has Destabilized the World's Markets and Created Financial Chaos*. New York: Simon & Schuster 1993（＝邦訳, 山岡洋一訳（1993）『デス・オブ・マネー』講談社).

McLuhan, Marshall, and Powers, Bruce R. *The Global Village: Transformations in World Life and Media in the 21st Century*. New York: Oxford University Press, 1989（＝邦訳, 浅見克彦訳（2003）『グローバル・ヴィレッジ――21世紀の生とメディアの転換』青弓社).

Moynahan, Daniel Patrick. *Pandaemonium: Ethnicity in international Relations*. New York: Oxford University Press, 1993（＝邦訳, 吉川元訳（1996）『パンダモニアム――国際政治のなかのエスニシティ』三嶺書房).

Nisbet, Robert. *The Twilight of Authority*. New York: Oxford University Press, 1975.

Orwell, George. *1984*. San Diego, CA: Harcourt Brace Jovanovich, 1977 (1949).

Pfaff, William. *The Wrath of Nations: Civilization and the Furies of Nationalism*. New York: Simon & Schuster, 1993.

Reich, Robert B. *The Work of Nations: Preparing Ourselves for 21st Century Capitalism.* New York: Knopf, 1991（＝邦訳, 中谷巌訳（1991）『ザ・ワーク・オブ・ネーションズ――21世紀資本主義のイメージ』ダイヤモンド社）.

Rifkin, Jeremy. *The End of Work: The Decline of the Global Labor Force and the Dawn of the Post-Market Era.* New York: Putnam 1995（＝邦訳, 松浦雅之訳（1996）『大失業時代』TBSブリタニカ）.

Ripp, Victor. *Pizza in Pushkin Square: What Russians Think about Americans and the American Way of Life.* New York: Simon and Schuster, 1990.

Spengler, Oswald. *The Decline of the West.* 2 vols. New York: Knopf, 1948 (1918–1922).

Toffler, Alvin. *The Third Wave.* New York: Morrow, 1980.

――――, and Toffler, Heidi. *War and Anti-War: Survival at the Dawn of the 21st Century.* Boston: Little, Brown, 1993（＝邦訳, 徳岡孝夫監訳（1982）『第三の波』中央公論社）.

Toynbee, Arnold. / Wakaizumi, Kei *Surviving the Future.* New York: Oxford University Press, 1971（＝邦訳, 毎日新聞社外信部訳（1977）『未来を生きる――トインビーの対話』毎日新聞社）.

Waters, Malcolm. *Globalization.* New York: Routledge, 1995.

Wolff, Michael, et al., *Where We Stand: Can America Make It in the Global Race for Wealth, Health, and Happiness?* New York: Bantam, 1992.

Wriston, Walter B. "Clintonomics: The Information Revolution and the New Global Market Economy." *Vital Speeches of the Day,* April 1, 1993, 375–80.

――――. *The Twilight of Sovereignty: How the Information Revolution Is Transforming Our World.* New York: Scribner's, 1992.

Zha, Jianying. *China Pop: How Soap Operas, Tabloids and Best Sellers Are Transforming a Culture.* New York: New Press, 1995.